高等学校"十三五"特殊教育规划教材

残疾人事业概论

主　编　张金福　范莉莉

副主编　康　丽　常晓茗

参　编　林雅嫱　张伟锋　朱颂梅

　　　　张九童　许　军　冯　元

　　　　梁子浪　陈菲菲　吴　填

　　　　徐　梦　杨　烨　臧　晴

南京大学出版社

图书在版编目(CIP)数据

残疾人事业概论 / 张金福,范莉莉主编. — 南京 :
南京大学出版社,2019.1
高等学校"十三五"特殊教育规划教材
ISBN 978 - 7 - 305 - 21634 - 3

Ⅰ. ①残… Ⅱ. ①张… ②范… Ⅲ. ①残疾人—社会
福利事业—中国—高等学校—教材 Ⅳ. ①D669.69

中国版本图书馆 CIP 数据核字(2019)第 017876 号

出版发行　南京大学出版社
社　　址　南京市汉口路 22 号　　　　邮　编　210093
出 版 人　金鑫荣
书　　名　残疾人事业概论
主　　编　张金福　范莉莉
责任编辑　朱彦霖　吴　汀　　　　编辑热线　025 - 83597482
照　　排　南京南琳图文制作有限公司
印　　刷　丹阳市兴华印刷厂
开　　本　787×1092　1/16　印张 15.5　字数 359 千
版　　次　2019 年 1 月第 1 版　2019 年 1 月第 1 次印刷
ISBN 978 - 7 - 305 - 21634 - 3
定　　价　39.00 元

网址:http://www.njupco.com
官方微博:http://weibo.com/njupco
官方微信号:njupress
销售咨询热线:(025) 83594756

* 版权所有,侵权必究
* 凡购买南大版图书,如有印装质量问题,请与所购
　图书销售部门联系调换

前　言

　　残疾人事业是国家经济发展的重要标志,也是衡量一个国家或地区文明程度的重要指标,随着时代的发展与进步,残疾人事业越来越受到社会各界的关注。党的十九大以来,以习近平总书记为核心的党中央高度重视残疾人事业,提出对残疾人要格外关心、格外关注,提出在"全面建成小康社会"进程中,保障和改善残疾人民生,帮助残疾人共享发展成果的战略发展目标。当前,随着残疾人事业的发展,国家对残疾人事业管理与服务类人才的需求与日俱增,对高等院校残疾人事业管理与服务类高素质人才培养目标提出了新的要求,从而对专业教材建设也提出了新的要求。

　　有鉴于此,《残疾人事业概论》这本教材正是为了适应当今时代对高层次残疾人管理与服务类人才培养的需求而编写,旨在引导残疾人工作者掌握残疾人事业的知识,提高业务能力,提升专业水平。本书在结构上共分为十四章。第一章是绪论;第二章是残疾人政策演进;第三章是残疾人事业组织建设;第四章是残疾人权利保障;第五章是残疾人康复;第六章是残疾人教育;第七章是残疾人就业;第八章是残疾人社会保障的体系与结构;第九章是残疾人扶贫;第十章是残疾人文化体育事业;第十一章是残疾儿童福利事业;第十二章是老年残疾人事业;第十三章是残疾人事业信息化建设;第十四章是国际残疾人事业发展。主要体现出如下特色:

　　(一)教材编写体系有所创新。改变了以知识能力点为体系的传统框架,以残疾人事业实践活动为主线组织编排教材。在每一章中,紧紧围绕残疾人事业发展的一个主题,编写力求贯彻理论联系实际的原则,突出理论知识的应用,加强了针对性和实用性。

　　(二)教材编写内容紧贴实际。结合残疾人事业研究的国内外最新成果和发展理念,构建了一个系统的残疾人事业发展的知识体系框架,既对残疾人事业发展的基本理念、政策和理论进行了系统的分析和阐述,又对残疾人事业发展的具体领域如组织建设、维权、康复、教育、就业、扶贫等方面进行了有针对性的探讨。

　　(三)教材编写彰显时代特色。立足于中国特色和残疾人事业发展的实践经验,在残疾人事业发展理论的基础上,体现时代精神和特点。将现阶段残疾人事业中的重要和热点问题,如中国特色残疾人事业发展,残疾人同步小康、残疾人康复服务、残疾人精准扶贫、残疾人权利保障、残疾人融合教育、残疾人就业与托养、无障碍信息化建设等问题。能够激发学生的兴趣,有利于学生顺利开展课程的学习与实践。

　　作为残疾人事业工作者,只有掌握残疾人事业的发展规律和业务特点才能有效地开展工作,更好地服务于残疾人群体。为了有效地促进和推动残疾人相关工作的发展,我们根据多年对残疾人事业发展的理论研究和实践,编写了这本教材。据了解,目前国内还没有系统介绍残疾人事业管理的基本概念、理论和实践的教材。这部教材的编写,在这一主题方面做了有益的探索和实践。同时教材引入了相关案例,内容丰富详实,可满足一般相关专业课程教学需要。通过每个章节课后的研究性学习,力求引导学生运用所学的经济学、管理学和社会学的理论和方法,独立思考残疾人事业发展中的问题和解决问题的途径和方法。

　　这本书既可以作为本科教材,又可以作为残联各级干部和工作者的培训参考教材。本书由南京特殊教育师范学院张金福、范莉莉主编,负责框架的拟定和统稿工作,参与编写的团队成员有张金福、张九童(第一章),吴填、徐梦(第二章),陈菲菲(第三章),常晓茗(第四章),张伟锋(第五章),范莉莉(第六章),许军(第七章),梁子浪(第八章),朱颂梅(第九章),臧晴(第十章),冯元(第十一章),杨烨(第十二章),康丽(第十三章),林雅嫱(第十四章)。

　　若有疏漏和不当之处,敬请广大残疾人工作者和各界专家学者给予批评指正。

编　者
2018 年 11 月

目　　录

第一章 绪 论

【本章学习要点】

- 残疾人事业的概念内涵
- 残疾人事业的历史回顾
- 中国特色的残疾人事业发展

根据2012年1月6日在北京发布的由世界卫生组织、世界银行等机构完成的《世界残疾报告》统计:"全球人口残疾率估数已由20世纪70年代以来的10%升高至如今的15%。按照2010年全球人口数量估计,全球超过10亿人口带有某种形式的残疾而生存。"①中国是人口大国,也是残疾人口大国。根据第二次全国残疾人抽样调查,我国有8 296万残疾人,占全国总人口的比例为6.34%,涉及2.6亿家庭。这是一个数量众多、特性突出、特别需要帮助的社会群体。关心残疾人,是社会文明进步的重要标志;服务残疾人,让残疾人融入社会,是国家和社会义不容辞的责任。残疾人事业是崇高的事业,是中国特色社会主义事业的重要组成部分。② 十九大报告提出,要发展残疾人事业,加强残疾康复服务。只有把残疾人的发展有效融入国家发展大局之中,在理念和制度设计上推进残疾人事业的发展,才能保证残疾人各项工作的良性开展,才能落实到各种具体事务之中,才能最终实现残疾人同步小康的发展目标。

第一节 残疾人事业内涵

一、残疾人事业内涵

(一)残疾人

关于残疾的界定,世界各国说法不一。根据《联合国残疾人权利公约》第一条宗旨释义,残疾人包括肢体、精神、智力或感官有长期损伤的人,这些损伤与各种障碍相互作用,可能阻碍残疾人在与他人平等的基础上充分和切实地参与社会。世界卫生组织根据不同的残疾影响人的生理功能和社会功能的不同状况,把残疾划分为三个层次:① 功能、形态残疾。为残疾的第一级,一般为病伤的后遗症,使人体结构或功能发生缺陷或异常。②

---

① 潘俊.多元理论视角下残疾人事业发展的反思[D].华东政法大学硕士论文,2013.
② 残疾人联合会.残疾人工作基本知识读本[M].北京:华夏出版社,2009.

丧失功能残疾。为残疾的第二级，人体的结构缺陷和功能障碍，使残疾者丧失应具备的能力（与残疾者的性别、年龄、文化程度和职业等相应的能力）。③ 社会功能残疾。为残疾的第三级，由于身体的形态和功能的缺陷或异常，影响残疾者参加社会活动，或虽具备参加社会活动的能力，但因受社会上对这些人的歧视而被迫脱离社会的残疾。

根据《中华人民共和国残疾人保障法》第二条的规定，我国残疾人是指在生理、心理或人体结构上，某种组织、功能丧失或不正常，全部或部分丧失以正常方式从事某种活动能力的人。残疾人包括视力残疾、听力残疾、言语残疾、肢体残疾、智力残疾、精神残疾、多重残疾和其他残疾的人。①

（二）残疾人事业

残疾人事业是指国家为促进残疾人群体的发展，使残疾人群体能够共享社会发展成果而凝聚全社会的力量为残疾人群体所进行的一切设施、服务和制度建设。我国残疾人事业的宗旨是：创造良好的物质条件和精神环境，保障残疾人以平等的权利和均等的机会，充分参与社会生活，共享社会物质文化成果，即"平等、参与、共享"。由此可见，残疾人事业涉及的面非常广泛，包含了有关残疾人的方方面面。我国残疾人事业的工作机制是采取党委领导、政府负责、社会各界广泛参与、残疾人组织积极发挥作用、协调运作的工作机制。这是由残疾人事业的多领域、跨部门、业务广泛、综合性强的特点决定的。党委将残疾人事业列入重要议事日程，认真研究部署，政府发挥主导作用，将残疾人事业纳入国民经济和社会发展规划，统筹安排，协调发展；政府残疾人工作协调机构发挥综合协调作用，有关部门将相关残疾人工作纳入职责，各司其职；社会各界采取灵活多样的形式，广泛参与、支持残疾人事业；残联和各类组织充分履行职能，推动残疾人事业发展。各方面各尽其责、密切配合、齐抓共管、协调运作。② 我国残疾人事业的工作内容和领域主要包括残疾人康复、教育、劳动就业、扶贫、社会保障、文化体育、环境建设、社区残疾人工作、组织建设、维权、政策理论研究和残疾预防等。

（三）我国残疾人事业的特点

1. 弘扬人道主义，秉持以人为本的理念

在全社会树立和传播人道主义思想残疾人观，尊重残疾人的权利、价值与尊严，建立和谐友爱、团结互助的人际关系，把维护和发展残疾人的根本利益作为残疾人工作的出发点和落脚点，从残疾人的基本需要出发，扎扎实实为残疾人服务，促进残疾人"平等、参与、共享"。

2. 残疾人事业法制化，依法保障残疾人权益

建立残疾人事业的法律法规体系，通过立法，确认残疾人的权利和义务，确定政府和社会的责任，明确残疾人事业各领域的指导原则和工作方针，将残疾人事业纳入法制化轨道。同时，通过依法行政、执法检查、法制宣传、司法救助、法律服务和法律援助等，保障和促进残疾人权利的实现。

---

① 罗登.残疾人事业发展中思想政治教育的功能研究[D].四川师范大学硕士论文,2014.
② 残疾人联合会.残疾人工作基本知识读本[M].北京：华夏出版社,2009.

3. 建立党委领导、政府负责、社会各界参与的工作机制

党委将残疾人事业列入重要议事日程，认真研究部署；政府将残疾人事业纳入经济社会发展规划，经费列入财政预算，统筹安排，同步实施；政府残疾人工作委员会充分发挥综合协调作用，各有关部门将相关残疾人工作纳入职责，各谋其职，齐抓共管，社会各界广泛参与，协调运作，有效推动残疾人事业的发展。

4. 运用社会化工作方式，广泛动员社会力量支持残疾人事业

开展社会宣传，增进社会各界对残疾人的理解，关心和帮助；激发社会各界人士的爱心，为残疾人事业捐款捐物；建立广泛的志愿者队伍，为残疾人提供有效的帮助；鼓励社会力量参与和兴办残疾人事业；支持和引导社会利用现有机构、设施及其他社会资源为残疾人提供服务。

5. 坚持适应国情、讲求实效的发展模式

从我国社会主义初级阶段的基本国情出发，建立适应国情的残疾人事业业务体系、组织工作体系、政策法规体系和思想理论体系，为事业长远发展打下良好基础，针对残疾人迫切需要而又可能满足的基本需求。重点抓好康复服务、义务教育、劳动就业、扶贫开发、社会保障、权益维护等受益面广、适用有效的工作，使残疾人得到实实在在的利益；同时鼓励各地从实际出发，因地制宜，发挥优势，积极探索，采取灵活有效的方式方法开展工作。[①]

二、残疾人事业发展的理论基础

1. 人道主义理论

人道主义是起源于欧洲文艺复兴时期的一种思想。它提倡关怀人，尊重人，以人为中心的世界观，主张人格平等、互相尊重。法国大革命时期，把人道主义的内涵具体化为自由、平等、博爱。人道主义精神，着重体现以人为本，是人类自身功能观念意义上的一种良知，及其在这个意识的行为支配下，形成一种以高度文明为基础，以人类和谐发展为目的的这样的普世价值观。[②] 人道主义的核心内容是重视人的价值，视每个人的自由、平等、幸福为最高价值；对己以合理的保护和提高，对人施之以爱。人道主义思想使人努力实现自身价值，深切同情他人的苦难并尽力予以帮助，使人在社会生活中用善的规范指导自己的行为，从而起着维系人们之间的关系，维系社会稳定，提高人的道德素质的作用。社会主义的人道主义是指体现社会主义伦理道德原则的人道主义，是社会主义意识形态的组成部分，是在伦理道德领域中调整人们之间相互关系的准则之一。它要求社会对个人以及人们相互之间关心和同情，尊重个人对社会做出的贡献，尊重人格，维护社会成员的基本权利，并促进全体社会主义劳动者的全面发展。当前我国着眼于发展残疾人事业，保护残疾人权益，关怀残疾人，尊重残疾人，实现残疾人生活的尊严，正是体现了基本的人道主义精神。[③]在我国，最早提出社会主义人道主义思想的是中国残疾人事业的拓荒者邓朴方同志，他以

---

①　残疾人联合会. 残疾人工作基本知识读本[M]. 北京：华夏出版社，2009.

②　孙鹤群. 泰安市残疾人事业发展研究[D]. 山东农业大学硕士论文，2014.

③　邓大松，刘昌平. 试论中国残疾人事业的理论基础[J]. 社会保障问题研究，2000(9).

残疾人联合会为组织依托,以残疾人朋友为本位,从中国实际出发,致力于人道主义思想的研究、宣传与实践。邓朴方将社会主义人道主义确立为我国残疾人事业发展的理念基础是符合社会主义制度的本质要求的。

2. 社会正义理论

20世纪70年代,美国著名政治哲学家罗尔斯的代表作《正义论》发表,罗尔斯的社会正义理论强调一种社会基本结构的正义而不是各人之间的正义,是种作为公平的正义理论。这种正义制度是由罗尔斯设计的处于"原初状态"和"无知之善"下的平等和有理性的人选择的,具体表现为两个原则:第一个原则,每一个人都拥有和其他所有人同样的自由体系相容的、最广泛平等的基本自由体系的平等权利。第二个原则,社会和经济的不平等应该加以安排,以使它们一方面适合于最少受惠者的最大利益,并与正义的储蓄原则相一致。另一方面,在公平的机会平等的条件下,使所有职位和地位向所有人开放。① 罗尔斯的正义理论主张:一个人即使不能对社会合作事业做出任何贡献,但只要因为他享有某些确定的基本的人类需要、能力、利益,或者纯粹就因为他是一个人,他就享有一种获得最小份额的社会资源的普遍权利。如此,残疾人作为具有平等地位和尊严的人,即使是最为严重的、甚至根本无法对社会做出任何贡献的大脑麻痹患者,也和健全人一样应当在正义的社会制度中获得两个正义原则的保护。依据罗尔斯的社会正义理论,残疾人一方面是社会的平等主体,另一方面是社会的最少受惠者,具有双重身份。这样的结果就是,一方面,残疾人应当不受歧视地和其他人一样平等地享有人权和基本自由;另一方面,残疾人也享有一些有利于他们充分地进入所有职务和地位的优惠措施。②

3. 平等人权理论

人权是指个人或群体因作为人类而应享有的权利,旨在说明人权生来平等,生存权和发展权作为人权的重要内容,是每个公民都应平等享有的权利。联合国通过的《世界人权宣言》确立了维护和保障人权是基本原则,政府或社会是否保障人权常成为宪法、国际法及国际社会评判的重要规范性价值标准。在当今国际社会,维护和保障人权是一项基本原则。联合国倡导普遍人权和惠及所有人的发展,并将此作为基本的目标和促进和平、安全与繁荣的必要基础。人权的基本内涵和基本内容之一就是平等。它是指行使人无论民族、性别、肤色、信仰、语言、教育程度、健康状况等都同等地依法享有权利和履行义务。平等权作为人权的一项基本内容,既体现了人权的基本价值和内在要求,又体现了法治社会中平等的法律原则,宪法最为经典性的表述就是"公民在法律面前一律平等"。从法律意义上讲,残疾人与健全人一样,享有平等的公民权利和人权;从哲学意义上讲,残疾人与健全人一样,享有同等的生命尊严;从发展意义上讲,残疾人与健全人一样,具有生存、发展和贡献的愿望和能力。在这样一种理念下,残疾人拥有了政治、社会和道德上的平等地位,享有社会福利当作自身应有的权利,不再借助人性的同情与怜悯,改变了残疾人社会福利的慈善救济性质。

---

① 崔宏轶,马芝兰. 分配正义与政府管理价值导向之重塑[J]. 深圳大学学报(人文社会科学版),2011(3).
② 杨俐. 残疾人权利研究[D]. 吉林大学博士学位论文,2009.

4. 人力资源开发理论

这一概念是 20 世纪由经济学家舒尔茨提出来的,人力资源是一种特殊的资源,它必须采取有效的激励手段才能被开发利用。人力资源又叫劳动力资源,是具体体现在人身上的体力、知识、技能、经验、劳动熟练程度和影响人们劳动投入程度的价值观等要素的集合体。它主要依赖于人体而存在,反映着人所拥有的劳动能力。从广义上来讲,任何人都是一种人力资源。人力资源开发的核心就是开发和挖掘人的潜能。既然人力资源是体现在所有人身上的,那么作为人类群体的一部分的残疾人在一定外界条件的支持下同样具有劳动力资源,从而成为社会发展的推动者。残疾人人力资源就是指在一定的时间和空间内,残疾人能够具备劳动能力并参与社会经济生活创造价值的资源总和。随着医疗卫生事业的发展,残疾人可以通过康复恢复部分劳动能力,这些残疾人也可以作为人力资源。因此残疾人也适合人力资源开发活动。当然残疾人人力资源开发虽然与健全人相似,但也存在着特殊性。基于这个特殊性,在开发过程中,政府应该给予特殊的保护政策,以促进残疾人人力资源的最大容量展现。[①]

5. 赋权增能理论

这一理论是指协助弱势群体或个人排除各种主观和客观的障碍,以增强其自身的责任感,并通过自身正面的经验来激发个体内在的动力,使他们努力改变自己的生活。增能理论认为,个人之所以被边缘化,是因为从个体方面看,个人体会到强烈的无力感导致无法与环境交流,从环境方面看,周围环境中也存在直接与间接的障碍和限制,使个人无法参与社会发展自我。针对个体"失能"的原因,要帮助他们增能,就需要打破受助者的内在负面的自我定义,协助他们加强权利感,提高控制自己生活及未来命运的能力。增能需要一个内在的转化过程,即将无助、无能感的心态转化为自信、自尊。增能的重要目标是协助形象低落及丧失权利感的人重新捡拾自己的能力,让他们重建自我价值,有信心去控制自己的生活,并积极地影响和改善与他们有关的社会政策。增能理论站在人的发展立场上,认为通过特定的方法,使得残疾人可以在一定程度上恢复失去的机体的、社会的功能,从而进入一般的、正常的社会生活。增能不但可以增强其原本丧失的机体功能,而且可以增强他们的生活信心,甚至可以减轻他们对社会的"拖累"。增能理论是以人的发展理论为基础的,它关注人的基本价值的实现。按照增能理论的理解,增能的方式也是多种多样的。[②]

6. 社会支持网络理论

社会网络这个概念最初由社会人类学家所创,它的基本观点包括:社会支持网络是一种非正式的社会支持,指一群人之间存在的特定联系,而这些联系的整体特点可以用来解释这些人的社会行为。或者也可以把社会网络视为一群人之间的关系结构,以及他们之间所存在的交换关系和特定角色。社会支持网络是一种非正式的社会支持,通常被视为解决个人及社区"第一线"问题的途径,因为个人遇到问题时,第一个反应通常是寻求相熟

---

① 潘俊. 多元理论视角下残疾人事业发展的反思[D]. 华东政法大学硕士论文,2013.
② 范喆. 我国残疾人社会福利问题研究[D]. 天津财经大学硕士论文,2010.

或亲密的人的协助,所以社会支持网络无疑是补足正规社会服务的一种有效支持模式。[1]它能够对个人起到缓冲压力和整体的保护作用。社会网络理论认为:当个人融合进社会时,发现自己生活在一个具有支持性及关怀性的社会网络时,自然会产生自信、安全的感觉,同时也会愿意对别人提供适时的帮助以提高整个社会网络的稳定性和持久性。在日常的社会工作中,通过建立一些如个人网络、自愿对结网络、互助网络、邻里援助网络、社区授权网络等社会网络介入策略可以帮助个人及群体解决所面对的问题。残疾人由于其特殊性,在现代社会中,面临着更多新的以前未遇到过的与健全人不同的问题:如残疾人就业问题,残疾人参政议政问题,残疾人教育问题,残疾人贫困问题等等。这些问题主要是由于他们对整个社会的不适应,从而导致其极度缺乏所需满足自身各种需求的资源而引起的。这就要求我们建立一个庞大的社会支持网络体系,为残疾人尽可能争取各种资源,满足其发展需求。对于残疾人事业而言,可以通过建立残疾人专门协会、残疾人工作行业协会等社会网络来帮助残疾人建立互助或帮扶的圈子,解决生活保障、服务需求等问题或困难。[2]

三、发展残疾人事业的意义

残疾人事业是社会主义事业的组成部分,发展残疾人事业,发扬社会主义人道主义精神,是推动社会进步和人类文明发展的重要内容。只有充分认识到发展残疾人事业的意义,创新残疾人事业发展的思路,才能更好地适应、把握和引领残疾人事业的发展。

1. 有利于维护残疾人合法权益,促进社会公平正义,实现全体人民共享改革发展成果

残疾人作为弱势群体,关心残疾人,尊重和维护残疾人的权利和尊严,给予其平等的地位,维护其合法的权益,是社会主义制度的本质要求,也是社会文明和谐的重要标志。为残疾人创造平等参与社会生活的条件,使残疾人共享改革发展成果,是党和政府以及全社会的责任。残疾人,有人的尊严和权利,有参与社会生活的愿望和能力,同样是社会财富的创造者,是建设中国特色社会主义事业的一支重要力量。进一步发展残疾人事业,改善残疾人状况,保障残疾人合法权益,是构建社会主义的一项光荣而艰巨的任务。充分发挥平等参与、维护尊严的作用,享受公平正义的成果。公平正义对残疾人尤为重要,社会上还存在对待残疾人不公正、不平等的问题,甚至歧视、侮辱残疾人的现象还时有发生。这些都需要在构建和谐社会的进程中逐步得到解决,从而真正实现残疾人平等、参与、共享的目标。残疾人组织建设通过大力宣传人道主义精神,呼唤全社会充分理解、尊重、关心、帮助残疾人,不断提高残疾人社会地位,使残疾人的人格尊严得到社会的尊重,从而充分享受到公平正义的成果。[3]

---

① 姜毅. 残疾人社区服务中社会工作介入模式研究[D]. 西北大学硕士论文,2011.
② 残疾人联合会. 残疾人工作基本知识读本[M]. 华夏出版社,2009.
③ 刘洪. 积极发展残疾人事业为构建社会主义和谐社会贡献力量[N]. 天津日报,2006－11－20(11).

2. 有利于调动残疾人的积极性,发挥残疾人在促进改革发展稳定中的重要作用,实现经济社会的健康发展

残疾人事业是社会事业的重要内容,残疾人事业是社会稳定的重要保证。残疾人事业是中国特色社会主义的应有之义,也是全面建成小康社会的必然要求。残疾人问题的解决程度,不仅关系到残疾人的自身利益,而且直接影响小康社会的整体质量以及整个社会的稳定、安全与和谐。社会的安定有序是广大残疾人的希望,残疾人特殊困难的解决,残疾人生活水平的提高,残疾人康复、教育、就业、扶贫、文化生活、服务设施建设等各项事业的发展,特别是残疾人生活水平与社会水平差距的缩小对改革、发展、稳定的大局都是十分有益的。充分发挥组织的作用,把残疾人的困难和矛盾纠纷解决在基层,可以减少社会不稳定因素;同时,通过发挥残疾人的潜能,引导残疾人投身改革发展的伟大实践,在安定有序的社会环境中创造和享受幸福的生活,具有极强的现实意义。加快发展残疾人事业也是改善残疾人民生的需要,经济与民生互为根本,发展残疾人事业能从多个方面促进经济增长、经济结构调整,有效促进全民社会保障制度、公共服务体系健全,有助于扩大公共产品、公共服务供给,拉动内需;同时,残疾人中蕴藏着巨大的劳动和创造热情,发展残疾人事业可以提高残疾人及亲属的经济参与能力,有效增加社会人力资本供给,减轻社会福利负担。

3. 有利于促进我国人权事业的发展,树立我国良好的国际形象

残疾人事业发展是评价一个国家社会发展和文明进步程度的重要指标,也是残疾人权利保障的集中体现。进入 21 世纪后,新一轮推动残疾人权利的国际呼声日益高涨起来。在这样的背景下,《残疾人权利公约》应运而生,是联合国通过的第一部旨在保障残疾人权益、促进残疾人事业发展的具有法律约束力的国际公约,它总结了国际残疾人事务多年来的实践、理念和方法,为国际残疾人事务提供了重要的启示和引领。而中国是最早倡议并积极推动和支持联合国制定公约的国家之一,中国全程参与了《残疾人权利公约》这一国际人权标准的制定,为文件起草和促成各方达成一致意见做出了许多实质性贡献。2007 年我国正式签署了《残疾人权利公约》并成为首批缔约国,中国贡献贯穿于《公约》进程的全过程,赢得了全世界的广泛关注和普遍赞誉。随着《公约》基本原则和精神在我国的传播与倡导,平等、融合、共享的价值观逐渐成为社会共识。10 年来我国认真履行《公约》规定的责任和义务,切实保障残疾人医疗康复、教育、就业、社会保障、文化生活、无障碍等权利。我国残疾人事业的发展,为发展中国家如何更好地帮助残疾人生存与发展提供了诸多经验和良好的范本,树立了我国良好的国际形象。

第二节 残疾人事业发展的历史回顾

作为人道主义事业,残疾人事业是伴随人类社会对人的权利、尊严和价值的认可而生成和发展起来的。中华人民共和国的成立,根本上改变了中华民族和中国人民的历史命运,也深刻改变了中国残疾人的历史命运。中国残疾人事业迎来了前所未有的历史发展契机。新中国的残疾人事业大致可分为三个发展时期。

一、残疾人事业初创时期(1949—1978 年)

新中国至改革开放前,这个历史时期是残疾人事业的初创和曲折发展时期。

(一)残疾人事业组织的建立与法律制度

1949 年新中国成立初期,百废待兴,百业待举,对残疾人的收容和教育尚处于自发状态。1953 年和 1956 年,中国盲人福利会和中国聋哑人福利会相继成立,1960 年在上述两会基础上又成立了中国盲人聋哑人协会,中国残疾人事业开始有了自身的组织雏形和初步的管理平台。以此为基点,各地面向残疾人的福利工厂、盲童学校、聋哑学校、社会福利院开始兴办起来。但这一时期的残疾人事业尚处于单纯福利型阶段,尚未形成有效的组织结构。十年文革时期,由于多重原因,残疾人事业的组织建设发展曲折。

1954 年,由毛泽东亲自主持制定《中华人民共和国宪法》,第九十三条明确规定"中华人民共和国劳动者在年老、疾病或丧失劳动能力的时候,有获得物质帮助的权利。"标志着中国历史上第一次在法律层面关注到残疾人群体。但在改革开放前尚没有一部针对残疾人事业的法律、条例或制度设计。

(二)残疾人教育、就业与脱贫

新中国成立之初,对残疾人的教育主要是隔离式教育,当时也只有少部分残疾人能到为数不多的特教学校学习。1951 年政务院颁布的《关于改革学制的决定》规定:"各级人民政府应设立聋哑、盲目等特种学校,对生理有缺陷的儿童、青年和成人,施以教育。"[①]从 1954 年到文革前,苏联留学生在北京和上海进行了弱智教育实验。

新中国成立至改革开放前的计划经济体制下,在政府指定的国营福利工厂集中安排残疾人就业成为当然的制度选择,在"社会福利生产"理论的指导下,国家不能全面提供对残疾人的福利保障,只能通过"以工代赈"的方式在福利工厂安排残疾人就业。

1956 年,一届人大三次会议通过《高级农业生产合作社示范章程》,规定农业生产合作社要在生产和生活上对缺乏部分劳动能力和无劳动能力的残疾社员给予照顾,保证他们的吃、穿、烧柴供应、受教育与死后安葬,初步确立了我国农村五保供养制度。[②]这一时期的扶贫工作缺乏长期规划和设计,多是根据贫困人口状况临时采取扶贫策略;残疾人也只是作为其中一个群体而接受扶贫支持,没有得到专门化、专业化的扶贫安排,这使得残疾人在接受扶贫时也处于弱势地位。

(三)残疾人文体、社会参与与国际化进程

这一阶段,社会对残疾人主要以完成基本生活照料和救济为主,残疾人的文体需要没有得到足够重视。

同时,国家兴办福利工厂,通过"以工代赈"的方式安排残疾人就业,残疾人基本处于被社会居养和赈济的状态,参与社会的机会和能力十分有限。新中国的成立改变了旧中国残疾人被奴役、被欺凌、自生自灭甚至自生他灭的悲惨境地,把残疾人真正当人看,把关

---

① 中华人民共和国政务院关于改革学制的决定[EB/OL].[2018-11-1]. http://law.lawtime.cn/d537322542416.html.

② 吴敏.中国残疾人扶贫的发展历程与政策变迁[J].西部论坛,2016(11).

怀和解放残疾人作为谋求人类自由解放的重要内容,使残疾人在政治上和人格上有了平等的地位和尊严,成为国家的主人,生存发展的社会环境得到了根本性改善。而在这一阶段,中国残疾人事业的发展还处于与世界隔绝的状态。中国残疾人事业的国际化进程始于改革开放之后,与改革开放的历史进程相一致。随着国家改革开放的大潮,中国残疾人事业也以开放姿态融入了世界残疾人事业的发展中。

二、残疾人事业快速推进时期(1978—2012 年)

1978 年至十八大前夕,这个历史时期是中国残疾人事业快速推进和体系化发展时期,逐步开辟出了一条符合自身国情的中国特色残疾人事业发展道路。

(一)残疾人事业组织体系的发展

改革开放以来,中国残疾人事业真正进入了组织化发展的历史时期。1978 年,中国盲人聋哑人协会恢复活动。1984 年,中国残疾人福利基金会成立,中国的残疾人事业开始由封闭型的政府包办走向开放型的社会群策群力。1986 年,联合国“残疾人十年”中国组织委员会成立,标志着中国残疾人事业开始在组织层面上与国际接轨。1988 年 3 月 15 日,在中国聋人福利基金会和中国残疾人福利基金会的基础上,中国残疾人联合会成立,成为中国残疾人事业发展史上的里程碑。中国残联以及随后的地方各级(省、市、县)残联的成立,使中国残疾人事业形成了自上而下的组织结构体系,标志着我国残疾人事业开始驶入组织规范化轨道,也标志着中国特色残疾人事业组织制度顶层设计的开端。

1993 年 9 月,国务院成立残疾人工作协调委员会,2007 年更名为国务院残疾人工作委员会,各省、市、县也相应成立同类机构,标志着中国残疾人事业组织制度的顶层设计基本完成。随着中国残疾人事业组织体系日益完备,中国残疾人事业工作队伍职业化进程也不断推进。自 2003 年起,全国省级残联中均配备了残疾人理事长或专(兼)职副理事长,地市级残联配备残疾人领导的数量始终保持在 50% 以上。残疾人从事残疾人事业、参与残联领导工作对提高残疾人的政治地位和服务于残疾人群体需求具有重要意义。

(二)残疾人法律制度的发展

改革开放以来,中国残疾人事业真正走上法治化轨道。1982 年宪法规定:“中华人民共和国公民在年老、疾病或者丧失劳动能力的情况下,有从国家和社会获得物质帮助的权利……国家和社会保障残废军人的生活……国家和社会帮助安排盲、聋、哑和其他有残疾的公民的劳动、生活和教育。”[①]1990 年,《中华人民共和国残疾人保障法》正式颁布实施,这是中国历史上第一部针对残疾人和残疾人事业的法律,也是迄今为止唯一针对残疾人群体的国家级法律。从法律层面规定了残疾人事业在国家事业中的地位,规定了在残疾人康复、教育、劳动就业、文化生活、福利、环境、权益保障中的权利和义务,标志着我国残疾人事业开始步入法治化轨道。2008 年,《中华人民共和国残疾人保障法》修订,顺应残疾人事业的发展和广大残疾人的需要,特别注重强调了残疾人的政治权利。中国残疾人事业的政策和制度建设日臻完善。

---

① 中国残疾人联合会. 改革开放以来中国特色残疾人事业重要文献汇编[M]. 北京:华夏出版社,2018.

（三）残疾人康复事业起步及发展

残疾人康复事业改革开放后才真正起步。2002年,第三次全国康复工作会议提出了
"人人享有康复服务"的重要目标,这也成为推动残疾人全面实现小康的重要目标。从
2007年开始,中国开始发布中国残疾人状况及小康进程检测报告,对残疾人康复类型、数
量、参与比例、城乡差异进行了更加翔实的统计和检测。中国对残疾人的康复服务从20
世纪末单一的康复训练拓展到辅助器具配置、康复知识普及和心理疏导领域,形成了综合
性康复模式。进入新时代以来,残疾人康复事业不断推进,在国家多项康复工程的作用
下,"十二五"期间共1350多万残疾人接受康复治疗,40多万残疾人儿童的手术、康复训
练等费用获得减免。[①]

（四）残疾人教育事业的发展与进步

20世纪80年代,中国的残疾人教育兴起了融合教育思潮,北京、上海等发达地区开
始探索将一些残疾程度较轻的儿童送到普通学校就读。1988年,残疾儿童随班就读正式
成为发展特殊教育的一项政策,也成为中国特色融合教育最鲜明的形式。从此,随班就读
就开始广泛出现于各类特殊教育政策文件中,融合教育的理念成为中国残疾人教育的主
导价值取向。人们在残疾人教育实践中,逐步探讨残疾人接受融合教育的实现条件、方式
和支持保障措施,大力推行残疾人高等融合教育。

（五）残疾人劳动就业的改善

改革开放之后,国家开始探索残疾人按比例分散就业,《中华人民共和国残疾人保障
法》规定:"机关、团体、企业事业组织、城乡集体经济组织,应当按一定比例安排残疾人就
业,并为其选择适当的工种和岗位。省、自治区、直辖市人民政府可以根据实际情况规定
具体比例。"1998年底,按比例安排残疾人就业在全国基本推开,成为我国促进残疾人就
业的主要就业形式。2007年《残疾人就业条例》规定用人单位应当按照一定比例安排残
疾人就业。2008年,新修订的《中华人民共和国残疾人保障法》也对此进行了更为明确的
规定。残疾人按比例就业成为一种制度被确定下来。伴随着市场化的浪潮和诸多新兴业
态的出现,个体就业和灵活就业成为新的就业形式。从2011年开始,为拓宽残疾人就业
渠道,国家开始推行残疾人公益岗位就业。由政府出资开发,以满足居民公共利益为目的
的管理和服务岗位,主要包括城市公共管理中的服务性工作以及其他适宜困难人员就业
的公益岗位。残疾人事业"十五"规划至"十二五"规划期间,城镇残疾人累计实现就业
503万。截至2016年"十二五"规划,中国16~59岁城乡残疾人就业率达43%,接近世界
发达国家水平。[②]

（六）残疾人扶贫工作的推进

1986年5月,国务院扶贫开发领导小组办公室正式成立,中国扶贫工作进入制度化
发展时期。1991年中国残联向中央提出开展残疾人康复扶贫的建议,由此拉开了残疾人
专项扶贫工作序幕。[③] 1998年国务院扶贫开发领导小组和中国残联等部门制定了《残疾

---

① 中国残疾人联合会.改革开放以来中国特色残疾人事业重要文献汇编[M].北京:华夏出版社,2018.
② 中国残疾人联合会.改革开放以来中国特色残疾人事业重要文献汇编[M].北京:华夏出版社,2018.
③ 程凯.精准扶贫战略为贫困残疾人带来机遇[J].行政管理改革,2016(5).

人扶贫攻坚计划（1998—2000 年）》强调对于有劳动能力的残疾人实施开发性扶贫，对基本丧失劳动能力的残疾人通过社会兜底保障解决其温饱。在残疾人扶贫工作的长远规划阶段期间，2001 年 10 月，国务院扶贫开发领导小组会同中国残联等部门制定了《农村残疾人扶贫开发计划（2001—2010 年）》，提出要提高贫困残疾人的生活质量与综合素质。2006 年，国务院印发《中国残疾人事业"十一五"发展纲要（2006—2010 年）》，在扶贫任务中增加了农村残疾人危房改造和就业培训，拓展了残疾人扶贫领域和评价指标。2008 年，《中共中央国务院关于促进残疾人事业发展的意见》首次将农村残疾人扶贫工作作为党中央、国务院促进残疾人事业加快发展的重要目标和措施。2009 年国务院办公厅印发《关于加快推进残疾人社会保障体系和服务体系建设的指导意见》，指出要加快搭建城乡、低保、城乡医保、城乡养老保险、城乡保障性住房，救济救助的农村残疾人社保体系，残疾人扶贫攻坚进入体系化发展阶段。2011 年，中共中央、国务院印发的《中国农村扶贫开发纲要（2011—2020 年）》进一步明确贫困残疾人为重点扶贫群体，中国残疾人扶贫工作继续获得长远性的规划安排。

（七）残疾人文化体育事业的发展

改革开放的 40 年是中国残疾人文化事业从无到有、从边缘化走向繁荣兴盛的 40 年。20 世纪 80 年代，一些发达地区开始组织残疾人书画展、集邮展和摄影展。1987 年，中国残疾人艺术团正式成立。进入 21 世纪，残疾人文化活动的发展呈现为三个方面：

一是残疾人群众性文化设施发展迅速，为残疾人提供了越来越多的文化阵地。1993 年全国只有 50 个盲文及有声读物图书馆，而到 2017 年底全国省地县三级公共图书馆共设立盲文及盲文有声读物阅览室达 959 个。① 二是残疾人群众性文化活动也日益活跃。据《中国残疾人事业年度发展公报》显示，2003 年至 2017 年，每年的残疾人事业展览都超过了 400 余场；自 2010 年开始，中国残联在全国 600 多个城市持续开展了"文化进社区"项目；自 2015 年开始，中国残联及开始在全国范围内开展"残疾人文化活动周"活动，每年举办相关活动 5 000—7 000 场次，极大地丰富了残疾人的文化生活。三是残疾人文化艺术的国际交往日益频繁。20 世纪 80 年代初，北京、上海等地的残疾人文艺团就曾赴国外演出。"十一五"期间，中国残疾人艺术团在国内外演出达 700 余场。"十二五"期间，中国残疾人艺术团出访 97 个国家和地区。

改革开放的 40 年是中国残疾人体育事业蓬勃发展的 40 年。1984 年至今，我国已举办九届全国残疾人运动会。从开始派团参加 1984 年洛杉矶残奥会开始，中国残疾人体育代表团已经连续参加了九届残奥会。截止到 2016 年里约热内卢残奥会，中国体育代表团已经连续四届位居残奥会金牌榜首。2002 年，中国首次派代表团参加冬残奥会（美国盐湖城），至此已经连续参加五届，中国轮椅冰壶队于 2018 年平昌冬残奥会上实现了中国冬残奥会金牌零的突破。1982 年我国开始派代表团参加远南运动会，这是当时远东及南太平洋地区规模最大、水平最高的残疾人运动会。从第四届开始，已连续六届夺得金牌总数第一名。从 2010 年开始，远南运动会更名为亚洲残疾人运动会。首次亚残运会在广州举行。

---

① 中国残疾人联合会.改革开放以来中国特色残疾人事业重要文献汇编[M].北京:华夏出版社,2018.

（八）残疾人社会参与的增强与社会环境的改善

改革开放初期，中共中央发出《向张海迪同志学习的决定》，残疾人自强楷模张海迪进入全国人民的视野，也让全社会开始关注残疾人群体。1988年中国残联一代会报告中指出："随着经济发展，社会前进，人们视野开阔，残疾人的地位逐渐变化，萌发了全面参与社会生活的意识……"[①]

改革开放以来，残疾人研究事业不断发展。2008年经国务院批准，中国残疾人事业发展研究会在北京成立，短短10年间，北京大学、中国人民大学、山东大学等13家高校残疾人事业发展研究中心（基地）相继成立，中国残疾人事业发展论坛迄今为止已举办12届。

全国无障碍设施的改造和建设不断推进，为残疾人参与社会生活提供了便利条件。1985年3月，由中国残疾人福利基金会组织北京市残疾人协会和北京市建筑设计院发起了一场名为"残疾人与社会环境"的研讨会，让"无障碍"首次进入国人的视野，成为新中国无障碍建设的第一座里程碑。1989年，《方便残疾人使用的城市道路和建筑物设计规范》正式实施，标志着中国无障碍设施建设工作走上正规化，中国无障碍设施建设标准自此有据可依。20世纪90年代末至21世纪初，全国所有大中城市陆续按照《城市道路和建筑物无障碍设计规范》，规划和设计新建工程，公共设施相继配备无障碍绿色通道和无障碍座位。2008年北京奥运会、残奥会和2010年上海世博会的无障碍设施高标准建设为我国随后的无障碍建设树立了良好标杆。

（九）残疾人事业国际影响力的提升

1978年至中国残联成立前这一时期，是中国残疾人国际交往的起步阶段。1981年中国积极参加联合国开展的"国际残疾人年"活动；1984年，中国政府接受联合国《关于残疾人的世界行动纲领》，并概括了"平等、参与、共享"的基本原则，中国特色残疾人事业在起步之初就紧随国际残疾人运动潮流，并初步扩大了中国残疾人事业的国际影响力。1988年中国残联成立至十八大前中国残疾人事业的国际交流与合作日益全面化和系统化，体制机制不断完善。中国残联成立以来，始终配合国家外交大局，致力于国际残疾人事务交流与合作，积极发挥联合国经社理事会特别咨商的作用，积极参与《残疾人权利公约》的制定。2008年6月，中国批准了联合国2006年12月通过的《残疾人权利公约》，向世界做出了保障残疾人人权、改善残疾人状况的庄严承诺。

三、中国特色残疾人事业不断完善时期（2013至今）

十八大之后的新时代残疾人事业发展时期，这个历史时期是我国不断完善中国特色残疾人事业发展道路，带领广大残疾人实现共同富裕和推动中华民族伟大复兴的历史时期。

（一）残疾人法律制度日益完善

2015年，《国务院关于加快推进残疾人小康进程的意见》发布，提出了新时代初期中国特色残疾人事业的中心任务，即带领广大残疾人与全国人民一起共同迈入全面小康社

---

① 中国残疾人联合会.改革开放以来中国特色残疾人事业重要文献汇编[M].北京:华夏出版社,2018.

会。这为当前和今后中国残疾人制度建设和政策走向奠定了基本方向。

《残疾人教育条例》自 1994 年颁布实施之日起，已历经 2011 年和 2017 年两度修订，每次修订都是着眼于时代和残疾人实际需要的发展变化给残疾人教育提出的新要求。2017 年的修订版为顺应融合教育发展的新要求，添加了"残疾人教育应当提高教育质量，积极推进融合教育"①条款，在法律法规层面适应了新时代中国特殊教育发展的诉求。

2012 年，国务院颁布《无障碍环境建设条例》，从法律层面规定了全国无障碍设施建设标准；2017 年，国务院制定发布了《残疾预防和残疾人康复条例》，这是中国特色残疾人事业进入新时代后颁布的第一部残疾人事业行政法规，填补了残疾预防和康复领域法律法规建设的空白。

目前，中国已形成了以《宪法》为根本，以《残疾人保障法》为保障，以 40 多部涉及残疾人内容的相关法律为依托，以一系列法规为抓手的残疾人法律体系②，确保中国残疾人事业始终沿着法治化轨道向前发展。每个发展规划都涵盖残疾人康复、教育、就业、扶贫、社会保障、维权、文化生活等残疾人基本民生指标，对实现这些指标进行了详尽的政策和制度性安排，实现了中国残疾人事业发展规划的制度顶层设计。

（二）残疾人康复水平持续提高

2013 年中国残联六代会至 2018 年七代会期间，有 2 000 多万残疾人（次）得到康复服务，据《2017 年中国残疾人事业发展统计公报》显示，仅 2017 年就有 854.7 万持证残疾人获得基本康复服务，为 244.4 万人提供了辅助器具，距离"人人享有康复服务"的目标又前进了一大步。2018 年 6 月，《国务院关于建立残疾儿童康复救助制度的意见》发布，将总体目标设定为：到 2025 年，残疾儿童康复救助制度体系更加健全完善，残疾儿童康复服务供给能力显著增强，服务质量和保障水平明显提高，残疾儿童普遍享有基本康复服务，健康成长、全面发展权益得到有效保障。这有利于抓住残疾儿童治疗黄金期，增进残疾人整体康复质量和水平。

残疾人康复学科建设和人才培养日益得到重视。2016 年《关于"十三五"加快残疾人小康进程规划纲要》提出："建设康复大学，加快康复高等教育发展和专业人才培养。"2018 年七代会报告再次提出"建立高起点、高水平、国际化的中国康复大学"的要求。这必将对残疾人康复质量和水平的持续改善起到深远的积极影响。③

（三）残疾人受教育水平不断提升

进入新时代，国家分别于 2014 和 2017 年连续发布两期《特殊教育提升计划》，就扩大教育规模、增加教育经费、提升教育质量、培养特教师资、做好教育支持保障等诸方面进行了综合性部署，尤其注重按照"一人一案"的原则做好对残疾儿童的个别化教育，大力推进融合教育，使特殊教育质量和水平不断提升。

自 2015 年开始，教育部会同中国残联印发《残疾人参加普通高等学校招生全国统一考试管理规定》，要求："教育考试机构应在保证考试安全和考场秩序的前提下，根据残疾

① 中国残疾人联合会. 改革开放以来中国特色残疾人事业重要文献汇编[M]. 北京：华夏出版社,2018.
② 张九童. 发展马克思主义人学指导下的残疾人研究[J]. 残疾人研究,2015(3).
③ 中国残疾人联合会. 改革开放以来中国特色残疾人事业重要文献汇编[M]. 北京：华夏出版社,2018.

考生的残疾情况和需要以及各地实际,提供以下一种或几种必要条件和合理便利……适当延长考试时间……优先进入考点、考场。"①合理便利为越来越多的残疾学子实现大学梦想创造了条件,2017年被普通高校录取的残疾考生首次突破10 000人。

(四)残疾人劳动就业形式日益丰富、数量和质量不断提高

据《中国残疾人年度发展报告》显示:在残疾人就业的各种类型中,个体就业和灵活就业数量占比始终居于第一位,按比例就业数量占比呈逐年上升趋势,集中就业数量占比基本呈现逐年回落趋势。这说明三个问题:一是残疾人已经逐步告别单纯依赖福利企业居养的境地;二是随着社会的发展,就业多元化成为主流,残疾人有了更多自谋职业和自找出路的机会,就业质量有所提升;三是残疾人按比例就业水平不断提升,残疾人有更多机会进入国家企事业单位就业。

从2013年开始,每年城乡新增就业人口中,按比例就业人数与集中就业人数基本持平;2016年和2017年,在所有就业的城乡持证残疾人中,按比例就业人数高于集中就业人数。这表明,近年来特别是进入新时代以来,国家高度重视残疾人按比例就业。2013年,《中共中央组织部等7部门关于促进残疾人按比例就业的意见》要求在同等条件下要鼓励优先录用残疾人。2016年国务院发布的《"十三五"加快残疾人小康进程规划纲要》中提出要切实维护残疾人平等报考公务员的权利,为残疾人考生创造良好的考试环境并加大对超比例安排残疾人就业用人单位的奖励力度。但需要明确的是,当前社会环境中残疾人就业质量始终在曲折中提高。

(五)残疾人扶贫工作步入精准扶贫攻坚阶段

中国残联与中组部、商务部、新闻出版广电总局、国务院扶贫办、农业部、住建部等多部门形成了联动的立体化残疾人扶贫格局。

2015年至2020年,在长远规划基础上的残疾人精准扶贫进入攻坚阶段。2015年《中共中央国务院关于打赢脱贫攻坚战的决定》将残疾人扶贫纳入国家精准扶贫战略。2016年,中国残联、国务院扶贫办等26个部门和单位共同制定了《贫困残疾人脱贫攻坚行动计划(2016—2020年)》,确定扶贫攻坚总体目标,确立了"七个一批"的脱贫攻坚主要任务,残疾人脱贫事业展现出良好的发展前景,脱贫质量不断提高,为使残疾人同全国人民一道迈入全面小康社会奠定了良好基础。

(六)残疾人社会参与水平及社会环境的进一步优化

21世纪以来,中国残疾人的社会参与水平持续提高。据2007年至2013年《中国残疾人状况及小康进程监测报告》显示,全国城乡残疾人参加社区文体生活的积极性也不断提高。2018年中国残联七代会报告指出:"5 000多名残疾人、残疾人亲友和残疾人工作者担任各级人大代表和政协委员。"②越来越多的残疾人担任人大代表、政协委员,获得参政议政和参与国家治理的权利,这体现了改革开放40年来残疾人社会参与水平有了质的飞跃。

---

① 教育部,中国残联.残疾人参加普通高等学校招生全国统一考试管理规定(暂行)[EB/OL].(2015-4-21)[2018-11-1].http://old.moe.gov.cn/publicfiles/business/htmlfiles/moe/B21_xxgk/201505/xxgk_187141.html.

② 中国残疾人联合会.改革开放以来中国特色残疾人事业重要文献汇编[M].北京:华夏出版社,2018.

2014年仁川亚残运会,中国体育代表团实现了金牌总数的八连冠。进入21世纪以来,随着中国综合国力的提升,中国不断为国际残疾人体育事业贡献自己的力量,2022年冬残奥会将在北京举行,2022年亚残运会将在杭州举行。

2016年,中国残联与清华大学共建的清华大学无障碍发展研究院成立,标志着中国的无障碍研究也不断推进。21世纪以来,残疾人对无障碍环境的满意度不断提升,残疾人的社会生活环境不断得到优化。

当然,即便经历了改革开放40年的发展,现代社会残疾人观在实践中依然会受到历史长期积淀而成的旧残疾人观的影响,在教育、就业等领域对残疾人"抽象肯定、具体否定"的事实依然存在,现代社会残疾人观被全社会彻底遵行尚需时日。这也为残疾人社会环境的持续改善提出了新要求。

（七）残疾人事业的国际影响力进一步扩大

新时代中国特色残疾人事业的国际影响力持续扩大。新时代大国外交战略给中国特色残疾人事业的国际交往带来崭新契机。中国利用亚太经合组织APEC峰会、亚欧会议、一带一路等重大多边外交活动推动残疾人事业国际交流合作。

联合国秘书长潘基文高度评价了中国政府为促进亚太和世界残疾人事业做出的重要贡献和发挥的积极作用。2014年,中国代表当选"APEC残疾人事务之友小组"首任主席。2015年,国务院总理李克强和德国总理默克尔出席了亚欧会议框架下残疾人合作暨全球辅助器具产业发展大会,推动中国制造和德国制造在残疾人辅助器具等服务产业上的合作,为两国残疾人提供更多优质服务,搭建起亚欧合作的新平台。2016年,中国残联主席张海迪当选康复国际主席,为中国残疾人事业的国际合作奠定了人事和组织基础。

2017年9月13日—15日,"一带一路"框架下残疾人事务主题活动在北京举行,张海迪在开幕式上致辞时表示,我们积极参与残疾人事务领域的国际交流合作,承担相应的国际义务,我们愿意与"一带一路"沿线国家政府、社会和企业共同努力,参与"一带一路"建设,为更多残疾人带来福祉。

此外,中国还建立起中美、中俄、中国—东盟残疾人事务合作协调机制,将残疾人事务合作作为中非合作的重点任务。新时代中国残疾人事业进一步走上国际大舞台,国际影响力不断扩大,将逐步发挥引领世界残疾人事业发展的作用。

新中国成立近70年来,特别是改革开放40年来,中国的残疾人事业始终与民族和国家的命运紧密相连,同中国改革开放和现代化建设的进程唇齿相依,成为中国特色社会主义事业的重要组成部分。

第三节　中国特色残疾人事业发展

2008年中共中央、国务院印发《关于促进残疾人事业发展的意见》中提出"关心残疾人,是社会文明进步的重要标志。残疾人事业是中国特色社会主义事业的重要组成部分"之后,"中国特色残疾人事业发展"的概念逐渐为相关部门及社会各界所接受,"以改革创新精神推进中国特色残疾人事业发展"的宏大工程也在全国深入开展。中国特色的残疾人事业是崇高的人道主义事业,是中国特色社会主义事业的重要组成部分。因此,中国特色的残疾人事业发展需要选择正确的道路。①

改革开放40多年来的实践证明,只有坚持走中国特色社会主义道路,才能实现国家繁荣富强和人民幸福。要发展中国残疾人事业,也必须从中国现有的国情、残情出发,选择适合自身发展的道路。正如中残联名誉主席邓朴方所说:"残疾人事业的发展要适应国情,主动服从和服务于国家经济社会发展的大局"。残疾人事业的中国特色必须立足于这个基本的国情和残情,顺应改革开放的大势和国家发展的战略。② 从中国实际的国情、残情出发,走中国特色残疾人事业发展的道路,核心是要坚持党的领导;关键是坚持走劳动福利型残疾人事业发展道路;重点是要整合社会的一切资源,推动残疾人事业发展。

一、中国特色残疾人事业发展的内涵

1. 残疾人事业是"中国特色社会主义道路"的有机组成部分

做好残疾人工作,对全面建成小康社会、实现中华民族伟大复兴的中国梦具有重大意义。充分保障残疾人权利、全面增进残疾人福祉、提高残疾人发展能力、促进残疾人平等参与,是社会主义制度的本质要求,也是社会公平正义和文明进步的重要标志。解放和发展社会生产力、增强社会活力、保障公平正义与共同富裕的制度,是中国特色社会主义制度的本质要求。解放和发展蕴含在广大残疾人及其亲属中的社会生产力,解放和增强广大残疾人和残疾人组织的社会活力,保障包括残疾人在内的全社会的公平正义和共同富裕,是中国特色社会主义的应有之义,是中国特色残疾人事业发展的必然要求。残疾人是社会大家庭的平等成员,是人类文明发展的一支重要力量,是坚持和发展中国特色社会主义的一支重要力量,中国特色残疾人事业理所当然地成了中国特色社会主义建设的重要内容。

2. 残疾人事业的"中国特色"决定了政府在推动残疾人事业发展中的主体责任与重要作用

由于社会制度、历史传统、文化理念等多方面的原因,国(境)外的残疾人工作大多是自下而上,由社会层面自觉加以推动的,政府不一定需要专门制定政策推进残疾人事业发展。而我国由于历史、文化及社会等多方面的原因,特别是长期以来我国政府无所不能、无所不管的"大政府""强政府"管理方式及社会的适应惯性,我国残疾人事业发展依然需要政府承担主体责任并加以推动。《关于促进残疾人事业发展的意见》指出,各级党委、政府要高度重视残疾人事业,把残疾人工作列入重要议事日程,进一步完善党委领导、政府负责的残疾人工作领导体制。除制定相关法律和政策之外,我国政府对残疾人事业的推动,主要表现在把残疾人事业纳入国民经济和社会发展总体规划、相关专项规划和年度计划中;残疾人事业经费列入各级财经预算,随着国民经济发展和财政收入增长逐步增加,建立稳定的残疾人事业经费保障机制。唯有如此,才能在制度上和经费上确保残疾人事业的稳定发展。

---

① 周沛.社会治理视角下中国特色残疾人事业探略及发展路径分析[J].社会科学,2015(8).
② 邱观建,安治民.道路、理论、制度——中国特色残疾人事业发展的体系建构[J].理论月刊,2015(3).

3. 残疾人事业发展的"中国特色"反映了加快农村残疾人事业发展的重要性与迫切性

虽然改革开放后,我国农村的社会经济发展发生了翻天覆地的变化,城镇化对农村面貌的改变越来越明显,但是,我国的二元社会经济结构依然存在。相比城市,总体上,农村社会落后、经济欠发达,农村残疾人的生存与发展都存在不同程度的困难与问题。据第二次全国残疾人抽样调查数据,我国 8 500 万左右的残疾人中,农村残疾人就有 6 225 万,占全国残疾人75.04%。其中,贫困残疾人又在农村残疾人中占很大比例。农村残疾人的基本生活、医疗康复及社会保障等,都明显低于社会其他群体。农村残疾人分布广、数量多,绝大多数处于贫困无助的状况;他们社会交往范围狭窄,生存与发展机会缺失;农村残疾人基本保障与相应服务、基本医疗与康复、就业与自立等问题,都处于较为严重的状况。很明显,加强、加快农村残疾人事业发展,是中国实际国情的必然要求,是残疾人事业发展的主要内容与重点所在,具有明显的中国特色。

4. 残疾人事业的"中国特色"突出了推进残疾人共同奔小康的积极意义

党的十九大报告指出,到 2020 年,要全面建成小康社会。强调残疾人共同奔小康是因为残疾人的生存与发展状况与一般健全人的状况完全不一样。残疾人的基本生活、医疗卫生、康复、教育、就业、社会参与等方面还存在许多困难,总体生活状况与社会平均水平存在极大差距,农村残疾人由于分布广、数量多,绝大多数都处于贫困状态。2014 年年底,国务院常务会议审议通过了《关于加快推进残疾人小康进程的意见》,这是在中央加快保障改善民生的大形势下,对残疾人事业做出的新的具体政策安排。该意见聚焦残疾人基本民生,特别是对重度残疾人、城乡贫困残疾人和残疾儿童明确了特惠保障制度。如何推进残疾人小康,特别是如何使全国 8 500 多万残疾人在基本生活、医疗、康复、教育、就业、社会保障、公共服务等各方面和全国人民共同奔小康,是极为重要的研究课题与实际工作,无疑是中国特色残疾人事业的重要内容和目标追求。

综上,我们可以把中国特色残疾人事业定义为:在中国特色社会主义道路总体框架下,坚持党委领导、政府负责、社会参与,根据中国国情及残疾人的实际生活,秉持以人为本的基本理念,从社会治理的角度,把改善和推进残疾人事业作为社会建设的重要组成部分;把残疾人事业纳入到国家政治、经济、社会、文化、生态文明等各项建设之中,促进残疾人的"平等、参与、共享";在制度设计、政策制定、服务实施等方面推进残疾人由生存型到发展型转变,推动以保障残疾人健康权、生存权、发展权为主要内容的制度创新,为残疾人创造良好的生活与发展环境。

二、中国特色残疾人事业发展的目标与原则

(一) 中国特色残疾人事业发展的目标

残疾人事业是中国特色社会主义事业的重要组成部分,做好残疾人工作,对于全面建成小康社会、实现中华民族伟大复兴的中国梦具有重大意义。在新的起点上,以改革创新精神推进中国特色残疾人事业发展,是党和人民的重托,也是残疾人的期盼。"十三五"时期,中国特色残疾人事业发展的目标规划如下:

（1）到 2020 年,残疾人权益保障制度基本健全、基本公共服务体系更加完善,残疾人事业与经济社会协调发展;残疾人社会保障和基本公共服务水平明显提高,共享全面建成小康社会的成果。

（2）农村贫困残疾人实现脱贫,力争城乡残疾人家庭人均可支配收入年均增速比社会平均水平更快一些,残疾人普遍享有基本住房、基本养老、基本医疗、基本康复,生活有保障,居家有照料,出行更便利。

（3）残疾人平等权益得到更好保障,受教育水平明显提高,就业更加充分,文化体育生活更加丰富活跃,自身素质和能力不断增强,社会参与更加广泛深入。

（4）残疾人基本公共服务基础条件明显改善,服务质量和效益不断提高,基层残疾人综合服务能力显著增强,形成理解、尊重、关心、帮助残疾人的良好社会环境。[1]

2020 年是完成党的十八届三中全会《决定》提出的改革任务的重要节点,也是党的十八大提出全面建成小康社会的重要时点。为此,必须采取有效措施激发蕴含在残疾人及其亲属中的创新活力,努力在新的起点上以改革创新精神推动中国特色残疾人事业加快发展,在实现中国梦的伟大实践中创造残疾人更加幸福美好的新生活。

（二）中国特色残疾人事业发展的原则

残疾人是特殊的社会弱势群体,需要社会各界给予特别关心、关怀和关爱。[2] 中国特色残疾人事业的发展,一方面需要政府在宏观层面做好顶层设计,统筹规划;另一方面需要协调社会各方力量,把关爱残疾人的具体措施落到实处。特别是要在政策层面健全残疾人社会福利的实现机制,使其在"平等、参与、共享"的理念下融入社会,共享社会发展成果。党的十八大报告指出:"要坚持全覆盖、保基本、多层次、可持续方针,以增强公平性、适应流动性、保证可持续性为重点,全面建成覆盖城乡居民的社会保障体系。"具体而言,中国特色残疾人事业发展应坚持以下几个方面的原则:

（1）坚持普惠与特惠相结合。既要通过普惠性制度安排给予残疾人公平待遇,保障他们基本的生存发展需求,又要通过特惠性制度安排给予残疾人特别扶助和优先保障,解决他们的特殊需求和特殊困难。

（2）坚持兜底保障与就业增收相结合。既要突出政府责任,兜底保障残疾人基本民生,为残疾人发展创造基本条件,又要充分发挥社会力量和市场机制作用,为残疾人就业增收和融合发展创造更好的环境。

（3）坚持政府主导与社会参与、市场推动相结合。既要突出政府责任,确保残疾人公平享有基本民生保障和基本公共服务,依法维护好残疾人平等权益,又要充分发挥社会力量、残疾人组织和市场机制作用,满足残疾人多层次、多样化的需求,为残疾人就业增收和融合发展创造便利化条件和友好型环境。

（4）坚持增进残疾人福祉和促进残疾人自强自立相结合。既要解决好残疾人最关心、最直接、最现实的利益问题,不断增进残疾人福祉;又要充分发挥残疾人的积极性、主动性和创造性,提高残疾人自我发展能力,帮助残疾人通过自身努力创造更加幸福的

① 周沛.社会治理视角下中国特色残疾人事业探略及发展路径分析[J].社会科学,2015(8).
② 鲁勇.以改革创新精神推进中国特色残疾人事业发展[J].人民日报,2014(2).

生活。

（5）坚持统筹兼顾与分类指导相结合。既要加强对农村、老少边穷地区和贫困、重度残疾人的重点扶持，统筹推进城乡区域和不同类别残疾人小康进程，又要充分考虑城乡和地区差异，使残疾人小康进程与当地全面小康进程相协调、相适应。①

三、中国特色残疾人事业发展现状

新时代中国特色残疾人事业得到快速发展，取得了很大的成就，但是残疾人事业发展依然面临严峻的挑战。

（一）社会公众对残疾人事业的认识仍需进一步推动

近年来，虽然社会公众对残疾给予了很大的关注与支持，对残疾人事业也有了许多认识，但是这种认识还只是停留在思想层面的认识，停留在心态上的同情，而没有身体力行地积极了解残疾人事业，对残疾从业人员及残联组织都存在一定的偏见。人们对待残疾人的歧视行为依旧存在，这种观念将会导致残疾人与社会的隔离，给他们的心理、社会和职业康复带来更大的困难。

（二）残疾人事业发展的法治建设仍需进一步加强

法律制度是残疾人事业发展的科学依据与指南，要推进我国残疾人事业快速向前发展，就必须构建适应我国实际情况的残疾人事业法律体系。目前，我国虽然制定了一系列残疾人保障法律法规，但是仍存在一些问题。一方面是现有法律多为宏观指导，涉及残疾人日常生活及社会参与的操作性规程较少；另一方面，由于社会上仍存在误解、歧视残疾人的偏见，加上监督执行力度不够，使得现有法律法规在实际运用过程中难以彻底执行。

（三）残疾人社会保障和公共服务仍需进一步完善

1. 残疾人社会保障事业不健全

一方面，残疾人社会保障发展不平衡、不协调。从城乡之看，城市的社会保障水平明显高于农村，城市居民的参保率比农村居民高；从区域发展来看，发达地区参保率高于欠发达地区；从残疾类别看，多重和智力残疾人养老和医疗保险参保率要普遍低于其他类型的残疾人，尤其是智力残疾人参保率在各类残疾人中最低。另一方面，残疾人社会保障缴费能力欠缺、参保率低。残疾人由于受自身障碍的限制，收入渠道单一，缺乏稳定的可持续的经济收入，大部分残疾人的生活来源要靠亲属补贴。他们不仅承受着巨大的经济压力，而且还承受着极大的精神痛苦。面对这样的生活现状，大部分残疾人参加社会保险的能力和意愿都不强，他们中大部分人只能靠政府补贴和亲属接济生活，导致参率低。

2. 残疾人贫困问题严峻

根据统计、监测、专项调查的综合数据，目前我国 8 500 万残疾人中，还有 1 230 万农村残疾人尚未脱贫，260 万城镇残疾人生活十分困难。总体来看，城乡残疾人家庭人均收入与社会平均水平差距还比较大，处在低收入水平。城镇残疾人家庭人均收入和支出常

---

① 河南省人民政府办公厅关于印发河南省"十三五"加快残疾人小康进程规划的通知［Z］.河南省人民政府公报,2017(2).

年只有城镇平均水平的一半多一点,农村的也只有平均数的八成左右。如果考虑到残疾人个人,那么人均收入和支出还会更低。尽管残疾人人均收入和支出绝对水平不断上升,甚至有明显提高,但是就相对水平而言,还是有"先天不足",尤其是在社会平均水平迅速上升的情况下,如何缩小残疾人与之的相对差距,是极大的挑战。

3. 残疾人就业机会少且就业渠道单一

目前,我国残疾人的就业状况不容乐观,残疾人就业率低、就业范围狭窄以及经济收入有限等,都是摆在我们面前的突出问题。其中,残疾人改变生产生活现状的重要途径就是生产自救或参加就业,而目前我国残疾人的就业率不高。这主要是以下原因造成的:一是政府制定的关于残疾人就业保障的法律法规执行力度不够,没有真正落到实处,多种渠道的就业方式并未向残疾人真正开放。二是政府未完全建立残疾人就业服务一体化的信息体系,加之残疾人获取信息的能力有限,导致残疾人不能及时获取就业信息。市场中专门针对残疾人的职业中介体系也没有完全建立起来,也限制了残疾人获取就业机会的途径。我国的残疾人就业大多在低端服务和制造业,其就业渠道有限、就业结构单一。

4. 残疾人无障碍建设不完善

残疾人无障碍基础设施建设不完善。虽然在大部分城市化道路、超市等一些公共领域都设有残疾人通道、残疾人公共设施,但这些设施并没有真正便利每个残疾人,很多公共设施出现老龄化、无人管理、使用率低等状况;在城乡地区,残疾人无障碍建设还存在一定差距,各地政府对残疾人无障碍公共设施建设投入不足。这些都是阻碍残疾人无障碍建设的一些突出问题。

手语、盲文等无障碍沟通不畅通。问题主要表现在手语、盲文等无障碍沟通的培训不完善,针对不同类型的残疾人进行无障碍培训机制还没有形成。市场中无障碍沟通工具的缺乏,导致不能满足视力、听力、言语等不同类型的残疾人的社会需求。[①]

(四)残疾人事业发展参与主体仍需进一步补充

目前,中国残疾人事业发展主要依赖政府的行政推动,在福利的具体供给与实施方面,由于我国社会经济水平有限,残疾人福利主要由其所在家庭承担,而国家(政府)与家庭之外的其他主体参与程度较低。除国家救助和家庭互助之外,其他主体对残疾人的社会救助和扶持力度不够,民间组织、慈善机构、企业、社会大众等对残疾人的社会保障事业参与度低,慈善意识、扶残助残氛围不浓。这种单一参与主体的格局,直接导致了残疾人家庭的贫困与残疾人福利保障资金投入的严重不足,也影响了残疾人福利的持续、有效供给与提高。此外,事业发展经费来源渠道单一,未充分利用民间力量。无论多么发达的国家或地区,政府的财力始终是有限的,而社会成员对福利的需求增长却是无限的。因此,解决财力有限与需求无限之间矛盾的途径,就是充分利用民间的力量发展社会福利事业,这是一些国家和地区的成功经验。目前,中国残疾人事业仍过分强调家庭与残疾人自我保障,在资金来源渠道方面,过分依赖政府投入与家庭支持,尚未突出强调对 NGO、NPO 等民间力量参与残疾人事业发展的正确引导与鼓励支持。

---

① 姜春明,辛远. 当代中国残疾人事业发展现状及对策研究[J]. 长春大学学报,2017(5).

（五）残疾人事业发展水平仍需进一步均衡

目前，我国残疾人事业发展仍存在较为明显的"城乡有别"现象，城乡残疾人社会保障具有二元特征，农村残疾人保障分散而零碎、保障面狭窄，享受的残疾人数量有限。由于我国经济社会发展存在巨大的地区差异，东中西部地区发展水平呈阶梯状递减，所以各地在残疾人事业推进方面，无论是资金投入还是人员配备，抑或是设施建设，都存在巨大差异。为实现构建和谐社会的宏伟目标，应该在统筹兼顾的基础上，建立城乡衔接的残疾人事业发展机制，逐步实现残疾人事业城乡、地区发展均等化。

正因为我国残疾人事业发展方面还存在以上的问题，所以我们需要认清形势，在对残疾人事业准确定位的基础上，确定其目标与发展，规范其体系架构与内容框架，积极稳妥地推进中国特色残疾人事业健康、有序发展。

四、中国特色残疾人事业发展路径

构建有中国特色的残疾人事业是我国历史上的伟大创举，必须结合中国国情，立足中国实际，坚持中国道路，才能走出一条具有中国特色的残疾人事业发展道路。

（一）道路：坚持走中国特色残疾人事业发展的道路

一是要健全残疾人事业发展的领导体制和工作机制。我们国家是社会主义国家，残疾人事业是社会主义事业的一部分，这就决定了中国的残疾人事业要坚持党的领导。我国的残疾人事业，经过长期的探索和实践，已经形成了"党委领导、政府负责、社会参与、残疾人组织充分发挥作用"的有效领导体制和工作机制，这是我国残疾人事业发展所独有的政治优势和组织优势，是残疾人事业取得成功的体制保障。各级党委和政府要践行"立党为公、执政为民"的理念，高度重视残疾人工作，在制定政策，开展工作时，要以残疾人为本位，始终把维护好、实现好和发展好最广大残疾人的根本利益作为其价值取向；同时还要始终把最广大残疾人作为推动残疾人事业发展的实践主体。

二是要坚持走中国特色残疾人劳动福利型道路。劳动福利型道路的要义就是把残疾人就业放在突出位置，作为解决残疾人问题、发展残疾人事业的基础以及实现残疾人劳动权益的根本。这是由我国社会主义初级阶段的基本国情和残情决定的。单靠救济和供养的残疾人事业是不可持续的残疾人事业，我们要规避走西方发达国家从"摇篮到坟墓"的高福利政策道路。要通过康复、教育和培训来不断提升残疾人所蕴藏的人力资本，促进残疾人更好地就业，从而获取生存和发展的资料，实现其人生价值。

另一方面是要广泛动员社会力量，整合社会资源推动残疾人事业的发展。要积极建立"政府主导、社会参与、市场运作"的残疾人公共服务供给模式。政府的主要职责是制定和完善残疾人公共服务的行业标准和行为规范，并引入竞争机制，进而提升各个服务主体的服务质量和水平。根据残疾类别的差异采取额外规制的方式配置各专项公共服务，壮大社会助残志愿者队伍，鼓励和引导各类社会组织在残疾人公共服务领域方面发挥更积极的效用。

（二）理念：践行以社会主义人道主义为核心价值的新残疾人观

在以社会主义人道主义为核心价值的新残疾人观指引下，残疾人事业发展，一是要正确认识残疾人和健全人一样，具有同等的公民权利，而不是受歧视和怜悯的对象。二是要正确认识残疾是人类社会发展进程中不可避免要付出的社会代价,社会为残疾人提供必要的补偿,是社会对其成员应尽的责任。发展残疾人事业,是社会主义制度的内在要求。要始终把改善残疾人生活状况和提高残疾人生活质量作为开展残疾人工作的根本。三是要正确认识残疾人同样是人类社会财富的创造者,也是推动人类发展和社会进步不可缺少的重要力量。残疾人有参与社会生活、贡献力量、服务社会的愿望和能力。虽然残疾限制了残疾人某些功能的发挥,但是可以通过发挥其他感觉和思维器官的作用,刺激并调动其人体自身的代偿功能,扬长避短,仍可以使其被损害和受限的身体功能得到最大限度地弥补,寻找到适合残疾人的方式来更好地认知世界、参与社会、创造财富、实现价值。这样有利于对残疾人赋权、充能,克服其自卑和依赖的心理,磨练其坚强的意志,使其更好地回归社会,融入生活,以适应现代社会发展的需要。[1]

(三)定位:顺应国家大局,明确残疾人事业基本定位

紧跟我国的战略部署,与国家全局相适应,是残疾人事业的一个英明的战略决策。党的十八大提出2020年全面建成小康社会的宏伟目标。残疾人事业无疑必须跟上国家的步伐,加快残疾人全面小康的进程。

2008年中共中央、国务院印发的《关于促进残疾人事业发展的意见》开宗明义写道,"残疾人事业是中国特色社会主义事业的重要组成部分",指明了残疾人事业在党和国家发展大局中应有的位置。四十年的发展实践表明,残疾人事业之所以能够呈现鲜明的中国特色、时代特征和实践特性,最根本的原因是它来源于、从属于、植根于中国特色社会主义事业,并在其中显现出独特的重要性,从而与中国的历史和现实紧紧地联系在一起。新时代推动中国特色残疾人事业发展,不能离开习近平新时代中国特色社会主义思想的精神指引,不能离开中国特色社会主义的理论、道路、制度和文化提供的发展养分,也不能离开中国特色社会主义事业整体发展创造的条件、基础。残疾人事业涉及中国特色社会主义各项事业,融在社会主义经济建设、政治建设、文化建设、社会建设和生态文明建设之中。从范围和领域来说,它是整体的一个部分、全局的一个局部、系统的一个环节,从属于、包含于中国特色社会主义事业;从残疾人群体的特殊性和残疾人问题解决的长期性、复杂性、艰巨性来看,它又是中国特色社会主义事业中特殊重要的部分。残疾人事业只有站到中国特色社会主义旗帜下才能找到自己的历史方位和努力方向,只有沿着中国特色社会主义道路前进才能完成自身的历史使命。[2]

(四)主体:构建党委领导、政府主导、市场引导、非政府组织参与、残疾人家庭支持的多元化残疾人社会福利体系

中国特色的残疾人事业在主体上要充分考虑我国的社会结构、政治偏好和历史传承,构建适应中国国情的多元化社会保障与福利服务体系。中国残疾人事业从无到有发展到今天,所取得的成就都是在各级党委领导下实现的,党的领导既是保障也是中国特色。在残疾人问题日益受到重视的今天,尤其要加强党的领导,把残疾人事业的发展置于各级党

---

[1] 邱观建,安治民.道路、理论、制度——中国特色残疾人事业发展的体系建构[J].理论月刊,2015(3).

[2] 厉才茂.中国特色残疾人事业的历史方位(中)——从与国家大局的关系来看中国特色残疾人事业新的历史方位[J].残疾人研究,2018(6).

委的领导之下,成为各级党委日常工作的重要部分。同时,经验和实践也告诉我们,我国残疾人事业的发展一直离不开政府这个"有形之手"的主导。特别在计划经济时期,残疾人保障和福利服务的主体单一,政府几乎成了"全能政府",承担了大量责任。在我国残疾人事业发展日益成熟的今天,政府的主导地位不仅不能削弱,反而有加强的必要。政府主导主要体现在制定计划、安排政策、提供基础设施和公共产品服务、依法监督管理、维护秩序、保障公共安全等方面。当然,随着社会发展,无处不在、无所不能的"全能政府"、"管理政府"已经不适应社会福利供给主体多元化的发展趋势。在政府主导下,依靠市场、社区、非政府组织等社会力量,多形式、多渠道、多层次发展残疾人社会福利事业已经成为当今残疾人事业发展的趋势和方向。另外,必须考虑到家庭在残疾人社会保障和福利服务中的重要性,充分挖掘家庭资源,支持帮助残疾人家庭,使其在残疾人事业发展中发挥更大的作用。

(五)水平:坚持"适度原则",构建适合中国国情的残疾人保障与福利服务制度

福利国家的经验和教训已经告诫我们,福利水平过高会导致"福利依赖"的社会问题,而如果水平过低,又易导致"贫困陷阱"的伦理风险。中国残疾人事业必须以此为警戒,坚持"适度原则",构建与中国社会发展相适应的残疾人保障与福利服务制度。一方面,要根据我国残疾人发展事业起步晚、基础差、体系不完备、制度不完善、尚有较大提升空间的事实,积极借鉴国际先进经验,加大投资,完善制度,规范主体,大力发展残疾人发展事业,在短期内迅速建立起理念先进、制度规范、体系完备的残疾人保障与福利服务体系,实现残疾人"共享、参与、平等"地融入社会、促进社会公平正义;另一方面又必须正视中国社会主义初级阶段的客观现实,立足社会发展实际,使残疾人保障与福利服务水平与整个国家的经济社会发展相得益彰、协调一致。如果不顾现实,不顾条件、眼高手低,盲目发展,中国的残疾人事业有可能成为我国经济社会发展的沉重包袱,甚至发展道路上的绊脚石。当前欧洲部分国家陷入经济危机,社会福利紧缩,并由此产生的社会动荡、族群分裂,甚至国家破产等严重社会问题就是很好的反面教材。具体到残疾人社会保障与社会福利服务制度上,适度原则既要体现对残疾人的保障功能,达到政策兜底的作用,使残疾人在基本生存、基本康复供养、基本社会参与社会融入等方面能够顺利实现;同时又要体现激励功能,兼顾效率与公平,使制度和政策在可得与可及的基础上,有利于激发残疾人的积极性,实现残疾人可持续发展。[①]

对于残疾人事业发展中的诸多内容与项目,相应有不同层次的社会政策加以规范和指导,可以从两个层面加以理解与推进:

首先,宏观层面的政策设计。把残疾人事业纳入经济社会的大局加以通盘推进。把残疾人事业发展纳入各地区国民经济和社会发展的总体规划,纳入本系统的发展规划,加以统一部署、统筹安排、同步实施,是残疾人事业发展中最为明显的"中国特色"。它体现出政府推动、政策推进、财政支持管理服务等多方面的制度性保障。把残疾人事业发展作为对各级党委和政府、对各单位系统的考核内容,把残疾人事业发展与社会经济发展的考

---

① 梁德友,周沛. 国际化、本土化、人本化:中国特色残疾人事业发展的三个向度[A]. 江苏省第八届学术大会学会专场论文哲学社会类论文汇编,2014(11).

核评估融为一体,纳入地方政府、单位机构的工作计划与发展规划中。建立与健全系统的考评机制,把残疾人事业发展状况与地方综合发展、社会满意度等各方面对政府的综合评价结合起来。在制度层面根治残疾人事业发展停留在口头上、会议上和文件上的顽疾,从根本上推进中国特色残疾人事业的健康有序发展。

其次,微观层面或具体层面的政策设计。残疾人事业发展有许多具体的内容与项目,包括有助于残疾人发展的社会氛围,无障碍设施建设,残疾人社会保障,残疾人社会服务,残疾人康复、教育、就业、托养等基本公共服务,农村残疾人事业发展等。在每个具体内容上,都应有相应的具体政策加以规范和引导。目前,尽管有诸多各级各类的相关政策出台,但还存在着政出多门,有些政策之间相互矛盾与抵触,残疾人特惠型福利政策体现不够,农村残疾人发展的政策针对性不强等问题,须加强残疾人事业发展具体政策的整合、调整工作。通过完善政策设计来推进残疾人事业发展,不仅是残疾人事业发展的"中国特色",更是中国特色残疾人事业发展的有效途径与有力保障。①

(六)保障:走法制化之路,完善中国残疾人事业保障体系

法制化是一种制度走向成熟的标志。中国特色的残疾人事业不能仅仅寄希望于政府的"仁心"、社会的"善心",更不能依靠个别人的"良心",而必须走法制化之路。唯有法律的护佑,残疾人才能真正走上"平等、参与、共享"的康庄大道。新中国成立以来,虽然我国形成了以《宪法》为基石,以《残疾人保障法》为核心,包括《无障碍环境建设条例》《残疾人教育条例》《残疾人就业条例》等在内的残疾人保障系列法律法规,初步建立起了与我国政治、经济和社会发展基本匹配的残疾人保障法律体系,为广大残疾人发展、维权提供了法律保障。但不可否认,与中国特色的社会主义建设伟大实践和残疾人事业日新月异的快速发展相比,尤其是与新千年以来《残疾人权利公约》签署后,举国上下对残疾人事业发展的期望相比,我国残疾人事业的法制化建设明显滞后。这种滞后既有立法理念落后,宪法宣誓不足,也有残疾人法律体系不完备,立法技术粗糙,法律条款指向不明,缺乏可操作性等诸多问题。就连我国唯一的一部残疾人专门法律——《残疾人保障法》(1999年制定,2008年修订)也被学者批评为"道德性强于法律性,倡导性多于规则性。"法律体系的不完善和保障的不健全,不仅使我国残疾人事业的现代化之路与整个中国特色社会主义的伟大实践极不适应,也造成了现实中一些机构、组织和个人不尊重残疾人、肆意践踏残疾人权益的行为。因此,构建宣誓有力、体系完备、保障有方的残疾人法律法规体系就成为当下我国残疾人事业发展的紧迫任务。为此,一方面应填补法律空白,完善残疾人权利保障的相关法律法规体系,尤其要针对我国残疾人立法现状,尽快出台《残疾人保障法》的配套法规、执行细则和可操作性的司法解释,做到有法可依;另一方面,需要把残疾人事业发展及其相应立法,放在依法治国的大背景下加以落实,做到有法必依。我们不仅要使相关法律成为残疾人维护自身权利与权益的有力武器,更要使法律成为政府及社会在社会治理过程中推动残疾人事业发展的制度保障;此外,要加强宣传,普及保障残疾人的相关法律知识,加大侵害残疾人案件的处置力度,强化各级政府和社会组织的法律意识,依法保护

---

① 周沛.社会治理视角下中国特色残疾人事业探略及发展路径分析[J].社会科学,2015(8).

残疾人的合法权益。①

（七）氛围：营造积极参与残疾人事业发展的社会氛围

坚持中国特色残疾人事业发展，除了在法律制度及政府推动、政策引导外，还需要积极营造社会参与的良好氛围。坚持政府主导与社会参与相结合，是我国残疾人事业发展的基本原则与总体要求之一。

众所周知，我国残疾人工作中，社会参与及社会氛围尚存在不少问题与缺陷。只有提升残疾人工作中的社会参与度，强化残疾人工作的社会氛围，才能为中国特色残疾人事业发展奠定良好的基础。首先，残疾人的社会参与，主要表现为残疾人的社会融入。残疾人样体要认识到自己是社会的一分子，是社会大家庭中的成员，需要投身到社会交往与社会活动中。由于各方面原因，许多残疾人事实上是被隔离于社会之外的，对社会参与有某些能力上的欠缺和情绪上的抵触。这就需要全社会的共同努力，采取各种形式的措施，让他们自愿、乐意融入社会。其次，各级地方政府应该深刻认识到残疾人事业对人类社会发展的重要性，从根本上转变政府对残疾人就业的歧视，转变政府的工作方式和思想观念。增加财政投入，建立健全残疾人社会保障体系，完善社会保障方式，增加就业途径，建立多类型、多层次的就业保障体系，以一种公平公正的心态来看待残疾人事业。再次，加强新闻媒体对残疾人事业的正面引导，其作用不仅对广大社会成员有潜移默化的影响，而且有利于形成一种社会风气。新闻媒体对残疾人的报道不能仅停留在对残疾人的帮扶上，而应该上升到帮助残疾人解决就业问题。对提供残疾人就业的工作机构给予正面积极的报道，努力在全社会形成一种帮助残疾人的社会风气。最后，社会公众应增强对残疾人事业的理解和支持。社会大众应该从思想上正确认识残疾人事业，不能把它当作一项弱势产业，而应该把残疾人事业当作一项阳光健康产业，给予积极支持和帮助，参与到基层残疾人组织中来，加强对残疾人事业尤其是残疾人服务体系的建设。通过多种形式，在全社会形成关心、关注、关爱、关怀残疾人的良好社会风气，形成人人平等、人人参与、人人共享的残疾人事业价值取向，使其在"平等、参与、共享"的理念下实现有尊严地生存和发展。这不仅是中国特色残疾人事业发展的应有之义，也是从最本质意义上践行社会主义社会以人为本发展理念的价值诉求与应然选择，是中国特色残疾人事业得以顺利推进的外部环境与内在动力。②

【本章小结】

本章主要讲述了残疾人事业的内涵、特点以及残疾人事业发展的理论基础和意义。同时回顾了我国残疾人事业发展的历程，将其分为三个时期：分别是残疾人事业初创时期、残疾人事业快速推进时期、中国特色残疾人事业不断完善时期。在这一历史进程中，中国特色的残疾人事业不断获得发展，内涵也不断丰富起来，确立了中国特色的残疾人事业发展的目标和原则。就此全面梳理了当前中国特色的残疾人事业发展现状，从公众认知、法制建设、社会保障、公共服务、就业支持、无障碍建设、参与主体、发展水平等多个层面进行了分析和呈现。结合中国的国情，立足中国的实际，提出坚持走中国特色残疾人事

---

① 梁德友，周沛.国际化、本土化、人本化：中国特色残疾人事业发展的三个向度[A].江苏省第八届学术大会学会专场论文哲学社会类论文汇编,2014(11).

② 周沛.社会治理视角下中国特色残疾人事业探略及发展路径分析[J].社会科学,2015(8).

业发展的道路、践行以社会主义人道主义为核心价值的新残疾人观、构建党委领导、政府主导、市场引导、非政府组织参与、残疾人家庭支持的多元化残疾人社会福利体系,坚持"适度原则",构建适合中国国情的残疾人保障与福利服务制度,走法制化之路,完善残疾人事业保障体系,营造积极参与残疾人事业发展的社会氛围等路径,积极促进我国残疾人事业的发展。

【复习与思考】

1. 我国残疾人事业发展的理论基础有哪些? 对我国残疾人事业的发展产生了哪些影响?

2. 我国残疾人教育发展经历了怎样的历史阶段?

3. 中国特色残疾人事业发展的目标与原则是哪些?

【案例分析与讨论】

目的:通过案例分析与讨论分析,了解我国各地区残疾人事业的发展现状,并能分析各地区的差异和深层动因。

准备:案例展现(PPT 及大屏幕)、白纸、签字笔、成员分组。

特别注意:小组成员不能多于 8 人,小组个数不能少于 3 组。

残疾人事业发展指数的省际比较

我国学者研究表明,残疾人事业发展指数是由生存保障、发展提升、服务支撑这三个方面所组成的。生存保障是国家和社会给予残疾人物质帮助和公共服务,以保障他们基本生活的一种制度安排,包括康复、社会保障、扶贫等三个方面。发展提升是残疾人平等参与社会、共享文明成果的关键所在,残疾人在教育、就业以及文化体育等方面素质能力的培养和提高是残疾人发展提升的驱动力量,包括教育、就业、文化体育等三个方面。服务支撑体系构建是维护残疾人各项权利,促进残疾人平等参与和全面发展的必然要求,服务支撑包括维权、组织建设、服务设施和信息化等四个方面。

基于上述研究,相关学者对我国各地区 2015 年残疾人事业发展情况进行综合评价。由综合评价可知,2015 年残疾人事业发展指数较高地区有:天津、北京、上海、浙江、江苏、山东、福建、重庆、辽宁、山西,其中东部地区有 7 个省(市)、西部地区有重庆、中部地区有山西、东北地区有辽宁。生存保障发展水平较高的地区有:天津、北京、上海、重庆、浙江、江苏、山东、广东、湖南、宁夏,其中东、中、西部地区分别有 7 个、1 个、2 个省(区、市);发展提升水平较高的地区有:天津、北京、上海、浙江、福建、江苏、山西、吉林、辽宁、湖北,其中东、中部及东北地区分别有 6 个、2 个、2 个省(市);服务支撑发展水平较高的地区有:天津、上海、浙江、北京、江苏、福建、山西、重庆、甘肃、辽宁,其中东、中、西部以及东北地区分别有 6 个、1 个、2 个、1 个省(市)。显然,残疾人事业发展水平较高的地区主要集中在我国东部地区,三大子目标发展较为均衡。同时,2015 年全国 31 个省(区、市)残疾人事业发展程度差异较大,总体发展指数较高的地区与较低地区间,相差近 40 个百分点。根据 2015 年残疾人事业发展中生存保障、发展提升、服务支撑指数,采用系统聚类法,对 31 个省(区、市)残疾人事业发展情况进行聚类。

由聚类结果可将全国 31 个省(区、市)分为三类。一类地区包括北京、天津、上海、江苏、浙江、山东、重庆 7 个地区,除重庆外,都属于我国东部地区,经济较为发达,其残疾人事业发展水平高。在残疾人的生存保障、发展提升、服务支持三大子目标发展方面都有不错的表现。相对而言,北京在残疾人社会保障、信息化建设等方面,天津市在残疾人就业、文化体育、组织建设、服务设施等方面,上海在残疾人康复、服务设施等方面,浙江在残疾人扶贫等方面处于全国领先地位。二类地区包括福建、辽宁、山西、甘肃、广东、湖南、宁夏、陕西、内蒙古、吉林、四川、湖北、新疆、河北 14 个地区,该类地区残疾人事业发展程度总体较高,仅次于一类地区,其中吉林在残疾人扶贫、四川在残疾人就业等方面位居全国前列。不过,此类地区残疾人事业发展不同领域差异程度较大。广东、宁夏、湖南三个地区尽管残疾人事业发展相对较好,但这三个地区的残疾人发展提升指数相对较低。四川、湖北残疾人生存保障指数、吉林服务支撑指数明显偏低,陕西残疾人事业三大领域的发展相对较为均衡。三类地区包括海南、江西、黑龙江、贵州、河南、青海、安徽、广西、云南、西藏 10 个地区,残疾人事业整体发展水平不高。但贵州在残疾人组织建设、江西在残疾人扶贫方面位居全国前列。进一步分析可知,海南、江西、黑龙江、贵州、河南 5 个地区残疾人事业发展中服务支撑指数相对偏低;青海、安徽、广西、云南 4 个地区残疾人事业发展中发展提升指数明显高于生存保障、服务支撑指数;西藏地区残疾人生存保障和发展提升指数偏低、服务支撑指数相对较高。①

讨论

1. 结合案例,简要分析我国残疾人事业的区域发展特点?

2. 结合相关资料,分析为什么残疾人事业发展水平较高的地区集中在我国东部地区?

3. 结合案例,再通过网络查询相关资料,谈一谈你家乡所在省份的残疾人事业发展的现状和建议?

【推荐阅读】

1. 沙龙·巴尼特,芭芭拉·奥尔特曼.残疾人理论研究进展及科学发展方向[M].北京:北京大学出版社,2013.

2. 郑功成,杨立雄.中国残疾人事业发展报告[M].北京:人民出版社,2011.

3. 谢琼.国际视角下的残疾人事业[M].北京:人民出版社,2013.

4. 杨立雄.中国残疾人事业典型案例[M].北京:人民出版社,2012.

5. 郑功成,杨立雄.中国残疾人事业发展报告(2017)[M].北京:人民出版社,2017.

【参考文献】

1. 潘俊.多元理论视角下残疾人事业发展的反思[D].华东政法大学硕士论文,2013.

2. 残疾人联合会.《残疾人工作基本知识读本》[M].华夏出版社,2009(5).

3. 罗登.残疾人事业发展中思想政治教育的功能研究[D].四川师范大学硕士论文,2014.

————————

① 凌亢,白先春.中国残疾人事业发展报告(2006—2015)[M].北京:中国统计出版社,2017.

4. 孙鹤群. 泰安市残疾人事业发展研究[D]. 山东农业大学硕士论文,2014.

5. 邓大松,刘昌平. 试论中国残疾人事业的理论基础[A]. 社会保障问题研究,2000(9).

6. 崔宏轶,马芝兰. 分配正义与政府管理价值导向之重塑[J]. 深圳大学学报(人文社会科学版),2011(3).

7. 杨俐.《残疾人权利研究》[D]. 吉林大学博士学位论文,2009.

8. 范喆. 我国残疾人社会福利问题研究[D]. 天津财经大学硕士论文,2010.

9. 姜毅. 残疾人社区服务中社会工作介入模式研究[D]. 西北大学硕士论文,2011.

10. 刘洪. 积极发展残疾人事业为构建社会主义和谐社会贡献力量[N]. 天津日报,2006-11-20(11).

11. 周沛. 社会治理视角下中国特色残疾人事业探略及发展路径分析[J]. 社会科学,2015(8).

12. 邱观建,安治民. 道路、理论、制度——中国特色残疾人事业发展的体系建构[J]. 理论月刊,2015(3).

13. 鲁勇. 以改革创新精神推进中国特色残疾人事业发展[J]. 人民日报,2014(2).

14. 河南省人民政府办公厅关于印发河南省"十三五"加快残疾人小康进程规划的通知. 河南省人民政府公报,2017(2).

15. 姜春明,辛远. 当代中国残疾人事业发展现状及对策研究[J]. 长春大学学报,2017(5).

16. 厉才茂. 中国特色残疾人事业的历史方位(中)——从与国家大局的关系来看中国特色残疾人事业新的历史方位[J]. 残疾人研究,2018(6).

17. 梁德友,周沛. 国际化、本土化、人本化:中国特色残疾人事业发展的三个向度[A]. 江苏省第八届学术大会学会专场论文哲学社会类论文汇编,2014(11).

第二章　残疾人政策法规

【本章学习要点】

- 残疾人政策法规的体系构成
- 残疾人政策法规的主要内容
- 残疾人政策的演进与特征
- 残疾人权益保障政策法规的展望

第一节　残疾人政策法规的结构体系

残疾人政策是指政府或其他社会组织为满足残疾人的基本生活需求、日常照顾服务需求、医疗保健康复服务需求,维护残疾人的合法权益不受侵犯,使残疾人幸福愉快地参与社会生活而提供各种社会服务的政策。

一、我国当代残疾人政策法规的体系构成

(一) 法规体系

在当代社会,政府需要多种多样的法规和政策对全社会实施有效的管理和服务。各国的政治体制、法制体制和行政管理体制不同,法规体系也不尽相同。随着中国残疾人事业从无到有、从小到大,残疾人法律独立性逐渐增强,系统性也逐步建立。目前我国已初步形成了以宪法为指导、以残疾人保障法为核心、以相关法律法规为基础、以地方规范性文件为补充的残疾人社会保障法律体系。具体来说,我国现阶段有关残疾人的社会政策法规体系主要包括以下种类:

1. 国家法律

国家法律是由全国人民代表大会及其常务委员会制定的各种法律的总称。我国现阶段有关残疾人的国家法律体系是以《中华人民共和国宪法》为基础,以《中华人民共和国残疾人保障法》为核心的体系构成。此外,我国有50多部法律直接涉及残疾人的某些特别事务,并做出特殊规定,我国的民事、刑事以及劳动和社会保障等众多法律中都有关于残疾人不同方面的规定,分别在不同领域为残疾人提供了法律保障。如《教育法》、《婚姻法》、《劳动法》、《刑法》等30余部法律涉及残疾人的教育、就业、医疗卫生、文化生活等各个方面,都对与残疾人社会保障密切相关的权利做出规定。

2. 行政法规

简单地说行政法规就是指国务院根据宪法和法律制定的有关行政管理等方面的规范性文件。制定与发布行政法规,是宪法赋予国务院的一项重要职权。行政法规一方面是为了执行国家法律而需要对有关事项做出更具体的规定;另一方面是为国务院行政管理职权范围内的事项制定规范。国务院通过各项行政法规,一方面规范经济和社会生活,另一方面规定政府的各项政策行动。按照国务院《行政法规制定程度条例》的规定,行政法规的名称一般称为"条例",也可称为"规定"、"办法"等。国务院根据全国人民代表大会及其常务委员会授权制定的行政法规,称"暂行条例"或"暂行规定"。行政法规由国务院组织起草,由国务院的部门负责具体起草工作。行政法规草案再经国务院法制部门征求各个方面意见,并进行审查和修改后,由国务院常务会议审议,或者由国务院审批。审批通过的行政法规由国务院总理签署,国务院令公布施行,并及时在国务院公报和在全国范围内发行的报纸上刊登。

我国关于残疾人权益保障的行政法规主要有《残疾人教育条例》《残疾人就业条例》等为主的一系列保障残疾人权益的相关行政管理方面的规范性文件。1994年8月23日《残疾人教育条例》的颁布是残疾人教育史上具有重要意义的事件,该条例是我国第一部保护残疾人教育权利的专门行政法规,它明确指出:残疾人教育是国家教育事业的组成部分。2007年2月14日,国务院通过《残疾人就业条例》,确立了政府在促进残疾人就业工作中居于主导地位,并对机关、团体、企业、事业单位和民办非企业单位吸纳残疾人就业的责任和义务做出了严格规定,并较为系统地明确了详细的保障措施。其他涉及残疾人社会保障的行政法规,比较重要的有《工伤保险条例》《城市居民最低生活保障条例》《农村"五保"供养工作条例》等。同时自"八五"计划开始,国务院已连续制定了四个中国残疾人事业五年规划纲要。

3. 国务院部门规章

是指国务院各个部门根据国家法律和行政法规的决定和命令,在本部门的职权范围内依照《规章制定程序条例》制定的规章。这里所指的国务院部门包括国务院各部、各委员会、中国人民银行、审计署和具有行政管理职能的直属机构。规章的名称一般称为"规定"、"办法"等,但不能称为"条例"。

在部门规章层面,国务院各部门制定的涉及残疾人社会保障相关内容的"办法"和"规定"种类繁杂、数量较多。民政、教育、劳动、财政、税务、建设、司法、残联等部门依据各自的职责,单独或联合制定发布了部门规章和规范性文件。如1995年,财政部颁布《残疾人就业保障金管理暂行规定》;1997年,国务院批准了《残疾人专用品免征进口税收暂行规定》;1989年,建设部、民政部和中国残疾人福利基金会发布了《方便残疾人使用的城市道路和建筑物设计规范(试行)》,并于2001年正式颁布了《城市道路和建筑物无障碍设计规范》,其他代表性的文件包括:《关于做好下岗残疾职工基本生活保障和再就业工作的通知》(1999年)、《关于积极扶持残疾人个人或自愿组织起来从事个体经营的通知》(1999年)、《残疾人就业信息网建设发展规划》(2000年)、《关于进一步加强扶助贫困残疾人工作的意见》(2004年)、《关于为残疾人提供无障碍法律服务和法律援助的通知》(2004年)、《关于城镇贫困残疾人个体户参加基本养老保险给予适当补贴有关问题的通知》(2005

年)、《关于促进残疾人就业税收优惠政策的通知》(2007年)、《福利企业资格认定办法》(2007年)、《残疾人中等职业学校设置标准(试行)》(2007年)等等。

4. 地方性法规及地方政府规章

地方性法规是指根据相关法律规定,省、自治区、直辖市和较大的市的人民代表大会及其常务委员会,根据本行政区域的具体情况和实际需求,依法制定规范性文件。地方政府规章是指省、自治区、直辖市和较大市的人民政府依法制定的相关规章制度。

在地方立法层面,各地结合本行政区域的实际情况,对残疾人社会保障相关内容进行规定和安排,并呈现出立法加快加强、规定更细更实的态势。各省、自治区、直辖市人大均制定了实施《残疾人保障法》的办法;各省、自治区、直辖市人民政府制定了按比例安排残疾人就业的相关规定;县级以上的地方人民政府根据中央政府制定的残疾人事业五年规划纲要,普遍制定了本行政区域的规划纲要及其配套实施方案。由许多省市专门制定了残疾人优待扶助办法,如天津市《关于对城镇残疾人个体工商户缴纳基本养老保险费给予适当补贴的办法》《深圳市残疾人参加社会保险试行办法》《山西省保障残疾人合法权益规定》《安徽省优待扶助残疾人规定》等等,全国绝大多数市、县、乡镇制定了扶助残疾人的优惠规定,特别是近些年来,随着社会保障扩面提标,各级政府也陆续出台了进一步完善包括"五保"供养、城乡低保、新农合、新农保在内的各项政策措施,对残疾人实行普惠加优惠、低保加优保。

此外,我国还积极开展残疾人领域的国际交流与合作,签署、批准和加入了一些有关残疾人权利保护的国际公约,积极参与国际残疾人事务,大力推动和支持两个"亚太残疾人十年"行动,特别是我国作为联合国《残疾人权利公约》的倡导国和起草工作组的成员国,提出了中国案文,在北京承办了21个亚太国家和地区参加的有关公约的政府间会议,通过了《北京宣言》。2008年6月26日我国就正式批准了《残疾人权利公约》,2008年8月1日向联合国提交了批准书,2008年8月31日《残疾人权利公约》在我国(包括香港特别行政区和澳门特别行政区)正式生效。

(二) 政府政策文件

除了以上法规之外,执政党和政府还有其他一些规范性和指导性的政策文件。所谓政策文件,是指各级党政部门向其下属单位和社会发布有关政策的文件。政府政策文件的内容非常广泛,但一般都包含在某类政策方面,或特定的公共管理事务方面在一定时期的目标、方向、原则、任务、工作方式,以及具体的步骤和措施等内容。有些政策文件着眼于大的目标、方向和原则,其内容主要是对政府政策的宏观阐释和对公共事务的宏观指导;而另一些则着眼于具体的政策规范和行动。

有关残疾人权益保障的政策文件分两类,一类是党和政府及其职能部门以政策文件的形式向其下级组织下达政策指令,要求下级组织按照上级政府或其职能部门的要求办理公共事务,或为下级政府及其职能部门的工作提供指导原则。另外一类是侧重向社会宣布政府的政策方向、原则和内容。

第二节　残疾人政策法规的主要内容

一、我国残疾人政策法规的主要内容体系

目前,我国已有《残疾人保障法》等涉及残疾人权益保障的法律 50 多部、《残疾人教育条例》等保障残疾人权益的专门性法规 100 余部以及大量的各部委、各省、自治区、直辖市的残疾人保障法实施办法和其他保障残疾人权益的地方政策和法规,可以说,中国残疾人福利政策法律体系已经初步形成。从内容上看,我国残疾人社会福利政策主要有以下六个方面:① 残疾人康复医疗政策。如《残疾人保障法》强调积极发展"以社区为基础、康复机构为主干、家庭为依托"的康复模式。② 残疾人劳动就业政策。我国采取按"比例就业、集中就业与分散就业"三种模式相结合的就业保障模式解决残疾人的就业需要,并对残疾人就业和创业采取政府补贴、税收减免、小额贷款等扶助性政策。③ 残疾人特殊教育政策。从教育规划、义务教育、教育资助、教育机构、教育环境五个方面进行残疾人教育的统筹安排,同时教育类法案中也对残疾人享受与健全人平等教育机会的权利进行了制度保障。④ 残疾人社会保险和社会救助政策。对残疾人的社会福利政策还涉及对生活困难和住房困难的残疾人提供社会救助,对所有残疾人提供医疗保险、养老保险的补贴,并规定了政府在维持残疾人基本生活方面的具体责任。⑤ 残疾人社会福利服务政策。除了对国家在残疾人保护上的责任进行具体规定,我国残疾人社会福利政策还鼓励和支持社会力量参与残疾人福利的建设,并在制度上予以肯定和扶植,还对社区建设也进行了笼统的规定。⑥ 残疾人无障碍设施政策。我国残疾人社会福利政策中也对残疾人享受无障碍设施和无障碍环境进行了规定,主张加快进行无障碍设施和环境的建设。

二、我国残疾人相关政策的优点与不足

(一)我国残疾人相关政策的优点

1. 政策覆盖的全面性

中央及地方政府出台的有关残疾人事业的政策法规涉及残疾人康复、教育培训、劳动就业、扶贫解困、社会保障、组织建设、文化体育、法律维权、无障碍、盲人按摩等领域,基本覆盖了残疾人群体的全部社会生活领域。

2. 政策在制定和实施过程中重点突出

中国的残疾人政策属于劳动福利型政策。残疾人的康复、就学和就业无疑是残疾人相关政策的最重要组成部分,其中残疾人就业又是重中之重。通过一系列的政策法规的安排与规定,使得个人、单位、社会形成合力,有效地推动残疾人就业的发展。除此以外,教育培训方面也占有重要的地位。

(二)我国残疾人相关政策存在的不足

1. 指导性的规定多,强制性、可操作性的规定少

如在《残疾人保障法》总则第六条中规定:"各级人民政府应当将残疾人事业纳入国民

经济和社会发展计划,经费列入财政预算,统筹规划,加强领导,综合协调,采取措施,使残疾人事业与经济、社会协调发展。"但并没有对残疾人事业经费占财政收入的比例进行明确的规定,同时对残疾人事业的经费使用及管理监督部门没有细化,容易造成发展残疾人事业的经费得不到切实稳定的保证。

2. 残疾人群体的差异性未充分体现

如对"生活不能自理残疾人"、"老年残疾人"等特殊残疾人群体缺乏明确、有力的政策支持。"老年残疾人"群体的特殊性在于老年和残疾两种弱势特征的双重叠加而使其生活更加艰难,需求更为复杂。"生活不能自理残疾人"则对于照料的需求更为迫切。

3. 执行主体的多重性,增加了残疾人政策落实的难度

一些工作往往需要进行多方面的协调才能开展。如残疾人的康复工作由若干部门共同负责:卫生部门承担残疾人康复工作的技术指导和有关业务工作,民政部门负责残疾人服务设施、康复训练场所的规划建设,教育部门要将各类残疾儿童的康复纳入幼儿教育、学前教育和特殊教育的工作计划,财政部门提供必要的经费保障,残联组织负责相关组织、协调和管理工作。这说明残疾人工作的复杂性,涉及各个政府部门,需要各部门协作得以实现,而现阶段部门之间有着严格的职责划分,受工作职责和管辖范围的限制,在有些需要通力合作,协同工作的问题上容易产生管理缺失,这种现象不仅会造成管理的"真空地带",也容易在处理残疾人事业发展中的具体问题时出现应对缓慢或者长久难以解决的现象。

第三节　残疾人政策的演进与特征

一、中国残疾人社会政策演进与特征

中国的社会政策体系是在特定的历史条件下形成和发展的,经历了从传统到现代、从适应计划经济体制到适应市场经济体制、从平均主义到发展主义的转变。不仅如此,残疾人社会政策作为整个社会政策体系的子系统,也经历了与其他人群无差别的平均主义低水平保障到向残疾人倾斜的适度普惠福利转变。

(一)平均主义的二元民政福利时期(1951—1983年)

新中国成立至改革开放初期前(1983年)的近35年间,中国政府在人口、教育、就业、收入分配、社会保障等方面制定和实施了一系列社会政策。当时的社会福利制度依附于经济公有制和计划经济制度而发展,确立了以社会主义意识形态为初级社会福利制度的指导思想,建立了城乡分割和封闭的社会福利制度。1955年,中国政府在内务部(民政部前身)设立了社会福利管理机构,主要负责指导和管理社会福利事业和社会福利企业,人们通常称之为"民政福利"。"文革"期间,民政福利受到严重影响。1968年内务部被撤销,众多卓有成效的社会福利制度和机构被废止,整个社会福利事业的服务质量普遍恶化。

1978年2月,民政部成立后内设了城市社会福利局,由专司政府直接承担城市社会

福利事务。随后,国务院相继颁布了《关于安置老弱病残干部的暂行办法》《关于工人退休、退职的暂行办法》《关于军队干部离职休养的暂行规定》等法规,有关部门制定了《农村合作医疗章程(试行草案)》等。1979年11月,全国城市社会救济福利工作会议召开,会议明确了城市社会福利事业单位的福利性质,制定了恢复和发展社会福利事业的方针和政策。

这一时期的残疾人社会政策具有非规范性、非持续性和城乡二元分割的鲜明特征。在城市,政府建立了对无依无靠、无劳动能力、无正常生活来源的孤寡老人、孤残儿童、精神病人和残疾人的"三无"人员社会救助。在农村,政府建立了对缺乏或完全丧失劳动能力、生活无依靠的老、弱、孤、寡、残社员的保吃、保穿、保烧(燃料)和对年幼的保教、年老的死后保葬的农村五保供养制度。但在有关残疾人社会政策的目标偏好方面,表现出了强烈的重城市轻农村、重国营轻集体、重中央轻地方、重大单位轻小单位的倾向和做法。

(二)残疾人福利社会化转向时期(1984—2002年)

1984年11月,民政部举办的"全国城市社会福利事业单位改革整顿经验交流会"提出了社会福利事业的三个转变发展战略和改革方向,即国家、集体、个人一起办的体制转变,由救济型向福利型转变,由供养型向供养康复型转变,由封闭型向开放型转变。从二十世纪八十年代中期开始,中国残疾人事业的制度化、规范化和社会化发展有了显著的推进,残疾人事业开始逐步系统地纳入国家经济社会发展规划,一系列有关残疾人的法律、法规和措施相继发布。1991年以后,国务院制定并实施了失业保险条例、农村五保户供养工作条例、城镇最低生活保障条例,通过了残疾人保障法、残疾人教育条例、妇女权益保障法、老年人权益保障法、公益事业捐赠法、城市最低生活保障条例等法律法规。1992年10月,党的十四大第一次明确提出了建立社会主义市场经济体制的目标模式,标志着中国社会主义建设事业进入新时期,中国残疾人社会政策开始进入了适应社会市场经济发展的制度转型。这一时期的残疾人社会政策已从改革开放初期的应急性、补救性和恢复性向系统化、法制化和社会化转变。中国残疾人社会福利事业逐渐摆脱了由政府全面包揽和行政权力直接干预的局面,开始改变单纯追求生活保障的目标和做法,民众观念发生了重大的变化,残疾人权益得到尊重,社会肯定残疾人能力,残疾人参与社会生活的环境大为改善。

(三)向残疾人倾斜的适度普惠福利时期(2003年至今)

从2003年开始,民生财政开始全面系统地在公共政策和公共财政领域付诸实施和实现,党的十六大和十七大深入贯彻落实科学发展观,国家更为关注社会政策领域的公平、公正和平等,更加重视民生民利,以人为本的价值理念向社会政策复归,残疾人社会政策发生历史性转变。2005年11月,民政部发布《关于支持社会力量兴办社会福利机构的意见》,提出推进社会福利社会化,动员社会力量多渠道、多层次参与福利事业、兴办福利机构,开展形式多样的系列化服务。2007年最低生活保障制度从城市全面推广到农村,打破了长期以来社会保障制度"重城轻乡"、社会保险只在城镇内部覆盖的不平等格局。2008年4月,党中央、国务院印发《关于促进残疾人事业发展的意见》,提出了加快推进残疾人社会保障体系和服务体系建设。2010年3月10日国务院办公厅转发中国残联等部门和单位《关于加快推进残疾人社会保障体系和服务体系建设指导意见的通知》,对残疾人社会保障与服务体系做了部署,我国残疾人社会保障和公共服务事业的发展进入到一个全新的阶段。随着经济的发展,残疾人社会保障与服务得到了有效拓展,政府和社会为残疾人提供服务的能力和水平不断提高,初步形成了符合中国国情的残疾人社会保障与服务的政策体系和工作格局。

这一时期残疾人社会政策的主要特征如下:一是普惠型的社会保险、社会救助与公共卫生体系初步建立,残疾人福利制度体系基本形成;二是初步形成以宪法为依据,以刑事、民事等法律为基础,以残疾人保障法为核心,以行政法规、地方法规为支撑的保障残疾人权益的法律体系;三是在普惠型的社会保障与社会服务体系的基础上,形成了向残疾人社会权利倾斜的一些特惠制度和做法。[①]

第四节 残疾人权益保障政策法规的展望

我国的残疾人社会保障事业在改革开放后的几十年里已经获得了长足发展,为广大残疾人带来了各项权益。事实经验表明,残疾人权益的全面保障必须仰赖于健全的法律体系,而目前面临的诸多问题也正是由于法律制度在一定层面上与现实状况存在脱节,在保障残疾人权益方面也有着严重缺陷。因此,要实现残疾人社会保障事业的进一步发展,必须构建一个科学合理、功能完善的法律制度体系。

一、残疾人社会保障法律制度的总体设想

(一)残疾人社会保障法律体系

建立比较全面的法律体系和制度框架,是残疾人社会保障的基本要求和根本出路,也是西方发达国家的有效经验,并已成为一种国际惯例。残疾人社会保障制度的法制化必须首先从立法层面开始,逐步建立起残疾人社会保障制度的基本法律框架,切实做到有法可依、有法必依。建立残疾人社会保障法律体系,必须明确界定法律的纵向层级并赋予每个层级的具体内容,这既是建立法律体系的必然要求,也是法律体系自身的应有之意。

首先是宪法层次,作为国家的根本大法和法律的最高层次,应在宪法中对残疾人应享有的公民权利予以确认,并明确国家与社会对于残疾人应当负有的基本保障责任。其次是法律层次,以《残疾人保障法》作为综合性专门法律,配合制定残疾人就业、教育、康复等作为单一性专门法律,并通过制定或修订《社会保障法》《社会保险法》等涉残相关法律,体现对残疾人的特别保障,实现与残疾人社会保障专门法律的衔接配套。再次是法规层次,配合《社会保障法》《社会保险法》等法律的制订或实施,以及修订不久的《残疾人保障法》,制订配套性行政和地方法规文本。其四是规章层次,在现有各类规章的基础上,制订或修订涉残的部门规章与地方规章。其五是规范性文件层次,在法律法规明确的基本方针原则的指导下,适时适地制定相关规范性文件,作为法律法规体系的有机补充和具体实施

① 吴军民.中国残疾人社会政策演进:经验、问题及下一步行动[J].理论与改革,2012(3).

意见。①

同时,残疾人法律体系的构建应该从充分考虑残疾人的基本需求出发,如残疾人的教育、就业、康复权利等等,在将残疾人的社会福利纳入整体社会福利制度的基础上,对残疾人实现特别扶助的原则加以权益的保障,具体救助可以以分类的形式实施,力求保证实现对于残疾人社会保障的重视与支持。以满足基本生活为基础,以维护平等权利为重点,以优化参与环境为手段,构建布局合理、统分结合、运转协调、支撑有力的残疾人社会保障法律体系。此外,在强调和力促立法、执法、司法等"硬约束"的同时,也不可忽视和弱化宣传、倡导、评价等"软约束"的功能。加强现代残疾人观的宣传,促进全社会形成扶残助残的良好道德风尚;加强残疾人法制宣传工作,提高全民保障残疾人权益的法律意识;加快建立残疾人社会保障的实施与绩效评估机制,强化奖励政策和约束机制;各级人大、政协和政府部门进行执法监督检查和视察,有关部门和机构开展法律服务和法律援助等等,这些办法和措施不仅适合国情,若行之有效也能为残疾人社会保障法律体系建构争取到有力支持并营造出有利环境。

(二) 残疾人社会保障立法模式

当今世界上已有一些国家制定了专门的残疾人反歧视法律,不少国家通过其他规范保障残疾人权益,法律保障主要有以下几种模式:① 国际宣言或条约。联合国制定的一些重要的人权公约和宣言,专门提及残疾人并对其加以特别保护,尤其是《残疾人权利公约》标志着残疾人人权国际保护逐渐走向成熟。② 宪法保护。宪法是一个国家的最高法律,不少国家在宪法中对残疾人权利予以明确规定,许多国家的宪法改革包含了反对残疾歧视的条款。③ 民法条款。约有40个国家通过民事法律对残疾人实行非歧视和平等保护模式,这是最详细、最全面的法律保护类型。④ 刑法条款。由于这些规定涉及刑事制裁,因此是最为严厉的法律规定,但是否属于有意歧视很难判断,所以刑事条款的执行存在一定难度。⑤ 社会福利立法。有关残疾预防和康复、社会服务和社会融合等方面的内容,通常见之于社会福利立法领域。包括收入维持、教育培训、帮助就业,以致减免乘车费用、资助购买辅助用具等等,内容极为丰富,项目比较具体。②

因此,我国残疾人权益保障的立法模式应该在引进国际社会先进理念、借鉴国外残疾人立法方面的经验基础上,结合我国的实际国情,充分考虑我国目前的经济社会发展状况以及社会保障整体水平和法制建设实际情况等因素,进行合理的定位、科学的考虑、长远的设计。有学者指出,我国应倾向于选择"统分结合"或称"整合"模式。既要统合我国残疾人一般性社会保障制度,又要在差异性基础上统中又分地构建特殊性社会保障制度;基于社会公平的价值理念和社会和谐的实际需要,结合满足特殊弱势群体的特殊困难和特别需求,残疾人社会保障不仅要与全国一般意义上的社会保障制度相衔接或整合,而且在制度形式、待遇水平与项目设计上要最终超越全国一般意义上的社会保障制度。③

---

① 王利明、马玉娥、安守廉主编. 残疾人法律保障机制研究[M]. 北京:华夏出版社.
② 齐延平. 社会弱势群体的权利保护[M]. 济南:山东人民出版社,2006.
③ 李迎生、厉才茂等著. 残疾人社会保障理论与实践研究[M]. 北京:华夏出版社,2008.

二、残疾人权益保障专项政策法规制度的构建

残疾人作为社会中需要特别关照的弱势群体,其生活的各个方面均存在不同程度的困难与障碍,以及特殊的需求。因此,法律在保障残疾人权益方面必须考虑到这一群体的特殊性。如果仅仅依靠一般的社会保障制度和相应法律法规是远远不够的,必须通过专项法律制度给予特别扶助,才有可能减轻或消除歧视,维护实质公平和平等权利。

（一）将康复事业的经费投入及具体的康复服务项目纳入法律保障体系

联合国和世界卫生组织对残疾人康复始终特别关注,我国《残疾人保障法》专门设立一章对康复做出规定,而且是总则之后的第一章,足见其重要性。总则第十一条专门规定了残疾预防工作。康复是我国残疾人事业开展最早的项目之一,至今已取得显著成果。尽管如此,我国康复工作与广大残疾人需求相比仍有很大差距。为此,在政策法规的建立上建议从以下几个方面予以加强:

各级政府应是残疾人康复的责任主体,政府要加大对残疾人康复的投入,有关部门要落实各项康复经费。同时也要充分发挥社会力量参与残疾人的康复服务,并给予与相关法律制度的配套建设充分支持。但目前现行的法律当中对于政府及社会力量的责任并不明确,主要仍是以残联或相关部门下达的部门规章为制度依据,因此,需要上升到法律层面予以保障,否则残疾人康复服务与机构相对滞后,辅助用具供应严重不足等状况很难在短期内改善。同时,要把保健、预防、医疗和康复紧密结合起来,把可以共享的资源和优惠规定充分整合利用起来。比如,在医疗保障制度中纳入残疾人康复项目,列入医疗报销范围,医疗机构设立康复科室。借助工伤保险基金与工伤保险服务系统的力量,将残疾人康复事业与工伤保险等制度有机结合。[①] 针对残疾预防及儿童抢救性康复服务,国家应当进一步加强组织领导,制定法律法规,有计划地开展预防工作,在全社会宣传普及母婴保健和预防残疾知识,积极采取措施消除或减少诸如安全生产事故、交通事故、环境污染事故、食品药品事故、医疗事故等致残因素。

（二）完善和落实特殊教育政策

改革开放以来,虽然我国特殊教育立法得到迅速的发展,但仍不够完善。《残疾人教育条例》对有些方面缺乏明确的规定,如对特殊教育经费每年应占全部教育经费的比例、投入渠道都未作具体的规定。要完善和落实国家有关特殊教育的法律法规,修订已不适合时代要求的政策。地方各级政府要坚持"特教特办",一方面将特殊教育事业的发展纳入当地经济、社会和教育发展规划,使特殊教育与其他各类教育协调发展;另一方面结合当地实际,研究制定切实可行的特殊教育政策、措施。特殊教育是一项系统工程,需要社会各方面的协作和配合,否则难以形成稳定的管理系统和教育机制,必须通过法律法规来规范社会各部门的职责,教育责无旁贷,计划、民政、财政、人事、劳动保障、卫生、税务和残联等有关部门和单位也应各司其职,共同保障残疾儿童少年的受教育权等合法权益。我国现有的关于残疾人教育保障的立法过于原则,制度供应明显不足,《残疾人教育条例》层次偏低且操作性不强。残疾人教育立法是特殊教育普及化、社会化、法治化的要求,是残

---

① 郑功成.中国残疾人社会保障的宏观思考[J].河南师范大学学报(哲学社会科学版),2007(6).

疾学生在最少受限制环境中接受教育、享有平等受教育权的根本保障,要使残疾人接受教育的各个关键环节都有法可依,我国出台《残疾人教育法》或《特殊教育法》势在必行。

（三）加强残疾人就业的法律维护和政策保护支持力度

我国残疾人就业政策的发展需要政府、企业和教育机构等各方面的配合,许多国家的实践对我国残疾人就业政策的扩展也都具有重要的借鉴价值。在我国严峻的就业形势下,实现残疾人较为充分的就业,必须加大投入,加强法律维护和政策保护支持力度,加强就业援助,推进政策创新和机制创新,不断开拓残疾人就业工作的新局面。

分散按比例安排残疾人就业是解决残疾人就业的重要渠道和硬性措施,但我国目前实施这项制度问题不少、阻力不小。建议进一步细致明确地规定实施范围、覆盖对象、奖惩措施和执法主体;各省(区、市)应通过人大立法、政府令的形式,强化法律、行政效力,有效解决有法不依、执法不严的问题,明确各环节的责任主体及其相应的权能;要向乡镇延伸逐步覆盖农村残疾人就业,最终实现城乡残疾人就业的一体化。同时,政府应当细化和完善支持残疾人自主创业的政策措施,充分发挥其示范和辐射效应。

在促进和保护残疾人就业中重视反歧视的作用,已经成为国际社会的共识,不少国家都把政府促进就业与反对歧视制度相结合。联合国《残疾人权利公约》等相关国际公约、宣言等都有明确规定,英美等西方发达国家也以反歧视立法途径予以保护,我国香港劳工处在1996年和1997年分别出台了一系列禁止歧视残疾人的相关条例。尽管我国《就业促进法》《残疾人保障法》《残疾人就业条例》等相关法律法规上也有规定,但目前主要还要依靠国家干预手段促进残疾人就业,现实社会对残疾人的就业歧视现象相当普遍。应加快制定包括反就业歧视在内的专门法律,建立反歧视法律保护机构与机制,完善残疾人劳动就业反歧视的举证责任制度,细化对残疾人就业侵权的赔偿与惩罚措施,提供对残疾人就业诉讼维权时必要的法律援助。[1]

【本章小结】

在以宪法为依据,刑事、民事等法律为基础,残疾人保障法为核心的前提下,我国现阶段有关残疾人的社会政策法规体系主要包括国家法律、行政法规、国务院部门规章、地方性法规及地方政府规章。除了以上法规以外,执政党和政府还有其他一些规范性和指导性的政策文件。我国残疾人社会福利政策包括残疾人康复医疗政策、残疾人劳动就业政策、残疾人特殊教育政策、残疾人社会保险和社会救助政策、残疾人社会福利服务政策等六个方面。对于残疾人社会保障法律制度的总体设想具体有三个方面:第一是残疾人康复权利的法律保障,第二是残疾人受教育权利的法律保障,第三是残疾人就业权利的法律保障。

【复习与思考】

1. 我国现阶段有关残疾人的社会政策法规体系特点是什么?
2. 我国残疾人政策法规的主要内容是什么?
3. 阅读完残疾人社会保障法律制度的总体设想,介绍一项您所在地区的相关举措。

---

[1]　余向东.残疾人社会保障法律制度研究[D].安徽大学博士论文,2011.

并结合实际情况,谈一谈您所在地区如何更有效地保障残疾人的权益。

【案例分析与讨论】

张某是北京市西城区某小学的一名学生,小时候因打针发生药物中毒,造成听力严重受损,变成了听力残疾人。1998 年,张某开始在西城区的一个小学随班就读。2001 年,张某开始学习外语,由于听力残疾的影响,张某的外语考试常常因英语听力而丢分,她曾经向学校提出能否免考外语听力,学校回答说上面没有相关政策。2002 年,北京市教委出台相关文件,规定从现在起,在北京的基础教育阶段,凡持有残疾人证的听力残疾学生,只要经本人申请,区县相关部门认定,学生可以在市、区、县组织的各种考试中免外语听力测试。虽然不参加测试,但是学生会得到比较公正的听力成绩,听力成绩的得分与学生笔试成绩相关,听力成绩的计算公式是,笔试成绩乘以听力所占分数与笔试所占分数的比值。如果残疾生听力零分是一种不公平,那么不听反而给满分是对普通学生的不公平。所以按笔试成绩相应给分,对双方都是公平的。从此,像张某这样的听力残疾人再也不用担心因听力而丢分了。

讨论

1. 北京市教委的规定是否合法? 如合法,法律依据是什么?

2. 结合案例讨论在残疾人教育权方面,目前有哪些法律法规为残疾人提供相关保障?

【推荐阅读】

1. 陈新民. 残疾人权益保障——国际立法与实践[M]. 北京:华夏出版社,2003.

2. 约翰·罗尔斯. 正义论[M]. 何怀宏等译. 北京:中国社会科学出版社,1998.

3. 杨立雄,兰花. 中国残疾人社会保障制度[M]. 北京:人民出版社,2011.

4. 齐延平主编. 社会弱势群体的权利保护[M]. 济南:山东人民出版社,2006.

5. 李迎生,厉才茂,等. 残疾人社会保障理论与实践研究[M]. 北京:华夏出版社,2008.

6. 全国人大常委会法制工作委员会,中国残疾人联合会.《中华人民共和国残疾人保障法》[M]. 北京:中国民主法制出版社,2008.

【参考文献】

1. 吴军民. 中国残疾人社会政策演进:经验、问题及下一步行动[J]. 理论与改革,2012(3).

2. 王利明,马玉娥,安守廉. 残疾人法律保障机制研究[M]. 北京:华夏出版社.

3. 齐延平. 社会弱势群体的权利保护[M]. 济南:山东人民出版社,2006.

4. 李迎生,厉才茂,等. 残疾人社会保障理论与实践研究[M]. 北京:华夏出版社,2008.

5. 郑功成. 中国残疾人社会保障的宏观思考[J]. 河南师范大学学报(哲学社会科学版),2007(6).

6. 余向东. 残疾人社会保障法律制度研究[D]. 安徽大学博士论文,2011.

第三章　残疾人事业组织建设

【本章学习要点】
- 残疾人事业组织的性质和特征
- 残疾人事业组织建设的历程和发展
- 政府与残疾人事业组织建设
- 残疾人事业组织建设与非营利组织

第一节　残疾人事业组织的性质和特征

一、残疾人事业组织的性质

（一）残疾人事业组织的概念和主要内容

目前残疾人事业最主要的组织就是经国家法律确认、国务院批准的中国残疾人联合会（简称中国残联），它是全国各类残疾人的统一组织，其性质是人民团体。中国残疾人联合会的主要任务、机构编制和领导职能由中央机构编制管理部门直接确定，虽然是非政府组织，但在很大程度上行使着部分政府职能。属于参照公务员法管理的人民团体和社会团体，由政府财政负责拨款，使用行政编制，类似工会、共青团、妇联等。

《中国残疾人联合会章程》中规定中国残疾人联合会的主要工作内容有：第一，宣传贯彻《中华人民共和国残疾人保障法》，维护残疾人在政治、经济、文化、社会等方面平等的公民权利，密切联系残疾人，听取残疾人意见，反映残疾人需求，全心全意为残疾人服务。第二，团结、教育残疾人遵守法律，履行应尽义务，自尊、自信、自强、自立，为构建和谐社会、全面建设小康社会贡献力量。第三，沟通政府、社会与残疾人之间的联系，宣传残疾人事业，动员社会理解、尊重、关心、帮助残疾人。第四，开展和促进残疾人康复、教育、扶贫、劳动就业、维权、文化体育、社会保障和残疾预防等工作，改善残疾人参与社会生活的环境和条件。第五，参与研究、制定和实施残疾人事业的法律、法规、政策、规划，发挥综合、协调、咨询、服务作用，对有关领域的工作进行管理和指导。第六，承担政府残疾人工作委员会的日常工作。管理和发放《中华人民共和国残疾人证》。第七，管理和指导各类残疾人群众组织，培养残疾人工作者，使残疾人在残疾人组织中更加活跃，残疾人组织在基层更加活跃，残疾人和残疾人组织在社会上更加活跃。

（二）残疾人事业组织的机构设置

残疾人事业组织的机构设置主要有以下几个方面：

首先，中国残疾人联合会。中国残疾人联合会的机构设置主要有：第一，全国代表大会。中国残联的最高权力机构是全国代表大会。全国代表大会每五年举行一次，由中国残联主席团召集。代表中残疾人及残疾人亲友应超过半数。第二，名誉职务。中国残联设置名誉主席、名誉副主席，由中国残联主席团聘请。主席团每届任期五年。在全国代表大会闭会期间，负责贯彻全国代表大会决议，领导全国残联工作。主席团由主席一人、副主席若干人、委员若干人组成。主席团委员中残疾人及残疾人亲友应超过半数。主席团会议由主席团主席召集，每年至少举行一次。主席团实行民主集中制。第三，执行理事会。执行理事会是中国残联全国代表大会及其主席团的常设执行机构，由理事长一人、副理事长若干人、理事若干人组成。执行理事会实行理事长负责制。第四，专门协会。中国残联设盲人协会、聋人协会、肢残人协会、智力残疾人及亲友协会、精神残疾人及亲友协会等专门协会。专门协会委员会由中国残联全国代表大会代表中同类别的残疾人、残疾人亲友选举产生。专门协会设主席、副主席，由专门协会委员会选举产生。第五，团体会员。与残疾人事业有关的全国性社会团体，承认本章程，可申请作为本会的团体会员。

其次，地方残联组织。地方残联组织主要按照行政区划设置。县（市、区、旗）及县以上残疾人联合会，每五年召开一次代表大会。代表大会审议同级主席团报告，确定工作方针和任务，选举本级大会主席团。可设名誉主席、名誉副主席。主席团每届任期五年，每年举行一次会议，必要时可提前或延期召开。代表大会及其主席团的常设执行机构为执行理事会，设理事长、副理事长、理事。县（市、区、旗）及县以上残疾人联合会设专门协会。乡、镇、街道残疾人联合会，每五年召开一次代表会议，设主席、理事长。理事长负责日常工作。

最后，基层残疾人组织。社区、村民委员会、残疾人集中的企业事业单位，建立残疾人协会或残疾人小组。大中型企业事业单位，经省（自治区、直辖市）残疾人联合会同意、本单位批准，可建立残疾人协会或残疾人联合会。

（三）残疾人事业组织的职权范围

人民代表大会是残疾人事业组织的最高权力机构。全国代表大会职权是：审议中国残联主席团报告，确定工作方针和任务；修改中国残联章程；选举中国残联主席团。主席团职权是：选举主席、副主席；推举执行理事会理事长，通过执行理事会组成人员；检查代表大会决议执行情况；审议执行理事会工作报告；调换、增补主席团委员；监督执行理事会贯彻有关残疾人事业的法律、法规、方针、政策、规划的情况；监督"人道、廉洁、服务、奉献"职业道德建设情况；决定其他重大事项。执行理事会下设办事机构，承办中国残联的日常工作。理事会成员中应有各类残疾人或残疾人亲属代表。理事长由中国残联主席团推举，任期不超过两届；副理事长由理事长提名，主席团通过，政府任命；理事由理事长提名，主席团通过。执行理事会实行理事长负责制。专门协会的主要任务是：代表、联系、团结、教育本类别残疾人，反映特殊愿望及需求，维护合法权益，争取社会帮助，开展适宜活动，参与国际交往。基层组织的任务是：代表残疾人利益，反映残疾人需求，维护残疾人权益，开展有益活动，为残疾人办实事。

二、残疾人事业组织的特征

(一)残疾人事业组织具有公共性

残疾人事业组织是为残疾人服务的组织,其最鲜明的特点就是公共性。这一公共属性可以从两个方面来认识:第一,体现在组织目标上,即残疾人事业组织的目标,是满足残疾人的公共需求,提高残疾人的基本生活质量,保证社会的稳定和发展。因此,在整个残疾人事业组织活动中,始终服务于这一目标,运用公共权力整合社会资源,弥补市场机制的不足,为社会提供必需的公共产品,为残疾人的全面发展奠定基础,提供动力。第二,体现在组织管理的手段和过程中,即残疾人事业要强调社会的广泛参与性。主要表现为非政府组织和残疾人自身都可以通过各种渠道对残疾人事业管理行为进行监督和约束。

(二)残疾人事业组织具有非营利性

以是否营利为目的是区分私营组织和非营利组织的重要标志,也是区分市场行为与公共部门行为的基本标准。残疾人事业管理的基本特点决定了其管理主体必须要具有公共属性。作为一项为残疾人提供公共产品、提高生活质量和促进残疾人发展进步的组织活动,残疾人事业组织只能够是由政府的公共财政为主导的非营利性的组织。

(三)残疾人事业组织具有服务性

残疾人事业就内容而言,主要围绕改善残疾人参与社会生活的环境和条件,通过发展残疾人事业,促进残疾人平等地参与社会生活。因此,残疾人事业管理具有明显的服务性。这里服务性体现在为残疾人服务,涉及开展和促进残疾人康复、教育、扶贫、劳动就业、维权、文化体育、社会保障和残疾预防等服务内容。残疾人事业组织的服务性还体现在宣传残疾人事业,动员社会理解、尊重、关心、帮助残疾人这些方面的工作内容。

第二节　我国残疾人事业组织建设历程

一、我国各级残疾人事业组织简要发展历程

我国残疾人事业组织是伴随着改革开放应运而生,采取自上而下的方式组建起来的。这样的组建方式的优点是可以在较短的时间内可以形成较为完整的组织体系,提高了效率,减少了环节,但同时也带来了基层组织薄弱、基层建设滞后的不足。回顾我国各级残疾人事业组织的历史,主要分为组建和提升两个阶段。

首先,组建阶段(1988—1995年)。在组建阶段,主要任务是按照国家行政区划建立各级残联,配备专职理事长,实现计划单列。自1988年3月中国残联成立至1995年初,全国县以上及95%的乡镇(街道)成立了残联,省、地、县三级残联组织基本健全,业务领域基本形成。其次,巩固阶段(1995—2000年)。在本阶段,主要任务是理顺各级残联管理关系,机构升格,全面实现计划单列。至2000年底,全国29个省级和88.3%的市级、94%的县级残联理顺了管理关系,机构达到正局规格,建立了党组织,残联系统工作者达到8万多人,残联组织建设得到了加强和完善。最后,提升阶段(2000年至今)。重点任

务是在进一步完善各级残联组织建设的同时，大力推进社区、村残疾人组织建设。残疾人组织的触角逐步延伸到了城市和农村的最底端。截至目前，95.6％的乡（镇、街道）成立了残联并配备了专职或兼职理事长，92.5％的乡镇残联选聘残疾人专职委员；60％的行政村成立了残协，50％的行政村选聘了残疾人专职委员。①

二、地方、基层残疾人事业组织简要发展历程

（一）以组建和巩固县、乡残联为重点的阶段（1988—2000 年）

1988 年中国残联成立后，包括县、乡残联在内的地方各级残联先后成立。尤其是 1993 年至 1996 年，中国残联在全国残联系统中组织 668 个调研组，深入全国 30 个省（区、市）的 352 个市（地）、2619 个县（市、区）、5258 个乡（镇、街道）进行了综合调研，大力推进了基层残疾人组织建设。1998 年国务院残工委印发了《关于加强基层残联建设的决定》（〔1998〕残工委字第 1 号），根据《决定》精神，中国残联成立了基层工作办公室，再一次大规模组派督察组深入基层，积极推进县级残联"四位一体"和乡级残联"三位一体"建设。

（二）以城市社区为重点的阶段（2000—2005 年）

2000 年 12 月，中国残联在哈尔滨召开了首次基层残疾人组织建设工作会议，即全国社区残疾人工作座谈会，民政部、中国残联等 14 部委联合出台了《关于加强社区残疾人工作的意见》（〔2000〕残联办字第 142 号），拉开了基层社区残疾人组织建设工作的序幕。2003 年 11 月，中国残联和民政部共同召开全国社区残疾人工作现场会议，推广了济南市"一个理念、两个整合"的经验，着力推进城市社区残疾人组织建设，带动了残疾人协会和残疾人专职委员队伍的建设，残疾人专职委员队伍开始成为残疾人事业发展中又一支新生力量。

（三）继续夯实城市社区基础，并逐步向农村转移延伸的阶段（2005 年至今）

2005 年国务院残工委下发《关于进一步加强基层残疾人组织建设的意见》（残工委〔2005〕4 号），规范了县乡村三级残疾人组织的设置，明确了具体目标任务。同年 8 月在成都召开了全国基层残疾人组织建设工作会议，推广了成都市"量体裁衣"式个性化服务理念，着力强化（机构健全规范、队伍稳定实干、服务功能完善）三个要素，努力打造（县、乡、村）三级组织网络，全力推进（专职残疾人工作者、残疾人专职委员和助残志愿者）三支队伍建设。

三、中国各级残疾人事业组织现状

（一）自上而下的组织设置

我国的残疾人组织建设主要离不开政府的关怀，我国残疾人事业已经形成"党委领导、政府负责、社会参与、残疾人组织充分发挥作用"的领导体制和工作机制。"党委领导、政府负责"是发展残疾人事业的体制保障。党的领导高于一切，任何单位都必须与党中央保持高度的一致。政府负责完全符合我国国情。残联的职能是"代表、服务、管理"，担负着残疾人事业管理的重任，有别于一般的群体团体。政府残疾人工作委员会发挥综合协

---

① 中国残联组联部. 我国残疾人组织发展历程[J]. 中国残疾人. 2009(11).

调作用,综合各有关部门力量,形成残疾人工作的合力,有利于残疾人工作的开展。

(二) 重视基层残疾组织的建设

中国基层残联组织是指县级以下的残疾人联合会组织,包括乡级(含乡、镇、街道)残疾人联合会、村(含村、社区)残疾人协会(小组)两级残疾人联合会组织网络。残疾人事业组织建设,既要有顶层设计,更要建立健全基层的管理和服务体系。残疾人和残疾人家庭的困难和需求解决在基层,更有助于社会稳定。基层残联组织直接面向广大的残疾人群体,其能否发挥应有的功能,直接关系到万千残疾人的福祉。进一步争取各级党委政府对基层残疾人工作的重视和支持,积极争取工作资源和条件,切实把人力、财力、物力更多地投到基层,解决好基层残疾人组织有人干事、有钱办事、有服务设施做事"三个有"问题。推动基层残疾人组织积极参与城乡基层社会管理和服务,发挥基层残疾人组织在完善社会管理格局中的反映诉求、维护权益、提供服务等作用,进一步壮大基层残疾人工作力量,拓展为残疾人直接服务的有效资源,提高服务能力。基层残联组织功能的适当发挥,不仅会给残疾人群体带来极大的福祉,也同样有助于完善残疾人事业组织体系,促进国家治理体系和治理能力的现代化。

第三节　政府与残疾人事业组织建设

政府的基本属性决定了无论是社会主义国家还是资本主义国家,管理公共事业都是政府的一项基本职责,也是政府社会管理职能的基本内容和主要表现形式。在现代社会,政府不再是残疾人事业的唯一主体,但政府的基本属性和市场经济条件下政府的特定地位,仍然决定了政府是管理主体系统中最为基本的组织,也是整个管理组织系统的核心。

一、政府的概念和特征

"政府"一词,其原意是指导、驾驭或操舵,后来逐渐被赋予领导、管理和统治等含义。自法国的让·布丹在 16 世纪将政府与国家作了较为确切的区分后,美国的罗杰·威廉斯在 17 世纪首次将政府具体界定为"表达社会意愿的具体机构,是为公众服务的联合体,目的纯粹在于增进人民的福利"。现代意义的政府一般指执行国家权力、进行政治管理社会公共事务的机关。在我国,残疾人事业管理中的政府组织基本上是狭义政府,指直接拥有公共权力、管理残疾人事务、提供公共物品、为公共利益服务的公共组织。

要理解政府组织的内涵,必须把握好政府组织的特征:一是公共性。政府是由社会公共需要而产生的,因此具有公共的性质,即政府组织公共权力的行使必须服从和服务于公共利益,政府的所有活动都要尽可能地开辟公众参与的渠道,其最终成果也要接受公众的检验。二是强制性。强制性是公共权力得以成立并运行的基础保证,因而作为拥有公共权力的政府,无论代表着什么阶级的利益,其行为的强制性特征总是显而易见的,即政府组织具有公民赋予的一部分管理公共事务的公共权力,政府会强制公民做某些事情或要求公民遵守一定的规则以维系社会的正常秩序。三是普遍性。作为行使公共权力的政府组织,其功能涉及社会的所有领域和所有个体。一定地域内的社会个体和组织,无论其多么复杂、多么丰富多彩,都只能接受政府的管理,因此政府之于社会,具有普遍的意义。四是执行性。执行性是指政府组织执行立法机构制定的各项法律,根据立法机构的授权,出台具体的政策、措施管理包含科教文卫体在内的各种公共事务。五是规模性。政府组织作为一个管理者,往往拥有雄厚资源、专业的劳动分工和层级结构,不仅自身结构体系庞大、人员众多,而且可以集中各种力量进行一些规模性的活动,如大型基础设施的建设。六是法定性。政府权力的形式必须受到法律的约束,必须在宪法和法律的范围内开展各项活动,宪法和法律规定了政府职能的边界,使公共行政有法可循。①

二、政府组织在残疾人事业管理中的责任

我国正处于社会结构变革过程中,从改革与发展的全局看,政府与残疾人事业组织寻求一个良性互动的政策取向,是政府处理与残疾人事业组织之间关系的明智选择。根据我国残疾人事业组织发展的历史和现状,当前政府对残疾人事业组织管理的重点应放在以下几个方面:

（一）为残疾人事业组织的活动提供制度保障

在外部运作上,残疾人事业组织的活动离不开制度的规范和约束,政府必须制定专门的法律规章去规范残疾人事业组织的活动。第一,建立健全残疾人事业组织法人制度。明确残疾人事业组织的法人地位,保证残疾人事业组织真正成为独立的社会实体,独立开展残疾人服务活动。第二,建立健全残疾人事业组织产权制度。政府应该弱化行政干预,减少专门性的行政化管理,赋予残疾人事业组织更多的财产管理权限,保证其拥有独立产权。第三,建立健全残疾人事业组织经营制度。残疾人事业是公益事业,因此不能以利润最大化作为自己的最终目标。但残疾人事业也存在投入产出、经费补偿等问题,因而必然存在经营问题。政府必须在确保公益目标的前提下,明确残疾人事业组织的经营范围、经营形式、收益分配等制度。

在内部操作上,残疾人事业组织必须具备合理的管理框架。第一,提供灵活的组织结构安排。在明确残疾人事业各行业主管部门的基础上,政府应依据经济社会发展实际和残疾人事业各行业的管理特点,允许残疾人事业组织建立灵活的组织结构,充分发挥直线制、职能制、直线职能制、矩阵制等组织结构的优势。第二,制定人性化的人事规则。政府应明确残疾人事业组织的用人自主权,并根据不同性质的事业组织,以聘任制为基础构建残疾人事业组织的劳动人事关系,制定有利于人力资源开发与使用的人才市场、考核奖惩、培训等相关规则。第三,建立健全监督体系。政府应制定严格的监督制度,赋予监事会、职工代表等组织和人员监督权,同时必须合理安排监督经费,研究监督技巧,实现监督日常化和科学化。

（二）通过指导与协调为残疾人事业组织创造良好的发展环境

政府对残疾人事业组织的指导与协调,可以有效地引导残疾人事业组织的活动,减少残疾人事业组织活动的盲目性,提高其活动的有用性和有效性,同时还可以防止那些同政府战略和政策相冲突的活动。许多发达国家的政府针对非营利组织设有专门的机构,用

---

① 朱仁显.公共事业管理概论(第三版)[M].北京:中国人民大学出版社,2016(1).

以指导和协调它们的活动、处理政府与非营利组织之间的关系，这种做法值得我国借鉴。当前，政府的协调工作主要应该集中在三个方面：首先，制度协调。对仍然束缚事业组织发展的制度，需要政府去废除，以新的制度取而代之。其次，政策协调。与残疾人事业组织发展不相适应的现行供应政策、税收政策、产业政策、地区事业发展政策等等，都需要政府出面协调。最后，部门协调。即通过条条和框框关系进行协调。所谓条条关系，是指在一些特定领域里，有关政府部门从中央到地方的垂直体系同残疾人事业组织建立起经常性的联系，设立专门机构以协调彼此间的关系，共享信息，取长补短。所谓框框关系，是指当地政府与残疾人事业组织之间通过经常举行各种对话，就共同关心的问题交换意见等方式，维系较为密切的关系。政府通过这些联系对残疾人事业组织活动进行指导与协调。

（三）直接或间接提供部分残疾人事业服务

萨缪尔森在论及政府职能时指出："政府需要为人民做他们所需要做的事，而这些事靠个人的努力是完全做不到或无法做得那样好的。"残疾人事业正是萨缪尔森所说的那种靠个人的努力是完全做不到或无法做得那样好的事情，因此，在残疾人事业产品生产、供给和管理中，需要政府积极有为。在市场经济条件下，各种经济主体都以利益最大化为目标，按照理性原则，没有直接经济收益的产品，一般的经济活动主体是不愿提供的。换句话说，事实上任何一个社会成员，都不可能仅通过市场来获取其所有的生存所需。既然市场领域无法满足社会对残疾人物品的需求，而社会又不能没有残疾人物品的供给，就需要作为残疾人权力主体的政府向社会提供这些残疾人产品，对于这些残疾人事业产品，只要能保证高效率、高质量、低成本或政府可以直接提供也可以间接提供，直接提供是政府委托其他组织生产而政府分配残疾人事业产品。政府还要基于社会残疾人需要和财政供给能力，对关乎社会发展的大量准残疾人物品的生产提供直接或间接的经费支持、补助和财税优惠。当然，对于一些一般的准残疾人物品生产和供给，政府应该尽快退出，进行社会化和市场化改革，交给市场和社会力量提供，而政府只要发挥规划、监管的作用即可。

（四）建立健全残疾人事业组织活动的监督机制

在残疾人事业组织发展过程中，一方面强调事业组织的自律意识，加强事业组织自我监督。但同时也应该强调政府对残疾人事业组织的监督与约束作用，建立事业组织的他律机制。政府作为社会残疾人事务的管理者，负有监督残疾人事业组织的职责，只有政府实施有效的监督，才能保证各残疾人事业组织的行为遵守政府的统筹规划与政策，才能保证残疾人事业组织的健康发展。政府对残疾人事业组织的监督可以采取多种方式，主要有：第一，行政监督，即通过有关管理机构对残疾人事业组织活动实行的经常性监督。第二，财政监督，即在保证事业组织预算编制合理性的基础上，对预算进行监测和督导。财政监督的主体是各级政府财政部门及其他政府机构。第三，财务和审计监督，即政府通过财会制度和审计制度等对残疾人事业组织的活动进行监督，这是较为有效的方式。残疾人事业组织的资金筹集与运作，可以反映残疾人事业组织的整个活动状况，有助于衡量残疾人事业组织活动的有效性和人法性。政府通常会要求残疾人事业组织建立起规范的财务报告制度，同时要求建立针对残疾人事业组织的独立的会计和审计制度。第四，对残疾人事业进行规制，即政府必须以合理的方式和手段，对残疾人事业的组织、提供和消费的全过程进行规制，但这种规制应依据残疾人事业组织的性质"对症下药"，应该从维护残疾人事业的公平效率和保障民众的社会福利出发,对残疾人事业进行不同程度的价格性规制、竞争性规制和激励性规制,而不是为了原有事业组织的垄断利益而进行单纯的经济性规制。

（五）与残疾人事业组织建立制度化的合作伙伴关系

所谓制度化的合作伙伴关系,一般是指为了完成特定的任务,实现特定的目标或前景,各个部门、各个机构或者各个团体在保持自己在组织上的自治的同时,彼此相互作用的模式。社会转型时期的中国,政府与残疾人事业组织的关系正在发生转折性的变化:管理与被管理的关系正在为彼此合作和良性互动的伙伴关系所取代。随着残疾人事业组织独立和自治进程的加快以及自身实力的发展壮大,它将逐步获得与政府建立合作伙伴关系的资格和能力。鉴于政府在社会中所处的领导地位,在政府与残疾人事业组织之间的伙伴关系中,政府处于主导和开创者的地位,政府应该改变目前这种把残疾人事业组织当作被管理对象的思维定式,主动引导各残疾人事业组织成为一种与政府合作、促进社会事业发展的力量,共同为中国的经济腾飞和社会发展出力。当然,我们强调政府在残疾人事业发展与管理中的责任,主张政府加强对残疾人事业的投入和管理,并不意味着政府要包揽一切社会残疾人事业,也并不表明私营部门不能参与残疾人事业的管理。事实上,残疾人事业涉及面十分广,事务相当复杂,需要投入大量的人力、物力和财力,单纯依靠政府是无法提供有效服务的。在市场经济发达的国家,私营部门介入很多残疾人事业的管理,而且被证明富有成效。但这并不否定政府在其中的管理作用,只是政府更多地利用法律法规、经济杠杆和宏观政策等进行间接管理,引导、影响和约束私人经营管理活动,而不是直接地介入管理过程。

三、政府与残疾人事业组织建设

（一）政府是公共事业管理的核心

政府不仅是公共事业管理的主体,而且是公共事业管理的核心。政府在公共事业管理中的核心作用,主要体现在以下方面:

1. 政府决定着公共事业管理的基本范围、性质和方向

公共事业管理中的社会公共事务,其基本特性就是公共性,而且不同国家或地区的公共事业正是由于这一公共性而表现出同一性。但是,并非相同的公共事业都必然有相同的公共事业管理模式和体制,因为公共事业管理是管理主体在对公共事业客观实践认识的基础上,针对一定社会的条件和需求做出的协调和控制。公共事业管理的范围、管理的基本性质和基本方向、管理的目标是为社会的哪一个阶级或阶层服务,涉及并满足到多大范围群体的共同利益,都是由公共组织中的政府决定的。虽然政府不可能在根本上违反公共事业发展客观要求,但在多大程度上反映这一客观要求则取决于政府的认识,并受政府所代表的阶级利益制约。

2. 政府决定着公共事业管理的体制和运行机制

所谓公共事业管理体制,是指为实现公共事业管理目标,由一定公共事业管理主体按一定原则制定、并相应具有各自的职责权限和分工的多层次的管理系统。在法律化、规范化的现代公共事业管理中,哪些组织可以作为管理的主体,各管理主体的基本地位和职责

权限以及相互间的关系,整个管理体制的运行规则,都是由相关法律法规决定的。政府虽然属于整个公共事业管理体制的一部分,但政府在社会中的特定地位,决定了整个公共事业管理体制的法律法规以及整个管理运行的规则,都是由政府制定的。因而,政府决定着整个公共事业管理的体制和运行机制。

3. 政府是公共事业管理中其他管理主体的管理者

现代社会的公共事业管理主体,基本上是由政府组织、非政府组织和一定的准政府组织构成的。在这一管理主体系统中,政府居于主导地位,即除了有关公共事业管理的基本规则由政府制订其他主体实施外,政府还对其他主体执行有关法律法规的行为进行管理。这种管理既可以是直接的行政监督,也可以是通过司法机关运用法律手段的行政制约。正因为如此,公共事业管理主体系统中的非政府组织等是一身二任,一方面作为管理者,与政府一起在自己的职责范围内对公共事业进行管理,一方面为公众提供公共服务。

（二）我国残疾人事业组织的身份认同

作为残疾人事业建设的最主要组织——中国残联,其在成立之初就带有明显的"官民两重性",官方将其定义为"免于登记的社会团体",有相应的行政级别和党政编制。残联既是国家在残疾人领域的代表和管理机构,也是负责残疾人物品提供的社会团体。但残联在现实中过多地包揽行政任务,使其行政职能的发挥远甚于服务功能,这种定性长期存在并得到广泛认同。直到2007年北京官方确定北京市残联为"枢纽型组织",才赋予其另一种涵义。另一方面,残联在相关领域中享有垄断地位,而这种垄断并不只限于资源的垄断,还在行政上作为残疾人民间组织的业务主管部门,支配其他民间组织。在我国的政治设计中,残联的行政级别等同于同级党委领导下的政府部门（比如民政部门）。这种党政合一、责权高度合一的中国化团体与西方法团主义理论下的"功能团体"有着较大的区别。

第四节　残疾人事业组织建设与非营利组织

非营利组织是现代公共事业管理中一个不可或缺的管理主体。这是在国家与社会关系调整、演变的过程中逐渐形成的,非营利组织的基本性质和特征则决定了它具有政府和市场所不具有的优势。当前我国的非营利组织正处于形成和发展时期,尽快建立规范非营利组织发展和运行的制度体系,努力培育和管理好非营利组织,充分发挥其在公共事业管理中的作用是发展我国公共事业的一项重要任务。在强化政府公共服务职能的同时,需要支持组织和引导非营利组织参与公共服务,帮助解决公共需求的全面快速增长同公共服务不到位、公共产品短缺的突出矛盾。

一、非营利组织的概念与属性

（一）非营利组织的概念

在过去的二三十年中,"非营利组织"已经成为全球性话题。在小到社区服务大到国际纷争的公共事务领域发出越来越响亮的声音。上至各国政要,下到普通百姓,都注意到这种新型的社会组织的发展壮大,尤其是在那些政府与市场都无法顾及或无法发挥作用的领域,非营利组织正以它的灵活性、公益性、注重社会公正等这些政府和市场都不完全具有的优势,为公众提供更加令他们满意的公共服务、社区服务。公众逐渐认识到,不是所有的事务都由政府(第一部门)或者市场(第二部门)来办理就会获得好的结果。恰恰相反,公共领域内的许多社会事务,无论由政府还是市场来处理,都是没有效率和效益的。而这种出现于 17 世纪、发展壮大于 20 世纪的既不是政府也不是企业的社会组织——非营利组织,才能更好地解决公共事务,提供公共产品和服务。

(二)非营利组织的基本属性

1. 非营利性

非营利组织的最根本属性是非营利性,即不以营利为目的,组织的存在及发展不是以利润获取为目的,而是致力于实现整个社会或者组织所期望达到的一定范围内的公共利益。虽然非营利组织之间千差万别,但它们都有一个与企业的根本不同,即不以营利为目的。这是一切非营利组织表面上使命不同的统一——深层根基,与所有企业的逐利天性形成鲜明对比。在非营利组织活动过程中,有时也会出现盈余,这并不说明非营利组织违背自身的基本属性和使命。现实中,由于非营利组织经营得当、管理有效,也有可能出现利润。但对这些非营利组织活动中产生的剩余收入或利润,只能将其重新投入到组织中,用于开展活动或进行自身建设,不能像企业那样对利润进行分配。非营利组织的资产不是私人财产,不属于组织所有,也不属于捐赠者,而是"公益或互益资产",属于社会。非营利组织以受托人身份行使公益资产的所有权,一旦出现组织解散或破产,那么剩余资产不能在成员之间分配,只能转交给其他公共部门。

2. 非政府性

这一属性使非营利组织与同为公共组织的政府区别开来。政府是一种特殊的公共组织,是一种掌握和运用国家政权的组织形式,一般采取自上而下的组建原则和权力行使方式。虽然在实际的公共事业管理过程中,非营利组织需要接受政府作为其管理者遵守政府所制订的管理规定,但是非营利组织并不隶属于政府。它之所以被称为"第三部门"的原因之一就在于它能够保持独立性,能够做出独立自主的判断进行独立的决策,并自行制订战略计划和行动方案,独立进行内部管理等等。虽然非营利组织在开展活动的过程中,需要得到政府和企业的支持和帮助,但是这并不意味其是两者的传声筒或附属机构。在现实中,非营利组织的产生和存在通常源于社会需要,依靠广大公民,建立坚实的民众基础,以此争取社会公共资源,实现公众需求。可见,非营利组织和政府虽然都是为了实现公共利益的公共部门,但在服务社会的过程中它们所能支配的权力及其方式根本不同。同时,非营利组织是具有竞争性的公共部门,只能采取各种竞争性手段获取公共资源并提供竞争性的公共产品和服务。

3. 志愿公益性

这是非营利组织区别于政府和企业组织的最鲜明属性,体现了非营利组织的灵魂。政府通过税收集中社会资源,企业以资本形式获取社会资源,而非营利组织的主要社会资源则是志愿者和社会捐赠。志愿者是志愿精神的直接体现或人格化,表现为那些为追求一定的价值观并无偿参加各种社会公益或互益性活动的人们;社会捐赠则是志愿精神的货币化或物质化,表现为人们为各种社会公益或互益性活动无偿提供货币或其他物资。当然,当今的非营利组织在开展活动过程中,往往也从政府获得资金资助或公共服务购买合同,以此来提供公共产品和服务。不过在组织管理过程中,志愿者和捐赠始终是非营利组织运作不可或缺的重要资源,这一点是政府和企业所不具备的。①

（三）非营利组织对残疾人事业的促进作用

非营利组织在现代公共事业管理的促进作用中的主体地位,是由公共事业特性、政府与社会关系调整以及非营利组织自身特性所决定的。

公民社会自我管理所涉及的事务主要是以经济性事物为主的非公共性事物。以及狭义的社会事务为主的公共性事务两大类别。公民社会自我管理的诸多事务,与公共事业密切相关,属于公共事业管理的范畴。以社会权力管理社会事务和公共事业的本质要求,决定了公民社会参与公共事业管理的合法性。公共事业作为涉及公众基本生活质量和共同利益的事务,本身就是产生于社会,这些事务的解决或公众需求的满足,也最终必然通过为公众提供服务,落实到社会,这在现代社会表现得十分突出。同时,现代政府与社会之间关系的调整过程,是政府职能转变的一个重要方面,具体来说,就是把公共事业中那些可以由公民社会进行自我管理或者协同管理的事务,从"大政府"中转移到公民社会。这样,一则可精简政府机构,提高效率,更好地履行政府职能;二则可以提高公共产品和服务的供给效率和质量。

非营利组织是公民社会最重要的组织载体,是微观的社会服务和管理职能的主要承担者是公民社会内部事务管理的最为合适的承担者,因此也是公共事业管理的必然主体。在现实中非营利组织面对广大公众的丰富多样的需求,可以提供诸多的具体服务。在许多公共领域或对许多社会公共事务,如艺术团体出版物、影视节目及各类体育活动等,按照定的政策法规与行业标准,由非营利组织来具体办理,能够较好实现行业自律,管理效果往往要优于政府组织。因此,在现代社会公共事业管理的最终实现离不开非管利组织。非营利组织承担微观的社会服务于管理功能,既是社会自我管理的体现,也是政府进行社会管理的内在需求。

二、政府对残疾人非营利组织的发展支持

多年来,助残社会组织为维护残疾人合法权益、健全残疾人公共服务体系、促进残疾人事业发展、实现残疾人安居乐业、衣食无忧、过上幸福美好生活目标做出了积极贡献。但从总体看,由于认识的局限性、体制机制不健全、扶持力度不够、规范管理不到位等原因,助残社会组织依然存在数量少、规模小、服务质量参差不齐、作用发挥有待提高等问题,与广大残疾人的迫切需求和创新社会治理的要求相比还有较大差距。因此,中国残疾人联合会、民政部在 2014 年 11 月印发《关于促进助残社会组织发展的指导意见》。这里所称助残社会组织,是指在民政部门依法登记,以为残疾人提供服务、增进残疾人福利、促进残疾人平等参与社会生活和共享社会发展成果为宗旨,以开展残疾人所需的各项服务为主要业务的社会团体、民办非企业单位和基金会。

---

① 崔运武. 公共事业管理[M]. 上海:复旦大学出版社,2015.

（一）改革登记管理制度

贯彻落实《国务院机构改革和职能转变方案》有关精神，将助残社会组织纳入公益慈善类等社会组织范畴，实行直接登记制度。重点引导在残疾人基本生活、医疗康复、教育就业、托养服务、扶贫济困、法律救助、文化体育、无障碍建设、社工服务等方面提供服务的社会组织，成立这些社会组织可直接向民政部门依法申请登记。在法律法规允许的范围内，积极做好基层助残社会组织登记服务工作，简化登记程序，为助残社会组织登记提供便利条件。

（二）推进政府购买服务

贯彻落实《国务院办公厅关于政府向社会力量购买服务的指导意见》和财政部、民政部、中国残联等部门《关于做好政府购买残疾人服务试点工作的意见》的精神，积极开展政府购买助残社会组织服务试点工作并逐步推广试点经验，将适合由社会组织开展的残疾人服务工作通过购买服务项目、服务岗位等形式交由助残社会组织承担。不断探索和完善政府购买助残社会组织服务的服务内容、服务方式、标准规范、监管机制、绩效评价和保障措施等。各级残联、民政部门要积极会同财政等部门不断完善政府向社会组织购买残疾人服务的目录，制定具备承接项目资质的助残社会组织的规范和标准，为政府购买残疾人服务提供服务平台和依据，推动政府购买服务规范化、制度化、法制化。

（三）优化发展环境

建立健全助残社会组织孵化培育机制，支持助残社会组织优先进驻现有社会组织孵化培育中心，探索整合利用各级残联、民政部门现有综合服务设施或服务场地，为初创期助残社会组织提供支持。加大财政金融支持力度，建立健全财政性资金对助残社会组织的扶持机制。积极协调有关部门落实促进助残社会组织发展的各项财税优惠政策。鼓励有条件的助残社会组织参与国际合作与交流。激励、引导各种社会力量、社会资金资助支持或捐资设立助残社会组织。充分利用各种媒体，广泛宣传促进助残社会组织发展的重要意义、主要内容、政策措施，加强助残社会组织理论研究和文化建设，营造关心、理解、支持助残社会组织健康有序发展的良好社会氛围。

（四）加强规范管理

进一步做好助残社会组织的年度检查和等级评估工作，并将其结果作为承接政府购买服务、接受财政补贴、享受相关优惠政策等的重要依据。加大执法监察力度，加强资金监管，建立和完善退出机制。强化基础管理建设，充分发挥民政部门社会组织管理信息系统和各级残联助残社会组织统计台账信息系统作用，为促进助残社会组织发展提供基础信息保障。引导助残社会组织在自愿基础上成立自律性联合组织，发挥管理服务中的枢纽作用，建立助残社会组织服务标准、行为准则和行业自律规则，增强自我约束、自我管理、自我监督能力。推进信息公开，加强职业道德建设和廉洁自律建设，提升助残社会组织公信力。将助残社会组织公益服务和自律建设情况纳入征信管理系统，建立奖诚信罚失信的奖惩机制。

（五）强化自身建设

督促助残社会组织建立健全以章程为核心的各项规章制度，完善现代社会组织法人治理结构，建立健全民主机制，推进民主选举、民主决策、民主管理、民主监督，加强法治化、规范化建设,提升依法治理能力。帮助助残社会组织加大员工的培养和优秀人才的引进力度,畅通员工职称评定渠道,不断提升其专业水平和服务能力。建立助残社会组织专家人才库和专家咨询评审委员会,为开展助残社会组织工作提供人才和智力支持。加强助残社会组织党建工作,充分发挥党组织战斗堡垒作用和党员先锋模范作用。推进协商民主机制建设,鼓励助残社会组织依法依规参政议政,提高其对残疾人公共事务的参与度。

(六)建立健全各司其职、协调配合的工作机制

各级残联及所属的残疾人服务机构、有关残疾人专门协会要充分利用在残疾人服务领域的资源和专业优势,开展助残社会组织的业务指导、人员培训、政策咨询、智力引进、服务购买等工作,协助政府相关部门做好助残社会组织的服务管理。各级社会组织登记管理机关要切实履行职责,将促进助残社会组织发展作为推动政府职能转变、完善社会服务体系、创新社会治理体制的重要内容,重点培育、优先发展,强化评估、规范和监督,加强与相关部门的统筹协调。各级残联、民政部门要加强合作、及时沟通、明确职责、密切配合,共同推进助残社会组织健康有序可持续发展。

三、残疾人非营利组织发展中遇到的问题

经过这些年政策上的支持,残疾人非营利组织迅猛发展。他们在为残疾人提供服务、改善残疾人生存状况、提高残疾人生活水平方面发挥着越来越重要的作用。但以上数据也显示出残疾人社会组织在发展过程中面临着许多问题。

(一)缺乏有效的外部监督

我国长期以来对社会组织实行双重管理制度,每个社会组织都必须同时接受政府主管机关和业务主管部门的双重领导,而且其日常业务活动主要受主管单位的领导,这就要求每个社会组织必须首先找到相关的主管单位。正因为如此,使得大部分残疾人社会组织难以找到相关的主管单位,最后不得不选择不注册或注册在工商部门之下。2013年,湖北省183个残疾人社会组织中有98个组织未注册,也就是说,超过一半以上的社会组织未取得法律认可的社会地位。即使是已经注册的残疾人社会组织中也有18个残疾人社会组织是注册在工商部门或其他一些部门之下。而工商注册和注册在其他组织之下又会使得这些组织面临着名不副实的身份地位的尴尬。在这种情况下,就容易使残疾人社会组织缺乏相关部门的有效管理和监督。面对这一困境,民政部于2014年发布了《中国残疾人联合会、民部关于促进助残社会组织发展的指导意见》,明确将助残社会组织纳入公益慈善类等社会组织范畴,实行直接登记制度。重点引导在残疾人基本生活等方面提供服务的社会组织,成立这些社会组织可直接向民政部门依法申请登记。但要真正地实现残疾人社会组织登记注册"入口"的转型还需要一个过程。由此可知,尽快实现残疾人社会组织在民政部门的登记注册,加强民政部门对残疾人社会组织的外部监督,是发展残疾人社会组织的重要问题。

(二)资金短缺

资金问题一直以来都是制约我国民间社会组织发展壮大的重要因素之一,尤其是对于残疾人社会组织的发展。残疾人社会组织的创办者大多是基于爱心和慈善,在资金方

面他们往往没有优势。残疾人社会组织经费来源渠道多元,主要来源于政府,而且对拨款与社会募捐依赖比较大,缺乏国际上 NGO 的援助。根据另外一组数据显示,湖北省依然有 87.8% 的残疾人社会组织非常需要从政府获得资金方面的援助,这表明我省残疾人社会组织的资金依然短缺。从现实情况来看,资金的规模和来源渠道,直接影响着这些组织的持续发展。因此,如何提高残疾人社会组织自身经营能力,以及获得充足的资金,是残疾人社会组织实现可持续发展的重要问题。

（三）与其他社会组织联系较少

在对外联系方面,调研发现,残疾人社会组织与残联和民政部门保持着密切的联系,尤其是与残联的联系更为密切,反映了残联在促进残疾人社会组织发展方面发挥着不可替代的作用。但从另一方面看,残疾人社会组织与其他部门很少联系。另外,在与其他组织开展活动方面,也有明显不足,根据矛盾特殊性理论,各地区残疾人社会组织的各方面都存在差异。各残疾人社会组织之间的相互合作,一方面可以取长补短,吸收发展较好的残疾人社会组织的经验教训,另一方面经济发达地区的残疾人社会组织在资金和各种资源上也可以对经济欠发达地区的残疾人社会组织给予帮助与支持,实现双方的共同发展。

（四）影响力与服务能力有限

残疾人社会组织发展较晚,其体系也尚未完全成熟,社会公信力较低,再加上宣传方面的局限性,使得残疾人社会组织能够服务的对象较为有限。调查显示,超过半数的残疾人社会组织低于 150 人,这对于庞大的残疾人群体来说,其规模与服务能力很难对应。另外,由于我国残疾人社会工作起步较晚,关于残疾人社会工作的理论和方法尚未成熟,培养的残疾人社会工作方面的人才数量有限,工作在残疾人社会组织的人员大多是一些轻微残疾的工作人员或残疾人亲友,只能够凭借自身的经验来工作,而没有专门的工作理论和方法。专业人才的缺乏,严重地制约了残疾人社会组织为残疾人提供服务的能力。

四、发展残疾人非营利组织的建议

（一）完善相关法律法规

首先要对民间残疾人社会组织赋予合乎其社会身份的法律地位,明确其所属的组织范围;其次有关政府应该更加关注各地区残疾人社会发展需求,借鉴发达国家和地区发展残疾人社会组织的经验,不断完善关于促进残疾人社会组织发展的法律法规,促使残疾人社会组织向专业化、社会化方向发展。

（二）政府加大支持力度

政府应通过购买服务、公办民营、一次性补贴、人员培训、宣传推介等各种途径和手段将残疾人社会组织纳入政府的扶持范围;加大财政、信贷等政策的扶持力度;为残疾人社会组织提供必要的场所支持,对部分场地可以采取免费或者优惠提供的政策,保障残疾人社会组织有专业的办公场所,从而提供更多更专业的服务。

（三）加强人才队伍建设

在成立残疾人社会组织时,相关部门要对其主要负责人能力进行考核,打造强有力的领导班子;提供一批专业人才,这是保证服务质量的重要基础。同时,要做好专业人才的教育和继续教育工作,一是加强政策法规培训,让他们了解和把握党和政府的方针政策以及残疾人工作法律体系;二是专业知识的教育培训,加强对工作人员的资质管理,做到凭证上岗;三是做好对工作人员的继续教育工作,不断提高其专业水平和服务质量。

（四）进一步整合社会资源

各残疾人社会组织应当主动加强与政府部门的交流协商,争取更多的服务项目,从而得到相对稳定的资金来源。当前公益领域的社会资源主要来自企业、个人和公益慈善基金会。随着我国社会主义市场经济的发展和物质财富的积累,企业和个人都已具备了参加公益慈善的物质基础。由于缺少使这些公益资金进入残疾人社会组织的渠道,再加上残疾人社会组织发育不全,公信力不高,使得残疾人社会组织未能充分使用这些基金。因此,残联可以作为一个中介桥梁,合理引导社会资源进入残疾人社会组织,为他们拓展社会资金和人力方面的有效资源。各社会组织之间也应该加强合作与交流。由于矛盾具有特殊性,各地之间的残疾人社会服务需求也存在着差异,其专业服务水平和人才资源也不尽相同,再加上地理位置的差异,他们所掌握的信息资源和资金资源也有明显区别。因此,促进各残疾人社会组织之间的交流与合作,一方面可以相互学习,取长补短,实现共同发展。另一方面也可以做到资源共享,信息共享。发达地区的残疾人社会组织对欠发达地区的残疾人社会组织还可以提供资金、人才等方面的支持,促进欠发达地区残疾人社会组织的发展。

【本章小结】

残疾人事业最主要的组织就是经国家法律确认、国务院批准的中国残疾人联合会(简称中国残联),它是全国各类残疾人的统一组织,其性质是人民团体。残疾人事业组织的机构设置主要有中国残疾人联合会,地方残联组织和基层残联组织。人民代表大会是残疾人事业组织的最高权力机构。残疾人事业组织具有公共性、非营利性和服务性。我国的残疾人组织建设离不开与政府的关怀,政府是公共事业管理的核心。非营利组织是现代公共事业管理中一个不可或缺的管理主体。我们要充分认识到非营利组织对残疾人事业的促进作用和政府对残疾人非营利组织的发展支持。

【复习与思考】

1. 谈谈目前我国的残疾人事业组织主要有哪些? 这些组织的特征有哪些?

2. 我国目前残疾人事业组织的发展现状? 产生的原因有哪些?

3. 政府在残疾人事业组织管理中居于什么地位? 你认为这样的地位合理吗?

4. 为什么说非营利组织正在成为我国残疾人事业管理的必要组成部分? 你能提出一条书上没有的残疾人非营利组织发展建议吗?

【材料分析与讨论】

2016 年 8 月 3 日,进一步保障和改善残疾人民生,帮助残疾人和全国人民共建共享全面小康社会,国务院印发《"十三五"加快残疾人小康进程规划纲要》。《纲要》提出要牢固树立和贯彻创新、协调、绿色、开放、共享的发展理念,把加快推进残疾人小康进程作为全面建成小康社会决胜阶段的重点任务,聚焦农村、贫困地区和贫困、重度残疾人,健全残疾人权益保障制度和扶残助残服务体系,增加残疾人公共产品和公共服务供给,让改革发展成果更多、更公平、更实在地惠及广大残疾人,使残疾人收入水平明显提高、生活质量明显改善、融合发展持续推进,让广大残疾人安居乐业、衣食无忧,生活得更加殷实、更有尊严。

其中,提到了主要任务之一是大力促进城乡残疾人及其家庭就业增收。特别提出了残疾人增收的重点项目,具体如下:

1. 残疾人职业技能提升计划

有就业意愿和相应能力的残疾人普遍得到就业创业培训;技能岗位的残疾人普遍得到岗位技能提升培训。

2. 农村残疾人"阳光扶贫基地"和实用技术培训项目

扶持一批带动辐射能力强、经营管理规范、具有一定规模的农村残疾人"阳光扶贫基地",安置和带动残疾人稳定就业、生产增收;为中西部地区50万名农村贫困残疾人提供实用技术培训。

3. 农村基层党组织助残扶贫工程

全国农村基层党组织结对帮扶贫困残疾人家庭,帮助改善基本生活条件,扶持发展生产,实现稳定脱贫。

4. 党政机关按比例安排残疾人就业推进项目

推动各级党政机关、政府残工委成员单位及其所属单位(机构)普遍按比例安排残疾人就业。

5. 残疾人创业孵化示范基地和文化创意产业基地建设项目

建立一批残疾人创业孵化示范基地,为残疾人创业者提供低成本、便利化、全要素、开放式的综合服务平台和发展空间。扶持一批吸纳较多残疾人从业、具有较好市场发展前景的残疾人文化创意产业基地。

6. 残疾人辅助性就业示范机构建设项目

扶持100所残疾人辅助性就业示范机构,为有就业意愿和相应能力的残疾人提供辅助器具和无障碍环境支持,促进职业重建,辐射带动各县(市、区)普遍建立一所残疾人辅助性就业机构。

7. 支持性就业推广项目

扶持建设残疾人就业辅导员培训专业机构,培训2 500名就业辅导员,帮助更多智力、精神残疾人实现支持性就业。

8. 低收入残疾人就业补助项目

对公益性岗位就业、辅助性就业、灵活就业及就业年龄段内暂时未能就业,收入达不到最低工资标准、生活确有困难的残疾人予以救济补助。

就实现《纲要》的保障条件里,提出充分发挥政府主导作用;建立多元投入格局;增强基层综合服务能力;协调推进城乡区域残疾人小康进程;充分发挥残疾人组织作用等内容。其中特别列出了保障条件的服务能力建设重点项目,具体如下:

1. 残疾人服务设施建设项目

支持省、市、县级残疾人康复设施和市、县级残疾人托养设施建设;尚未建设残疾人综合服务设施的县(市、区),可随康复和托养设施配建县级残疾人综合服务设施。

2. 残疾人服务专业人才培养项目

加快建立残疾人康复、特殊教育、就业服务、托(供)养服务、文化体育、维权和社会工作等方面的专业人才队伍,培养一批残疾人服务领域的领军人才、实用型专业人才和创新型团队。

3. "互联网+科技助残"行动

加强残疾预防和康复相关科研基地(平台)建设;开展基于大数据和互联网的残疾人服务平台及示范应用、新一代智能辅具装备与产品研发示范、主要致残原因机理及预防干预技术等研究。

4. "互联网+助残服务"平台建设项目

完善残疾人人口基础信息和残疾人基本服务需求信息数据管理系统;依托"中国残疾人服务网",以全国残疾人就业创业网络服务平台为重点,逐步建立残疾人基本公共服务"网上受理—协同办理—监督评价"的新型服务模式。

5. 志愿助残服务示范项目

实施1 000个志愿助残服务示范项目,支持助残志愿服务组织与残疾人、残疾人家庭和残疾人服务机构开展长期结对服务,推动志愿助残服务的项目化运作和制度化管理,提升专业化水平。

6. 助残社会组织培育项目

采取政府购买服务、设立公益性岗位、提供管理和人员培训等方式,对符合条件的助残社会组织和专业服务组织给予扶持培育。

7. 县域残疾人服务能力提升项目

完善县域残疾人工作机制,落实残疾人优惠扶持政策,建立健全残疾人基本公共服务平台,全面开展残疾人基本服务需求信息动态更新、服务提供、转介和监督评估等工作,为基层提供人员培训、技术指导等支持。

8. "温馨家园"社区服务示范项目

依托社区综合服务设施,建立一批"温馨家园"残疾人社区服务站,开展残疾人康复、照料、助学、辅助性就业、无障碍改造、文化体育、社会工作等服务。

9. 中国特色残疾人事业研究项目

通过国家社科基金、留学基金和高等院校社科项目等支持残疾人事业理论与实践研究,系统总结中国特色残疾人事业发展经验,不断推进残疾人事业理论创新和成果转化,为加快残疾人小康进程提供理论支撑。

各级政府残疾人工作委员会及相关部门要对纲要执行情况进行督查、监测和跟踪问效,开展第三方评估,及时发现和解决执行中的问题。省级以上人民政府残疾人工作委员会在"十三五"中期和期末对纲要实施情况进行考核、绩效考评,并将结果向社会公开,对先进典型予以表彰。

附:表 3-1　重点工作分工

表 3-1　重点工作分工

序号	工作任务	负责单位
1	生活困难、靠家庭供养且无法单独立户的成年无业重度残疾人,经个人申请,可按照单人户纳入最低生活保障范围	民政部、财政部、中国残联
2	全面实施困难残疾人生活补贴制度和重度残疾人护理补贴制度	民政部、财政部、中国残联
3	建立残疾儿童康复救助制度	中国残联、民政部、财政部、国家卫生计生委、教育部
4	制定实施盲人、聋人特定信息消费支持政策	中国残联、工业和信息化部、财政部
5	落实符合条件的贫困和重度残疾人参加城乡居民社会保险个人缴费资助政策,帮助残疾人按规定参加各项社会保险	人力资源社会保障部、国家卫生计生委、财政部、民政部、中国残联
6	优先保障残疾人基本住房。到 2020 年完成农村贫困残疾人家庭存量危房改造任务	住房城乡建设部、财政部、中国残联
7	继续实施"阳光家园计划"。为盲、聋、智障等残疾老人提供养老服务	中国残联、财政部、民政部
8	确保农村贫困残疾人如期脱贫,将残疾人减贫成效纳入地方各级政府扶贫开发工作成效考核范围	国务院扶贫办、财政部、民政部、中国残联
9	各级党政机关、事业单位、国有企业带头招录(聘)和安置残疾人就业。研究建立用人单位按比例安排残疾人就业公示制度	中国残联、人力资源社会保障部、财政部、国务院国资委
10	落实税收优惠政策,稳定发展残疾人集中就业	财政部、税务总局、民政部、中国残联
11	建立一批残疾人创业孵化示范基地。鼓励残疾人利用网络就业创业。扶持残疾人社区就业、居家就业	中国残联、人力资源社会保障部、工业和信息化部、商务部、民政部
12	大力发展残疾人辅助性就业和多种形式就业。发展残疾人支持性就业。扶持残疾人亲属就业创业,实现零就业残疾人家庭至少有一人就业	中国残联、人力资源社会保障部、财政部
13	实施残疾人职业技能提升计划。为就业困难残疾人提供就业援助和就业补助。推进高校残疾人毕业生就业见习、实习	人力资源社会保障部、教育部、财政部、中国残联
14	制定实施国家残疾预防行动计划。广泛开展三级预防,实施重点干预工程	中国残联、国家卫生计生委、公安部、人力资源社会保障部、民政部、财政部等

（续表）

序号	工作任务	负责单位
15	继续实施残疾儿童抢救性康复、贫困残疾人辅助器具适配、防盲治盲、防聋治聋等重点康复项目。加强残疾人健康管理和社区康复	中国残联、财政部、国家卫生计生委、民政部
16	建设康复大学，加快康复高等教育发展和专业人才培养	中国残联、人力资源社会保障部、国家发展改革委、财政部、国家卫生计生委、教育部、有关地方政府
17	扶持辅助器具研发生产，推广个性化辅助器具适配服务，普及残疾人急需的辅助器具	中国残联、民政部、科技部、国家卫生计生委、工业和信息化部、财政部
18	为家庭经济困难的残疾儿童、青少年提供包括义务教育、高中阶段教育在内的 12 年免费教育。继续改善特殊教育学校办学条件，完善特教教师收入分配激励机制，提高特殊教育教学质量和水平	教育部、人力资源社会保障部、民政部、国家发展改革委、财政部、中国残联
19	制定实施残疾青壮年文盲扫盲行动计划，全面开展残疾青壮年文盲扫盲工作	中国残联、教育部
20	组织实施《国家手语和盲文规范化行动计划（2015—2020 年）》，推广国家通用手语和通用盲文	中国残联、教育部、新闻出版广电总局、国家语委
21	扶持盲文读物、有声读物、残疾人题材图书和音像制品出版。实施文化进家庭"五个一"项目	文化部、新闻出版广电总局、中国残联
22	实施"残疾人体育健身计划"和"冬季残奥项目振兴计划"	中国残联、体育总局
23	公共交通工具逐步配备无障碍设备，改进方便残疾人交通出行的服务举措。制定推广家居无障碍通用设计。大力推进互联网和移动互联网信息服务无障碍	住房城乡建设部、工业和信息化部、公安部、交通运输部、中央网信办、中国残联
24	建立残疾人基本公共服务标准体系，培育建立残疾人服务品牌	中国残联、国家发展改革委、质检总局、民政部
25	研究修订《残疾人就业条例》，开展残疾人社会福利、教育、盲人按摩、反残疾歧视等立法研究	中国残联、人力资源社会保障部、教育部、民政部、国务院法制办
26	将残疾人保障法等法律法规纳入国家"七五"普法规划。开展残疾人学法用法专项行动	司法部、中国残联
27	扩大残疾人法律援助范围。办好 12385 残疾人服务热线和网络信访平台。建立完善残疾人权益保障应急处置机制	司法部、公安部、中国残联

讨论

1. 请你结合国务院印发的《纲要》谈谈就我国残疾人的事业组织发展而言,政府可以做的工作有哪些?

2. 请谈谈基层残疾人组织和助残社会组织的发展,目前我们的主要工作重点和难点。

3. 从重点任务分工表里,分析政府部门与残疾人事业组织发展的关系。你认为这是必要的吗?

【推荐书目】

1. 崔运武.公共事业管理[M].上海:复旦大学出版社,2015.

2. 赵立波.事业单位改革——公共事业发展新机制探析[M].济南:山东人民出版社,2003.

3. E.S.萨瓦斯.民营化与公私部门的伙伴关系[M].北京:中国人民大学出版社,2002.

4. 朱仁显.公共事业管理[M].北京:中国人民大学出版社.

【参考文献】

1. 崔运武.公共事业管理[M].上海:复旦大学出版社,2015.
2. 朱仁显.公共事业管理[M].北京:中国人民大学出版社,2015.
3. 王名.非营利组织概论[M].北京:中国人民大学出版社,2010.
4. 秦琴,彭皓,韩玙.湖北省残疾人社会组织现状分析与发展对策[J].残疾人研究,2014.

第四章　残疾人权利保障

【本章学习要点】
- 残疾人权利内涵及其发展
- 残疾人生存权与发展权的内容
- 残疾人权利保障的完善

第一节　残疾人权利概述

一、残疾人权利内涵及保障的意义

（一）残疾人权利内涵

权利的内涵丰富,涉及的内容广泛多样,从一般意义上来讲,权利是法律赋予权利主体作为或不作为的许可、认定及保障。因此本书是在法定权利基础上开展关于残疾人权利的关注与探讨。《残疾人权利公约》中提出,必须使残疾问题成为相关可持续发展战略的重要组成部分,必须促进和保护所有残疾人的人权,包括需要加强支持的残疾人的人权。公约核心是确保残疾人享有与健全人相同的权利,并以正式公民的身份生活,从而在获得同等机会的情况下,为社会做出宝贵贡献。公约涵括了残疾人应享的各项权利,如享有平等、不受歧视和在法律面前平等的权利;享有健康、就业、受教育和无障碍环境的权利;享有参与政治和文化生活的权利等。《中华人民共和国残疾人保障法》(下文简称《残疾人保障法》)中提出,残疾人的公民权利和人格尊严受法律保护;残疾人在政治、经济、文化、社会和家庭生活等方面享有同其他公民平等的权利;残疾人的公民权利和人格尊严受法律保护;禁止基于残疾的歧视。禁止侮辱、侵害残疾人;禁止通过大众传播媒介或者其他方式贬低损害残疾人人格。残疾人权利主要包括两方面内容:一是残疾人作为一般公民应该享有的各种基本权利,主要包括人身权、财产权、文化权、受教育权、就业权、文化体育等社会活动参与及政治权;二是残疾人作为特殊群体,结合其发展特点,应享有的法定特殊相应权利,主要包括康复权、无障碍环境权等。

（二）残疾人权利保障的意义

残疾人权利是普遍人权中不可或缺的重要组成部分。残疾人权利强调残疾人作为权利主体无论性别、年龄、地区、城乡,都应基于其固有的尊严和人格有权享有且实际应当享有人的权利,充分体现残疾人的基本价值与内在需求。

首先,残疾人权利保障是"人类命运共同体"理念在人类权利领域进行实践的体现。2017 年 3 月 1 日,中国在人权理事会第 34 次会议代表 140 国发表题为"促进和保护人权,共建人类命运共同体"的联合声明,宣介人类命运共同体重大理念及其对推动国际人权事业发展的重要意义,引起广泛共鸣。[①] 人类命运共同体理念坚持人类权利主体范畴是整体人类,在权利实现领域里强调权利保护涵盖所有人,对残疾人权利的普遍支持与特别保护,是对人类命运共同体理念中权利保障的具体实践和推进,是对权利保障"一个也不能少"的充分践行。

第二,残疾人权利保障是全社会在权利时代中不断进步的深刻印证。权利时代更强调关注与尊重人的权利、维护与保障人的权利,人的生存、发展、尊严、平等、自由是人不可侵犯的权利,是现代社会发展到今时今日历史进程中的必然,是人类社会不断迈向文明的产物。残疾人群体作为人类群体的组成部分,强调自身的合法权利、拥有自身合法权利的话语权并能够通过法律来捍卫自身的合法权利,这与整体时代背景下人的共同发展紧密契合。

第三,残疾人权利保障是建设和谐社会、体现社会正义的重要举措。和谐社会建设强调社会发展的科学性和有序性,强调人与自然、人与社会、人与人之间的协调共赢,残疾人的权利保障问题关乎残疾人个体与群体的科学发展、关乎残疾人群体与社会的融合发展。只有坚持以人为本,坚持实现包括残疾人在内的全体人民的根本利益,才能更好地促进社会和谐稳定,才能推动社会全员共同发展。社会正义是社会文明进步的道德标准,是社会制度的首要价值,也是社会主义制度的目标追求。[②] 正义的社会是一种是能够使得包括残疾人在内的所有人平等享有权利的社会,保障残疾人权利是充分体现社会正义的重要标志。

二、新中国残疾人权利发展的历史沿革

新中国残疾人权利进程是伴随着中华人民共和国的建立而逐渐发展的。新中国建立之初,全国建设事业都处于重新起步、百废待兴的阶段,残疾人权利的发展也不例外。当时的残疾人事业正处于从旧中国的"收养救济"型向"劳动福利"型过渡的阶段。国家管理残疾人事务的工作职责主要是残疾人的就业、救济、收养和抚恤等等,基本未形成大的规模和影响。[③] "文革"期间,残疾人工作与其他工作一道处于相对混乱的无组织状态,残疾人权利发展经历时代挫折。

1978 年改革开放后,残疾人权利发展进入了崭新的历史时期,相应的残疾人组织恢复功能,残疾人事业发展进入稳定向前的推进阶段。积极倡导残疾人国际权利公约,包括《消除一切形式种族歧视国际公约》《关于残疾人的世界行动纲领》《残疾人职业康复和就业公约》《残疾人权利宣言》《残疾人机会均等标准规则》,我国参与制定了联合国在 2006 年 12 月 13 日通过的《残疾人权利公约》,《残疾人权利公约》是进入二十一世纪以来国际

① 新华社. 人类命运共同体载入联合国人权理事会决议[N]. 人民日报海外版,2017-03-24(3).
② 丁勇、陈韶峰. 残疾儿童权利与保障[M]. 南京:南京师范大学出版社,2015.
③ 相自成. 权益保障的中国模式[M]. 北京:华夏出版社,2011.

社会的第一个人权公约,具有极强的全球影响力,是迄今为止全球范围内对有关残疾人权利的论述与保障最为具体全面的国际公约。它标志着人们对待残疾人的态度和方法发生了"示范性转变"。

我国制定了以宪法为核心,以《残疾人保障法》为基础的法律保障体系。宪法第二章第四十五条规定,国家和社会帮助安排盲、聋、哑和其他有残疾的公民的劳动、生活和教育。《残疾人保障法》其宗旨是维护残疾人的合法权益,发展残疾人事业,全面保障残疾人的康复权、受教育权、就业权、文化权、社会保障权、政治参与权,保障残疾人平等地充分参与社会生活,共享社会物质文化成果。其他行政法规也为具体的权利保障提供支持,如《残疾人教育条例》《残疾人就业条例》《残疾人预防和残疾人康复条例》《无障碍环境建设条例》等。

中国的残疾人权利保障事业在过去几十年间大步向前,汇入中国梦大时代的激流,成就非凡。中国残疾人权利保障事业是在改革开放新时期形成的,从起步、略具雏形、走上正轨,到加速发展、渐成体系。始终立足本国实际,注重改善残疾人的生活处境,讲求民生实效。国家《"十三五"加快残疾人小康进程规划纲要》提出了更高标准:没有残疾人的小康,就不是真正意义上的全面小康。其就残疾人医疗康复、增收脱贫,享受各项社会保险,享有平等教育、就业机会,实现个人发展,均设定了明确指标。2017 年,《贫困残疾人脱贫攻坚行动计划(2016—2020 年)》将残疾人兜底救助与精准扶贫结合起来,兼顾残疾人自身的康复、赋能和外部政策的带动、帮扶,为残疾人从温饱走向小康的民生大计确立了坚实依据。①

三、残疾人权利保障的基本原则

(一)无歧视原则

反对歧视,一直是残疾人权利保障的首要原则。《残疾人权利公约》的序言部分就提出:"'基于残疾的歧视'是指基于残疾而做出的任何区别、排斥或限制,其目的或效果是在政治、经济、社会、文化、公民或任何其他领域,损害或取消在与其他人平等的基础上,对一切人权和基本自由的认可、享有或行使。"基于残疾的歧视包括一切形式的歧视,包括拒绝提供合理便利,将歧视的概念和范畴进行基本解释,公约同时确认联合国在《世界人权宣言》和国际人权公约中宣告并认定人人有权享有这些文书所载的一切权利和自由,不得有任何区别;一切人权和基本自由都是普遍、不可分割、相互依存和相互关联的,必须保障残疾人不受歧视地充分享有这些权利和自由。公约确认残疾是一个演变中的概念,残疾是伤残者和阻碍他们在与其他人平等的基础上充分和切实地参与社会的各种态度和环境障碍相互作用所产生的结果,确认因残疾而歧视任何人是对人的固有尊严和价值的侵犯,关注因种族、肤色、性别、语言、宗教、政治或其他见解、民族本源、族裔、土著身份或社会出身、财产、出生、年龄或其他身份而受到多重或加重形式歧视的残疾人所面临的困难处境。在公约第五条特别提出了"平等和不歧视"的条款:在法律面前,人人平等,有权不受任何歧视地享有法律给予的平等保护和平等权益;应当禁止一切基于残疾的歧视,保证残疾人

---

① 张万洪.大步向前的残疾人权利保障事业[N].人民日报,2017 - 09 - 27(9).

获得平等和有效的法律保护,使其不受基于任何原因的歧视;促进平等和消除歧视,缔约国应当采取一切适当步骤,确保提供合理便利等。

我国《残疾人保障法》中也深刻反映了无歧视原则。《残疾人保障法》的总则中提出,残疾人在政治、经济、文化、社会和家庭生活等方面享有同其他公民平等的权利;禁止基于残疾的歧视。第四章第三十八条明确提出:"在职工的招用、转正、晋级、职称评定、劳动报酬、生活福利、休息休假、社会保险等方面,不得歧视残疾人。"

联合国大会第四十八届会议1993年12月20日第48/96号决议通过的《残疾人机会均等标准规则》虽然不是强制性的,但为数众多的国家都本着尊重国际法规则的意向而付诸实施,它意味着各国承担坚定的道义和政治责任,在残疾人机会均等方面采取行动。其中,该标准规则提到《儿童权利公约》的规定,禁止基于残疾而加以歧视,并要求采取特别措施确保残疾儿童的各项权利,并指出《保护所有移徙工人及其家庭成员权利国际公约》也规定了残疾人一些保护措施,而《消除以对妇女一切形式歧视公约》规定确保残疾女童和妇女的权利。残疾人机会均等是对世界各国致力于反歧视的一个重要贡献。

(二)尊重原则

尊重原则主要是指尊重差异,以更加包容的态度对待人类群体多元化发展。《残疾人权利公约》第三条明确提出,"尊重固有尊严和个人自主,包括自由做出自己的选择,以及个人的自立";"尊重差异,接受残疾人是人的多样性的一部分和人类的一份子";"男女平等";"尊重残疾儿童逐渐发展的能力并尊重残疾儿童保持其身份特性的权利"。第八条进一步提出,"在各级教育系统中培养尊重残疾人权利的态度,包括从小在所有儿童中培养这种态度。"针对法律平等地位,公约第十二条指出"与行使法律权利能力有关的一切措施,均依照国际人权法提供适当和有效地防止滥用保障。这些保障应当确保与行使法律权利能力有关的措施尊重本人的权利、意愿和选择……"第十七条强调保护身心完整性,"每个残疾人的身心完整性有权在与其他人平等的基础上获得尊重。"

《残疾人保障法》总则中规定:"全社会应当发扬人道主义精神,理解、尊重、关心、帮助残疾人,支持残疾人事业。""残疾人的监护人必须履行监护职责,尊重被监护人的意愿,维护被监护人的合法权益。"第八章提出了不尊重残疾人的惩戒措施,如:"通过大众传播媒介或者其他方式贬低损害残疾人人格的,由文化、广播电影电视、新闻出版或者其他有关主管部门依据各自的职权责令改正,并依法给予行政处罚。"

(三)融合原则

融合原则指的是残疾人群体与社会成员本着相互加深了解、相互适应调整、融洽相处共促社会整合与良性运转的出发点进行权利保障的发展,是一个双向的群体行动导向。融合原则与融入原则有着明显区别,融入原则将社会群体进行了主流与边缘的划分,融入原则更强调由边缘群体的权利保障向主流群体单向发展的观点,忽视了其他社会成员行动的主观能动性,因此采用融合原则更符合现代社会权利保障的发展目标。更好开展融合的主要手段是降低社会环境带来的阻碍,提倡无障碍环境建设,提供适用于残疾人的合理便利以及提供适用于所有人的通用设计。

《残疾人权利公约》为无障碍的具体应用提供了可参考的概念:"'合理便利'是指根据具体需要,在不造成过度或不当负担的情况下,进行必要和适当的修改和调整,以确保残疾人在与其他人平等的基础上享有或行使一切人权和基本自由"；"'通用设计'是指尽最大可能让所有人可以使用，无需做出调整或特别设计的产品、环境、方案和服务设计。'通用设计'不排除在必要时为某些残疾人群体提供辅助用具。"第九条全部适用于无障碍环境的倡导："为了使残疾人能够独立生活和充分参与生活的各个方面，缔约国应当采取适当措施，确保残疾人在与其他人平等的基础上，无障碍地进出物质环境，使用交通工具，利用信息和通信，包括信息和通信技术和系统，以及享用在城市和农村地区向公众开放或提供的其他设施和服务。"

《残疾人保障法》提出让残疾人共享社会物质文化成果，是对融合原则的确切表达。"国家采取辅助方法和扶持措施，对残疾人给予特别扶助，减轻或者消除残疾影响和外界障碍，保障残疾人权利的实现。""县级以上人民政府应当将残疾人事业纳入国民经济和社会发展规划，加强领导，综合协调，并将残疾人事业经费列入财政预算，建立稳定的经费保障机制。""国家和社会应当采取措施，逐步完善无障碍设施，推进信息交流无障碍，为残疾人平等参与社会生活创造无障碍环境。"最为关键的是，《残疾人保障法》在第五章第四十五条明确提出："政府和社会促进残疾人与其他公民之间的相互理解和交流"。

第二节　残疾人生存权

残疾人生存权是基于残疾人自身存活的视角下提出，它强调残疾人作为人这一主体所应享有的固有的人身权、康复权和财产权，这些权利对于保全残疾人自身具有重要意义。

一、残疾人人身权

公民人身权是民法的基本民事权利，是指与人身权人身相联系或不可分离的没有直接财产内容的权利，亦称人身非财产权，是与主体人身不可分离的权利，人身权包括人格权和身份权两大类，残疾人皆不例外。

（一）残疾人人格权

人格权是指民事主体基于其法律人格而享有的、以人格利益为客体、为维护其独立人格所必需的权利。人格权又包括具体人格权和一般人格权。残疾人的具体人格权包括生命权、身体权、健康权、姓名权、名誉权、肖像权、荣誉权等。

残疾人生命权是指残疾人人身不受伤害和杀害的权利或得到保护以免遭伤害和杀害的权利，取得维持生命和最低限度的健康保护的物质必需的权利。也是残疾人权利最基本的权利。它是其他权利的基础。《残疾人权利公约》中又强调性提出："人人享有固有的生命权，并应当采取一切必要措施，确保残疾人在与其他人平等的基础上切实享有这一权利。""残疾人享有自由和人身安全的权利；不被非法或任意剥夺自由，任何对自由的剥夺均须符合法律规定，而且在任何情况均不得以残疾作为剥夺自由的理由。"

残疾人身体权是指残疾人对保持其肢体、器官和其他组织的完整而依法享有的权利。身体权有其独特的保护范围，对身体权的侵害行为，不以对身体的侵害造成生命、健康的损害为必要。

残疾人健康权是指残疾人保持其正常的生理和心理的技能状态和社会适应能力的权利。《残疾人权利公约》第二十五条确认："残疾人有权享有可达到的最高健康标准，不受基于残疾的歧视。缔约国应当采取一切适当措施，确保残疾人获得考虑到性别因素的医疗卫生服务，包括与健康有关的康复服务。向残疾人提供其他人享有的，在范围、质量和标准方面相同的免费或费用低廉的医疗保健服务和方案，包括在性健康和生殖健康及全民公共卫生方案方面；向残疾人提供残疾特需医疗卫生服务，包括酌情提供早期诊断和干预，并提供旨在尽量减轻残疾和预防残疾恶化的服务，包括向儿童和老年人提供这些服务；尽量就近在残疾人所在社区，包括在农村地区，提供这些医疗卫生服务；要求医护人员，包括在征得残疾人自由表示的知情同意基础上，向残疾人提供在质量上与其他人所得相同的护理，特别是通过提供培训和颁布公共和私营医疗保健服务职业道德标准，提高对残疾人人权、尊严、自主和需要的认识；在提供医疗保险和国家法律允许的人寿保险方面禁止歧视残疾人，这些保险应当以公平合理的方式提供；防止基于残疾而歧视性地拒绝提供医疗保健或医疗卫生服务，或拒绝提供食物和液体。"

残疾人姓名权是指残疾人决定其姓名、使用其姓名和变更其姓名并要求他人尊重自己姓名的权利，是以姓名利益为内容的权利。主要包括姓名的命名、使用、变更并排除他人的妨碍和侵害。

肖像是指公民身体的外部表现，并通过传统美术和现代科学将人身体的外部表现在客观上再现，如通过雕塑、摄影、画像等。肖像反映的是肖像者的真实形象和个性特征，所以肖像与特定人的人格不可分离。所以残疾人肖像权是残疾人对自己的肖像享有利益并排斥他人侵犯的一种人身权利，是以公民的形象、特征利益为内容的人格权。

名誉是指社会或他人对特定公民、法人的品德、才干、信誉、商誉、资历、功绩等方面的评价和总和。名誉权就是残疾人作为公民、法人依法享有的，有关自己的社会评价不受他人侵犯的一种人身权利。

残疾人隐私权又称残疾人个人生活秘密权，是指自然人不愿公开或让他人知悉个人秘密的权利。

民事主体所具有的经济能力在社会上所获得的相应信赖与评价所享有的保有和维护的人格权。作为民事主体的自然人和法人，都依法享有信用权，其他任何人不得非法侵犯，征信机构也不能侵害这种权利。

（二）残疾人身份权

残疾人身份权包括亲权、配偶权、亲属权等。其中，残疾人亲权是指父母对未成年残疾儿童在人身和财产方面的管教和保护的权利和义务，同时残疾人根据其实际能力也有对自己未成年子女在人身和财产方面的管教和保护的权利和义务。亲权既是权利也是义务。残疾人亲权往往更多强调的是父母对残疾儿童的人身照顾和财产照护。

残疾人配偶权是婚姻中有一方为残疾人或双方为残疾人要求对方陪伴、钟爱和帮助的权利，同时是法律赋予的合法婚姻关系中的夫妻享有的配偶身份权利，其他人负有不得侵犯的义务。残疾人配偶权的前提是残疾人具有合法有效的婚姻关系。

残疾人亲属权是指残疾人在具有一定的亲属关系（自然的亲属关系与拟制的亲属关

系)的人相互之间享有的权利。是残疾人在父母与成年子女、祖父母与孙子女、外祖父母和外孙子女以及兄弟姐妹之间的身份权。具体来说,父母(失去父母亲权保护的残疾儿童可由有能力的祖父母、外祖父母、有负担能力的兄姐)对残疾儿童有抚养的权利和义务;残疾儿童成年后有对父母(或失去父母亲权保护的残疾儿童已经实施抚养、教育义务的祖父母、外祖父母)的赡养权利和义务,残疾儿童由兄姐抚养成人后,有负担能力的,对于丧失劳动能力不能独立生活的兄姐有供养的权利和义务;双方互有继承权,有行为能力宣告、失踪宣告和死亡宣告申请权,以及一方失踪后的财产代管权。[①]

二、残疾人康复权

残疾人康复权是指残疾人有获得残疾诊断与医学治疗、公共能力康复训练、辅助器具验配、心理康复和康复救助等方面的权利。

1982年12月3日,联合国大会第三十七届会议正式通过《关于残疾人的世界行动纲领》。其宗旨是要推行有关残疾预防和康复的有效措施,促进实现以下目标:使残疾人得以"充分参与"社会生活和发展,并享有"平等地位",也就是说具有与全体公民同等的机会,平等分享因社会和经济发展而改善的生活条件。

该行动纲领中对康复进行了充分定义,认为康复是指有既定目标并且时间有限的一段过程,这一过程旨在使有缺陷的人在心智上、身体上、参与社会生活的功能上都能达到最佳状态,这样就为其生活的改善提供了自身的条件。康复包括为补偿某一丧失或削弱的功能所采取的各种措施(例如采用辅助器械),也包括有助于使他们适应或重新适应社会生活的措施。在定义的基础上,《关于残疾人的世界行动纲领》还对康复做出了详细表述:"康复一般包括下列几种服务:及早发现、诊断与处理;医疗护理;社会、心理和其他方面的咨询和协助;进行自理训练,包括行动、交往及日常生活技能,并为听觉、视觉受损者和弱智者提供所需的特殊器材;提供辅助器械、行动工具及其他设备;专门教育服务;职业技能训练(包括职业指导)、职业培训、公开招聘的和保护性的就业安置;后续工作。在一切康复工作中,要强调残疾人所具备能力的一面,要尊重他们的人格和尊严。残疾人的家庭和社区康复工作的重要环节,应该对为这一目的工作的家庭和社区组织给予协助。对残疾人的各项服务应尽可能在社会现有的社会、卫生、教育和劳动体制范围内解决。这包括各级医疗保健;小学、中学和高等教育;职业培训和就业安置综合方案;以及各项社会保障和社会服务措施。康复工作应在自然的环境中进行,辅之以社区康复服务和专门的康复机构。各项康复方案应使残疾人可以参加设计和组织他们本人和家庭认为必要的各种服务。应尽可能把康复服务纳入其他服务工作,并使残疾人更易得到这些服务。"

《关于功能、残疾和健康的国际分类》,又称国际功能分类(ICF)由世界卫生组织在2001年5月22日第54届世界卫生大会上正式命名并在国际上使用的分类标准。ICF由两大部分组成,第一部分是功能和残疾,包括身体功能和身体结构、活动和参与;第二部分是背景性因素,主要指环境因素。ICF运用了一种字母数字编码系统,因而可以对广泛的有关健康的信息进行编码,为临床提供一种统一和标准的语言和框架来描述患者的健康

---

① 丁勇、陈韶峰. 残疾儿童权利与保障[M]. 南京:南京师范大学出版社,2015.

状况和与健康有关的状况。目前许多国家在 ICF 所提供的残疾康复框架下开展康复服务。

《残疾人权利公约》强调：尤其要在医疗卫生、就业、教育和社会服务方面组织、加强和推广综合性适应训练和康复服务和方案；促进为从事适应训练和康复服务的专业人员和工作人员制订基础培训和进修培训计划。

我国《残疾人保障法》第二章专门针对康复提出详细条款，包括：第十五条"国家保障残疾人享有康复服务的权利。"第十六条"康复工作应当从实际出发，将现代康复技术与我国传统康复技术相结合；以社区康复为基础，康复机构为骨干，残疾人家庭为依托；以实用、易行、受益广的康复内容为重点，优先开展残疾儿童抢救性治疗和康复；发展符合康复要求的科学技术，鼓励自主创新，加强康复新技术的研究、开发和应用，为残疾人提供有效的康复服务。"第十七条"各级人民政府鼓励和扶持社会力量兴办残疾人康复机构。地方各级人民政府和有关部门，应当组织和指导城乡社区服务组织、医疗预防保健机构、残疾人组织、残疾人家庭和其他社会力量，开展社区康复工作。残疾人教育机构、福利性单位和其他为残疾人服务的机构，应当创造条件，开展康复训练活动。残疾人在专业人员的指导和有关工作人员、志愿工作者及亲属的帮助下，应当努力进行功能、自理能力和劳动技能的训练。"第十八、十九和二十条中详细阐述如下："地方各级人民政府和有关部门应当根据需要有计划地在医疗机构设立康复医学科室，举办残疾人康复机构，开展康复医疗与训练、人员培训、技术指导、科学研究等工作。医学院校和其他有关院校应当有计划地开设康复课程，设置相关专业，培养各类康复专业人才。政府和社会采取多种形式对从事康复工作的人员进行技术培训；向残疾人、残疾人亲属、有关工作人员和志愿工作者普及康复知识，传授康复方法。政府有关部门应当组织和扶持残疾人康复器械、辅助器具的研制、生产、供应、维修服务。"

三、残疾人财产权

残疾人财产权对于残疾人的生存和发展都具有重要意义，他们可以通过自己的财产获得相应的生存发展机会以及更好的康复、教育等多种服务。残疾人财产权是指残疾人享有的以财产利益为内容，直接体现财产利益的民事权利，包括物权、债券、继承权和知识产权中的财产权利等。

《中华人民共和国民法通则》首先确认了民事权利和民事行为能力问题，完全行为能力人是指"十六周岁以上不满十八周岁的公民，能够以自己的劳动取得收入，并能维持当地群众一般生活水平的，可以认定为以自己的劳动收入为主要生活来源的完全民事行为能力人。"包括符合条件的残疾人。同时，针对部分残疾人或儿童提出"十周岁以上的未成年人进行的民事活动是否与其年龄、智力状况相适应，可以从行为与本人生活相关联的程度、本人的智力能否理解其行为，并预见相应的行为后果，以及行为标的数额等方面认定。""不能完全辨认自己行为的精神病人进行的民事活动，是否与其精神健康状态相适应，可以从行为与本人生活相关联的程度、本人的精神状态能否理解其行为，并预见相应的行为后果，以及行为标的数额等方面认定。""精神病人（包括痴呆症人）如果没有判断能力和自我保护能力，不知其行为后果的，可以认定为不能辨认自己行为的人；对于比较复杂的事物或者比较重大的行为缺乏判断能力和自我保护能力,并且不能预见其行为后果的,可以认定为不能完全辨认自己行为的人。""无民事行为能力人、限制民事行为能力人接受奖励、赠与、报酬,他人不得以行为人无民事行为能力、限制民事行为能力为由,主张以上行为无效。"

　　残疾人的财产权往往容易受到侵害。《残疾人权利公约》中提出:"缔约国应当采取一切适当和有效的措施,确保残疾人享有平等权利拥有或继承财产,掌管自己的财务,有平等机会获得银行贷款、抵押贷款和其他形式的金融信贷,并应当确保残疾人的财产不被任意剥夺。"《残疾人保障法》也强调:"侵害残疾人的合法权益,其他法律、法规规定行政处罚的,从其规定;造成财产损失或者其他损害的,依法承担民事责任;构成犯罪的,依法追究刑事责任。"其他涉及残疾人财产权的相关法律规定分布在《婚姻法》、《继承法》等条款中,不因身体是否残疾而进行区别对待。残疾人除特别规定的情形外(即无民事行为能力、限制民事行为能力人在法律相应规定情况下),拥有法定的财产权,甚至在《继承法》中提到"对生活有特殊困难的缺乏劳动能力的继承人,分配遗产时,应当予以照顾。"

第三节　残疾人发展权

　　残疾人的发展权是在残疾人生存权的基础上进一步提出的权利,是以为了满足残疾人适应现代社会生活的、参与社会生活进一步需求为出发点。残疾人发展权也是所有残疾人同其他社会成员一道享有的自主促进其经济、社会、文化和政治全面发展并享受这一发展成果的应有人权和法定人权。它包括残疾人受教育权、就业权与包含一系列残疾人子权利(文化体育活动参与权、享有社会保障的权利、享有无障碍环境的权利等)在内的社会参与权。

一、残疾人受教育权

　　《残疾人权利公约》中第二十四条关于教育权利的倡导中提出:"残疾人享有受教育的权利。为了在不受歧视和机会均等的情况下实现这一权利,缔约国应当确保在各级教育实行包容性教育制度和终生学习";"残疾人不因残疾而被排拒于普通教育系统之外,残疾儿童不因残疾而被排拒于免费和义务初等教育或中等教育之外";"残疾人在普通教育系统中获得必要的资助,便利他们切实获得教育";"残疾人能够在不受歧视和与其他人平等的基础上,获得普通高等教育、职业培训、成人教育和终生学习。为此目的,缔约国应当确保向残疾人提供合理便利。"

　　我国《残疾人保障法》第三章关于教育的规定也具有极强的指导意义:"国家保障残疾人享有平等接受教育的权利。""残疾人教育,实行普及与提高相结合、以普及为重点的方针,保障义务教育,着重发展职业教育,积极开展学前教育,逐步发展高级中等以上教育。""普通小学、初级中等学校,必须招收能适应其学习生活的残疾儿童、少年入学;普通高级中等学校、中等职业学校和高等学校,必须招收符合国家规定的录取要求的残疾考生入学,不得因其残疾而拒绝招收;拒绝招收的,当事人或者其亲属、监护人可以要求有关部门处理,有关部门应当责令该学校招收。"

我国于 1994 年 8 月 23 日颁布实施由国务院批准的《中华人民共和国残疾人教育条例》,这是我国第一部有关残疾人教育的专项法规,它的颁布实施,将从法律上进一步保障我国残疾人平等受教育的权利,促进残疾人教育事业的发展。2017 年 2 月 23 日,国务院总理李克强签署第 674 号国务院令,公布修订后的《残疾人教育条例》,该条例自 2017 年 5 月 1 日起施行。修订后的《残疾人教育条例》总结实践经验,将近几年有关促进残疾人教育事业发展的文件中行之有效的政策、措施上升为法律制度。立足实际情况,推进融合教育,在统筹规划、合理配置特殊教育资源的基础上完善残疾人入学安排,规范教育教学活动,使残疾学生接受与其身心状况相适应的教育。明确政府责任,加强对残疾人教育的保障和支持。并根据残疾人教育发展形势变化和实际需求,对残疾人教育事业发展目标和理念进行了调整、规定:发展残疾人教育事业应当保障义务教育,着重发展职业教育,积极开展学前教育,逐步发展高级中等以上教育;残疾人教育应当提高教育质量,积极推进融合教育,优先采取普通教育方式。①

二、残疾人就业权

残疾人就业权,是指具备劳动能力和就业意愿的残疾人依法享有平等就业机会、选择职业、按劳获得薪金报酬、接受职业技能培训、获得劳动安全卫生保护、休息、获得社会保险和福利、参加工会、提请劳动争议处理以及特别扶持、优惠和保护的权利。《残疾人职业康复和就业公约》倡导"应把职业康复的目的视为使残疾人能获得和保持合适的职业并得以提升,从而促使其与社会结合或重新结合为一体。""应以残疾工人与一般工人机会均等的原则为基础。应尊重男女残疾工人的机会和待遇均等。为落实残疾工人与其他工人机会和待遇均等而采取的特殊积极措施,不应视为对其他工人的歧视。"

《残疾人权利公约》中谈道:"确认残疾人在与其他人平等的基础上享有工作权,包括有机会在开放、具有包容性和对残疾人不构成障碍的劳动力市场和工作环境中,为谋生自由选择或接受工作的权利。"提出:"在一切形式就业的一切事项上,包括在征聘、雇用和就业条件、继续就业、职业提升以及安全和健康的工作条件方面,禁止基于残疾的歧视;保护残疾人在与其他人平等的基础上享有公平和良好的工作条件,包括机会均等和同值工作同等报酬的权利,享有安全和健康的工作环境,包括不骚扰的权利,并享有申诉的权利;确保残疾人能够在与其他人平等的基础上行使工会权;使残疾人能够切实参加一般技术和职业指导方案,获得职业介绍服务、职业培训和进修培训;在劳动力市场上促进残疾人的就业机会和职业提升机会,协助残疾人寻找、获得、保持和恢复工作;促进自营就业、创业经营、创建合作社和个体开业的机会;在公共部门雇用残疾人;以适当的政策和措施,其中可以包括平权行动方案、奖励和其他措施,促进私营部门雇用残疾人;确保在工作场所为残疾人提供合理便利;促进残疾人在开放劳动力市场上获得工作经验;促进残疾人的职业

---

① 丁小溪.保障残疾人受教育权利,推动残疾人教育事业发展——国务院法制办、教育部就《残疾人教育条例》修订答记者问[EB/OL].(2017 - 2 - 23)[2018 - 11 - 1]. http://www. xinhuanet. com/politics/2017 - 02/23/c_1120519847. html.

和专业康复服务、保留工作和恢复工作方案。应当确保残疾人不被奴役或驱役,并在与其他人平等的基础上受到保护,不被强迫或强制劳动。"

《残疾人保障法》中强调:"国家保障残疾人劳动的权利。各级人民政府应当对残疾人劳动就业统筹规划,为残疾人创造劳动就业条件。""残疾人劳动就业,实行集中与分散相结合的方针,采取优惠政策和扶持保护措施,通过多渠道、多层次、多种形式,使残疾人劳动就业逐步普及、稳定、合理。""地方各级人民政府应当开发适合残疾人就业的公益性岗位。""在职工的招用、转正、晋级、职称评定、劳动报酬、生活福利、休息休假、社会保险等方面,不得歧视残疾人。""残疾职工所在单位应当对残疾职工进行岗位技术培训,提高其劳动技能和技术水平。"

三、残疾人社会参与权

残疾人社会参与权是指残疾人通过多种途径和形式,参与家庭、学校、社区、所处行业和各种社会生活及其相应社会事务的权利。是残疾人参与社会生活和发展、参与社会经济建设,同时获得自身发展的满足,是残疾人对环境和社会的积极意识和行为。残疾人社会参与权不是一种单项权利,而是多项子权利集合而成的有机组合,具体包括文化体育活动参与权、享有社会保障的权利、享有无障碍环境的权利等。

关于文化体育活动参与权,《残疾人权利公约》中有规定:"确认残疾人有权在与其他人平等的基础上参与文化生活,并应当采取一切适当措施,确保残疾人:获得以无障碍模式提供的文化材料;获得以无障碍模式提供的电视节目、电影、戏剧和其他文化活动;进出文化表演或文化服务场所,例如剧院、博物馆、电影院、图书馆、旅游服务场所,并尽可能地可以进出在本国文化中具有重要意义的纪念物和纪念地。""应当采取适当措施,使残疾人能够有机会为自身利益并为充实社会,发展和利用自己的创造、艺术和智力潜力。""依照国际法的规定,确保保护知识产权的法律不构成不合理或歧视性障碍,阻碍残疾人获得文化材料。""残疾人特有的文化和语言特性,包括手语和聋文化,应当有权在与其他人平等的基础上获得承认和支持。""为了使残疾人能够在与其他人平等的基础上参加娱乐、休闲和体育活动,缔约国应当采取适当措施,以便:鼓励和促进残疾人尽可能充分地参加各级主流体育活动;确保残疾人有机会组织、发展和参加残疾人专项体育、娱乐活动,并为此鼓励在与其他人平等的基础上提供适当指导、训练和资源;确保残疾人可以使用体育、娱乐和旅游场所;确保残疾儿童享有与其他儿童一样的平等机会参加游戏、娱乐和休闲以及体育活动,包括在学校系统参加这类活动;确保残疾人可以获得娱乐、旅游、休闲和体育活动的组织人提供的服务。"

《残疾人保障法》中提出:"国家保障残疾人享有平等参与文化生活的权利。残疾人文化、体育、娱乐活动应当面向基层,融于社会公共文化生活,适应各类残疾人的不同特点和需要,使残疾人广泛参与。政府和社会采取下列措施,丰富残疾人的精神文化生活:通过广播、电影、电视、报刊、图书、网络等形式,及时宣传报道残疾人的工作、生活等情况,为残疾人服务;组织和扶持盲文读物、盲人有声读物及其他残疾人读物的编写和出版,根据盲人的实际需要,在公共图书馆设立盲文读物、盲人有声读物图书室;开办电视手语节目,开办残疾人专题广播栏目,推进电视栏目、影视作品加配字幕、解说;组织和扶持残疾人开展群众性文化、体育、娱乐活动,举办特殊艺术演出和残疾人体育运动会,参加国际性比赛和交流;文化、体育、娱乐和其他公共活动场所,为残疾人提供方便和照顾。有计划地兴办残疾人活动场所。政府和社会鼓励、帮助残疾人从事文学、艺术、教育、科学、技术和其他有益于人民的创造性劳动。政府和社会促进残疾人与其他公民之间的相互理解和交流,宣传残疾人事业和扶助残疾人的事迹,弘扬残疾人自强不息的精神,倡导团结、友爱、互助的社会风尚。"

关于享有社会保障的权利,《残疾人保障法》指出:"国家保障残疾人享有各项社会保障的权利。政府和社会采取措施,完善对残疾人的社会保障,保障和改善残疾人的生活。残疾人及其所在单位应当按照国家有关规定参加社会保险。残疾人所在城乡基层群众性自治组织、残疾人家庭,应当鼓励、帮助残疾人参加社会保险。对生活确有困难的残疾人,按照国家有关规定给予社会保险补贴。各级人民政府对生活确有困难的残疾人,通过多种渠道给予生活、教育、住房和其他社会救助。县级以上地方人民政府对享受最低生活保障待遇后生活仍有特别困难的残疾人家庭,应当采取其他措施保障其基本生活。各级人民政府对贫困残疾人的基本医疗、康复服务、必要的辅助器具的配置和更换,应当按照规定给予救助。对生活不能自理的残疾人,地方各级人民政府应当根据情况给予护理补贴。地方各级人民政府对无劳动能力、无扶养人或者扶养人不具有扶养能力、无生活来源的残疾人,按照规定予以供养。国家鼓励和扶持社会力量举办残疾人供养、托养机构。残疾人供养、托养机构及其工作人员不得侮辱、虐待、遗弃残疾人。县级以上人民政府对残疾人搭乘公共交通工具,应当根据实际情况给予便利和优惠。残疾人可以免费携带随身必备的辅助器具。盲人持有效证件免费乘坐市内公共汽车、电车、地铁、渡船等公共交通工具。盲人读物邮件免费寄递。国家鼓励和支持提供电信、广播电视服务的单位对盲人、听力残疾人、言语残疾人给予优惠。各级人民政府应当逐步增加对残疾人的其他照顾和扶助。政府有关部门和残疾人组织应当建立和完善社会各界为残疾人捐助和服务的渠道,鼓励和支持发展残疾人慈善事业,开展志愿者助残等公益活动。"

关于享有无障碍环境的权利,《残疾人权力公约》第九条规定:"为了使残疾人能够独立生活和充分参与生活的各个方面,缔约国应当采取适当措施,确保残疾人在与其他人平等的基础上,无障碍地进出物质环境,使用交通工具,利用信息和通信,包括信息和通信技术和系统,以及享用在城市和农村地区向公众开放或提供的其他设施和服务。这些措施应当包括查明和消除阻碍实现无障碍环境的因素,并除其他外,应当适用于:建筑、道路、交通和其他室内外设施,包括学校、住房、医疗设施和工作场所;信息、通信和其他服务,包括电子服务和应急服务。缔约国还应当采取适当措施,以便:拟订和公布无障碍使用向公众开放或提供的设施和服务的最低标准和导则,并监测其实施情况;确保向公众开放或为公众提供设施和服务的私营实体在各个方面考虑为残疾人创造无障碍环境;就残疾人面临的无障碍问题向各有关方面提供培训;在向公众开放的建筑和其他设施中提供盲文标志及易读易懂的标志;提供各种形式的现场协助和中介,包括提供向导、朗读员和专业手语译员,以利向公众开放的建筑和其他设施的无障碍;促进向残疾人提供其他适当形式的协助和支助,以确保残疾人获得信息;促使残疾人有机会使用新的信息和通信技术和系统,包括因特网;促进在早期阶段设计、开发、生产、推行无障碍信息和通信技术和系统,以便能以最低成本使这些技术和系统无障碍。"

《残疾人机会均等标准规则》中规定:"各国应确认无障碍环境在社会各个领域机会均等过程中的重要性。对任何类别的残疾人,各国均应:采取行动方案,使物质环境实现无障碍;采取措施,在提供信息和交流方面实现无障碍。"

《中华人民共和国残疾人保障法》第七章规定:"国家和社会应当采取措施,逐步完善无障碍设施,推进信息交流无障碍,为残疾人平等参与社会生活创造无障碍环境。各级人民政府应当对无障碍环境建设进行统筹规划,综合协调,加强监督管理。无障碍设施的建设和改造,应当符合残疾人的实际需要。新建、改建和扩建建筑物、道路、交通设施等,应当符合国家有关无障碍设施工程建设标准。"以及"对无障碍设施应当及时维修和保护。国家采取措施,为残疾人信息交流无障碍创造条件。各级人民政府和有关部门应当采取措施,为残疾人获取公共信息提供便利。国家和社会研制、开发适合残疾人使用的信息交流技术和产品。国家举办的各类升学考试有盲人参加的,应当为盲人提供盲文试卷、电子试卷或者由专门的工作人员予以协助。公共服务机构和公共场所应当创造条件,为残疾人提供语音和文字提示、手语、盲文等信息交流服务,并提供优先服务和辅助性服务。公共交通工具应当逐步达到无障碍设施的要求。""国家鼓励和扶持无障碍辅助设备、无障碍交通工具的研制和开发。"

除此以外,残疾人社会参与权还包括残疾人知情权、表达权、参与政治和公共生活的权利。残疾人知情权是残疾人享有了解涉及本人相关信息的自由与权利,以无障碍模式和适合不同类别残疾的技术,及时向残疾人提供公共信息,不另收费;敦促向公众提供服务,包括通过因特网提供服务的私营实体,以无障碍和残疾人可以使用的模式提供信息和服务;鼓励包括因特网信息提供商在内的大众媒体向残疾人提供无障碍服务。残疾人表达权是行使自由表达意见的权利,包括在与其他人平等的基础上,通过自行选择包括语言、字幕、盲文、触觉交流、大字本、无障碍多媒体以及书面语言、听力语言、浅白语言、朗读员和辅助或替代性交流方式、手段和模式,包括无障碍信息和通信技术的一切交流形式,寻求、接受、传递信息和思想的自由。残疾人参与政治和公共生活的权利是指残疾人有机会在与其他人平等的基础上享受参与政治和公共生活的权利,包括确保残疾人享有选举和被选举的权利和机会;积极创造环境,使残疾人能够不受歧视地在与其他人平等的基础上有效和充分地参与处理公共事务,并鼓励残疾人参与公共事务。

第四节　残疾人权利保障

一、残疾人权利保障现状

目前我国残疾人权利进程正在持续健康发展。根据《2017年中国残疾人事业发展统计公报》数据显示:截至2017年底,全国已有残疾人康复机构8 334个,4.3万名残疾青壮年文盲接受了扫盲教育。全国城乡持证残疾人就业人数为942.1万人,2017年城乡持证残疾人新增就业35.5万人。城乡残疾居民参加城乡社会养老保险人数2 614.7万;其中

547.2万60岁以下参保的重度残疾人中,有529.5万得到政府的参保扶助,代缴养老保险费比例96.8%。有282.9万非重度残疾人享受了全额或部分代缴养老保险费的优惠政策。1 042.3万人领取养老金。残疾人托养服务工作稳步推进,残疾人托养服务机构7 923个,全年1.9万名托养服务管理和服务人员接受了各级各类专业培训。

贫困残疾人脱贫攻坚取得阶段性成效,残疾人生产生活状况得到进一步改善。贫困残疾人得到有效扶持。6 692个残疾人扶贫基地安置10.5万残疾人就业,扶持带动21.8万户残疾人家庭。全国共完成8.2万户农村贫困残疾人危房改造,各地投入危房资金10亿元。

2017年,以"推进残疾预防,健康成就小康"为主题,组织第二十七次全国助残日活动,开展"残疾预防日""国际残奥委会代表大会""2017年国际残疾人日"等系列宣传活动;各大媒体大力宣传残疾人事业,"两微一端"影响力持续提升,至2017年底,关注、订阅人数近378万人,总阅览量约2 391万人次。截至2017年底,全国共有省级残疾人专题广播节目25个、电视手语栏目31个;残疾人文化工作强化创新意识,组织开展了全国残疾人文化周等活动,中国残联、教育部、民政部、文化部及国家新闻出版广电总局共同举办第九届全国残疾人艺术汇演。全国省地县三级公共图书馆共设立盲文及盲文有声读物阅览室959个。

积极落实国务院全民健身部际联席会议要求,努力将残疾人体育基本公共服务融入全民健身计划。"第七届残疾人自强健身周"列入国家体育总局2017年全民健身日系列活动,特奥活动融合性进一步加强。中国残联与冬奥组委建立了常态化工作机制,无障碍、市场开发、新闻宣传等专家分别深度参与了相关工作。

各级残联维权组织建设进一步加强,残疾人事业法律法规体系更加完善,无障碍环境建设取得新成果,残疾人维权工作全面开展。全国成立残疾人法律救助工作协调机构1 987个,建立残疾人法律救助工作站1 746个。残疾人参政议政工作继续开展,各地残联协助人大代表、政协委员提出议案、建议、提案753件,办理议案、建议、提案993件。无障碍建设法规、标准进一步完善,为89.2万户残疾人家庭实施了无障碍改造,其中包括10.5万户贫困重度残疾人(无障碍改造数据来源为2017年全国残疾人基本服务状况和需求信息数据动态更新数据)。

2017年,全国省市县乡(除兵团、垦区外)共成立残联4.3万个,各省(区、市)、市(地、州)全部建立残联;93.5%的县(市、区)、98.7%的乡镇(街道)已建立残联;95.4%的社区(村)建立残协,达到58.6万个。省市县乡残联工作人员达11.3万人,乡镇(街道)、村(社区)选聘残疾人专职委员总计59万人。93.5%的省级残联、67.5%的地市级残联配备了残疾人领导干部,52.7%的县级残联配备了残疾人干部。全国共建立省级及以下各类残疾人专门协会1.5万余个,其中省级专门协会已建比例为100%,市级专门协会已建比例为96.5%,县级专门协会已建比例为86.4%。全国助残社会组织2 520个。

残疾人服务设施建设得到全面发展。全国已竣工并投入使用的各级残疾人综合服务设施2 340个,总建设规模533万平方米,总投资154.9亿元;已竣工并投入使用的各级残疾人康复设施833个,总建设规模261.4万平方米,总投资80.8亿元;已竣工并投入使用的各级残疾人托养服务设施649个,总建设规模161.2万平方米,总投资44.3亿元。

二、残疾人权利保障困境及其原因

我国残疾人权利保障事业发展迅速，但从国家整体层面来看，与其他方面的发展相比，残疾人权利保障发展仍有差距，残疾人整体生活水平有待提升，具体表现在：

遗弃、虐待甚至杀害残疾儿童的现象时有发生，部分脱离监护人的残疾儿童生存状况堪忧，残疾人的人格尊严遭受侵犯的现象并未杜绝。残疾人康复效果并不理想、康复权的实现有着明显的地区差异和城乡差异、不同类别残疾人的康复先实现水平不同。残疾儿童学前教育缺少完备的公共服务的法律和制度保障、残疾儿童学前教育需求与政府、社会提供的学前教育资源之间存在不平衡、学前教育利益获得与健全儿童相比严重滞后、残疾儿童的学前教育发展存在地域间、城乡间的不均衡、残疾儿童学前教育管理体制重管理轻服务现象明显；随班就读比例不高、重度残疾儿童义务教育缺失、受教育权补偿平等制度实施存在不足、残疾儿童义务教育投入的管理仍须规范；残疾人职业教育体系尚不完善、覆盖面不广、公共财政投入不足、管理体制有待优化；残疾人就业水平落后于社会整体经济发展、残疾人就业率不高、就业过程中隐性歧视仍然存在、农村残疾人就业更为困难、残疾人整体收入水平偏低；残疾人文化体育设施主要集中在大中城市、较少残疾人能够充分获得文化体育活动的参与机会、无障碍设施建设水平亟待加强。

产生残疾人权利保障困境的原因主要有以下几个方面：

第一，社会成员包括残疾人所处家庭的亲属成员对残疾人权利发展、地位平等的平均认知水平不高。更多的社会民众尽管已经不再进行公开的显性歧视残疾人，但我国社会对残疾人群体、对残疾人权利问题还存在与现阶段经济、文化发展状况不相符合的现象，有的人对残疾问题的认识甚至还停留在刻板的阶段、对残疾人权利采取漠视的态度，言语上、称呼上的不尊重现象较为常见；持有"残疾人不如健全人"等不科学观点的仍然大有人在，民众对残疾人社会地位的认识并没有跟随社会其他方面的进步得以大跨步提升，对残疾人群体采取隐形歧视的现象屡见不鲜。在这样的社会环境下，残疾人权利保障的开展的确会受到来自人们基本意识和素养方面的阻碍。存在的普遍问题是，整体认知多以健全人的需求为中心，忽视残疾人群体的实际需求，事实上我们完全可以在考虑健全人需要的同时兼顾残疾人的社会生活需求。

第二，社区作为基层组织在残疾人权利保障方面的作用并未凸显。在计划经济时期，提供社会服务的主体是单位，单位几乎承担了社会的全部职能，其中包括对能体现残疾人权利的福利与服务。伴随着我国经济体制及行政体制改革的逐步深入，社会成员由"单位人"的属性逐渐过渡为"社会人"，在这个过程中，社区成为实现全民参与的基层社会实体，残疾人生活在社会之中，具体来说是生活在自己的社区之中，社区服务对于残疾人群的满足程度直接影响残疾人对整个社会服务水平的基本看法。但目前的实际情况并不乐观，尽管现在已经积极推进了社区残疾人协会的建立，培养大量的残疾人专职委员，在残疾群体部分生活问题上提供帮扶服务。然而，社区在很多具体问题操作上，还存在诸多困境。

第三，尽管国家在实现残疾人各项权利的进程中积极主动并不断努力，但事实上，由于多种问题的影响，残疾人权利保障机制发展僵化，政府与官方组织在残疾人权益保障中，行动能力过于刚性，更多的仍然是通过政策进行调整，手段过于间接。由于我国残疾人权益保障行动的主要参与者是政府和官方组织,目前尚不能与第三部门形成十分完善的相互呼应的服务体系。

三、残疾人权利保障的完善

摆脱残疾人权利发展的困境,提升残疾人生活质量,必须要高度重视残疾人事业发展,把残疾人事业发展纳入社会政治经济整体发展的框架内,确保残疾人群体共享经济社会发展成果,这是国家与社会的基本责任,也是在一定程度上反映我国社会发展的文明进程。全社会共同努力,面对残疾人权利发展中的不足之处,应该着手从以下方面大力改善:

首先,提升全民意识,维护和保障残疾人权利。提升全民尊重残疾人的基本意识,其主要手段是教育与宣传,其主要出发点是消除民众主观上对于残疾群体的偏见。尊重残疾人,尊重社会多样性,只有承认差异,才具备实现真正平等的态度,完全以某一群体作为标准而强调绝对的平等,反而是一种变相的歧视。新闻媒体的报道多关注残疾人的优势与长处,形成正向舆论宣传。包容并允许残疾人结合自身条件和所处的发展时期,以灵活弹性的方式参与社会生活。侵害残疾人权利的现象无论是隐蔽性的还是明显性的,都应得到法律制度、社会舆论的有力惩处。

其次,社会多方面(学校、机构、社区等)为残疾人及其家庭提供更多的支持。涉残家庭的实际需要主要体现在对相应支持力量的需求,其中包括咨询支持、经济支持、专业支持、服务支持以及精神支持。以政府的专项财政予以保障,缓解广大涉残家庭的经济压力;在为残疾人提供文化、娱乐、体育产品时考虑涉残家庭的经济能力,考虑城乡涉残家庭的差异,多设计一些物美价廉并适合残疾人需求的产品;社会中的广泛力量为涉残家庭提供多元化的服务,为残疾家庭多提供一些免费或低费的无障碍产品和恰适性较强的针对性服务,也可进一步在经济上为涉残家庭提供帮助。全面提升无障碍环境的建设,包括以通用设计为核心的硬件设施建设和全社会良好的无障碍软件环境,社会各界给予残疾人及其家庭精神支持,减轻残疾人及其家庭的精神压力与心理负担,为残疾人权利保障提供健康的舆论环境与精神鼓励。

最后,完善残疾人权利保障的机制建设。明确政府职责,清晰界定出法律执行主体、评估与监督的相关负责部门,形成问责机制,这些最终有助于残疾人权利保障行动的实际操作,使残疾人的权利在法律和实际行动层面上都得到保障。完善司法救济、行政救济、法律援助等手段,为残疾人权利发展保驾护航。大力发展助残类型的非政府组织,与政府部门一道共同开展残疾人权利的保障与服务工作。

【本章小结】

我国政府推动起草《残疾人权利国际公约》并成为首批批准的缔约国,历经几十年的发展,我国的残疾人权利保障事业已经形成了以宪法为核心,以《残疾人保障法》为基础的法律保障体系。在残疾人权利保障的基本原则的指引下,残疾人权利保障主要体现在残疾人的生存权和发展权两大方面,具体包括残疾人的人格权、身份权、康复权、财产权、受教育权、就业权、文化体育活动参与权、享有社会保障的权利、享有无障碍环境的权利、知情权、表达权、参与政治和公共生活的权利等。

【复习与思考】

1. 我国残疾人权利发展经历了怎样的历史阶段?

2. 残疾人权利主要包括哪些权利内容?

3. 结合实际,谈一谈你所熟悉的区域范围内残疾人权利中的某一项权利的实现情况并进行相应的评价与分析。

【案例分析与讨论】

目的:通过案例分析与讨论分析,了解残疾人权利的重要意义及残疾人权利的维护与实现。

准备:案例展现(PPT 及大屏幕)、白纸、签字笔、成员分组。

特别注意:小组成员不能多于 8 人,小组个数不能少于 3 组。

案例 1 "女童之死"

2018 年 6 月 25 日,南京警方根据群众报警,在南京市江宁区湖熟街道句容河宁杭高速公路桥下河道中发现一溺亡女童。警方对此高度重视,经过连续一个多月的侦查工作,于 7 月 25 日抓获犯罪嫌疑人杨某响、杨某松。经审查发现,杨某响系被害女童父亲,杨某松系被害女童祖父,两名犯罪嫌疑人初步供述了于 6 月 23 日晚将被害人推入句容河中致其溺亡的犯罪事实,被害女童为脑瘫患儿。另据被害女童的姑父接受新闻采访时所说:"孩子是脑瘫,小时候家人也带着她去过很多地方看病,当时总共花了大概有 10 万块钱,但都没能治好。因为孩子脑瘫这个事,妈妈也不想要,后来小舅子就和他老婆离婚了。……离婚之后,家人都不想要了……"①

讨论

1. 残疾人生命权与其他权利之间的关系是什么?

2. 如何避免此类悲剧再次发生?

3. 从残疾人事业管理的角度下思考,案件本身提供的启示有哪些?

案例 2 一个残障儿童的经历

毛毛,男,15 岁,肢体残疾并患有癫痫。毛毛家庭有四口人,父母和一个哥哥,在当时的计划生育政策下,毛毛系父母违反政策而超生的孩子。为了躲避因超生而带来的罚款,毛毛妈妈将毛毛隐藏起来,因此他们也无法为毛毛申请任何有关残疾儿童的特殊待遇。后来超生的事情最后还是被人举报了,毛毛家缴纳了罚款,而毛毛的家庭情况并不好,父母均没有固定工作,经济压力常常使得毛毛妈妈迁怒于毛毛。毛毛妈妈说:"如果没有这个儿子,我的日子不知道有多好过,可是他又没有办法死掉,也没有地方能送走,只能这样过了。"母亲的态度反映到实践中就是常常对毛毛打骂。

到了入学年龄,毛毛每年入学和注册时都会遇到困难,不能顺利入学。几乎每年注册报名时,老师都会故意为难他。报名那天,无论他多早去学校,几乎总是最晚才报上名。

---

① 案例综合自南京市公安局 2018 年 7 月 25 日《警方通报》、现代快报、紫牛新闻.

毛毛说:"老师不收我的钱,也不理我,就给其他的同学报名,我也不敢回家,怕被妈妈骂。"毛毛妈妈说,有好几次她看到天色很晚了,孩子还没回家,就去学校找他,跟老师"闹"了以后,才能报上名。最严重的一次,一向脾气温和的父亲是在喝了酒之后知道此事的,他大怒,仗着酒劲拿着菜刀到了老师家,把刀往老师家的桌子上一拍,声称如果不给报名就要杀人。老师这才收了孩子的报名费,算是把名报上了。

入学以后,毛毛还遭到老师和同学的歧视。严重时,甚至不能顺利进入教室学习。班级桌椅不够,老师就把毛毛的桌椅搬走,毛毛没有桌椅又不敢告诉妈妈,只好每天按时出门,装作上学的样子,实际上他每天只在学校操场上坐着,等同学们放学了他才背着书包回家。这种情形大约持续了一个月。直到有一天,毛毛的同学告诉他母亲,母亲知道真相以后找到老师,与之大吵一架,毛毛才能坐进教室继续学习。而毛毛还丧失了接受教育救助和选择课程的权利。毛毛只享受了两个学期的"两免一补"优惠,后来因为毛毛受到批评时老师提出不给他优惠了,毛毛妈妈才发现优惠名额是每个学期由班主任先上报再下批的,老师没有给毛毛上报,时间限制一过毛毛妈妈只能交全额的学费。毛毛成绩不好又调皮捣蛋,妈妈想让毛毛留级再学一遍,可老师没有同意。最后由于实在无法跟上进度,毛毛在初二退学回家。

在平时的生活中,毛毛有一个朋友,是一个做窗帘生意的店主的女儿,他们年龄相仿。有一次,两人一起在店里玩,老板女儿后来不知从哪儿拿出来一个钱包,说一起去买东西吃,毛毛就跟着一起去了。两个小孩买完东西回去之后,女孩的妈妈发现了此事,就问女孩钱包是谁拿的。小女孩害怕,就说是毛毛拿走的。毛毛说,他当时怎么辩解都没有人相信他。后来,窗帘店老板先是把毛毛扣在他们小店里,不让他回家,随后带了一帮人找到毛毛的父母,说毛毛偷了钱包里的美元和港币,一共约合 1 500 元人民币,如果不赔就要进毛毛家里砸东西。毛毛母亲一看这种阵势也没有办法,赶紧向住在旁边的两家亲戚借够钱还了,然后带着气把毛毛从小店带回家,一路走一路打。毛毛觉得自己很委屈。毛毛的母亲说,她当时也想到了,窗帘店的老板可能是故意污蔑毛毛,把那么多不流通的钱放在平常用的钱包里也不合情理,而且毛毛肯定说没有拿,她也相信孩子。但是一想到赔给人家那么多钱,又觉得这些损失都是毛毛造成的,不打不能消气。①

讨论

1. 上述毛毛的经历中涉及残疾人的哪些权利被侵害?
2. 国家立法对残疾人这些权利的保护做出哪些规定?
3. 如果你是毛毛的家人,面对毛毛的成长你会怎样做?

【推荐阅读】

1. 陈佑武. 残疾人权利读本[M]. 湖南:湖南大学出版社,2016.
2. 郑功成. 中国残疾人事业发展报告[M]. 北京:人民出版社,2017.
3. 张万洪. 残障权利研究(2016·冬季号)[M]. 北京:社会科学文献出版社,2017.
4. 杰拉德·奎因、李敬.《残疾人权利公约》研究:海外视角(2014)[M]. 北京:人民出

_____

① 案例摘自:尚晓援. 中国残疾儿童家庭经验研究[M],北京:社会科学文献出版社,2013.

版社,2015.

5. 科林·巴恩斯、杰弗·默瑟. 探索残障:一个社会学引论(第二版)[M]. 北京:人民出版社,2017.

6. 玛丽安娜·舒尔泽. 平权的法理——《残疾人权利公约》解读[M]. 北京:华夏出版社,2018.

【参考文献】

1. 新华社. 人类命运共同体载入联合国人权理事会决议[N]. 人民日报海外版,2017-03-24(3).

2. 丁勇、陈韶峰. 残疾儿童权利与保障[M]. 南京师范大学出版社,2015.

3. 相自成. 权益保障的中国模式[M]. 华夏出版社,2011.

4. 张万洪. 大步向前的残疾人权利保障事业[N]. 人民日报,2017-09-27(9).

5. 丁勇、陈韶峰. 残疾儿童权利与保障[M]. 南京师范大学出版社,2015.

6. 丁小溪. 保障残疾人受教育权利,推动残疾人教育事业发展——国务院法制办、教育部就《残疾人教育条例》修订答记者问[EB/OL]. (2017-2-23)[2018-11-1]. http://www.xinhuanet.com/politics/2017-02/23/c_1120519847.htm.

7. 中国残疾人联合会. 2017年中国残疾人事业发展统计公报[R]. http://www.cdpf.org.cn/sjzx/tjgb/,2018(4).

8. 尚晓援. 中国残疾儿童家庭经验研究[M]. 北京:社会科学文献出版社,2013.

第五章 残疾人康复

【本章学习要点】

- 残疾人康复的主要内容与政策
- 残疾人康复的发展历程
- 残疾人康复发展的促进策略

康复是残疾人事业永恒的主题,康复能够帮助残疾人恢复或补偿功能,是残疾人实现权利的基本条件和首要前提。残疾人事业不以康复为基础,其他残疾人权益无从谈起。习近平总书记在十九大报告中提出:"发展残疾人事业,加强残疾康复服务"。残疾人康复工作也被纳入"健康中国 2030"的整体规划之中,强调要解决好残疾人等重点人群的健康问题,在 2030 年实现残疾人"人人享有康复服务"的目标。这些体现了国家和社会各界对残疾人康复事业特别的关心和关注。

第一节 残疾人康复概述

残疾人康复服务作为促进残疾人身心发展,实现社会融入的重要途径,它对提升残疾人的生活质量,保证残疾人工作的顺利开展有着重要的作用。做好残疾人康复工作,帮助残疾人恢复或补偿功能、增强生活自理能力,提高生活质量和社会参与能力,才能更好地保障残疾人权益、减轻社会和家庭负担,共建共享和谐社会。

一、残疾人康复的界定

(一)残疾人康复的概念

20 世纪 40 年代以来,康复(rehabilitation)的定义和内涵不断地演变。尽管其表述在不断变化,但核心含义仍具有一致性,其所蕴含的全面康复理念始终没有变。1942 年全美康复讨论会给康复下了第一个著名的定义:康复就是使残疾者最大限度地恢复其身体的、精神的、社会的和经济的能力。[①] 世界卫生组织(WHO)1969 年将"康复"定义为"综合和协同地将医学、社会、教育和职业措施应用于残疾者,对他们进行训练和再训练,以恢复其功能至最高可能的水平",1981 年提出新的定义"康复是应用所有措施,旨在减轻残疾和残障状况,并使他们有可能不受歧视地成立社会的整体"。[②] 自 2001 年《国际功能、

[①] 缪鸿石.康复医学理论与实践[M].上海:海科学技术出版社,2000.

[②] 励建安.康复医学(第 2 版)[M].北京:科学出版社,2008.

残疾和健康分类》(International Classification of Functioning，Disability and Health，ICF)出台以后，基于 ICF 的"康复"概念被描述为：是一种健康策略，目的是促进人类在与环境的交互作用中不断促进其健康状态，或是对健康状况已经经历或将要经历残疾的人，让他们达到或保持最佳功能状态。① 从上述可知，康复是帮助残疾人恢复或补偿功能，增强其参与社会生活和享受各种权利的重要手段。尽管有的病理变化无法消除，但经过康复，仍然可以达到个体最佳生存状态。

康复的概念有广义和狭义之分。广义而言，康复是达到下述目标的一个过程，旨在通过综合、协调地应用各种措施，消除或减轻病、伤、残者身心、社会功能障碍，达到和保持生理、感官、智力精神和(或)社会功能上的最佳水平，从而使其借助某种手段，改变其生活，增强自立能力，使病、伤、残者能重返社会，提高生存质量。狭义的康复仅指医学康复，主要指通过医学的手段为残疾人提供康复治疗。《国际功能、残疾和健康分类》(ICF)被正式命名并得到推行之后，目前许多国家都在 ICF 所提供的框架下开展残疾人康复服务。

20 世纪 80 年代，我国引进国外康复理念，开启我国残疾人康复事业。随着社会的不断发展，残疾人康复的内涵在实践中不断丰富，民众对康复服务认识的不断发展，广义的康复被越来越多的人所接受。2017 年国务院发布《残疾预防和残疾人康复条例》再次明确，残疾人康复是指在残疾发生后综合运用医学、教育、职业、社会、心理和辅助器具等措施，帮助残疾人恢复或者补偿功能，减轻功能障碍，增强生活自理和社会参与能力。② 目前我国所实践和研究的残疾人康复服务侧重于全面康复(广义的康复)，包括机构康复、社区康复和上门康复三种主要服务形式。

(二)残疾人康复的内容

经过近 40 年的探索和实践，如今我国残疾人康复事业蓬勃发展，初步形成有我国特色的残疾人康复事业。在此发展历程中，残疾人康复工作体系、业务格局、运行机制逐步建立，康复服务机构从无到有，残疾人康复业务领域不断拓展，服务项目不断增加，专业队伍逐渐壮大，服务能力日益提高，残疾人康复事业发展成就显著。从不同的分析视角，可对我国残疾人康复的主要内容进行不同的分类。

1. 从政策和行政管理角度

世界卫生组织(WHO)提出的 2006—2011 年残疾与康复行动计划中，康复的主要任务包括：提高公众对有关残疾发生范围和残疾造成结果的认识；促进有关残疾的数据和信息的收集、分析或发布；支持、促进和加强为残疾人及其家属所提供的卫生和康复服务；推进社区康复；促进辅助技术的开发、生产、销售和服务；支持有关政策的制定、实施、评估和监测，用以保障残疾人享有平等的权利和均等的机会；加强对卫生和康复服务政策制定者和服务提供者的能力建设；鼓励不同行业和网络之间的协作等综合性内容。③ 由此可得出，完整意义上的残疾人康复是一个系统的、相对完整的、具有不同于医疗卫生的专业特

---

① Gerold S，Alarcos C，John M，et al.《国际功能、残疾和健康分类》对康复策略进行统一概念描述的模式[J]. 中国康复理论与实践，2008，14(12).

② 国务院 2017 年 1 月 11 日第 161 次常务会议. 残疾预防和残疾人康复条例[EB/OL]. (2017-1-11)[2018-11-1]. http://www.gov.cn/zhengce/content/2017-02/27/content_5171308.htm

③ 邱卓英，李建军. 国际社会有关残疾与康复的理念和发展战略的启示[J]. 中国康复理论与实践，2007(2).

点和规律的社会政策领域。康复作为公共卫生的重要内容,不仅应在医疗体系中有更加突出和重要的位置,同时也应充分考虑其有别于医疗的特殊规律,推进社会康复、职业康复、教育康复、心理康复、辅助器具、残疾预防等各个康复领域的均衡发展。① 从政策和行政管理角度来看,我国残疾人康复工作的主要内容包括:组织制定和实施残疾人康复的政策、实施方案、工作计划;指导和协调残疾人康复机构的业务工作;指导残疾人辅助器具开发、供应、服务;推广高新科技成果在康复领域的应用;开展残疾预防工作;指导残疾人康复协会工作,开展学术交流;组织康复人才培训等多个方面。

2. 从康复实施的过程角度

1982 年 12 月联合国大会第三十七届会议通过的《关于残疾人的世界行动纲领》指出,康复是指有既定目标并且时间有限的一段过程,这一过程旨在使有缺陷的人在心智上、身体上、参与社会生活的功能上都能达到最佳状态,这样就为其生活的改善提供了自身的条件。康复包括为补偿某一丧失或削弱的功能所采取的各种措施(例如采用辅助器械,也包括有助于使他们适应或重新适应社会生活的措施)。② 从康复实施的过程、流程来看,残疾人康复工作的主要内容包括:确定康复训练对象——进行初次评估——制定训练计划——实施康复训练——进行中期评估——继续康复训练——进行末期评估与总结。残疾人康复服务基本上按照上述流程来建立,当残疾人被送到医院或康复中心时,对其进行初次诊断和康复评估,制定个别化康复训练计划,争取第一时间做到康复介入,进行第二次康复评估(中期评估),根据康复效果来判断是否继续按照上述康复训练计划开展训练。若有必要,则被送到其他类型的康复机构;若康复已产生明显效果,稳定后进一步转到社区康复站或家庭康复中。康复结束时对其进行末期评估与总结。

3. 从康复的业务领域角度

2006 年联合国《残疾人权利公约》指出:康复是采用各种手段,使残疾人的身心以及社会参与等方面功能达到最佳水平,以增强其融入社会的能力以及自理能力。③ 从康复的业务领域来看,目前残疾人康复工作的主要内容包括:医疗康复服务、教育康复服务(训练与指导)、职业康复服务、社会康复服务、辅助器具服务、心理康复服务、无障碍设施设备(含信息无障碍)、贫困残疾人救助和其他康复服务。其中,医疗康复和训练指导为残疾人提供评估、治疗和训练,心理康复为残疾人建立信心提供心理支持。教育培训、知识讲座等方式传播了残疾预防知识和康复训练方法,为残疾人及其家庭提供康复与咨询服务,辅助器具的配置主要通过辅助器具的供给和维护等来实现。2017 年邱卓英等人的调查研究表明,我国残疾人的康复需求主要表现为医疗服务与救助、辅助器具、康复训练与服务和贫困残疾人救助,不同类别残疾人康复需求存在差异;残疾人接受最多的是医疗服务与

---

① 郭春宁. 新医改框架下对残疾预防和残疾人康复工作的思考[J]. 中国康复理论与实践,2010(11).

② 联合国大会第三十七届会议 1982 年 12 月 3 日第 37/52 号决议. 关于残疾人的世界行动纲领[EB/OL]. (2002-11-12)[2018-11-1]. http://2011old.cdpf.org.cn/wxzx/content/2002-11/12/content_30315579.htm.

③ 联合国大会第六十一届会议 2006 年 12 月 13 日第 61/106 号决议. 残疾人权利公约[EB/OL]. (2006-12-13)[2018-11-1]. http://www.un.org/zh/documents/treaty/files/A-RES61-106.shtml.

救助。① 目前,我国残疾人康复服务的主要业务领域,呈现出在内容广度与深度两个维度逐步拓展,以及与实际服务需求差距两大明显特征。

（三）残疾人康复的形式

从目前实际情况来看,实现残疾人康复的途径有多种,其中机构康复、社区康复、上门服务是三种基本形式。

1. 机构康复

机构康复一般在专门康复机构（康复中心或康复医院）或综合医院的康复科进行,利用先进设备和专业技术,对残疾人开展身体功能、心理疏导、社会适应等多方面的康复。其中,康复机构是指为残疾人提供康复服务的公益性事业单位或社会组织,是对残疾人实施康复行为的重要力量,包括残疾人康复中心（残疾儿童）、康复专科医院、综合医院和其他专科医院及疗养院中的康复医学科、社区卫生服务中心的康复治疗室、工伤康复医院、儿童福利院等,这些康复机构分别由中残联、卫健委、人保部、民政部等部门主管,既有公办机构,也有民办机构,这些机构所形成的层级构成了覆盖我国城市及农村的康复服务网络。根据业务类型来分,这些残疾人康复机构可分为:视力残疾康复、听力语言残疾康复、肢体残疾康复（含脑瘫）、智力残疾康复、精神残疾防治康复、孤独症儿童康复等多种类型。②

2. 社区康复

社区康复是以社区为基地开展残疾人康复的一项工作。社区康复的目的是促进所有残疾人得到康复服务,以实现机会均等、充分参与社会生活的目标。社区康复的实施,要依靠残疾人及其亲友、所在社区以及卫生、教育、劳动就业和社会保障等相关部门的共同努力。《中华人民共和国残疾人保障法》指出:"以社区康复为基础,康复机构为骨干,残疾人家庭为依托;以实用、易行、受益广的康复内容为重点……为残疾人提供有效的康复服务。"③我国自1986年开始进行社区康复的试点工作以来,十分重视残疾人社区康复工作,目前已经全面推广和普及。

3. 上门服务

上门服务及延伸服务是介于机构康复和社区康复与服务之间的一种服务形式,指医疗或康复机构和社区的康复资源,为辖区残疾人提供上门的康复训练与延伸服务。

在所有不同形式的残疾人康复工作中,都要强调残疾人所具备的能力或优势潜能,要尊重他们的人格和尊严。针对残疾人的各项服务应尽可能在现有的社会、卫生、教育和就业体制范围内解决,包括各级医疗保健,小学、中学和高等教育,职业培训和就业安置,以及各项社会保障和社会服务措施等。残疾人的家庭和社区康复是残疾人康复工作中的重要环节。残疾人康复工作,应尽可能在自然的环境中进行,辅之以社区康复服务和专门机构康复。

---

① 邱卓英,李欣,等.中国残疾人康复需求与发展研究[J].中国康复理论与实践,2017,23(08).

② 凌亢,白先春,等.中国残疾人事业发展报告(2006—2015)[M].中国统计出版社,2017.

③ 第七届全国人民代表大会常务委员会1990年12月28日第十七次会议.中华人民共和国残疾人保障法[EB/OL].(2018-11-5)[2018-11-30].http://www.npc.gov.cn/npc/xinwen/2018-11/05/content_2065632.htm

二、残疾人康复政策及行政管理

2011 年 6 月,世界卫生组织(WHO)和世界银行集团(WBG)共同发布《世界残疾报告》,建议各国政府及社会团体建立无障碍环境及发展康复、教育和支持服务,使残疾人充分参与社会生活,促进"残疾人权利国际公约"(CRPD)的实施。该报告着重指出,"康复服务有关政策应该融入卫生、就业、教育以及社会服务方面的综合性法规中,并且应该包含在残疾人发展的特殊法规中。其主要任务涵盖:提高对残疾的认识,建立三级预防体系,强调早期干预和功能康复;加强对康复服务政策制定者和服务提供者的能力建设,为残疾人及其家庭提供卫生和康复服务;鼓励跨行业协作;推进社区康复;促进辅助技术的开发、生产、销售和服务;促进残疾数据和信息的收集,支持有关政策的制定与实施,保障残疾人享有平等的权利和均等的机会等"。①

（一）政策演变与发展

自"八五"以来,我国残疾人康复工作坚持政府主导、部门配合、社会力量支持、残疾人及其亲友广泛参与的社会化工作方针,坚持康复技术实用的原则,坚持普遍服务与重点工程相结合的方法,初步建立了康复服务体系,使数千万残疾人得到了不同程度的康复。

为了进一步满足我国广大残疾人的康复服务需求,2002 年 8 月,国务院办公厅转发《关于进一步加强残疾人康复工作的意见》,提出到 2015 年实现残疾人"人人享有康复服务"的总体目标。所有残疾人不论性别、民族、地域、收入以及身份差异,都能得到与经济社会发展水平相适应、接受大致均等的所需康复服务。"残疾人'人人享有康复服务',是指让各类有康复需求的残疾人都有能力、有条件接受基本康复服务。康复服务具体包括康复训练、医疗康复、日间照料、职业康复、辅助器具服务、文体治疗、心理支持、信息咨询与转介等"。②

2008 年修订的《中华人民共和国残疾人保障法》第二章法规条款,为我国残疾人康复工作提供了更明确的法律依据,包括:① 国家保障残疾人享有康复服务的权利。各级人民政府和有关部门应当采取措施,为残疾人康复创造条件,建立和完善残疾人康复服务体系,并分阶段实施重点康复项目,帮助残疾人恢复或者补偿功能,增强其参与社会生活的能力。② 康复工作应当以社区康复为基础,康复机构为骨干,残疾人家庭为依托;优先开展残疾儿童抢救性治疗和康复;加强康复新技术的研究、开发和应用,为残疾人提供有效的康复服务。③ 各级人民政府鼓励和扶持社会力量兴办残疾人康复机构。地方各级人民政府和有关部门,应当组织和指导城乡社区服务组织、医疗预防保健机构、残疾人组织、残疾人家庭和其他社会力量,开展社区康复工作。残疾人教育机构、福利性单位和其他为残疾人服务的机构,应当创造条件,开展康复训练活动。④ 地方各级人民政府和有关部门应当根据需要有计划地在医疗机构设立康复医学科室,举办残疾人康复机构,开展康复医疗与训练、人员培训、技术指导、科学研究等工作。⑤ 医学院校和其他有关院校应当有

---

① 邱卓英.国际社会有关残疾发展的重要文件——世界卫生组织、世界银行共同发布首份《世界残疾报告》[J].中国康复理论与实践,2011,17(6).

② 卫生部,民政部,财政部,等.关于进一步加强残疾人康复工作的意见[J].中国临床康复,2002,18(6).

计划地开设康复课程,设置相关专业,培养各类康复专业人才。政府和社会采取多种形式对从事康复工作的人员进行技术培训。⑥ 政府有关部门应当组织和扶持残疾人康复器械、辅助器具的研制、生产、供应、维修服务。①

近年来,我国各级政府及有关部门积极扶持残疾人康复事业发展,残疾人康复工作开始步入法制化建设的轨道。2006 年,《中国残疾人事业"十一五"发展纲要》首次提出"制定残疾人康复条例"。2015 年 1 月,国务院印发《关于加快推进残疾人小康进程的意见》,提出"加快推进残疾人康复等立法工作"。在党中央、国务院的高度关心和重视下,相关部门和社会各界的热情关注和支持残疾人康复的立法工作。2017 年 1 月 11 日,国务院常务会议讨论通过《残疾预防和残疾人康复条例》(简称《条例》),标志着我国残疾预防和残疾人康复事业迈入依法推进的新的历史时期。《条例》共 6 章 36 条,完善了我国残疾人残疾预防和康复工作顶层设计,明确了残疾预防和残疾人康复工作的基本方针、工作要求,规定了政府、社会、公民的职责、权利和义务,是我国残疾预防与残疾人康复工作的基本遵循。学习贯彻好《条例》对于加快改善残疾预防和残疾人康复状况,推进我国残疾预防和残疾人康复事业健康发展具有重大意义。②

(二) 行政管理体系

2017 年国务院发布《残疾预防和残疾人康复条例》要求,我国残疾人康复工作"应当坚持以人为本,从实际出发,实行预防为主、预防与康复相结合的方针。""国家采取措施为残疾人提供基本康复服务,支持和帮助其融入社会。禁止基于残疾的歧视。"《条例》第四条对我国残疾人康复行政管理体系做出规定:县级以上人民政府领导残疾人康复工作,将残疾人康复工作纳入国民经济和社会发展规划,完善残疾人康复服务和保障体系,建立政府主导、部门协作、社会参与的工作机制,实行工作责任制,对有关部门承担的残疾预防和残疾人康复工作进行考核和监督。该条例明确了我国残疾人康复工作的领导体制、工作机制及各级政府应承担的工作职责,对涉及残疾人康复工作的各级政府、群团组织、机构和人员的职责进行了明确的规定。③

第二节　残疾人康复发展历程

改革开放以后,我国残疾人康复事业大致经历了三个发展阶段:第一阶段为探索积累阶段,始于 20 世纪 80 年代初,持续到"九五"末期,以残疾人康复工作被纳入国家发展规划为主要标志;第二阶段为拓展提升阶段,始于"十五"初期,持续到"十五"末期,以第三次全国残疾人康复工作会议的召开为主要标志;第三阶段为全面发展阶段,始于"十一五"初

---

① 第七届全国人民代表大会常务委员会 1990 年 12 月 28 日第十七次会议. 中华人民共和国残疾人保障法[EB/OL]. (2018 - 11 - 05)[2018 - 11 - 30]. http://www. npc. gov. cn/npc/xinwen/2018 - 11/05/content_2065632. htm

② 胡向阳. 依法推进残疾预防与残疾人康复事业[J]. 中国康复理论与实践,2017(2).

③ 国务院 2017 年 1 月 11 日第 161 次常务会议. 残疾预防和残疾人康复条例[EB/OL]. (2017 - 02 - 27)[2018 - 11 - 30]. http://www. gov. cn/zhengce/content/2017 - 02/27/content_5171308. htm.

期,持续到 2015 年以第四次全国残疾人康复工作会议的筹备召开为主要标志。①

一、探索积累阶段

我国有组织、有计划、大规模的残疾人康复工作开始于 20 世纪 80 年代。1987 年国务院进行了全国首次残疾人状况抽样调查。调查结果显示,残疾人状况亟待改善,康复是他们最迫切的需求之一。这一结果引起党和政府的高度重视。因此,自 20 世纪 80 年代中后期,我国残疾人康复事业开始迅速发展。1988 年 9 月经国务院批准颁布实施《中国残疾人事业五年工作纲要》,将残疾人康复工作首次列入国家发展规划。全国各地扎实开展白内障复明、小儿麻痹后遗症矫治和聋儿语训三项残疾人抢救性康复工作。同年 10月,我国建成第一个现代化综合性的残疾人康复研究机构——中国康复研究中心。此后,各省、市及部分县相继建立起康复中心、康复站等康复训练服务机构。1990 年 12 月全国人大通过《中华人民共和国残疾人保障法》,其中"康复"被列为专章,标志着我国残疾人事业发展步入法制化轨道。1991 年 10 月,国务院批转《中国残疾人事业"八五"计划纲要》,提出要"逐步在全国四分之一的三级综合医院设立康复科或康复室;有计划地在省及大中城市残疾人联合会建立和改造后期康复训练机构或场所"。1996 年,卫生部发布了《关于综合医院康复科管理规范的通知》,现代康复医学研究和实践开始进入我国医疗系统。1996 年 4 月,国务院批转《中国残疾人事业"九五"计划纲要》,其配套实施方案明确要求"二、三级综合医院要按 1994 年国务院发布的《医疗机构管理条例》及卫生部的有关规定,加强康复医学科建设,有条件的地方举办专门康复机构。各类专业康复机构重点向残疾人提供服务"。②

经过残疾人事业"五年工作纲要"、"八五"、"九五"、"十五"等四个五年计划纲要,残疾人康复工作内容从白内障复明手术、聋儿听力语言训练和小儿麻痹后遗症矫治扩展到低视力、肢体残疾预防、精神病防治康复、智力残疾儿童康复以及辅助器具供应服务等众多领域。至此,社会化的残疾人康复服务体系初步建立,残疾人康复事业发展的基本格局和工作机制也初步形成,各类残疾人康复机构建设得到发展,为残疾人康复工作的进一步发展打下了良好的基础。

二、拓展提升阶段

2002 年 8 月,卫生部、民政部、财政部、公安部、教育部和中国残联共同召开第三次全国残疾人康复工作会议,国务院批转了《关于进一步加强残疾人康复工作的意见》(国办发〔2002〕41 号),明确提出到 2015 年实现残疾人"人人享有康复服务"的总体目标,并提出了发展残疾人事业的各项政策措施,是我国残疾人事业发展史上一个重要的里程碑,意味着残疾人康复工作进入了拓展提升阶段。

2005 年,民政部、卫生部、中国残联共同开展全国残疾人社区康复示范区培育活动,

① 程凯. 我国残疾人康复工作的回顾与展望[J]. 中国康复理论与实践,2008(3).
② 中华人民共和国国务院 1996 年 4 月 26 日. 中国残疾人事业"九五"计划纲要[EB/OL]. (2001 - 11 - 06)[2018 - 11 - 30]. http://2011old.cdpf.org.cn/zcfg/content/2001 - 11/06/content_30317548.htm.

典型示范,以点带面,促进残疾人社区康复工作蓬勃开展。同年,卫生部、中国残联共同印发《关于进一步将残疾人社区康复纳入城乡基层卫生服务的意见》(残联发[2005]3号)文件,提出中国社区康复正式融入社区卫生服务。在大力开展社区康复的同时,不断加强残疾人康复服务机构建设,制订机构建设规范化标准和康复人才培养规划,为康复机构建设明确发展方向,提高康复服务规范化、专业化水平,提升了残疾人康复工作的影响力和服务面。

进入新世纪,残疾人康复工作坚持一手抓机构建设,一手抓社区康复的工作方向,加强协调沟通,推动政策建设,建立长效机制,促进康复工作全面开展,使得我国残疾人康复事业获得了更大的发展空间。期间,国家总体残疾人康复策略是在"十五"计划的基础上制定新的发展目标,进一步完善我国残疾人工作,包括:①以肢体残疾康复和精神病康复为重点,扩大康复规模,加快康复专业人员的培训和培养,不断加强和提高康复技术;②继续改进和提高儿童智力残疾康复技术,进一步加强康复的质量和效果;③继续保持对聋儿家长的培训,不断提高和扩展聋儿康复的技术;④扩大资金的来源,增加政府和民间投入,增加白内障免费手术的人数;⑤进一步加强宣传,扩展供应渠道,增加全国残疾人用品用具总体供应量。

三、全面发展阶段

2006年,国务院批转《中国残疾人事业"十一五"发展纲要》,要求"加强二级以上综合医院康复医学科室建设,推动基层卫生机构开展肢体残疾康复训练与服务;完善中国康复研究中心和省、市(地)级康复中心的功能与条件"。2008年中共中央国务院出台的《关于促进残疾人事业发展的意见》(中发[2008]7号)提到要针对残疾人多种多样的服务需求,建立健全以专业机构为骨干、社区为基础、家庭邻里为依托,以康复、教育、就业、维权、文化、体育等为主要内容的残疾人服务体系。2011年5月16日,国务院批转《中国残疾人事业"十二五"发展纲要》,明确要求"加强省、市、县三级专业康复机构的规范化建设。制定康复机构和精神病患者康复机构的建设标准和服务规范"。

《中国残疾人事业"十一五"发展纲要》制定并实施以来,我国残疾人康复工作不仅继续关注康复面的扩大、康复数量的增长,同时兼顾康复质量的提高,在全面推动的基础上,更加注重康复工作的协调性和可持续性。这一期间,积极采取措施,大力促进康复工作的协调发展:首先,推动工作机制的创新,国务院新型农村合作医疗部际联席会议、精神卫生工作部际联席会议和国务院城市社区卫生工作领导小组等政府议事机构将残疾人康复工作纳入工作计划,为残疾人康复工作的政策制订在国家层面上提供了机遇和平台。其次,将残疾人康复工作与社会发展各个领域的工作相结合,社区康复与社区建设、社区卫生的广泛深入开展联系起来,农村残疾人康复工作与新农村建设和农村卫生工作的改革联系起来,形成互动,协调推进。第三,积极协调重点工程和社区康复之间的关系。重点工程易于获得政府支持,可使康复工作亮点频出,也可以带动社区康复的开展;社区康复可以在为残疾人康复提供服务的同时,普遍掌握残疾人康复的广泛需求,为重点工程的开展奠定基础。第四,大力加强康复人才培养,提高康复服务的质量和水平。全国残联系统制定《全国残联系统康复人才培养规划(2005—2015年)》及实施细则,制定《全国残联系统康复人员培训学分管理办法》、《社区康复协调员资格认证管理办法》，明确残联系统康复人才的培养目标、原则、内容、形式、组织管理、考核评估、经费筹措和管理等相关要求。

第三节 残疾人康复发展现状

康复不仅能够帮助残疾人减轻残疾程度、补偿和改善身体功能、提高机体运动能力，也是保障残疾人获得生存权、发展权和受教育权，融入社会生活并实现与全国人民同步小康目标的重要前提条件。残疾人康复工作的快速发展，不仅为我国广大残疾人创造平等参与社会生活的条件，而且对完善我国社会服务和公共卫生服务体系具有十分重要的意义。

一、残疾人康复事业发展的成就

我国残疾人康复工作始于 20 世纪 50 年代，以伤残军人疗养院、康复医院、荣军疗养院等为载体。我国康复事业的蓬勃兴起是在 20 世纪 80 年代以后，并开始从原先的经验医学向循证医学跨越。如今，我国已经初步形成具有国情特色的残疾人康复事业。残疾人康复领域有统一管理、指导、服务与协调的工作体系，有比较完备的残疾人康复工作的业务格局，有需求导向，重点工程与社区康复相结合的工作机制，具有较好的可持续发展的基础。[①]

（一）有统一管理、指导、服务与协调的工作体系

目前，我国已经初步形成符合国情的残疾人康复工作三级模式。三个层次各有分工，有机结合，协调运作，初步形成完整、有效的社会化工作体系。其中包括：各级政府及相关行政管理部门组成残疾人康复工作办公室，负责组织管理、制定规划、筹措经费、协调实施。医疗及康复机构、专业学（协）会和各类专家组成技术指导组充分发挥专业优势，培训人员、传授方法、提供咨询服务。依托城乡医疗保健、社区服务网络和残疾人家庭，搭建为残疾人提供康复服务的工作平台。

（二）有比较完备的残疾人康复工作的业务格局

我国残疾人康复工作业务领域不断拓展，由最初抢救性的三项康复工作，即白内障复明手术、小儿麻痹后遗症矫治手术和聋儿听力语言训练，发展成为包括精神病综合防治康复，智力残疾人康复训练，脑瘫、孤独症儿童早期康复，辅助器具适配与供应服务等多个领域，覆盖各个类别残疾人的需要，预防与康复并重的比较完整的业务体系。在大力推进康复工作的同时，还注重开展残疾预防工作，宣传普及优生优育和残疾预防知识。针对遗传、疾病、药物中毒、事故、环境污染和其他致残因素，制定政策规划。组织和动员社会力量，开展"爱耳日"、"爱眼日"和"精神卫生日"等群众性宣传教育活动，逐步增强全社会"预防残疾，增进健康"的观念，减少残疾的发生。

---

① 程凯. 我国残疾人康复工作的回顾与展望[J]. 中国康复理论与实践，2008(3).

（三）需求导向，重点工程与社区康复相结合

了解残疾人的康复需求，有针对性地为残疾人提供康复服务，不仅是满足残疾人康复需求的基本要求，也是提升残疾人康复服务水平的有效手段。20 世纪 80 年代以后，针对广大残疾人最迫切的康复需求，我国残疾人康复事业选择聋儿听力语言训练、白内障复明手术、肢体残疾矫治手术、装配假肢和矫形器等受益广、见效快、效益好的项目，作为重点康复工程，集中力量强力推行。同时，大力推进社区康复服务，从康复需求的多样性出发，以社区为基础、家庭为依托，推广实用、易行的康复方法，广泛开展康复医疗、训练指导、知识普及、家庭培训、咨询转介等康复服务，点面结合，突出重点，使残疾人普遍受益。

（四）具有可持续发展的基础

目前，我国残疾人康复资源主要分布在残联、卫生、人事及社会保障、民政、教育以及社会机构等六个方面。一直以来，残联系统致力于建设残疾人保障体系和服务体系建设，已经建成国家级中心 1 家，省级康复中心 29 家，地市级康复中心 93 家，县市级及以下社区康复机构 2 500 余个，基本上形成了覆盖全国的残疾人康复服务网络。医疗卫生系统在 1988 年中国康复研究中心（北京博爱医院）正式落成的同时，开始在各地二级以上医院陆续成立康复医学科，并在河北省立医院、北京小汤山、辽宁汤岗子、广东丛化等地设立 4 个康复中心，逐步开展系统、全面的现代康复服务。人事和社会劳动保障系统同期在一些地区建立了专门为工伤患者提供康复服务的工伤康复机构（如广东工伤康复中心、湖南马王堆医院），服务模式以后期康复和职业康复为主，还有部分地区则采取"购买服务"方式，委托残联或卫生系统的康复机构承担工伤康复任务。由此可知，我国残疾人康复事业发展至今，全国各地普遍建立了专业的残疾人康复设施，包括农村乡（镇）村和城市社区都建立康复站点；医疗、保健、预防机构和城乡卫生服务网络积极为残疾人提供康复服务，建立了技术指导网络；健全了各项康复工作的技术标准和工作规程，培养了一支热爱残疾人事业、具有一定专业水平的康复人才队伍；形成了多元化、多层次的康复服务模式，为残疾人康复工作的持续发展奠定了基础。

二、残疾人康复发展存在的问题

从 2006 年到 2015 年，我国获得康复服务的人数由 437.9 万增长到 754.9 万。而根据 2015 年中国残疾人基本服务状况和需求专项调查数据显示，我国 2600 万持证残疾人和残疾儿童中有康复需求的比例为 59.6%，得到康复服务的不足 20%，可见我国残疾人康复需求与获得康复服务之间的差距仍然突出，康复服务状况亟须改善。[①] 我国残疾人康复服务仍然落后于医疗卫生、社区服务事业的发展，残疾人的康复服务仍不普遍，特别是中重度残疾人难以走出家门，农村贫困残疾人康复资源匮乏，得不到及时有效的康复服务，成为"十三五"期间我国残疾人康复事业发展亟须解决的问题，分析如下[②]：

（一）保障经费投入不足缺乏稳定性

残疾人康复服务工作经费大部分来自于残疾人就业保障金。"残疾人就业保障金来

---

① 邱卓英，李欣，李沁燚等. 中国残疾人康复需求与发展研究[J]. 中国康复理论与实践，2017(8).
② 张帆. 苏州市残疾人康复服务体系建设研究[D]. 苏州大学，2015(10).

源于残疾人按比例就业模式,指在实施分散按比例安排残疾人就业的地区,凡安排残疾人达不到省、自治区、直辖市人民政府规定比例的机关、团体、企业事业单位和城乡集体经济组织,根据地方有关法规的规定,按照年度差额人数和上年度本地区职工年平均工资计算交纳用于残疾人就业的专项资金"。[1]

以苏州市为例,苏州市残疾人就业保障金由地方税务部门征缴。从 2012 年至 2014 年年度缴纳的情况来看,地税部门代征的企业及个体工商户应缴纳的保障金年平均征收额达到 2.9 亿元,而广大的机关、团体、事业等单位仍未曾缴纳应当缴纳的保障金,使得苏州市残疾人保障金征收范围不全、征收力度不大,从客观上导致了残疾人康复服务保障经费缺乏稳定性。另一方面,随着近年苏州市残疾人康复服务需求的多元化,使得残疾人康复服务工作逐渐趋于向社会化方向发展。苏州市残疾人康复经费来源仅仅依靠残疾人就业保障金,已经显得远远不够,需要更多的社会资源的投入。然而,目前更多残疾人慈善事业、志愿助残服务、残疾人服务产业、政府购买服务等社会资源并没有得到充分利用。[2]

(二)政府重视程度和落实力度不够

残疾人康复服务工作是一项系统工程,需要科学、有序、联合的政策环境作为依托,要开展好残疾人康复服务工作,单靠残联一家远远不够,必须充分调动发改委、教育、公安、民政、司法、财政、人社、住建、交通运输、卫生等政府各部门的力量,形成合力。但是,目前我国残疾人康复存在机构设置总量不足、配置不均、服务能力薄弱、康复行业标准体系建设不完善、基本康复医疗社会制度保障水平低、评价指标涉及面太窄等问题。

尽管我国已经初步建立起残疾人康复工作体系和一整套组织管理服务网络,但支撑残疾人康复工作发展的长效机制尚未建立,机制体制还有待于进一步深化改革。目前,由于政府及相关部门对残疾人康复事业发展认识不够、理念不高、对其艰巨性和持久性判断不足,缺乏对残疾人康复服务的重视,康复目标未列入单位年度考核目标,部分镇(村)、街道(社区)在执行残疾人康复服务工作过程中监督方式单一,缺乏监督和考核机制,很大程度上影响了服务残疾人的水平和质量。多数地区的康复服务能力薄弱,存在康复服务场所较少、康复训练设备缺乏的普遍现象,未能充分整合可利用的社会康复资源。

(三)残疾人社区康复资源未充分利用

社区康复提倡要通过残疾人及其亲友、社区以及卫生、社会保障、劳动就业、教育等多方面的共同努力,注重残疾人的心理以及社会的全面康复。需要充分利用残疾人本人及其亲友,包括社区居委会、社区服务中心、社区卫生服务网点现有的社区机构设施,利用一切可利用的社会资源来发展残疾人社区康复工作。目前,在各地的社区乡镇(村)都设有残疾人社区康复室,并配备了普及型的适合家庭使用的康复器具。一些地区却普遍存在因为残疾人缺乏了解社区康复信息、残疾程度严重到无法正常出行、残疾人家庭对康复不能引起足够重视等因素,致使社区康复效率不高的现象。

(四)专业康复人才缺口大、培训缺乏

建立一支高素质的残疾人康复队伍是实现残疾人"人人享有康复服务"的根本保证。

---

① 岳云云.我国残疾人就业保障金管理现状及问题研究[J].劳动保障世界,2013(22):12.
② 张帆.苏州市残疾人康复服务体系建设研究[D].苏州大学,2015(10).

目前,我国残疾人康复专业技术人员的缺口很大。近年来围绕残疾人康复相关工作需求,各地残联组织开展了一定数量主题明确的专项康复培训,康复人员普遍能够获得一些短期培训。但由于各市、区缺乏完善的康复人才培养计划,缺少专业残疾人康复管理人员及社区康复协调员的规范化培训大纲,没有建立康复人才管理和激励制度,在各省市范围内没有形成完善的康复人才培养体系及配套管理制度,没有实现康复人力资源的合理配置,未实现人才结构与残疾人康复需求的基本适应,大大影响了康复服务质量和效果。

随着残疾人康复工作的全面深入开展,康复从业人员的工作职责、上岗标准需要明确,各类技术指导中心和社区卫生服务机构康复科(室)、残疾人社区康复站的建设标准、服务规范需要完善,社区康复专业技术人员、管理人员,特别是社区康复协调员的培训力度亟需加大。

三、促进残疾人康复发展的策略

随着社会的发展和人类文明的进步,残疾事务由传统的视残疾为病患、需要医疗和救济的"医疗模式"转变为要求体制性变革的"社会模式"。而我国残疾人康复的起步较晚、起点较低,尽管政府已经颁布实施了一系列行政法规及政策来保障残疾人权益,已经取得了不少成绩,积累了一些经验,但实际上仍面临着许多挑战,工作的开展仍遇到不少的困难。我国残疾人康复的保障体系不完整,康复服务管理薄弱,导致残疾人在获取康复服务等方面仍存在广泛的障碍。

（一）建立健全残疾人康复经费保障机制

目前,政府康复服务经费投入不足和残疾人支付能力的不足是制约残疾人康复发展的主要问题。一方面,各级政府残疾人康复经费投入仍然十分有限,作为公共产品的康复服务供给显著不足;另一方面,残疾人家庭人均可支配收入远低于全国平均水平,大量有康复需求的残疾人因经济原因难以得到康复服务。因此,明确基本康复服务的范围,建立残疾人康复经费保障机制,是目前的当务之急。

在补需方面,坚持以残疾人为本,从残疾人的基本康复需求出发,切实把残疾人,尤其是农村和贫困残疾人的基本医疗需求、特殊医疗需求纳入正在推进的城乡医疗保障、医疗救助制度范围,将残疾人的特殊医疗需求纳入医疗保险报销范围,积极推进残疾人各项康复保障制度的研究与建立。要建立以基本医疗保险为主体,以医疗救助、康复救助、工伤保险和商业保险、慈善捐助等为补充,覆盖城乡残疾人的康复保障制度。要进一步落实政府补贴,帮助城乡残疾人加入基本医疗保险,并逐步将符合规定的残疾人基本康复服务项目纳入医疗保险支付范围,稳步提高待遇水平;要将符合条件的贫困残疾人作为医疗救助的重点对象,逐步提高救助水平比例;要建立康复救助制度,对0~6岁残疾儿童实施免费抢救性康复,对其他经济困难的残疾人接受康复服务予以补贴。

在补供方面,要建立以政府为主的多元化的投入机制。要确立政府在提供基本康复服务中的主导地位。基本康复服务应主要通过政府筹资,向城乡残疾人均等化提供,由政府、社会和个人三方合理分担费用,特需康复服务可以由个人直接付费或通过商业保险等支付。目前,有些地方政府已经明确残疾人人均康复经费的具体数额,如天津、内蒙古、广东等地。尽管起点还比较低,但是已经朝着建立政府为主的多元投入机制迈出了关键性的步伐。

(二)完善并加快残疾人康复立法建设

目前,残疾人康复服务体系还不健全,专业康复服务机构数量不足,城乡、区域分布不均衡,很多已有的服务机构基础设施和技术条件还比较差,康复服务的能力和专业化水平比较低;综合医院康复科室和城乡基层卫生服务体系中的康复职能还比较薄弱。要进一步加强残疾人康复服务体系建设,解决好以上这几个方面的问题。

1. 提供完备的法律法规和政策保障

目前,我国在残疾人就业、教育、无障碍环境建设等方面,都颁布了相应的行政法规,但在残疾预防和残疾人康复服务方面才刚出台一个全国性行政法规,还缺乏更多详细的实施方案和推行办法。首先,要加强残疾人康复工作的政策法规建设,促进康复工作的可持续发展,重视建立残疾人康复工作的长效机制。当前,我国在残疾人康复立法方面的条件和时机日益成熟,部分地区以残疾儿童康复为突破口,已经做出了有益的尝试。今后需要进一步促进有关残疾人康复的地方性、国家性公共卫生政策的制定,加强残疾人康复立法调研工作,全面而系统地保障残疾人享有康复服务的权利。

我国 30 年中国特色残疾人康复工作实践与经验,以及《联合国残疾人权利公约》和美国、日本等国家在残疾人康复立法方面的实践为我国残疾人康复工作的发展提供了借鉴。我国应以国内国际相关指导性文件为依据,从实现残疾人机会均等,维护残疾人获得康复权利的角度出发,进一步制定完善有关残疾人康复的地方性、国家性公共卫生政策,加快残疾人康复立法进程,依法推动残疾人康复工作科学发展。

2. 加强社区康复的立法与规范管理

残疾人"人人享有康复服务"是一项社会化的系统工程,需要政府各相关职能部门间建立协调工作的社会化康复管理体系与管理机制,既需要与残疾人医疗康复相关的一系列政策的出台,也需要着力构建残疾人在社区得到延伸的康复服务网络;既应立足国情扩大康复服务的覆盖面,也应着眼长远,逐步提高康复服务的质量和水平;既要发挥公立康复服务机构的主导作用,也要积极鼓励和支持民办机构、非政府组织等社会力量的参与。国务院于 2017 年初印发了《"十三五"推进基本公共服务均等化规划》,提出构建与残疾人康复需求相适应的多元化康复服务体系、多层次康复保障制度,并依托残疾人精准康复服务行动,把残疾儿童、贫困残疾人作为重点服务人群,确保有需求的残疾儿童和贫困残疾人得到基本医疗和康复服务。在时机成熟时,我们应立足于我国实情,订立和执行我国《社区康复法规》或《社区康复工作条例》,以便有力地加快社区康复在全国的推广,保证社区康复的工作质量。

(三)加强各级各类专业康复机构建设

要进一步加强对康复服务机构建设的总体规划和区域规划,明确康复机构的数量、规模、布局和功能,实现康复服务资源的合理配置;要明确专业康复机构的公益性质,制定、完善康复服务机构建设、服务、技术和绩效考核标准,建立有效的补偿机制,坚持低成本服务。要采取政府购买服务、民办公助、公办民营等方式,吸引社会力量参与发展残疾人康复服务,鼓励和引导社会资本发展康复服务事业,同时要建立和完善行业管理制度和评价机制,保证康复服务的质量和效果。

省、市级专业康复机构要建设成为当地残疾人康复工作的示范窗口、技术资源中心和人才培养基地,县级康复机构要开展残疾人需要的康复服务和社区康复指导。为了实现上述目标,借鉴国际上的成功经验,中央政府作为残疾人服务的主体,应逐步加大中央财政对康复机构建设的投入力度;各地方政府也应根据当地经济和社会的发展情况,相应增加地方财政对残疾人福利事业的投入比例,发挥中央和地方政府财政投入对康复机构建设的主渠道作用,推动康复机构的发展。逐步健全以综合和专科的康复机构为核心,乡村、城市社区的基层康复机构为基础,综合和专科医院及疗养院中的康复医学科为补充的康复机构层级分布网络。特别要充分发挥基层康复机构在残疾人康复服务中的作用,以利于残疾人就近就便享有康复服务,将工作重点放在加强县、乡镇卫生院和村卫生室为基础的农村三级康复服务网络建设和完善以社区卫生服务为基础的新型城市社区康复服务体系工作上,同时还应拓宽社会资本设立康复机构的渠道,实行多元化的康复机构创办模式,合理增加康复机构数量,满足残疾人多层次、多样化康复服务的需求。

（四）全面发展残疾人社区康复

国内外的康复实践表明,康复机构仅能为10％的残疾人提供医疗康复服务,而社区康复则可以为70％的残疾人提供全面康复,社区康复是实现残疾人机会均等、充分参与、消除贫困、改善残疾人状况的基本手段。发展建立在社区卫生和基层公共卫生服务基础上的社区康复,是有效整合资源,提高康复服务可及性,实现残疾人"人人享有康复服务"的必由之路,也是适合国情,顺应当前医疗卫生体制改革方向的必然选择。一是要在示范区的基础上加快扩面,哪里开展了规范的社区卫生服务,哪里就应同步开展社区康复服务;二是要制定社区康复服务规范及各项技术标准,加强社区康复人才培养和队伍建设,不断提高社区康复服务的质量;三是要实现社区康复与医疗机构和康复机构的有效衔接;四是要积极探索在广大农村地区开展社区康复的有效途径。强化推行社区康复工作社会化的三大环节,增进效益。

（五）建立机构康复与社区康复之间资源共享、分工协作机制

1. 充分发挥医疗卫生体系中康复机构的职能

新医改方案明确要求健全各类医院的功能和职责,特别强调了公立医院要遵循公益性质和社会效益原则,这将对综合医院康复科室和城乡基层卫生院的发展和职能的发挥起到积极的推动;新医改方案还进一步明确了以社区卫生服务中心为主体的城市社区卫生服务网络的康复服务职能,这将极大地促进社区康复的开展,使社区卫生服务中心也逐步承担起残疾人康复"守门人"的职责。新医改要特别强调大力发展农村医疗卫生服务体系,进一步健全以县级医院为龙头、乡镇卫生院和村卫生室为基础的农村医疗卫生服务网络,这将为主要依托农村三级医疗卫生网络开展农村残疾人康复工作创造更好的条件。

2. 整合各方资源提高残疾人康复服务质量

现有各级医院康复资源是我国目前康复资源中最重要的部分。"根据《残疾人康复机构建设标准》（残联发[2006]43号）文件,我国康复机构按照级别规模可以分为三级（省级）康复机构、二级（地市级）康复机构、一级（县级）康复机构三类"。目前康复资源及技术力量主要集中在三级医院,在二级医院,特别是一级医院都非常薄弱。政府应在二级以上综合医院普遍设立康复医学科、康复门诊、康复病区,建立综合医院康复医学科与康复专

科医院、康复服务机构的双向转介服务制度；加大力度扶持社会力量参与残疾人专业康复服务，采取对社会专业康复机构进行评估、定点，重点发展教育康复和职业康复服务，并纳入残疾人康复服务网络，发挥好社会专业康复机构在残疾人康复服务中的骨干作用。

3. 发挥好专业康复机构作为技术资源中心对社区康复的辐射、带动作用

新医改对城乡社区卫生服务体系的重视和投入也将为社区康复注入新的活力。但另一方面，要保证社区康复的质量和水平，必须建立专业康复机构和社区康复的资源共享和分工协作的机制，发挥好专业康复机构作为技术资源中心对社区康复的辐射、带动作用。国外社区康复大多是在专业康复机构发展到一定水平甚至过度发展的前提条件下开始的，社区康复因为借助了专业机构的技术、人才并结合了社区资源才形成独特的优势。所以，在我国目前康复服务的发展状况下，仅仅片面强调社区的作用是不恰当的，还应该更多地强调专业康复机构和社区康复的均衡发展和分工协作。

（六）建立健全基本辅助器具供应与服务制度

辅助器具是残疾人恢复和补偿功能所必需的设备或技术。为残疾人提供基本型辅助器具或为残疾人适配辅助器具提供资助是各国普遍实行的一种社会政策。在辅助器具供应服务方面，我国已经基本建立了省、市、县三级辅助器具供应服务机构，但是服务能力和水平仍有待于进一步提高。今后应在以下几个方面推动辅助器具供应服务的发展：一是制定辅助器具的规划和产业政策。要对残疾人辅助器具需求做出科学的分析，制定辅助器具发展规划和产业政策，在税收等方面采取更多的优惠，鼓励和支持辅助器具产业的发展，增加辅助器具的供应，提高高科技辅助器具的国产化水平。二是建立对辅助器具的补贴政策，为残疾人特别是重度和贫困残疾人适配基本型辅助器具提供一个稳定的资金来源渠道。可以考虑确定基本辅助器具范围，纳入医疗保险支付范围。或是建立残疾人辅助器具专项社会福利制度，制定和发布基本辅助器具目录，由政府免费配发；对购置目录以外的辅助器具的残疾人予以补贴，经费可由中央财政和地方财政共同负担，也可以对享受配发和补贴的残疾人在残疾程度和资产状况方面予以适当的限定。三是建立辅助器具服务保障体系。加强我国残疾人辅助器具服务机构建设，推行个性化适配的服务方式，为残疾人配用辅助器具提供功能鉴定、需求评估、信息咨询等专业服务。完善辅助器具服务网络，提高辅助器具机构服务能力，建立健全辅助器具服务领域的法律、法规与政策体系建设，加快推进辅助器具研发、生产、使用的良性循环，构建较为完善的辅助器具服务体系。加强科技研发和专业人才队伍建设，加强质量监督和行业监管，规范生产流通秩序，保障辅助器具产业和服务的健康发展。

（七）加强康复专业建设、人才队伍培养和科技创新

康复是一个医学、工程学、心理学、社会学等多专业介入的综合性学科。在日本，康复是一个团队工作，以康复医师为骨干，物理治疗师、作业治疗师、言语治疗师、心理治疗师、假肢与矫形师、文体治疗师、社会工作者等专业技术人员共同参与组成团队，一起讨论制定残疾人的医疗及康复方案并付诸实施。与之相比，我国残疾人康复专业的发展仍然滞后，专业人才队伍无论在数量、结构和素质上也是远远不够的。应从以下几个方面予以推动：

（1）制定康复学科发展规划，完善包括医学院校、综合性大学的心理学院、社会工作

学院、特殊教育学院等在内的各类康复专业本科学历教育体系,有条件的开设康复硕士和博士研究生专业,培养高学历的康复专业技术人员。注重康复学科建设,不断完善各类康复技术,加强有关专业标准建设,提高康复的科学性和有效性。

（2）建立国家级康复人才培训中心,培养各省的康复学科带头人以带动全国的康复服务工作,并建立省级康复专业人才培养基地。加强康复医学学科与科研教学能力建设,加强课程、教材、师资队伍建设,以加快培养康复专业人才。注重培养社会康复、心理康复、职业康复和社会工作者专业人才,完善康复专业队伍的结构。

（3）将康复纳入全科医生培养内容,特别是帮助城乡社区卫生服务机构的医生具备康复专业知识和技能,有效开展基本康复工作。积极开展境外培训,学习国际上的先进经验做法。鼓励现有康复人才积极参加各类、各层次的培训班和学历教育,以更新知识,提高职业素养。

（4）营造康复人才充分发挥作用的良好环境,建立人才激励机制,完善康复专业人才的资格认定、职称评定、晋升与奖励制度,落实康复专业人员的待遇,促进康复专业人队伍的稳定和专业素质的不断提高。

（八）完善残疾人康复评价指标体系

残疾人"人人享有康复服务"评价指标体系的构建重点应关注基本康复服务领域的公平性问题,遵循科学性、系统性、可衡量性和发展性原则。科学性原则是基于我国的具体国情,科学选取能够准确反映我国城乡残疾人基本康复服务均等化的指标;系统性原则旨在全面反映我国城乡残疾人基本康复服务领域的各个方面的特征,同时各指标既独立又相互联系,构成一个有机的整体;可衡量性原则,是基于目前我国卫生领域发展的现状,以及数据的准确性和可获取性;发展性原则,反映残疾人基本康复服务的指标有很多,不可能面面俱到,所以立足核心指标的设置,其他相关指标应该随着城乡均等化的进程而得到不断修正和发展。

【本章小结】

通过多年的探索和实践,我国残疾人康复事业已经积累了很多经验。从近年来我国社区康复现况和发展趋势来看,社区康复的理念已经逐渐得到越来越多的认可。今后,我们应该进一步完善国家和地方康复政策支持体系和康复服务治理架构;以我国残疾人的康复需求为导向,提供精准康复服务;建立综合性康复服务体系,实现人人享有基本康复服务的目标;大力培养专业康复人员,提高康复服务提供能力和水平;加强社区康复工作的管理、监督、质量控制和专业人员能力建设,以残疾人及家庭的需求和目标为中心,把现有的以社区为基础的康复演变为以社区为基础的包容性社会发展模式;运用 ICF 开展康复科学研究,为促进康复事业发展提供科学理论支持。将康复作为实现联合国 2030 可持续发展目标的重要手段,实现全民健康覆盖目标。

【复习与思考】

1. 试述康复的定义及其内容?
2. 试述社区康复的基本概念?
3. 目前残疾人康复工作中存在的主要问题是什么?
4. 县级以上政府在残疾人康复领域的行政管理职责是什么?

5. 促进残疾人康复发展的策略有哪些?

【案例分析与讨论】

杜民(化名),男,广州市增城区派潭镇人,25岁,一年前年因遭遇车祸,导致肢体三级残疾(头部受过重创,记忆力、智力受到影响),为了治病,杜民家里已经花光了所有的积蓄,他和其父亲都没有经济来源,目前希望申请低保,缓解经济压力。杜民现在的残疾证为肢体三级,没有残障补贴,但在交通事故中,他的头部受到重创,记忆力、智力受到影响,因此父亲想带其去医院重新评定,申请残障类型为智力一级或二级,从而获得残疾补助。

讨论

请对该案例进行评估分析,并制定康复服务计划。

【推荐阅读】

1. 缪鸿石. 康复医学理论与实践[M]. 上海:上海科学技术出版社,2000.

2. 励建安. 康复医学(第2版)[M]. 北京:科学出版社,2008.

3. GeroldsS, AlarcosC, JohnM, et al.《国际功能、残疾和健康分类》对康复策略进行统一概念描述的模式[J]. 中国康复理论与实践,2008,14(12).

4. 南登崑. 康复医学(第2版)[M]. 北京:人民卫生出版社,2001.

5. 国务院2017年1月11日第161次常务会议. 残疾预防和残疾人康复条例[EB/OL]. (2017－02－27)[2018－11－01]. http://www. gov. cn/zhengce/content/2017－02/27/content_5171308. htm

6. 邱卓英,李智玲. 现代残疾康复理念与发展策略研究[J]. 社会保障研究,2008(01).

7. 联合国大会第三十七届会议1982年12月3日第37/52号决议. 关于残疾人的世界行动纲领[EB/OL]. (2002－11－12)[2018－11－01]. http://2011old. cdpf. org. cn/wxzx/content/2002－11/12/content_30315579. htm.

8. 联合国大会第六十一届会议2006年12月13日第61/106号决议. 残疾人权利公约[EB/OL]. (2006－12－13)[2018－11－01]. http://www. un. org/zh/documents/treaty/files/A-RES-61-106. shtml.

9. 凌亢,白先春等. 中国残疾人事业发展报告(2006—2015)[M]. 北京:中国统计出版社,2017.

10. 卫生部,民政部,财政部等. 关于进一步加强残疾人康复工作的意见[J]. 中国临床康复,2002,18(6).

【参考文献】

1. 胡向阳. 依法推进残疾预防与残疾人康复事业[J]. 中国康复理论与实践,2017,23(2).

2. 程凯. 我国残疾人康复工作的回顾与展望[J]. 中国康复理论与实践,2008(03).

3. 邱卓英,李欣,等. 中国残疾人康复需求与发展研究[J]. 中国康复理论与实践,2017,23(08).

4. 陶慧芬,江传曾,唐利娟. 中国特色残疾人康复事业发展道路探析[J]. 残疾人研究,2018(02).

5. 孙洁,吴一农,徐庆宁. 我国近十年残疾人康复文献研究综述[J]. 残疾人研究,2018(03).

6. 曹跃进,陈森斌. 我国残疾人康复组织体系研究[J]. 残疾人研究,2014(02).

7. 张帆. 苏州市残疾人康复服务体系建设研究[D]. 苏州大学,2015.

8. 邱卓英,李建军. 国际社会有关残疾与康复的理念和发展战略的启示[J]. 中国康复理论与实践,2007(2).

9. 郭春宁. 新医改框架下对残疾预防和残疾人康复工作的思考[J]. 中国康复理论与实践,2010(11).

10. 邱卓英. 国际社会有关残疾发展的重要文件——世界卫生组织、世界银行共同发布首份《世界残疾报告》[J]. 中国康复理论与实践,2011,17(6).

11. 岳云云. 我国残疾人就业保障金管理现状及问题研究[J]. 劳动保障世界,2013(22).

第六章　残疾人教育

【本章学习要点】
- 残疾人教育的体系结构
- 残疾人教育的历史回顾
- 残疾人教育的发展现状

第一节　残疾人教育概述

一、残疾人教育的内涵

(一) 残疾人教育

残疾人教育指对由于损伤使能力受限或缺乏，以至不能按正常的方式和在正常的范围内进行活动的人所进行的教育。在我国，残疾人教育主要是指对视力、听力、言语、智力、肢体有残疾的人实施的教育。它包括学前教育、基础教育、职业技术教育、高等教育。20世纪90年代开始，国家制定的一系列教育法规都对残疾人教育做了明确规定，并将残疾人教育纳入国家教育改革和发展的总体规划。这一系列政策法规的颁布为我国残疾人教育的发展和落实，提出了明确的目标、具体的任务和实施策略，为残疾人教育的进一步发展奠定了基础。残疾人教育工作因其教育对象的特殊性和复杂性，政府有关部门和残联组织在实施过程中都承担着各自不同的职责，总体方针是在各级人民政府的统一领导下，以教育行政部门为主，在民政、卫生、劳动、计划、财政和残疾人联合会等部门和组织紧密配合，各司其职，共同做好残疾人教育工作。具体职责如下：① 教育行政部门负责贯彻执行国家关于残疾人教育的方针政策；制定教学计划、教学大纲和有关规章制度；会同计划等部门做好残疾人教育规划；对残疾人教育工作进行宏观指导和具体管理；负责特教师资的培训和组织待教教材的编审。② 政府部门要负责组织儿童福利机构和社区服务机构，对残疾儿童进行学前教育、文化教育和职业技术教育。③ 劳动部门要积极协助有关部门，组织推动残疾青年的就业前培训和在职培训。④ 卫生部门负责残疾儿童少年的残疾分类和检查诊断，并配合做好招生鉴定工作；对特教学校(班)的残疾儿童少年的康复医疗进行指导；宣传、普及康复医学知识。⑤ 计划和财政部门要对残疾人教育事业发展规划做好综合平衡，并制定政策，在基建投资和经费方面给残疾人教育事业积极的支持。⑥残联承担着协助教育行政部门做好残疾人教育工作的重要责任，主要是协助教育部门，广泛动员社会,做好当地残疾人教育工作;参与起草法规、制定计划和督导检查,反映残疾人的迫切需求,提出意见和建议。[1]

（二）相关概念

1. 特殊教育

英国朗特里主编的《英汉双解教育辞典》指出,"特殊教育是为满足那些不能在普通班级内接受教育的儿童的需要所办的教育。这些儿童通常在生理上或心理上有缺陷,或者在学习上有异乎寻常的困难,或者在情绪上或行为上出现问题。"[2]目前我国影响比较广泛的是朴永馨教授的定义,他是新中国特殊教育理论的奠基者,他指出:特殊教育是教育的一个组成部分,是采用一般的或特别设计的课程、教材、教法、教学组织形式和教学设备,对有特殊教育需要的儿童进行的旨在达到一般或特殊培养目标的教育。[3] 特殊教育的目的和任务是:从社会的要求和特殊儿童的教育需要出发,通过对特殊儿童进行特殊的教育、教学与康复训练,最大限度地发挥特殊儿童的潜能,发展他们的体力、智力和人格,使他们具备一定的工作、学习能力,最终能较好地适应社会生活。

特殊教育的开展和普通教育的不同是通过使用特别设计的教材、教法、课程以及特别的教学组织形式,通过使用一些如幻灯片、音像设备辅助教学,对有需要的特殊人群进行的旨在达到一般的和特殊的培养目标的教育。而特殊教育和残疾人教育的不同主要体现在两个方面:一方面是教育对象范围不同。残疾人教育主要是指对身心有障碍的人的教育,包含所有残疾人;特殊教育主要是针对有特殊教育需求的人而言,从广义上包含在智力、感官、情绪、身体、行为或沟通能力上与正常情况有明显差异的儿童,其中包含能力和天赋优异的天才儿童。狭义上包含身心发展上有障碍的儿童,如智力残疾、视力残疾、听力残疾、肢体残疾、多重残疾等。另一方面是教育安置形式不同。残疾人的主要教育形式是普通教育而非特殊教育,残疾人教育主要根据残疾程度、残疾类型和教育需求的不同,选择接受普通教育还是特殊教育,决定安置在普通学校还是特殊教育学校或机构。残疾程度较轻者,如三、四级残疾;残疾类型为肢体残疾者,尤其是轻度和中度,由于在其智力、听力、视力、语言等各方面都不存在缺陷,他们往往都具备在普通学校接受教育的能力。而特殊教育主要是对有特殊需要的儿童,通过在特殊教育学校、普通学校的特殊教育班、随班就读以及相应的康复机构等完成其教育过程。[4]

2. 融合教育

1994 年在西班牙的萨拉曼卡召开了世界特殊需要教育大会,并发表了《萨拉曼卡宣言》。会议首次正式提出融合教育这一概念,并号召世界各个国家和地区广泛开展融合教育实践。融合教育是指教育应当满足所有儿童的需要,每一所普通学校都必须接收服务区域内的所有儿童入学,并为这些儿童都能受到自身所需要的教育提供条件。[5] 融合教育旨在将对残疾学生的教育最大程度地融入普通教育,作为一种全新的教育理念,追求的

① 中国残疾人联合会编.残疾人工作基本知识读本[M].北京:华夏出版社,2009.
② 骆风.30 年来特殊教育定义演变之分析[J].中国特殊教育,2000(3).
③ 朴永馨.特殊教育字典[Z].北京:华夏出版社,1996.
④ 毛赛群,兰继军.残疾人教育与特殊教育概念辨析[J].残疾人研究,2013(12).
⑤ 郭福荣,翼一志,等.关于世界特殊教育大会的报告[J].特殊教育研究,1994(3).

是建立全纳社会和实现全民教育。融合教育试图将原来接受普通儿童的普通教育与接受特殊儿童的特殊教育融为一体,因此融合教育推动的进程需要两种教育体系的通力合作,实现共融共存。[①]《第二期特殊教育提升计划(2017—2020年)》中提出近阶段特殊教育的发展原则是坚持统筹推进,普特结合,即以普通学校随班就读为主体、以特殊教育学校为骨干、以送教上门和远程教育为补充,全面推进融合教育。普通学校和特殊教育学校责任共担、资源共享、相互支撑。这一计划的提出和推行,在制度上为融合教育的实施提供了依据和保障。

二、残疾人教育的体系

残疾人教育体系从内容上看,包含了普通教育体系和特殊教育体系两类;从水平与层次来看,可以划分为学前教育、基础教育、职业教育和高等教育四个层次。特殊教育体系与普通教育体系在各个教育层次上都有不同程度的交叉、渗透与重合,本节重点讲述残疾人教育体系中的特殊教育体系。

(一)特殊儿童的学前教育

特殊儿童的学前教育主要指对学龄前(0~6岁)缺陷儿童提供治疗、补偿性教育和功能康复训练,使残障儿童在学前期能与普通儿童一样,得到德、智、体、美的全面发展和对特殊教育需要的满足,它是特殊教育体系的基础。[②] 发展特殊儿童的学前教育可以及时治疗、补偿或矫正他们已经存在的缺陷,预防附加缺陷或继发性缺陷,有利于他们最大限度地发挥个人潜能,帮助其在社会里可以像正常儿童一样生活和学习。《残疾人教育条例》(2017)中规定,残疾幼儿的教育应当与保育、康复结合实施。招收残疾幼儿的学前教育机构应当根据自身条件配备必要的康复设施、设备和专业康复人员,或者与其他具有康复设施、设备和专业康复人员的特殊教育机构、康复机构合作对残疾幼儿实施康复训练。当前我国实施学前特殊教育的机构有各级各类特殊学校举办的学前班或康复训练班、普通幼儿园附设的特殊班、残疾儿童福利机构等。

(二)特殊儿童的基础教育

1. 义务特殊教育

特殊儿童的义务教育主要是对(7~15岁)残疾儿童实施的教育。《中华人民共和国义务教育法》(2015)规定:义务教育是国家统一实施的所有适龄儿童、少年必须接受的教育,是国家必须予以保障的公益性事业。从法律形式上确定了特殊儿童接受义务教育的权利与义务,完成特殊儿童的义务教育是我国特殊教育的中心任务。国务院等七部委印发的《第二期特殊教育提升计划(2017—2020年)》中提出,到2020年,各级各类特殊教育普及水平全面提高,残疾儿童少年义务教育入学率达到95%以上。

《中华人民共和国义务教育法》(2015)明确指出:县级以上地方人民政府根据需要设置相应的实施特殊教育的学校(班),对视力残疾、听力语言残疾和智力残疾的适龄儿童、少年实施义务教育。特殊教育学校(班)应当具备适应残疾儿童、少年学习、康复、生活特

---

① 雷江华.融合教育导论[M].北京:北京大学出版社,2012(6).
② 方俊明.特殊教育学[M].北京:人民教育出版社,2005.

点的场所和设施。普通学校应当接收具有接受普通教育能力的残疾适龄儿童、少年随班就读,并为其学习、康复提供帮助。目前我国特殊儿童义务教育的发展格局是:以大量随班就读和特教班为主体,以特教学校为骨干,使我国特殊教育从过去举办特殊教育学校单一的办学形式,转变为多种办学形式,为特殊儿童入学提供更多的机会,加快特殊儿童义务教育的发展步伐。① 对不能到校就读、需要专人护理的适龄残疾儿童少年,采取送教进社区、进儿童福利机构、进家庭的方式实施教育。

2. 高中教育

实施高中教育的机构主要有两类:一类是专门为残疾学生设置的高中学校,如各地建立的盲校高中、聋校高中,主要是面向听力障碍和视力障碍的学生进行的高中阶段的文化课教学,为其升学和就业做准备;另一类是在实施义务教育的特殊学校的职业高中部或是在特殊中等专业学校,此外还有部分是在普通高中班级里的随班就读。

（三）残疾人的职业教育

残疾人职业教育包含了初等职业教育、中等职业教育和高等职业教育,当前残疾人职业教育的目标是大力发展中等职业教育,加快发展高等职业教育,积极开展以实用技术为主的中期、短期培训,以提高就业能力为主,培养技术技能人才。《"十三五"加快残疾人小康进程规划纲要》（2016 年）中也提出,要提高残疾人受教育水平,加快发展以职业教育为主的残疾人高中阶段教育。在残疾人职业教育的办学主体上,不仅有特殊教育学校在完成义务教育后实施的中等职业教育、各级残联建立的残疾人职业教育与培训机构;还有教育、劳动、民政和卫生等部门举办的普通职业教育与培训机构,以及社会力量开办的机构等。残疾人职业教育的模式,主要有准备式（庇护式）模式和支持式模式两种。准备式职业教育是在学校教育阶段就开设专门的职业教育课程,在文化教育中逐步渗透职业教育的理念和培养他们的职业劳动技能,使学生掌握初级的职业教育技能,为将来接受更高级的职业教育和就业打下良好基础。这是目前我国残疾人职业教育采取的主要方式。支持式职业教育则根据市场需求和残疾人的自身特点,为他们提供相关训练,并提供现场辅导和跟踪支持,其最核心的观念就是在竞争性的条件下,通过各种支持帮助他们就业。①

（四）残疾人的高等教育

我国残疾人的高等教育自 20 世纪 80 年代起步以来,随着《残疾人教育条例》《残疾人保障法》《教育法》《职业教育法》《高等教育法》的发布,逐步保障了残疾人受高等教育的权利,至今已初步形成雏形。我国残疾人的高等教育已初步形成了以特殊高等教育学校为骨干,以普通高校随班就读为主体的发展格局。实施高等教育的特殊教育机构主要有单独设置的特殊高等教育院校（如南京特殊教育师范学院）、普通高等院校的特殊教育院校或开设特殊教育系和专业（如长春大学特殊教育学院）、普通高等学校招收残疾青年（如南京师范大学）、成人高等教育的形式即国家认可的职工大学、自学考试函授等（如国家开放大学）。此外,还有更高层次的硕士、博士教育正在逐步地发展和完善之中。

---

①　许家成.残疾人职业教育的准备式和支持式模式[J].中国特殊教育,1998(2).

三、残疾人教育的模式

残疾人教育模式从内容上看,包含了普通教育模式和特殊教育模式,普通教育模式主要是普通学校模式,特殊教育模式则包含了四种不同的模式,具体如下:

（一）特殊教育学校模式

为特殊儿童专门设置的特殊教育学校,是特殊教育史上比较古老、传统的特殊教育模式,也是我国目前的特殊教育广泛采用的一种模式。目前为特殊儿童开设的专门学校有聋校、盲校、培智学校或称之为盲聋哑学校以及特殊教育学校（中心）。这类学校有丰富的资源,有从事特殊教育的专业人员,有专门的设备,在一定程度上可以满足儿童的特殊需要。特殊教育学校有半日制、全日制、寄宿制等多种形式,我国的盲校、聋校因学生离家较远,一般都采用全日制、寄宿制的形式;而智力落后儿童学校的学生多数都是就近入学,因而大都采用全日制的形式。

（二）特殊教育班模式

特殊教育班是设置在普通学校里对特殊儿童进行教育的班级。特殊教育班一般都附设在普通学校里,专门招收特殊儿童,由受过特殊教育专业训练的教师承担他们的教育和教学工作,按照我国教育部颁发的特殊教育学校教学计划设置相应的课程,采取适合特殊儿童身心发展特点的方法,对特殊儿童进行教育教学活动。这种教育模式吸收了特殊教育学校模式中专业性、针对性强的优势,同时,特殊儿童不需要远离家庭,可以就近入学,减轻了家庭的经济负担和精神压力,还能和普通班的儿童,一起参加学校组织的各种活动,这对培养特殊儿童正常的人际交往能力,提高特殊儿童的社会适应能力有着积极的作用。[1]

（三）随班就读模式

随班就读是特殊儿童在普通教育机构同普通儿童一起就读的教育安置形式,我国开展融合教育的主要方式是随班就读。按照我国《残疾人教育条例》（2017年）的相关规定,认定为"能够适应普通学校学习生活、接受普通教育"或"能够接受普通教育,但是学习生活需要特别支持"的特殊儿童可以申请随班就读。我国各类特殊儿童都有在普通班级就读的情况,一般接纳随班就读儿童的普通班级只招收2～3名特殊儿童。普通学校为随班就读学生建立个别化的成长记录和档案,实施个性化的发展性评价。随班就读模式投资小、收益大,在较短时间内大幅度提高了特殊儿童的入学率,增加了特殊儿童与普通儿童的沟通交流机会,从整体看是一种符合我国国情的特殊教育模式。

此外,还有康复机构主要是以医疗康复为主要措施,实施对特殊儿童康复、养护、教育为一体的特殊教育模式。这一模式正在逐步扩张,尤其是在大力提倡"医教结合"理念的今天,旨在采用教育、医学等多学科合作的方式,根据儿童身心发展规律和实际需求,对残疾学生实施有针对性的教育、康复和保健,开发其潜能,使每一个人特殊儿童的身心得到全面发展,促进其个体的成长。

---

[1] 蒋云尔.特殊教育管理学[M].南京:南京大学出版社,2007.

第二节　残疾人教育发展历程

　　残疾是人类社会中的客观存在,从历史发展进程上看,人们对残疾人的态度经历了一个从野蛮消灭到平等对待的渐进走向文明的过程,而残疾人教育也随着人们对残疾人态度的变化经历了一个从无到有、从缓慢发展到快速勃兴的变迁过程。① 发展残疾人教育是帮助残疾人补偿缺陷、提升技能、发掘潜能、提高残疾人职业技能和整体素质,更好融入社会的重要途径。残疾人教育源远流长,从夏商周时期的初步萌芽阶段到今天全面深化改革发展阶段,我国残疾人教育的发展经历了从无到有、小到大、从弱到强的探索,逐步走上了科学化、规范化、法治化的发展道路。

一、残疾人教育萌芽起步阶段

　　我国残疾人教育历史悠久,对残疾人的认知及教育伴随着中华文明的产生而产生。从有史记载的夏、商、周时期,就已经提出了减免残疾人税收的具体政策,如"以保息六养万民,一日慈幼,二日养老,三曰振穷,四日恤贫,五曰宽疾,六曰安福"。在周代,人们已经认识到"生儿学,非学不入",即残疾人只有通过一定教育和训练才能获得一技之长和谋生的手段,因而周代开始对不同类型的残疾人进行教育。春秋战国时期,有的诸侯小国在进行改革时开创了问疾、养疾之举,即将残疾人"收而养之,官之衣食"。秦汉、三国、南北朝时期,某些开明的皇帝还派大臣优恤残疾人,如高祖孝文皇帝提出对"六疾不能自存者,人赐谷五斗"并"设立别坊,遣医救护"。从隋唐开始,设立了"福田制"、"惠民药局"(元朝)和"养济院"(清朝)这些机构专门为残疾人提供救济。清朝政府在发布的《奏定初等小学章程》中规定:"学龄儿童,如有疯癫痼疾,或五官不具不能就学者,本乡村绅可奏明地方官,经其查实,准免其就学。"在漫长的封建社会,古代先贤们虽提出了朴素地残疾人观如孔子提出的"有教无类"、"因材施教"等,但残疾人教育的发展往往随着统治者的主观意志存在、兴起或废除,因而这一阶段处于萌芽阶段,对残疾人实施的教育更多的是零星的、分散的,没有系统地实施机构和完整的教育体制。

　　我国近代残疾人教育起步阶段则始于19世纪中期,这一阶段无论是办学规模还是办学水平,都有了一定的发展。1859年,太平天国领导人之一洪仁玕,在《资政新篇》中提出"兴跛盲聋哑院。有财者自携资斧,无财者善人乐助,请长教以鼓乐书数杂技,不致为废人也"的残疾人教育思想,这是中国政治家第一次在施政纲领中明确提出兴办残疾人教育的主张,是中国的政治家系统思考残疾人教育的思想总结,蕴藏着公平、公正的朴素人文精神和相对先进的特殊教育理念,是近代国人系统思考和开展残疾人教育的肇始之作。② 随后的残疾人教育发展与传教士有着密切的联系,1874年,苏格兰教会人士穆·威廉在北京开办了中国第一所残疾人教育学校——瞽叟通文馆(现北京盲人学校),教以读书、音

---

① 杨柳.美国残疾人教育研究[M].北京:人民出版社,2014.
② 盛永进.特殊教育学基础[M].北京:教育科学出版社,2011.

乐。1887年,美国传教士梅理士·查理夫妇在山东创办了中国第一所聋校——登州启喑学馆。1912年,英国的一位传教士柏兰亚于创办了上海市盲童小学,是中国近代最为正规的一所特殊教育学校。随后,在江苏、广东、湖北等地区陆续出现了由外国传教士、教会、慈善组织等创办的残疾人教育学校。这些学校的最初建立是以慈善的形式服务于传教需要的,但在传教的过程中也对学生进行教育。随着这些特殊学校的开办,国外的盲文点字和聋人手指语也传入我国,在此基础上产生了我国自己的盲文点字和聋人手指字母,在一定程度上推动了近代中国残疾人教育的兴起和发展。

1911年,孙中山先生领导的临时政府教育部发布了《小学校令》,对建立特殊教育学校的条件做出法律性的规定,即盲聋哑学校的建立要按普通小学相应的条文的规定办理审批手续。这是我国最早涉及残疾人教育的法律。1922年国民政府公布的《教育系统改革令》中对特殊教育的意义、目的和对象有比较明确的划分。民国时期,除了一些外国人创办的特殊学校外,中国人也开始创办特殊教育学校。1912年近代著名实业家张謇,在江苏南通创办了南通盲哑师范传习所,以培养特教师资。1916年刘先骥先生创办了湖南导盲学校,这是中国历史上第一所由国人自己创办的特殊学校;同年张謇又创办了南通盲哑学校,也是中国人自己办的最早的特殊学校之一。1927年国民政府创办了南京市立盲哑学校,这所学校是近代中国第一次由政府财政拨款筹建的,这标志着政府开始直接参与特殊教育,规划指导特殊教育的发展。除了国民政府设立的公办特殊教育学校,一部分爱国教育人士在"教育救国"理念的引导下,投身于残疾人教育事业,如1932年龚宝荣创办了杭州市私立吴山聋哑学校。但时局动荡,征战不断,在当时的社会历史条件下,残疾人教育学校办学十分艰难,停办甚多,截至"民国"三十五年,全国共计42所盲哑学校,360名教职员,2 380多名学生。

这一阶段中国的统治阶级参与残疾人教育是比较被动的,在教育类别方面,仅仅局限于盲聋两类儿童的教育,且盲、聋学校多为私立学校;在经费投入方面,财政支出几乎零,仅靠社会慈善团体和热心人士的捐赠。总体来说,它的发展是社会进步的一个方面,为后期的残疾人教育的发展奠定了文化基础、法律基础,是现代残疾人教育的雏形。[①]

二、逐步发展阶段

新中国成立后,党和政府高度重视残疾人教育事业的发展,在党和政府的领导下,国家接管了旧有的残疾人教育学校,收回了残疾人教育主权,消除了外国宗教和思想对残疾人教育的影响,改变了残疾人教育的属性。1951年10月,由周恩来总理签发的《关于改革学制的决定》指出:"各级人民政府应设立聋哑、瞽目等特种学校,对有生理缺陷的儿童、青年和成年,施以教育。"从此残疾人教育被纳入新中国的教育体系之中,成为人民教育事业的一个重要组成部分。1952年,中国盲文工作者黄乃参照路易布莱尔盲文体系,设计了汉语盲文方案,经教育部批转后在全国推行,标志着汉语盲文和聋人手语创立。[②] 1953年中央教育部设立了专门主管全国残疾人教育工作的管理机构——盲哑教育处,改变以

①　秦枫. 建国以来我国残疾人教育保障研究[D]. 安徽师范大学硕士论文,2010.
②　童泽. 人道主义与残疾人发展[M]. 北京:中国社会出版社,2008.

往残疾人教育无主管部门的局面。对于盲校和聋校的教育工作,教育部先后颁布过三个通知(指示),即 1955 年发布的《1955 年小学教学计划在盲童学校中如何变通执行的通知》、1956 年发布的《关于聋哑学校使用手势教学的班级的学制和教学计划问题的指示》和 1957 年发布的《关于聋哑学校口语教学班级教学计划(草案)的通知》。这三个通知规范了残疾人教育,进一步调整了聋哑盲教育,使之更为规范化、科学化和法制化。1961年,国家对社会福利事业采取"调整、巩固、充实、提高"的方针,残疾人教育事业得到重视,基础设施建设快速发展。到 1965 年,全国盲校、聋哑学校由新中国成立前的 41 所增至 266 所,增长了五倍多,在校学生由新中国成立前的 2 000 人增至 23 000 余人,增长了十倍。到 1966 年止,全国(除港澳台外)已有盲聋学校 266 所,在校生人数达到 22 800 余人。1968 年 11 月,国家教委、民政部和中国残疾人联合会在北京联合召开了《全国特殊教育工作会议》,对中国残疾人教育的改革和发展做了研究和部署:主要从残疾人教育的阶段、教育经费的划拨与筹集、特教的师资培养等各个方面进行了概括性的规定。这一阶段的残疾人教育在国家的重视和领导之下,已经逐步发展起来,残疾人教育的各个方面也逐步规范起来,但这一阶段的残疾人教育(除港澳台外)还只是局限于盲教、聋教的范围,没有创设独立的培智学校,也没有培养特教师资的特殊师范学校。

三、持续快速发展阶段

改革开放以来,残疾人教育的第一个改变是管理机构的调整,1980 年国家重新设立特殊教育处,属初教司(后改基础教育司),名称的改变意味着除了盲、聋教育外,其他类型残疾的教育也已列上日程。这个处的职责主要是贯彻和掌握政府关于特殊教育的工作方针、政策;制订特殊儿童义务教育和学前教育的发展规划和有关章程并组织实施和检查;制订各类特殊教育学校的教学计划、教学大纲,组织编写和审订教材;对特殊儿童的教育工作进行督导。同时,90 年代各省教育部门已配齐专职特教干部,在各省残联部门也有专(兼)职特教干部。第二个改变则是《中国残疾人事业发展纲要》出台并指出,要着重加强特殊教育师资人才队伍的建设。中国特殊教育师资培训体系正在形成,特殊教育师资培养工作也走上正规化、系列化的道路,有了专门的特殊教育师范学校(班)和特殊教育专业,据此中国的残疾人教育师资培养机构逐步发展起来。1982 年,国家教委在南京市筹建了特殊教育教师培养的摇篮——南京市特教师范中专,培养盲校教师、聋哑学校教师和培智学校教师。1982 年 12 月 4 日,我国颁布了《中华人民共和国宪法》,该法指出:"国家和社会须帮助安排盲、聋、哑和其他有残疾的公民的劳动、生活与教育。"这是我国第一次在国家的根本大法中对残疾人的教育、生活和劳动问题所做出的明确规定,这也是我国发展残疾人教育事业的基本法律依据。①

1985 年公布的《中共中关于教育体制改革的决定》是中共中央指导中国教育改革的一份重要文件,在《决定》中指出:"在实现九年义务教育的同时,还要努力发展幼儿教育,发展盲、聋、哑、残人和弱智儿童的特殊教育。"1986 年,北京师范大学招收了我国第一批特殊教育专业大学生。当年共有 21 名残疾大学生进入北大学习,自此全国各高校也陆续

---

① 秦枫. 建国以来我国残疾人教育保障研究[D]. 安徽师范大学硕士论文,2010.

开始招收残疾学生,但数量不多。随着我国经济快速发展和高等教育的大众化,残疾人高等教育的招生规模也在不断扩大。1987年,我国首次对残疾人进行了抽样调查,基本摸清了残疾人的人数、地区分布、年龄结构、致残原因和残疾人的康复、教育、就业、婚姻、家庭等状况,为制定适宜的残疾人教育政策提供了可靠的依据。

1988年,全国残疾人联合会首次代表大会在北京召开,宣布了中国残疾人联合会的成立,标志着我国残疾人事业进入了一个新的发展阶段。为了改变我国残疾人事业落后的状况,明确残疾人教育发展的方向、目标、原则、方针、政策和任务,使我国残疾人事业走上健康发展的道路,颁布了我国第一个残疾人事业发展五年规划《中国残疾人事业五年工作纲要(1988—1992)》。1989年,国家制定了加快特殊教育发展的政策即《关于发展特殊教育的若干意见》,在此意见中明确规定了扩大特殊教育受教对象,将原来的三类残疾人为主扩展到其他各个类型的残疾人,要求要适应形势发展要求,探索适合于各类残疾人的教学方法、编写适合于各类残疾人的专门教材,组织研讨对各类残疾人教育的经验交流。此后,特殊教育的对象由仅有盲聋弱智三种逐渐扩大到自闭症儿童、肢体残疾儿童、语言障碍儿童、多重和重度残疾儿童等,实现了各类残疾儿童的教育平等。从幼儿园到大学阶段,不仅为特殊学生建立了相应的特殊教育学校,同时在普通教育各个阶段、各类学校也为残疾人接受教育提供了便利条件。在吸收国际先进的特殊教育理念如融合教育、全纳教育理念的基础上,随班就读、特殊教育学校、残疾人短期培训机构、送教上门、社区特殊教育服务机构等逐渐营运而生。

随后,1990年颁布了专门针对残疾人的学习、工作、社会生活的专门法——《中华人民共和国残疾人保障法》,在教育方面有详尽的表述,其中明确规定:国家保障残疾人享有平等接受教育的权利。1991年制定了《中国残疾人事业"八五"实施方案》。同年5月,国务院又颁布了《关于贯彻〈中华人民共和国残疾人保障法〉的通知》,针对如何执行残疾人保障法作了具体的部署,要求各级教育部门"把残疾儿童、少年的教育纳入义务教育的工作轨道,统一规划,统一领导,统一部署,统一检查……"1993年,成立了国务院残疾人工作协调委员会,其职责是综合协调包括特殊教育在内的有关残疾人事业的方针、政策、法规等的制定与实施工作。1994年,为协调国家教育委员会与特殊教育有关的部门(基础教育司、师范司、财务司等)和中央各部委(卫生部、民政部、中国残疾人联合会等)联系工作的方便,成立了一个非常设机构"国家教育委员会特殊教育办公室",设在国家教委基础教育司并承担日常工作。1994年,《中华人民共和国残疾人教育条例》颁布实施,该条例对残疾人教育各个方面做出了明确而具体的规定,该条例是我国第一部有关残疾人教育的专项法规,也是我国教育法规的组成部分。它的颁布实施,从法律上进一步保障了我国残疾人平等受教育的权利,促进残疾人教育事业的发展。1998年颁布的《中华人民共和国高等教育法》进一步规定了公民依法享有接受高等教育的权利,同时该法还为残疾人通过自学考试接受高等教育提供了相应的法律保障。[①]

这一阶段随着经济的发展、文化水平的提高和社会文明的进步,使得人们从更为人性的角度认识残疾,残疾人开始被社会接纳和关注,残疾人的人格尊严和价值得到社会的尊

---

① 秦枫. 建国以来我国残疾人教育保障研究[D]. 安徽师范大学硕士论文,2010.

重和承认,这为残疾人教育的发展奠定了思想基础。与此同时,国家相继颁布和出台了一系列保障残疾人受教育权利的政策、法律和法规,使得残疾人教育进入有序的发展阶段,残疾人,受教育的状况得到了极大的改善。这一阶段残疾人受教育的对象由盲人和聋哑人扩大到其他类型残疾人;接受教育的年限逐步提高;教育层次覆盖了学前教育、义务教育、高中教育、职业教育、高等教育等;此外,中国特殊教育的师资培养机构从无到有,从仅有中师到高师,从仅培养中师学生、大学本科生到培养特殊教育硕士生、博士生,从地方自己办学到国家有计划办学,二十多年走过了发达国家近百年走过的路。

四、全面深入发展阶段

进入新世纪以来,残疾人教育进入到全面深入发展阶段。2001年国务院批准了《中国残疾人事业"十五"计划纲要(2001—2005年)》,纲要中提出:残疾人提高自身素质、平等参与社会生活,根本在教育。大力推广随班就读、积极发展学前教育,特教学校合理布局;适应劳动力市场需求,大力开展残疾人职业教育。统筹规划特殊教育学校建设,发挥中心辐射作用,带动随班就读;兴办特殊教育高中,稳步发展高中阶段教育;巩固提高残疾人高等教育,鼓励在普通高等院校开设特教专业(班)。进一步完善普通高等院校招收残疾考生的政策,进行放宽体检标准的试点,拓宽残疾学生接受高等教育的渠道,扩大高等院校对残疾人的招生数量。充分发挥社会普通职业教育机构的作用,完善具有特殊教育手段的残疾人职业教育机构,广泛开展残疾人职业教育与培训。

2006年,中国保护残疾人权益的第一部专门法律《残疾人保障法》诞生,该法明确指出:"国家保障残疾人受教育的权利"、"各级人民政府应当将残疾人教育作为国家教育事业的组成部分,统一规划,统一领导。"该法具体规定了残疾人教育的国家职责、发展方针、办学渠道、特殊和普通教育方式、成人教育、师资等。同年《中国残疾人事业"十一五"发展纲要(2006—2010年)》发布,明确指出:"十一五"期间的目标是:残疾人基本生活总体初步达到小康水平,全面推进残疾人"人人享有康复服务"工作。同时指出进一步将残疾人纳入社会保障体系,保障基本生活,基本普及残疾儿童、少年义务教育,积极开展残疾儿童学前教育,发展残疾人高级中等教育、高等教育和职业教育,切实保障残疾人接受教育的权利。

2008年,我国发布了《中共中央、国务院关于促进残疾人事业发展的意见》,该《意见》中针对残疾人教育发展的现状,提出了进一步的建议:鼓励从事特殊教育,加强师资队伍建设,提高特殊教育质量。完善残疾学生的助学政策,保障残疾学生和残疾人家庭子女免费接受义务教育。发展残疾儿童学前康复教育,加快发展高中阶段特殊教育,鼓励和支持普通高等学校开办特殊教育专业。逐步解决重度肢体残疾、重度智力残疾、失明、失聪、脑瘫、孤独症等残疾儿童少年的教育问题。积极开展残疾人职业教育培训,有条件的地方实行对残疾人就读中等职业学校给予学费减免等优惠政策。支持师范院校培养特殊教育师资。实施中西部地区特殊教育学校建设工程,落实特殊教育学校教师特殊岗位津贴政策。各级各类学校在招生、入学等方面不得歧视残疾学生。

2009年《国务院办公厅转发教育部等部门关于进一步加快特殊教育事业发展意见的通知》,提出了当前和今后一个时期我国特殊教育事业发展意见:全面提高残疾儿童少年义务教育普及水平，不断完善残疾人教育体系；完善特殊教育经费保障机制，提高特殊教育保障水平；加强特殊教育的针对性，提高残疾学生的综合素质；加强特殊教育师资队伍建设，提高教师专业化水平；强化政府职能，全社会共同推进特殊教育事业发展。随后，2010 年国家发布了《国家中长期教育改革和发展规划纲要（2010—2020 年）》中将特殊教育单列出来，进一步提出关心和支持特殊教育、完善特殊教育体系、健全特殊教育保障机制等，为残疾人教育提供了进一步的保障。2011 年，国务院批准了《中国残疾人事业"十二五"计划纲要（2011—2015 年）》，提出了这一阶段的主要任务是：完善残疾人教育体系，健全保障机制，提高残疾人受教育水平。适龄残疾儿童少年普遍接受义务教育，提高残疾儿童少年义务教育质量。发展残疾儿童学前康复教育；大力发展残疾人职业教育，加快发展残疾人高中阶段教育和高等教育。

2016 年国务院印发的《"十三五"加快残疾人小康进程规划纲要》指出，提升残疾人基本公共服务水平，贯彻实施《残疾人教育条例》，依法保障残疾人受教育权利。为家庭经济困难的残疾儿童、青少年提供包括义务教育、高中阶段教育在内的 12 年免费教育。鼓励特殊教育学校实施学前教育。鼓励残疾儿童康复机构取得办园许可，为残疾儿童提供学前教育。进一步落实残疾儿童接受惠普性学前教育资助政策。继续采取"一人一方案"的方式，解决好未入学适龄残疾儿童少年义务教育问题，规范为不能到校学习的重度残疾儿童送教上门服务。加快发展以职业教育为主的残疾人高中阶段教育。2017 年国务院总理李克强签署第 674 号国务院令，发布新的《残疾人教育条例》，这是我国残疾人教育发展史上具有重大意义的事件，将从根本上夯实中国残疾人教育发展的基础。同年，中国残联、教育部等部门制定实施《第二期特殊教育提升计划（2017—2020 年）》，与教育部正式印发《残疾人参加普通高等学校招生全国统一考试管理规定》，开展残疾人高等融合教育试点工作，将《国家通用手语常用词表》《国家通用盲文方案》纳入国家语委语言文字标准体系。残疾人受教育权得到了更好保障，进一步提高了特殊教育发展水平。这一阶段的残疾人教育逐步进入到保障教育机会平等、积极推进融合教育、加强政策保障与支持等全面深化阶段，不仅扩大了残疾人教育对象，完善了经费保障体系，强调了残疾人教育师资的专业化；而且关注到各个部门的联动、随班就读的体系、高等教育的深入和残疾学生的康复等，体现出我国残疾人教育发展理念的与时俱进，更为全面推进残疾人教育质量的提升奠定了坚实的政策基础和专业基础。

第三节 残疾人教育发展现状

一、残疾人教育事业发展的成就

新中国成立以来，在中国共产党的领导下，我国政府高度重视教育事业，残疾人教育事业发生了翻天覆地的变化，也在各个方面获得了长足的进步，取得了令人瞩目的成就。

（一）残疾人教育的属性获得改变

在国民政府时期残疾人教育隶属于民政部管理的福利事业，在经费投入方面，政府财政支出较少,私人投资办学占了很大一部分比例,大部分办学经费也都是由社会慈善团体和热心人士捐赠而来。新中国成立后,党和政府高度重视残疾人教育事业的发展,国家接管了旧有的残疾人教育学校,收回了残疾人教育主权,消除了外国宗教和思想对残疾人教育的影响,同时改变了残疾人教育的属性。1951年《关于改革学制的决定》中提出,各级人民政府应设立聋哑、瞽目等特种学校,对有生理缺陷的儿童、青年和成年,施以教育。从此残疾人教育被纳入新中国的教育体系之中,成为人民教育事业的一个重要组成部分。同时国家设立了特殊教育处,属初教司(后改基础教育司)。对残疾人教育事业来说,国务院的决定从根本上改变了残疾人教育的性质——从福利事业转向教育事业,这标志着残疾人教育的发展从此开启了崭新的一页。至此,国家从《中华人民共和国宪法》到《中华人民共和国残疾人保障法》、从召开《全国特殊教育工作会议》到成立中国残疾人联合会、从实施《中国残疾人事业发展纲要》和发布《中共中央、国务院关于促进残疾人事业发展的意见》,这一系列政策、法规的制度和实施,都进一步明确了残疾人教育的性质,确立了国家在残疾人教育中扮演的重要角色和主导地位,为残疾人教育的发展奠定了良好而又坚实的基础。

(二)残疾人教育法律保障体系基本建立

新中国成立后,国家制定了大量有关残疾人教育的法规政策,保障了残疾人的发展和实施。从1949年开始,我国就将对国家发展教育事业的方针政策通过立法的形式上升为国家意志,强化国家教育政策的执行力,保障教育事业的优先发展地位。残疾人教育政策作为教育政策的一部分,在几十年的发展中,形成了从宪法到地方性法规一整套完整的法律体系。宪法是一个国家法律体系的母法,被称为法律中的法律。宪法中的原则性表述就从法律的源头上保障了残疾人教育的发展。在由全国人民代表大会制定的《中华人民共和国宪法》里对中华人民共和国公民特别是残疾人的各项社会权利以及受教育权进行了原则表述。在国际上,能够在本国的宪法中特别关注残疾人教育问题的情况不多,中国全国人民代表大会在对宪法的数次修正中都能关注到这一点,说明我国社会对此问题的重视。为了保证宪法的有关规定执行,在1986年的《义务教育法》和经过全国人大常委会2006修订的《义务教育法》,都规定了适龄残疾人在义务教育阶段的受教育权。《残疾人保障法》中也对适龄残疾儿童受教育的问题进行了规定。国家教育委员会及教育部、中国残疾人联合会、民政部等相关部委也制定了相应的制度和实施细则,特别是国家教育部门主持制定的《国家中长期教育改革和发展规划纲要(2010—2020)》,专门开辟一个章节来阐述国家在特殊教育方面的规划,完善特殊教育体系,加强保障建设。同时中国残联、教育部等部门还制定实施了《特殊教育提升计划(2014—2016年)》、《第二期特殊教育提升计划(2017—2020年)》,不但加快推进了残疾人教育发展,大力提升残疾人教育水平,还切实保障了残疾人受教育权利,目前我国已初步形成了残疾人教育的政策法规体系,有力地推动了残疾人教育的发展,也为残疾人教育的发展发挥了有效保障作用,为残疾人教育的发展提供了强劲动力。

(三)残疾人教育体系基本形成

目前我国的残疾人教育的对象由盲、聋哑人三类逐步扩展到其他类型残疾人,同时残疾人接受教育的年限逐步提高,从教育教学体制上看,已经建立起以普通学校随班就读为主体、以特殊教育学校为骨干、以送教上门和远程教育为补充的机制。从教育层次上看，已经基本覆盖了学前教育、义务教育、高中教育、职业教育、高等教育及短期培训等，我国的残疾人教育体系已经基本形成，同时在各个层次都取得了相应的成就。在残疾儿童学前教育方面，经过多年的发展，残疾儿童的学前教育及康复机构现在已经初具规模，基本上满足了残疾儿童学前教育的需求。如2017年，残疾人事业专项彩票公益金助学项目的实施，为全国1.9万人次家庭经济困难的残疾儿童享受普惠性学前教育提供资助。在残疾儿童义务教育方面，通过《教育统计年鉴》和《中国残联残疾人事业年度统计年鉴》发现，不同残疾类型的儿童毛入学率逐年递增，整体呈现上升趋势。《第二期特殊教育提升计划（2017—2020年）》明确提出到2020年，我国残疾儿童少年接受义务教育率达到95%以上。残疾人职业教育方面，我国已将残疾人职业教育纳入职业教育发展的总体规划，统筹安排实施，基本建立了残疾人职业教育体系，主要分为残疾人初等职业教育、中等职业教育和高等职业教育。残疾人职业教育体系由普通职业教育机构和残疾人职业教育机构组成，以普通职业教育机构为主体。残疾人高等教育方面，随着时代的发展，招收残疾人大学生的高校试点逐渐扩大，特别是随着2015年《残疾人参加普通高等学校招生全国统一考试管理规定（暂行）》的施行，各个高校已经全面取消了在残疾学生招生考试、入学、就业方面的歧视性规定，残疾人进入大学学习的机会也越来越多。截止到2016年2月，全国范围内开展残疾人高等教育或开设有相关专业二级院系的高等院校（含四年制本科普通高等院校）共计20所，其中面向全国招生的11所，省内招生的9所，每年招收残疾大学生6000多名，形成一定的培养规模和培养特色。总体而言，我国作为一个发展中国家，已经逐步建立起适应中国特殊国情的，具有中国特色的残疾人教育体系。①

（四）残疾人教育办学条件显著提升

首先，特殊教育学校数量逐年增加，办学条件逐年改善。教育部统计年鉴数据显示，2006年我国一共有1605所特殊教育学校，2015年，我国一共有2053所特殊教育学校，十年间特殊教育学校总量增长448所，越来越多残疾儿童拥有在特殊教育学校接受教育的条件。其次，特殊教育学校办学条件逐年得到改善。2006—2015年全国特殊教育学校教学及辅助用房条件同样呈现逐年递增的态势。② 最后，特殊教育学校经费投入方面，国家财政性教育经费投入逐年增长，且是特殊教育学校经费收入来源的主体；特殊教育学校生均教育经费支出不断增长，生均教育经费支出数额与当年我国人均国内生产总值总体接近，残疾儿童受教育保障条件得到极大改善。③

（五）特殊教育师资队伍建设成绩突出

残疾人教育质量的提高，关键还在于教师素质、教师专业化水平的提高。因而特殊教育的师资建设历来都被放在了优先发展的地位，我国在特殊教育的师资建设方面，无论是政策制定还是资金投入或是院校创办都采取了积极有效的措施。首先，我国特殊教育师资培养机构实现了从无到有，从有到多的历程。到上个世纪末，专门的培养特教教师的学

① 方仪，朱岩岳.职业教育体系：现状与挑战——基于残疾人高等职业教育的视角[J].教育理论与实践，2016.
② 许巧仙，常晓茗.我国残疾儿童受教育权的实现：现状、困境与政府义务[J].人权，2017(3).
③ 赵小红，王丽丽，王雁.特殊教育学校经费投入与支出状况分析及政策建议[J].中国特殊教育，2014(10).

校在全国已经有 60 余所。其次,特教师资培养模式不断创新,培养规模不断扩大,特殊教育学校教师队伍数量稳步增长。最后,培训力度不断加大,特殊教育学校教师专业素质不断提高。仅以江苏为例,在近 10 年专任教师中五成多受过专业培训,教师学历不断提升,职称结构的不断改善,受特殊教育专业培训教师的比例逐年增长。特别是自 2010 年国家教育部和财政部制定并实施实施了国培计划,从中央层面来统筹教师的培训工作。该项工作为全国的盲人教师、聋人教师、培智教师及教授其他类型残疾的教师进行了有效的培训。不仅对专业课教师进行了培训,也对特殊学校发展至关重要的校长也进行了专项培训。培训的方法和形式非常有针对性和目标性,大大提升了专业课教师的教学能力,提升了学校管理者的管理能力。

二、残疾人教育发展存在的问题

(一)残疾人教育法规政策体系不健全

一方面是目前关于残疾人教育的政策法规大都是参照国家的相关政策法规,法律条文体现出原则性强、倡导性内容较多,比较粗放、宽泛而又笼统,操作性不强。如《残疾人教育法》第十九条规定,适龄残疾儿童、少年接受教育的能力和适应学校学习生活的能力应当根据其残疾类别、残疾程度、补偿程度以及学校办学条件等因素判断。但是残疾儿童的残疾类别、残疾程度和补偿程度具体如何进行考评,则没有具体而又明确的标准。反观美国的《残疾人教育法》,规定明确、具体,可操作性强,如在测验评估的规定、程序的保障等方面都有详细的规定。有利于对有不同需要的残疾学生提供不同模式的补偿手段和不同而多样的物质设施与设备,帮助他们克服因不同生理缺陷带来的不同困难。另一方面是残疾人教育法规的执法不严。残疾人教育法律法规的执行没有相应的配套措施,无法进一步落实,使得残疾人教育的法律在某些地方形同虚设。当前残疾人教育法律法规没有明确的法律责任,对违法主体缺乏有力的制裁,对被侵权者缺乏相关的救济措施和手段。[①] 如《中华人民共和国高等教育法》第九条规定:“高等学校必须招收符合国家规定的录取标准的残疾学生入学,不得因其残疾拒绝招收。”但高校拒绝接受残疾学生的事还时有发生,残疾学生往往投诉无门,结果是这些高校并没有因为拒绝残疾人学生入学而受到相应的惩罚和制裁,被拒绝的学生也没有受到相应的帮助和支持。

(二)残疾人教育发展不平衡

我国残疾人人口众多,残疾人教育事业起步较晚,加之现阶段各地区(沿海和内陆、东中西部、城乡之间)的社会、经济、文化和发展水平的不平衡,在残疾人教育方面也体现出这种失衡的态势。主要表现在如下两个方面:一是不同区域残疾儿童少年入学机会不均等。经济发展较快地区的残疾人儿童义务阶段入学率较高,特别是北京、上海、广州、江苏等地区残疾儿童少年的义务教育发展较快。中西部地区残疾儿童在校人数虽逐年增加,但由于底子薄、基础差,发展相对缓慢,特别是乡镇、农村偏僻地区残疾儿童在校人数增加较慢、义务教育普及水平仍然偏低。虽然 2015 年、2016 年我国分别有 7.6 万和 8.8 万残疾儿童解决了义务教育问题,建立了大数据库,按照一人一策来推动困难孩子入学问题。

---

① 张悦. 我国残疾人高等教育发展问题与对策研究[D]. 江西:江西师范大学硕士论文,2010.

但是,按照实名制登记的情况看,目前我国还有 24 万左右残疾儿童没有完全解决好义务教育问题。① 事实上不能入学的原因存在地区差异,城市地区多因残疾程度较重或患有多重残疾,农村地区则因家庭贫困、交通不便及无特殊教育学校等而失去入学机会。而这些学生主要聚集在中西部经济欠发达地区。二是不同类别残疾儿童教育发展程度不均衡。目前我国的视力残疾儿童、听力残疾儿童及智力残疾儿童的教育发展水平较为一致。相比较而言,其他残疾类型儿童教育发展的水平呈现出明显的滞后性,如自闭症儿童,多重残疾儿童等。这主要是由于视力、听力和智力残疾儿童是我国最为集中的三种残疾类型,而随着时代的发展,其他类型的残疾儿童逐渐增多,对残疾儿童的教育提出更多更高的要求。在经济发达地区这类残疾儿童的义务教育问题正在逐步解决,但是在偏远落后地区,目前还处于集中解决三类主要残疾儿童的义务教育问题,而其他类型残疾儿童教育发展则明显滞后。

(三)特殊教育支持不足,缺乏完善的支持服务体系

1. 随班就读教育支持不足

我国的特殊教育是以普通学校随班就读和附设特教班为主体,随班就读是残疾儿童实现接受教育目标的主要形式。目前我国有一半以上残疾儿童在普通学校随班就读,虽然规模及数量都已经达到预期,但质量却不高,有些地区甚至还出现了随班就读残疾儿童返回特殊学校的"回流"现象,这说明教育质量并未得到同步提升。随班就读演变成"随班就座"及"随班混读"的现象较多,一是因为普通学校仍然以普通学生为工作重心,残疾儿童处于被附加状态,融合教育"平等、异质、多元"等核心理念未真正进入普通教育系统,普通学校教师和学生以及学生家长大都很难真正在观念上接受残疾儿童,因此虽然残疾儿童有机会进入普校,但因专业支持服务不够,依然只是流于形式;二是因为随班就读管理松散与考核缺失。由于残疾学生分布比较分散,随班就读学生在普通学校中占比较小,导致管理难度比较大。各地教育部门并没有专门的管理机构,也很少有专职管理人员,所以管理也仅仅是表面工作,关于随班就读的观点接受度低、质量保障体系缺失、相关执行不力,这些都造成了随班就读质量偏低。

2. 送教上门服务工作支持不足

送教上门服务对象为在各地残联部门登记的,有就读需求,但不能到学校就读的居家适龄重度残疾儿童少年。送教上门主要是为了使重度残疾儿童能够平等地接受教育的重要措施,是真正确保所有儿童都能公平享有教育的重要手段。但目前送教上门工作的推进主要存在着专业师资不足和政府支持不力两个方面。送教上门的对象主要是"重度"和"极重度"残疾儿童,在教育教学中属于难度最大,接受能力又处于低值的群体。如肢体残疾(重度脑瘫、脆骨病、重度小儿麻痹症或者瘫痪这类型儿童)和智力残疾(主要为没有生活自理能力、大小便不能自理、严重的多动症、大脑发育不良、频繁性癫痫等);在精神残疾方面,包括低功能自闭症、情绪障碍、精神障碍、自虐他虐等。调查显示,半数左右的家长期望送教上门的主要内容是"生活自理"和"动作康复"。作为送教师资骨干的特殊教育学

---

① 鲁勇. 我国六岁以下残疾儿童约 168 万,22 万家庭贫困[EB/OL]. (2018－3－19)[2018－11－01]. http://www.china.com.cn/lianghui/news/2018－03/19/content_50722442.shtml.

校教师,无论前期的学历教育还是在岗的职后培训,都很少涉及与康复有关的内容,"力不从心"是大多数送教师资的困惑。另一方面,送教对象不仅距离远,而且多位于交通不便的区域,送教上门的教师没有可乘的公共交通工具,不仅耗时长,还有安全隐患。送教上门服务亟待获得多方面的支持,包括制定送教上门的细则、增加送教上门的经费、增加送教上门的频次、增加专业康复人员、专业教师及相关部门的参与等。①

(四)残疾人中高等教育衔接存在矛盾

我国的残疾人教育从体系上看,已经形成了从残疾儿童的学前教育、义务教育、中等教育直到高等教育的完备系统,但其各级教育的发展并不均衡。尤其是残疾人高中教育与高等教育之间的衔接还存在诸多问题:如残疾人中高等教育的学制衔接方式单一,缺乏有效性和灵活性,一定程度上削弱了残疾人接受高等教育的吸纳能力。招生考试制度则存在着招生规模不对称、考试内容职业特色不明显的问题。同时残疾人中、高等教育培养目标的衔接定位模糊,缺乏层次性和衔接性,因而在专业设置上也出现了同样的问题,即各中高等教育学校之间的专业衔接错位。② 课程教材脱节,缺乏连贯性。主要表现在专业课程重复、文化基础课程脱节、专业技能课程断档这三个方面。这主要是由于一方面残疾人中、高等教育之间衔接缺乏"顶层"设计指导。残疾人中高等学校之间往往都"关门教学",忽略了"衔接沟通",造成了"各管一段"的局面。另一方面,残疾人中、高等教育之间缺乏课程、专业等转衔标准。依据现有职业标准设置的中、高等教育之间专业无法进行真正意义上的对接,使得两段教育实施的课程缺乏科学依据,无法体现阶段性和递进关系。所以中、高等教育课程容易出现脱节和重叠现象。③

(五)残疾人教育师资薄弱,师资队伍建设水平有待提升

1. 教师数量不足

师生比是影响特殊教育质量和水平提高的重要因素之一,由于特殊教育教育方法和手段不同于普通教育,发达国家特殊教育学校的师生比都比较高。例如"日本规定特殊教育学校一个教师负责指导 1.7 个学生,总体来看教职工数都占学生数的一半以上。"④虽然随着特殊教育在我国的飞速发展,特殊教育教师群体获得的支持和关注越来越多,而我国目前远远不能达到这一目标,依然存着在师资不足的情况。截止到 2012 年底,专门从事特教的教师已达到 4.37 万人,这是一个令人欣喜的数字,但是与 246 万残疾学龄儿童接收特殊教育的需求相比较,4.37 万人的师资队伍,尽管增幅巨大但仍显不足。仅以江苏省为例,目前大多数区县招聘教师时都要求有本科学历,可我国每年本科学历的特殊教育相关专业毕业生仅百余人,其中还有部分毕业生转行和报考研究生,能真正在一线从事特殊教育学校的本科生非常少。由此可以看出,我国特殊教育学校教师的数量明显且严重不足,无法满足残疾儿童少年的特殊教育需求。⑤

① 刘艳虹,吴曼曼,邹酬云,杨泰峰,王师军,冷新雪.北京市残疾人教育状况的研究调查[J].残疾人研究,2016(09).

② 范莉莉,刁春好.残疾人中高等职业教育衔接的发展现状与路径选择[J].职教论坛,2015(12).

③ 刁春好.残疾人中职和高职课程衔接模式:问题与对策[J].现代特殊教育,2015(09).

④ 杨文.吉林省特殊教育学校师资问题及对策研究[D].东北师范大学硕士论文,2009.

⑤ 蒋云尔,王辉,范莉莉.江苏省特殊教育学校教师队伍的现状与对策[J].中国特殊教育,2008(08).

2. 教师专业化程度较低

特殊教育教师专业化发展水平较低是我国特殊教育学校师资建设中一个非常突出的现实问题,主要表现在以下两个方面:一是特殊教育学校教师的学历层次偏低。调研显示,特殊学校教师的学历起点偏低,高中中专毕业占比接近一半,本科学历较少,研究生则更是凤毛麟角。目前我国已经进入高等教育普及化的时代,若此时特殊教育教师的学历还得不到提升,他们将会被时代所淘汰。二是特殊教育学校教师的专业素养较低。特殊教育学校教师队伍中有相当一部分教师不是科班出身或是未接受过系统的特殊教育专业理论学习和技能训练,有的是学其他师范类专业,更有甚者是非师范类专业毕业,基础的心理学、教育学他们都没有系统地学过。可见,特殊教育教师专业化的发展水平与特殊教育发展的实际需求相距甚远。目前世界发达国家如美国、英国、日本、丹麦等,对特殊教育教师的要求呈现出高学历、专业化的趋势。[1]

3. 相关教师制度建设缺位

一是职业资格准入制度缺失。早在20年前的《残疾人教育条例》中就有实行特殊教育教师资格证的表述,但是只是原则性规定,并没有具体的实施要求。20年来,尽管中国的残疾人教育获得了巨大的变化,但是关于特教的教师资格证制度始终未解决。没有严格的资格准入制度,就无法从源头上保证专业人员的素质。目前我国的教师资格考试里面,学科分类并没有将特殊教育单列。二是特教教师职业发展通道狭窄。特殊教师职称评审没有单独的通道,需要和普通教师一起进行。由于特殊学校教师对象的特殊性,因而教师在课程讲授、教学评比、论文发表等方面,均不占优势,职称评审显得异常困难,一定程度上影响了教师工作的进取和投入的积极性。

三、推动残疾人教育发展的策略

(一)健全残疾人教育的政策法规

一方面尽快出台配套的实施细则,特别是对国家出台的宏观性、指导性的政策,加紧督促地方制定相关配套政策,并严格落实,真正将政策执行下去。今后应重点加强对中西部欠发达地区特殊教育发展的指导,使欠发达地区特殊教育水平的提高发展有法可依。残疾人教育比较发达的国家都订立了专门的残疾人教育法,如:法国1975年颁布的《残障者辅导法》、美国1958年颁布的《残障儿童教育补助法》、1975年颁布的《全体残障儿童教育法案》,而我国目前还没有专门的残疾人教育法,只有一个法规性的《特殊教育条例》。同时还需要尽快出台与目前残疾人教育相关的政策、法规相配套的更明确、具体、可操作性的配套实施细则,从而让更多的政策法规能够真正保障残疾人受教育的权利。澳大利亚政府颁布的《澳大利亚残疾歧视法》和《残疾歧视法教育标准》;美国颁布的《障碍者教育法修正案》和《2004年障碍者教育促进法》;英国颁布的《特殊教育需要与障碍法案》等法案出台的同时制定了具有操作性的细则来规范和指导,使得相关法律能落实到实处。另一方面,加大教育法规的执法力度。建立法制法规只是法制保障的第一步,要使残疾人获得有效的法制保障,还在于有效地执法。教育方面的法律法规被默认为软法,违法没有追

---

① 杨文.吉林省特殊教育学校师资问题及对策研究[D].东北师范大学硕士论文,2009.

究措施,因而需加大教育执法力度,全面推进依法行政、严格执法、做到有法必依,违法必究。①

（二）均衡残疾人教育的区域发展

首先,我国可以根据各地区经济发展、残疾儿童教育发展的状况,开展对适龄残疾儿童教育的总体规划、资源配置、资金投入、政策措施的统筹管理,重点满足未入学残疾儿童的特殊教育需求,尤其是中西部地区的儿童需要重点关注和扶持。其次,在全局规划下,对城乡不同类型、不同发展水平的特殊教育学校区分对待,推动建立各地区兄弟学校联合办学的工作机制。也可以在具备条件的大中城市和经济发达地区重点建设一所残疾儿童教育教学的骨干示范性学校,发挥模范带头作用,进而实现各地区残疾儿童教育的区域平衡发展;再次,随着时代的发展,还需要加大除了传统三类残疾儿童(视力障碍、听力障碍和智力障碍者)外的其他残疾类型的儿童的研究与教学,不断为他们提供更高质量的特殊教育。此外,还要加大宣传力度,改变对残疾人的种种误解、偏见和歧视等错误观念,积极消除发展残疾儿童教育道路上的无形障碍,为发展残疾儿童教育创造良好的社会舆论环境。② 为了让残疾儿童融入主流社会,有尊严地生活,仅靠残联、民政和教育部门是远远不够的,还需要全社会的接纳,尤其需要社区的支持。建议利用特殊教育学校、医院、社区志愿者、社会公益组织等资源,让更多优质教育资源惠及残疾儿童、惠及偏远及经济欠发达地区的残疾儿童。

（三）加强残疾人教育的支持体系

加强残疾儿童随班就读支持。一是在国家层面统筹制定随班就读的专项经费财政拨款制度,中央财政加大转移支付力度,与地方合理分配资金拨付比例,形成常态化拨款管理制度。严格落实资金用途监管,加强对资金用途的审计,防止资金被挪用。二是在管理层面,各市、区、县的教育行政部门要将随班就读工作纳入特殊教育和普通教育的管理体系,建立随班就读工作领导小组,整体规划随班就读工作,根据残疾学生分布情况,将残疾学生相对集中的普通学校作为随班就读作为示范性学校,力求做到布点均衡、合理。明确普通学校、特殊教育学校各自的工作职责。三是在制度层面,制定单独考核制度加强随班就读的教学质量考核。在省级以下的教育行政管理部口设立专门机构和专职人员来服务随班就读,在开展随班就读学校设立资源教室,充分发挥资源教室的作用,结合发达地区巡回教师制度的经验,全面推广巡回教师制度,发挥好巡回教师对随班就读的支撑作用。特殊教育的巡回教师要与从事随班就读的老师定期交流,介绍和指导随班就读的体会和经验,探讨如何把特殊教育和普通教育的手段结合起来指导随班就读学生;安排专门的时间,让随班就读生接受特殊训练和心理辅导。四是随班就读学校要建立本校的随班就读工作领导小组,并有校领导分管随班就读工作。建立和完善管理制度,定期研究随班就读工作。五是教育行政部门应发挥残疾儿童教育引导和主导的作用,搭建普通教育和特殊教育相互沟通、交流的平台,建立健全省、市、区三级残疾儿童教育保障体系。如各地区可以建立随班就读网络共享平台,实现行政管理、信息管理、教研通知、学科培训、学生学习

① 张悦.我国残疾人高等教育发展问题与对策研究[D].江西师范大学硕士论文,2010.
② 田智,范莉莉.江苏省特殊职业教育优质均衡发展的策略[J].绥化学院学报,2014(10).

档案等信息随时存储、随时读取，实现更广泛的交互和协作。随班就读学校为随班就读残疾学生建立个人档案，包括个人和家庭情况、残疾鉴定、个别化教学计划、学业考核评估等资料，并为每位残疾学生建立了个人成长记录袋，进行跟踪管理。平台会定期推送、专业知识、提供教育咨询，为随班就读教师和家长提供多方面的支持。①

加强残疾儿童送教上门支持。一是应确认实施送教上门服务的基础与差异。了解各地区开展送教上门的内部区域发展差异、重残儿童所处家庭的差异、重残儿童的残疾程度与残疾类别差异等。服务开展前需准确梳理影响送教上门服务水平的相关及核心因素并进行分析。主要涵盖送教上门组织体系的完善程度、各地区经费保障、服务对象全方位评估、服务内容、上门频率、教育手段和服务范围及边界、个别化管理的规范程度以及环境创设程度、送教上门指导中心建设水平特别是师资力量、服务效果等方面。二是科学送教上门应包括解决好送教上门个性化教学设计、师资水平、交通状况、经费保障等客观问题，也包括家庭残障平等意识、残疾儿童权利意识、社区软环境建设等主观问题。联合残联等部门，制定切实可行的工作方案，把送教上门逐步拓展为送康复上门、送器材上门、送职培上门等活动，切切实实地解决这部分失学儿童的学习问题。三是针对为特殊儿童提供专门的针对性教育训练或康复服务成本较高，在资金有限的情况下，很多地区难以为有特殊需要的残疾儿童提供多样化资源。可以借鉴澳大利亚皇家盲聋学院的做法，该机构通过电子学校将相关资源、服务等利用信息技术网络平台传输给澳大利亚的每一个家庭。我国可以首先在条件具备的地区和家庭可以通过现代信息技术，建设强大的网络资源库，通过网络终端将资源、技术、课程等提供给需要服务的特殊儿童。目前，江苏省苏州工业园区依托仁爱学校正在开展这一互联网＋项目，该指导中心充分发挥互联网云计算优势，通过创新使用和自主研发基于移动终端设备（智能手机、平板电脑等）的智慧平台，从管理、教学及家校沟通三方面，优化服务水平，提高了送教质量。

（四）协调残疾人中高等教育的衔接

首先，创新残疾人中高等教育的衔接体制，拓宽衔接的模式与内涵。一方面根据残疾人职业教育的特点，开展多形式的学制探索。另一方面突出理论和实践并重的职业教育特色，改革招生考试制度和方法。其次，明确残疾人中高等教育的培养目标，细分培养的定位与层次。再次，规范残疾人中高教育的专业设置，研制衔接的目录与标准。需要进一步整合统一的、适合残疾人的专业目录，在专业划分上应能较好地体现出专业和行业的关系、专业与职业的关联。最后，改革残疾人中高等教育的课程内容，探索衔接的方式与途径。一是中高教育的衔接应以"符合残疾学生的认知特点"和"企业工作逻辑"为基点，以先进的课程开发理论为指导，进行科学课程体系设计。二是开展课程模块化教学，三是开展学分制的课程衔接路径，实行弹性学习制度，采取一定区域内统一的学分标准，实行残疾人中高教育各学校之间的学分互认机制。同时在有条件的学校，可以开展融合教育的试点，通过特殊教育资源中心的建设，面向残疾学生和健全学生同步开展相关的融合性课程教学。②

---

① 董欣，赵刚.统筹规划：有效推进随班就读实验工作[J].现代特殊教育，2016(10).

② 范莉莉，刁春好.残疾人中高等职业教育衔接的发展现状与路径选择[J].职教论坛，2015(12).

（五）提升残疾人教育师资队伍建设水平

首先，配备充足的师资，多渠道增加教师数量。进一步加大扶持力度，注重高等特殊师范院校和特殊教育专业的学科建设，加强特殊教育师资的培养。我国专门从事高等特殊教育的教师，主体应该是接受过系统特殊教育专业的毕业生。当前我国特殊教育师资的来源极其有限，需要扩大特殊教育教师师资培养的渠道。要拓展特殊教育师资的来源，一方面要合理扩大特殊教育师范生的招生规模，走专门型人才和复合型人才相结合的培养道路。同时《残疾人教育条例》明确指出，普通师范院校应当有计划地设置残疾人特殊教育必修课程或者选修课程。通过在师范院校开设特殊教育必修课、选修课程和公开讲座，吸引更多优秀大学生到特殊教育领域来。另一方面，需要实现特殊教育资源的优化配置，加大师范院校特殊教育专业定向招生力度，鼓励优秀高中毕业生报考特殊教育专业，毕业后直接到定向的特殊学校工作制定优惠的政策，每年选派一定数量的特殊教育师范毕业生或有志于特殊教育的普通本科毕业生到农村特殊学校任教，提高特殊教育教师的整体素质。①

其次，鼓励特殊教育教师加快与专业相结合的学历提升，同时强调学历提升与特殊教育专业水平提升相结合。教育行政部门需制定相关的政策、文件鼓励和督促特殊教育教师尽快提升学历层次，尝试实行特殊教育教师资格证制度，促使教师主动提升其特殊教育专业化水平。同时，进一步加强特殊教育教师的继续教育，努力提高特殊教育教师专业化水平。通过职前教育、在职培训等多种方式提高已转岗和即将转岗的普校教师特殊教育专业化水平。特殊教育学校教师专业化水平的提高可以在一定程度上弥补由教师总量不足而带来日常教学需要无法满足的问题。

最后，进一步完善教师队伍建设的相关制度。需明确特殊教育教师的专业标准，完善各项制度建设，以制度保障并引领特殊教育教师的发展方向。比如建立特殊教育教师从业资格证制度，把好入口关，对新进教师提出提升学历要求和专业准备要求，从源头上确保进入特殊教育的教师综合素质。同时完善特殊教师培训机制。要建立特殊教育师资高学历培训制度、实施特教教师资格证制度、随班就读教师培训制度、送教上门教师培训制度、建立全体教师轮训制度和骨干教师培养制度等一系列措施。通过加强宣传、培训基地和网络建设等方式，积极打造多层面、多方位的特殊教育教师继续教育的平台进一步开展符合特殊教育教师特点和实际需要的各级各类、各种形式的教育培训、学习交流和评选奖励等活动，用丰富而坚实的平台支持和促进特殊教育教师的发展。此外，关注和拓宽特校教师职业发展通道。在职称评审、评优表彰等方面对特教教师制定单独标准，放宽要求，增加比例。提高特教教师的社会地位，营造全社会关心和支持特殊教育事业发展的良好氛围。②

【本章小结】

本小结主要介绍了残疾人教育内涵，并分析了两个相关概念特殊教育和融合教育，总结了残疾人教

① 但瑰丽,雷江华,张继发.湖北省特殊学校教师队伍建设的现状及其对策[J].中国特殊教育,2006(05).
② 蒋云尔,王辉,范莉莉.江苏省特殊教育学校教师队伍的现状与对策[J].中国特殊教育,2008(08).

育体系和模式。我国残疾人教育经历了萌芽起步阶段、逐步发展阶段、持续快速发展阶段和全面深入发展阶段。在这一发展过程中,残疾人教育事业发展在法律法规建立、教育体系、办学条件、师资队伍等方面都取得了显著的成就,同时也面临着严峻的挑战,需要从政策法规的健全、区域发展的均衡、教育支持体系的加强、中高等教育的衔接、师资队伍水平的提升等路径出发,不断提升我国的残疾人教育水平。

【复习与思考】

1. 残疾人教育、特殊教育和融合教育之间的联系和区别主要有哪些?
2. 我国残疾人教育发展经历了怎样的历史阶段?
3. 通过中外文献的阅读与对比,谈一谈你所关心的残疾人教育的某一阶段的中外残疾人教育情况并进行比较分析与评价。

【案例分析与讨论】

目的:通过案例分析与讨论分析,了解残疾儿童随班就读的现状、困境及提出应对的策略。

准备:案例展现(PPT 及大屏幕)、白纸、签字笔、成员分组。

特别注意:小组成员不能多于 8 人,小组个数不能少于 3 组。

19 名家长联名拒绝自闭症男孩入学[①]

9 月 7 日,深圳宝成小学 19 名家长联名签署了一封反对自闭症儿童入学的信送到了学校。信中写道:"我们是宝城小学六(5)班的学生家长,上学期班里忽然转过来一个自闭症孩子。我们的孩子回家后跟我们提起,说他不遵守纪律,不讲卫生,同学都不敢靠近他。"家长们在信里称,去年与班主任蔡老师沟通过,当时得到的答复是:"让他只待一个学期。"但开学后,家长们"惊愕地发现这个自闭症孩子还在班上"。"我们作为家长,真的很希望自己的孩子能在学校接受最好的教育……自闭症是一种疾病,对于这样的孩子,国家是有特殊学校的,为什么要安插在我们这样的学校呢?……我们请求,为了孩子,也为了那名自闭症孩子,还全班同学一个轻松的学习环境……"在这份家长联名信中要求学校"遵守承诺",不要再让李孟到班上来。在联名信上,全班 45 名学生中有 19 名学生的家长签了名。

李孟就是家长联名信中提到的自闭症儿童,到宝城小学试读之前,李孟一直在深圳元平特殊教育学校读书。今年 5 月,由于李孟在元平学校摔伤,连续做了两次左膝手术,郝楠(李孟妈妈)决定不再送李孟去元平学校。在妈妈眼中,从特殊学校转到普通学校,不仅仅是摔伤的原因,更重要的是李孟可以适应正常的学习环境,语文、数学这些课程他都可以独立完成作业。李孟在元平学校的班主任钟老师也认为,李孟的语言能力、沟通能力确实不错,钢琴也弹得非常好,如果继续留在特殊教育学校,真的会耽误李孟的发展。他强调李孟虽然自控力不好,小动作多点,但确实从来没有攻击性行为、没有自残行为。

---

① 佚名. 19 名家长联名拒绝自闭症男孩入学[EB/OL]. (2012 - 09 - 19)[2018 - 11 - 01]. http://news. sina. com. cn/s/2012 - 09 - 19/103025206627. shtml.

郝楠想去见见签名的 19 名家长,"甚至想过求他们",但班主任表示:"不能再影响其他家长了。"郝楠说,我是单亲妈妈,一个人带着李孟不容易,他已经患上了"孤独症",在他的世界里,缺少太多的爱,难道家长们不能再给他一点爱吗? 李孟所在学校的小学校长林喜瑜说:"他是自闭症儿童,根本无法自律自己的行为,上课会扰乱纪律,且年龄已经达到了 15 岁,与小学五年级孩子的年龄、身高都不相符。学校没有专业的自闭症教师,无法教授其课程。"面对这些,郝楠再也没有办法了,她牵着儿子的手离开了校园,不知道自己该往哪里去。

讨论

1. 案例中的自闭症学生在普通学校就读遇到的困难有哪些?

2. 如何给予自闭症学生在随班就读过程中相应的支持与保障?

3. 从残疾人事业管理的视角出发,在特殊儿童开展随班就读的过程中需要重点考虑哪些因素?

【推荐阅读】

1. 雷江华,方俊明主编. 特殊教育学[M]. 北京:北京大学出版社,2014.

2. 盛永进. 特殊教育学基础[M]. 北京:教育科学出版社,2011.

3. 雷江华. 融合教育导论[M]. 北京:北京大学出版社,2012.

4. 蒋云尔. 特殊教育管理学[M]. 南京:南京大学出版社,2007.

5. 杨柳. 美国残疾人教育研究[M]. 北京:人民出版社,2014.

6. 丹尼尔·P·哈拉汉,詹姆士·M·考夫曼,佩吉·C·普伦. 特殊教育导论(第 11 版)[M]. 北京:中国人民大学出版社,2010.

【参考文献】

1. 骆风. 30 年来特殊教育定义演变之分析[J]. 中国特殊教育,2000(03).

2. 毛赛群,兰继军. 残疾人教育与特殊教育概念辨析[J]. 残疾人研究,2013(12).

3. 郭福荣,翼一志,等. 关于世界特殊教育大会的报告[J]. 特殊教育研究,1994(3).

4. 秦枫. 建国以来我国残疾人教育保障研究[D]. 安徽师范大学硕士论文,2010.

5. 方仪,朱岩岳. 残疾人职业教育体系:现状与挑战——基于残疾人高等职业教育的视角[J]. 教育理论与实践,2016,36(27)

6. 许巧仙,常晓茗. 我国残疾儿童受教育权的实现:现状、困境与政府义务[J]. 人权,2017(3)

7. 赵小红,王丽丽,王雁. 特殊教育学校经费投入与支出状况分析及政策建议[J]. 中国特殊教育,2014(10)

8. 范莉莉,刁春好. 残疾人中高等职业教育衔接的发展现状与路径选择[J]. 职教论坛,2015(12).

9. 刁春好. 残疾人中职和高职课程衔接模式:问题与对策[J]. 现代特殊教育,2015(09).

10. 杨文. 吉林省特殊教育学校师资问题及对策研究[D]. 东北师范大学硕士论文,2009.

11. 蒋云尔,王辉,范莉莉. 江苏省特殊教育学校教师队伍的现状与对策[J]. 中国特殊教育,2008(08).

第七章　残疾人就业

【本章学习要点】
- 残疾人就业类型与特点
- 促进残疾人就业的策略
- 残疾人就业的新趋势

第一节　残疾人就业概述

一、残疾人就业概念

残疾人就业可以从残疾人和就业两个部分来理解。《残疾人权利宣言》把残疾人定义为所有因为先天的或后天造成的身体或者心理上的缺陷,对自己的正常生活无法保证,并且无法依靠自己获得生活所需要的必需品的人。

国际劳工组织对就业作出了明确的定义:只要是过去七天时间内,有在就业岗位上工作超过一个小时的时间即可被定义为就业。虽然残疾人自主找工作有困难,很难自由选择职业,但他们有工作的权力。

二、残疾人就业主要形式

就业是为了获取生活来源与劳动报酬而开展的活动。残疾人就业是残疾人自身生存发展的需要,也是实现社会经济协调发展,全面建成小康社会、实现中华民族伟大复兴的必然要求。我国残疾人就业方式经历了从集中就业为主、分散就业为辅转向多元化方式的历程。当前我国残疾人就业方式主要有集中就业、按比例就业、个体灵活就业,以及公益岗位和辅助性就业。

(1)集中就业主要通过福利企业安置残疾人就业岗位。在计划经济时代,建设福利企业,安排残疾人集中就业解决了大量的残疾人就业。随着市场经济建设,通过福利企业安排残疾人就业方式遇到很多困难。

(2)按比例就业是国家通过法律强制一些企业按照一定比例安排残疾人就业,对于未按规定安置残疾人就业的企业予以经济处罚。这种方式解决一定数量的残疾人就业。当前,按比例安排就业仍是解决残疾人就业的重要方式。

(3)个体灵活就业是指残疾人自谋职业或自主创业,国家制定一系列优惠政策鼓励残疾人自主就业和创业。在促进和解决残疾人就业方面,福利企业作用越来越弱,按比例就业作用也有一定限制,个体灵活就业具有很大潜力。

（4）公益性岗位是涉及城市管理需要和居民服务的岗位,通常包括公共设施维护、保安、保洁、绿化等岗位,残疾人往往能够适应其中的岗位。公益性岗位是传统残疾人就业方式的扩展。

（5）辅助就业是向某些残疾人提供的临时性、过渡性就业安置,指导残疾人开展一些简单劳动,同时进行康复治疗和就业技能培训。辅助就业目的在于培训残疾人,使其具备重返社会的就业能力。

三、残疾人就业的意义

从残疾人个人角度来看,就业是残疾人最大的保障。只有就业了,残疾人才可能摆脱贫困、改善生活状况、提高生活质量。只有实现就业才能进一步增强生存能力和发展能力,从而实现自身价值和理想,增进集体中的归属感,强化社会的融入感,提高对自我的认知,更提升了生活质量。从残疾人家庭角度来看,只有促进残疾人就业,才能够帮助残疾人走向经济独立,才能够减轻残疾家庭的负担,增加残疾家庭的收入,有利于残疾家庭的和谐相处。从社会角度来看,越来越多的残疾人实现就业是人类社会文明进步的标志之一,残疾人就业有助于缩小残疾人与健全人之间在收入水平上的差距,有助于减少不同社会群体之间的冲突,有助于促进残疾人与健全人的社会融合。残疾人就业有助于实现全社会人力资源的有效利用,创造更多社会财富,减少残疾人对社会福利依赖,还有助于社会稳定、社会经济协调发展,提高全社会文明程度。

四、当前我国残疾人就业现状

在很长的一段时间里,政府、社会甚至专门研究残疾人的学术界都认为残疾人问题是一个少数人问题。事实上我国残疾人人口数量巨大,根据残疾人联合会发布的最新残疾人数据,全国残疾人口逾 8 500 万,全国残疾人口占全国总人口的比例已达 6%。与欧美发达国家相比,我国的残疾人标准相对严格。在一些西方发达国家,长期心脏病、肾病、器官切除甚至过度肥胖都统计在残疾人范畴内,因此残疾人比例相对更高。残疾人人口数量巨大,残疾人的先天或后天身体残疾造成残疾人生活和生存异常艰难,这样一个庞大的弱势群体受到政府、社会、企业的关心和重视。但是在市场机制的就业环境中,残疾人面临着就业难度大和就业歧视等问题。通过政府制定残疾人就业政策促进就业,助残机构、企事业单位共同努力,在就业岗位分布、岗位稳定性、岗位待遇及层次上,残疾人就业都较以前有很大提升,但是仍有较大差距。由于受自身条件限制,残疾人在就业市场上仍处不利地位,可选择岗位的范围和种类均受到很大限制。

（一）多数残疾人从事技能较低、待遇差的岗位

残疾人的工作能力相对普遍偏低,整体的综合素质有待提高。最主要的原因是残疾人自身存在的身体缺陷导致他们接触、适应、学习各类事务的能力都相对较弱;另一个原因是残疾人长期处于一个较为封闭的环境,不擅于接受新事物,其工作能力往往无法满足用人单位的需要,也无法与健全人形成有力的竞争。社会普查和残疾人自我客观评价均

表明,在同一岗位工作情况下,残疾人整体工作能力较健全人都有一定的差距。

在岗工作残疾人的残疾等级多数为 4 级、5 级、6 级等残疾程度偏低,自理能力、自控能力相对较好的残疾人群,其文化程度多为小学、初中、高中以及个别的大学。由于受到自身的身体和精神状况等限制,这些残疾人大多从事一些文化程度要求不高、技术要求不高的相对简单便于操作的工作。例如:残疾人庇护工厂里的技术工、后勤工、辅助工、服务员、勤杂工等工种。各类残疾人就业岗位分布状况是:肢体残疾人就业岗位分布最广,岗位种类最多;其次是听力残疾人、视力残疾人、智力残疾人、精神残疾人。从岗位技能来看,肢体残疾人受限制程度相对较低,能从事的工作岗位范围较广;听力残疾人适合做一些对听力要求不高的工作岗位;视力残疾人适合从事一些对听觉触觉要求高,能通过语言交流的工作岗位;智力、精神、多重残疾人同样也适合从事一些不需与人过多交流、不太复杂的技术工作或需要不断重复的工作。由于残疾人自身的特殊性,对于就业岗位的选择也有着特殊的要求,如临近居住地、就业环境安全、劳动强度相对较低、无障碍设施完善等。由于大多数残疾人从事的是工厂技术工、保安、环卫和食品加工以及糕点制作等低层次工作岗位[1],工作强度较高,给残疾人的身体健康带来了严重的损伤,也挫伤了残疾人工作的积极性和投入程度。有关调查表明,90%以上的就业残疾人从事技能要求低的体力劳动,而就业收入往往处于当地最低工资标准。福利企业的残疾人工资更低,很多情况下,只达到当地最低工资的六成左右。

(二)各类不同级别残疾人就业岗位和待遇差异明显

各类不同级别的残疾人,在所从事的工作岗位、工作环境、工作薪酬福利待遇、工作强度等方面存在着明显的差异。例如,适合视力残疾人的工作岗位有操作工、辅助工、后勤工、盲人按摩、话务员等工作,这些工作的工作环境相对较好、收入也相对较高和稳定;适合听力残疾人的岗位有勤杂工、操作工、辅助工、装卸搬运工、服务员等,这些工作环境较为艰苦、收入也相对的较低和没有保障。在所有残疾类型中适合肢体残疾的工作种类更多,其工作岗位的层次也更高,例如,公务员、快递员、个体私营业主等。这类工作薪酬福利稳定、社会声望较高。同时,听力残疾人在某些方面特长很突出,比如动漫设计、绘画、舞蹈、体育等特长,甚至有些文体活动能拿到国家奖项。所以,不同类别残疾人的能力特点及心理特征,所适应的就业岗位有很明显的针对性、局限性和差异性。

从地域上来看,残疾人就业存在显著差异,在经济发达地区,集中安置就业是残疾人就业的主要方式,在经济相对落后地区,残疾人就业往往是个体灵活就业为主。残疾人就业还与残障类型与程度有关。根据调查,当劳动者有一类残疾,就业机会减少 17%,当劳动者有两类残疾,就业机会减少 23%。在城镇农村,残疾人就业形势更加严峻。

(三)城市残疾人就业面临着原有就业岗位消失和来自进城务工人员的竞争压力

部分残疾人面临着因城市发展需要取消了原来的就业岗位,谋生之路被切断的困境。近年来,出于提升社会经济发展环境的考虑政府取消了很多影响城市形象和存在安全隐患的行业和工作岗位。这当中就有很多残疾人赖以生存的岗位,比如残疾人机动车营运、残疾人街头摆摊买卖等。由于交通运输部门和工商部门以及城管部门的严控,这类岗位

---

① 石开铭,李庆华. 残疾人就业岗位分布及特点分析——以哈尔滨市为例[J]. 黑龙江社会科学,2015(11).

最终被取缔。一批以此养家糊口的残疾人失去生活来源，又难以在短时间内找到适合自己的工作，使其难以维持城市高物价的生活支出，造成生活困难。

大多数残疾人所能从事的工作类型以低层次的技术和简单重复的体力劳动为主，但是近几年来随着城市的繁荣与发展，大批农民工以及应届没有工作经验的大学生成了从事低层次技术以及简单体力劳动的主力军。一般而言，用人单位从自身企业的营利出发也会优先选择工作效率和能力高于残疾人的农民工和应届大学毕业生。这就使得残疾人在企业的用人要求面前毫无优势可言，这种局面使得残疾人在紧张激烈的就业市场上显得更加的弱势。

（四）用人单位存在歧视残疾人和对残疾人培训不力现象

虽然现在国家政策提倡企业按比例就业，给予残疾人平等参与工作的权利，但由于残疾人的工作效率和能力低于常人，有些企业认为有残疾人的加入会有损企业形象，或者考虑有残疾人的进入，企业需要支付一笔用于建设无障碍设施的额外费用，故企业在执行方面会为企业效益和长远发展考虑，宁愿向政府缴纳一定金额的税收，也不愿任用残疾人作为企业员工或不提供很好的工作岗位给残疾人。这类现象在智力残疾人和精神残疾人身上体现得尤为明显，在肢体残疾人身上体现的较少。

用人单位对残疾人岗前的培训力度不够，没能充分挖掘残疾人的潜能。大部分的用人单位并没有按照正常的人力资源招聘程序为残疾人提供岗前的职业技能培训，让雇佣的残疾人尽快进入工作状态，进入企业运行的节奏。少数单位为残疾人提供了岗前职业技术培训，但是企业用于培训的资金远远不足，因此，残疾人就业者只能掌握基础的职业技能，无法胜任熟练度高、专业化技能强的工作岗位。这样既不能提高残疾人的工作效率，也无法从岗前职业培训中激发其潜能。

第二节　我国残疾人的就业机会

信息技术的迅速发展和深入广泛应用改变了行业、企业和工作方式。"互联网＋"行动计划给众多行业带来了新机遇，残疾人需要抓住互联网技术带来的就业新机遇。

一、客户服务类工作

对于肢体和语言残疾人来说，在线客服是一个不错的选择。网店客服通常要求打字速度每分钟超过 40 字、熟练使用电脑、具备稳定网络条件。网店客服对身体状况也有一定的要求，身体状况要能够每次连续工作两个小时以上。网店客服还要求具备强烈责任感、良好的服务意识和沟通能力，能够严格遵守工作制度。网店客服工作时间具有一定的灵活性，薪酬待遇根据技能考核级别确定，平台通常会定期举行技能培训，帮助在线客服及时更新服务知识和技能。大多数在线客服不要求到公司上班，对于肢体和语言残疾人具有很大便利性。

电话客服通过电话与公司顾客或潜在顾客进行沟通交流，完成回访客户、处理投诉甚至问卷调查等方面工作。电话客服通常在公司上班，有些移动通信公司和商业银行有针

>>>>>>

对性地招募残疾人电话客服,随着互联网通信技术进步,部分公司探索居家电话客服。居家电话客服免去残疾人上下班的麻烦,对于盲人特别方便。在管理方面,公司后台可以监听、记录电话接听记录,根据通话量、服务质量、客户满意度等关键指标考核电话客服。电话客服要求具有较好的语言表达能力、较强的学习能力和一定的电脑操作能力。

二、图片编辑设计工作

图片编辑和设计工作要求残疾人掌握相关的专业技能,具备一定的艺术审美能力并能够熟练使用 Photoshop、Adobe Illustrator、CorelDRAW 等软件。残疾人可以从事的设计类工作有很多种,比如名片设计、折页设计、产品展示图片设计等,也可以从事淘宝、天猫、京东之类网店设计方面工作。以淘宝店铺为例,每个店铺都需要美工设计照片,每次活动宣传都需要设计海报和产品图片,在电子商务时代,图片设计工作尤其重要,社会需求量巨大。残疾人还可以在服务外包网站上查看招标信息,按照企业要求提交相关设计,一旦被企业选中将会获得相应酬金。图片编辑设计类工作对学历和技术水平要求相对要高,如果系统地学习过艺术设计相关课程就会比较容易胜任图片编辑设计工作,也可以通过参加相关艺术设计培训课程学习获取相关技能之后从事图片编辑设计工作。

三、转录翻译类工作

转录类工作是把商家提供的图片或文字信息输入转化为 WORD 或 EXCEL 文件。这样的工作虽简单重复、耗费精力,但只要确保不泄密,大多数企业愿意选择外包服务,根据数量结算报酬。还有一类是把语音转化为文字,或者把文字转化为语音,也是根据实际工作量计算报酬。图片文字转录要求具备一定电脑操作技能,语音转录还要求听力敏锐,转录为语音工作对普通话或语感有较高要求。

四、手工创意类工作

现代工业生产以机械化、大规模、批量化生产为特征,降低了产品成本,却生产了大量无差异或差异极小的产品。而市场需求呈现了多变性和多样性,很多人喜爱有创意的手工产品。手工制作的特点在于每件作品往往与众不同,都凝聚着创作的智慧和情感。手工创意类工作涉及工艺品的制作和市场营销工作,设计、制作过程需要创作者大胆想象、激发灵感,才能够创造出有价值的作品;而市场营销工作也需要展现这些独特性和艺术性。在电子商务时代,信息技术也为手工创作带来了便利和支持,比如通过网络展现手工制作的过程和技术,交流心得体会,通过网络平台手工创意作品可以面向更加广阔的市场。这类工作涉及布艺、折纸、茶花、针织、编织、刺绣、串珠、陶瓷等等,从事这些手工创意类工作需要经历一段较长时间的培训以掌握相关技艺和方法。掌握相关技艺的残疾人可以关注相关招聘信息、应聘到企业工作,也可以自主创业,通过实体店或网店销售手工艺品。

五、维护、修理类工作

受过较长时间教育培训的残疾人在就业市场上具有一定的比较优势。维护、修理类工作没有过高的学历要求,只需要在参加培训后,掌握相应的维护、修理技能就可以寻找相应的就业机会。这种工作时间安排灵活,不需要太多与人交流,比较适合残疾人。但维修工作需要产品维修的可靠性与耐用性,需要从业人员不断地钻研技能。大多数地区残疾人职业技能培训中心以及很多职业技能学校都提供维修培训。仅以手机维修工作为例,只需了解客户的需求,无论是在网络交易还是在实体店交易都可进行工作。维护、修理类工作还有诸如家电维修、汽车维修、空调维护、水电修理等类别区分,残疾人可以根据自身兴趣爱好、身体状况和当地市场需求选择相应的培训项目和就业工种。

六、种植、养殖类工作

种植、养殖业是农业不可缺少的重要组成部分,种植、养殖领域就业机会很多。从事种植、养殖类工作要求残疾人具备种植、养殖方面基本知识和技能以及一定的身体条件,生活在农村的残疾人可以直接利用地理资源优势实现在家就业。这一工作有季节性,工作选择性强,可根据各个地区的气候、天气变化来选择不同所养殖和种植的生物。且这一类工作劳动强度相对较小,专业技能要求不高、易于学习,还可以获得当地政府农业政策支持和农业技术指导帮助实现高产。从事种植、养殖类工作不仅可以满足自身的食物需求,还可以利用互联网平台向市场推广。

七、清洁类家政工作

清洁类家政工作没有学历要求,不需要与人过多交流,只需在工作中按照要求认真负责做好清洁工作就行。很多社会福利企业有这样的岗位,比如有福利企业专业从事餐具清洁工作。政府还可以通过按比例就业政策鼓励企业拿出清洁类工作岗位,安排残疾人就业。以酒店清洁员来说,每个人都有自己负责的区域和负责的清洁用具,即在住客走后便开始打扫卫生做好清洁工作。这种工作可以培养残疾人的整理能力、归纳能力,同时也让残疾人的耐心、细心得到历练。

第三节　残疾人就业策略

从残疾人身体状况的现实出发,充分发挥残疾人自身优势,以政府为主导,充分发挥助残机构、企业、志愿者和社会工作者的作用,共同推动残疾人就业。

一、开展制度建设保障残疾人就业

就业收入是残疾人的重要生活来源之一,就业也是保证残疾人家庭安定幸福的重要因素之一。[1] 政府把解决残疾人就业作为保障和改善残疾人生活的头等大事来落实,需要密切把握经济社会[2]发展趋势、了解残疾人身体状况、技术和能力状况以及就业意向、

---

[1]　许琳. 残疾人就业难与残疾人就业促进政策的完善[J]. 西北大学学报(哲学社会科学版),2010(1).

[2]　张奇林,张东旺. 残疾人权益保障:现状、问题与对策[J]. 社会保障研究,2014(3).

就业需求,对残疾人采取针对性的措施开展培训、帮扶措施,促进残疾人落实就业。首先,政府通过残疾人联合会、民政系统或培训机构开展适合市场需求、适合残疾人自身特点的教育和培训,提高残疾人的就业能力①以满足就业岗位需求。其次,严格落实残疾人按比例就业制度,通过开发适宜残疾人就业岗位等措施,让有劳动能力的残疾人实现平等就业;对于适合残疾人就业的岗位应招收残疾人就业,而不能以缴纳就业保障金代替安排残疾人就业;完善残疾人就业奖励制度,对于超比例安排残疾人就业的单位给予奖励和扶持。再次,国家机关、事业单位、国有企业应在安排残疾人按比例就业方面发挥示范作用。最后,加大对福利企业、盲人按摩机构等残疾人集中就业单位的扶持力度,加大福利企业税收优惠政策从而鼓励福利企业招募、录用残疾人员工。② 此外,探索建立联席制度,由残联牵头,定期召集残联、民政、财政、税务、劳动和社会保障、工商、街道办事处等有关部门,协调各部门解决残疾人就业所面临的问题,根据问题逐一解决残疾人就业所面临的障碍。

二、大力推行政府购买服务,鼓励社会力量参与残疾人就业能力评估、岗位匹配与开发

当前,大力推动政府购买服务已日益成为转变政府职能、发展社会治理的重要举措。对于促进残疾人非正规就业而言,鼓励各种社会力量参与岗位开发与匹配已是大势所趋。一方面要积极引入专业团队,针对待业残疾人各方面情况进行细致周密的就业能力评估及诊断,并根据评估结果提供适当的可选式职业培训菜单及有关就业信息;另一方面,要借助于既有职业介绍与岗位开放机构或企业,为不同特点的残疾人积极匹配适宜的就业岗位,并根据有关企业、行业的生产特点,为特定残疾人开发出符合其条件的岗位。对于专门从事残疾人就业服务的社会力量,在政府购买服务的项目周期、成本核算、效果评估等方面,也要因地制宜地制定具体实施办法。

三、切实提供残疾人定项职业培训服务,尝试推行残疾人职业能力提升计划

此前不少针对残疾人的职业培训,实质上并未起到促进就业的效果。要不断总结既有培训项目对促进就业的贡献率,提升培训质量,以确保培训的实用性,真正满足残疾人就业需要。因此,今后残疾人职业培训应立足于实质就业,即,凡是不能满足或无法确定是否实现就业的培训,除有特殊情况(如技能竞赛、知识普及、考证等)外,尽可能减少开展频次。要鼓励开展有明确就业前景且就业方案切实可行的职业培训,并在承办资金上予以倾斜照顾。尤其是在实质就业且较为稳定的情况下,可以追加奖励。另一方面,对于提升已就业残疾人的职业能力,可以根据残疾人申请、机构或社区负责人建议、企业单位要求等途径,交予有一定资质的机构或人员提供相应能力提升培训。

① 李建国. 为残疾人更好地融入社会创造条件[J]. 中国残疾人,2012(09).
② 赵超. 实施绩效与法律规定仍存差距[J]. 中国社会报,2012(8).

四、针对残疾人设计岗位并提供就业支持

残疾人因残疾类别的差异,工作能力和特点也有所不同,可根据残疾人不同类别、残疾等级及实际情况,制定有差别的就业政策。听力残疾人在接收外界信息和与人沟通方面存在障碍,但在体力和行动上与常人并无太多差异,所以适合操作性很强的装卸工、搬运工、技术工等岗位。肢体残疾人虽然在行动能力上受到诸多限制,在理解能力和沟通能力方面却有着明显的优势,所以这类残疾人可以从事客户服务、文秘等岗位。视力残疾人视觉较弱,而表达能力与反应能力很强,适合从事电话服务、行政管理、残协委员等岗位。智力和精神残疾人可承担理解相对简单,心理压力较轻的工作,比如保洁员、后勤员、包装等简单体力劳动为主的岗位。同时,针对残疾人群中的高学历人才、大学毕业生,企业可适当为其开发中高端岗位,多方位、多角度促进残疾人就业。要使残疾人能适应社会,广泛参与社会劳动,为社会创造价值和财富,用人单位就要针对适合残疾人的就业岗位进行系统研发。根据残疾人特点及特殊优势量身打造,扬长避短,寻找并开发适合残疾人潜在岗位的范围,做好统筹规划和调查研究。鉴于残疾人普遍学历不高、工作能力不强、心理承受能力较差、出行不方便等突出问题,选取对知识和技能要求相对较低、安全系数较高、就业环境宽松、离家较近的岗位,以改善残疾人工作环境来提高他们的待遇,让残疾人能长久安心工作,从而提高残疾人就业稳定性以改善残疾人家庭及残疾人的生活状况。

五、通过家庭支持增强残疾人就业意识和能力

残疾人首先要培养自身自强不息的坚定意志,树立积极向上的就业观,通过主动参加各种素质培训与技能培训提升自身素质、职业技能和择业能力以适应用人单位的就业需求。残疾人家庭应主动配合政府及机构开展各种有利于提高职业技能的就业培训和其他服务。残疾人家庭要为残疾人提供温馨的家庭环境,促进其身体和心理的健康发展,为残疾人就业提供最大程度的支持。残疾人家庭还要注重在日常生活中培养和锻炼残疾人独立生活的自理能力,自己能做到的事情自己做,对自己有难度的事情尝试着去做。除此以外,已经就业的残疾人可以利用业余时间为暂时尚未就业的残疾人传授就业经验,在为其树立就业信心的同时帮助其提升就业能力,实现助人自助。

第四节　残疾人就业新趋势

目前在传统正规就业领域方面,按比例就业与集中就业的发展遇到了瓶颈,近几年调查显示,按比例就业正面临较大障碍,而集中就业呈现明显下滑态势。由于残疾人自身特点、社会歧视、市场竞争等不利因素的制约,传统正规就业形式在持续推动残疾人就业方面明显后劲不足。而在非正规就业领域,自主创业、辅助性就业及灵活就业等多种就业形式的涌现,为进一步改善残疾人就业状况提供了新的趋势和方向。

一、非正规就业

非正规就业(Non-standard Employment)是由国际劳工组织(ILO)基于肯尼亚城市劳动力市场的观察而率先提出的,用以描述有别于现代工商企业的劳动就业形式,强调雇佣关系的非正式性和游离于国家劳动制度之外的边缘性,一般包括非正规自雇(如街头摊贩)和非正规受雇(如日薪工)。自 20 世纪 70 年代以来,这一概念逐渐被广泛接受并用于研究第三世界乃至发达国家和地区普遍存在的相关就业现象。国内外学术界对非正规就业[①]的概念至今尚未统一,目前主要有三种界定方法。

第一,"两部门说"。国际劳工组织人类学家 Keith Hart 提出非正规部门概念,随之学界用"正规部门"与"非正规部门"来定义非正规就业,认为在非正规部门就业的人员就属于非正规就业。第二,"就业标准说"。随着劳动的柔软化与专业化的发展,以及外部采购、合同转包等形式的出现,"两部门说"的定义方法受到了质疑。非正规的概念出现了"就业标准说",即以就业状态和收入标准来进行定义,将家务劳动、临时工、自我雇佣及10 人以下的小企业就业等就业状态作为非正规就业,而按照收入标准,将低于最低法定小时工资的人,特别是低于生计收入的人定义为非正规就业,或者综合就业状态与收入[②]标准进行定义。第三,"就业类型说"。当兼职、临时雇佣、固定期限合同工、自营业等形式的就业模式在全球范围内越来越普遍时,为了比较研究的方便,很多学者直接按照就业的类型对非正规就业进行定义。该定义与正规雇佣是相对的,凡是不同于以往的正规雇佣形式的就业形式,包括在工作时间、工作地点以及契约性质上不同的就业形式,诸如非全日制用工、临时雇佣、固定期限合同用工、派遣工以及自营业者等,都属于非正规就业。在我国,非正规就业也被称为"非正规雇佣"、"非典型就业"、"灵活就业"等,主要指广泛存在于非正规部门和正规部门中的,有别于传统典型的就业形势,主要包括:个人自主创业、正规组织中的非正规就业(辅助性就业)、非正规劳动组织中的就业(灵活就业)等。本书结合有关残疾人就业相关文件政策,认为残疾人非正规就业主要包括自主创业、辅助性就业、灵活就业等多种形式就业。

改革开放以来,随着经济转型及工业化进程推进,我国固有的就业模式被打破,出现了越来越多的非正规就业形式,非正规就业在解决我国城镇居民就业、农村剩余劳动力转移以及缓解就业结构性矛盾方面发挥了积极的作用。与此同时,我国残疾人非正规就业也得到快速发展。残疾人群体虽然都有一定的身体障碍,但个体状况差异较大,就业需求差异也较大。在这种情况下,多元化的就业形式成为新时期残疾人就业发展的必然选择。

二、江苏省残疾人非正规就业主要做法与典型案例

(一)自主创业模式

残疾人自主创业,主要是指残疾人作为劳动者,主要依靠自己的资本、资源、信息、技

---

① 李强. 农民工非正规就业研究综述[J]. 岭南学刊,2015(6).
② 张明. 欧美日非正规就业增长根源的比较研究——基于 1988—1999 年的数据[J]. 湖北经济学院学报,2015(7).

术、经验以及其他因素自己创办实业,解决就业问题。目前残疾人自主创业人数较少,涉及领域主要包括互联网创业、盲人按摩、咖啡馆、理发等。关于互联网创业的案例。连云港瓦厄福实业有限公司组织专门技术人员为当地残疾人开展三个月的互联网实用技术培训。培训目的是将接受培训的残疾人培养成为经营网店的负责人,之后残疾人与阿里合作,成为阿里店铺的分支网点。在运营期间,残疾人作为网店负责人,自负盈亏。通过与厂家合作,以经销商身份进入销货市场,因此他们无需囤货,也不需要自建仓库。具体流程上包括各阿里店铺网上推出各类商品(瓦厄福主要销售当地特色海产品与草鸡蛋)简介、优势、图示及售价,接受网上订单。根据订单情况,向供货厂家提供买家需要的产品、数量及地址,由供货商负责发货。网店负责人从中赚取差价。

（二）辅助性就业模式

辅助性就业是指针对精神、智力和重度残疾人因劳动就业能力不足,无法进入竞争性就业市场的实际状况,通过集中组织残疾人适当参加生产劳动,以提高劳动技能、改善身体生活状况为目的的就业形式。[1][2] 这种就业形式相对普通劳动者,在劳动时间、劳动强度、劳动报酬和劳动协议等方面较为灵活。辅助性就业机构包括工疗机构、农疗机构、集中托养机构中的劳动车间、庇护工场等。[3] 这一模式大多依赖社区、托养机构或就业服务中心等就业辅助部门,也有个别依托微型企业。其主要包括公益性岗位和庇护性就业等。[4] 例如无锡市汉庄街道残疾人之家是集康复、就业、娱乐等为一体的残疾人工疗机构。该机构在提供残疾人辅助性就业方面的主要做法是,机构负责人通过个人资源,积极联系生产厂家,最终与某印刷厂达成订单外包协议。按照协议要求,残疾人之家接受厂家交付的相关原材料,在规定期限内完成一定数量的档案盒成品。

（三）灵活就业模式

灵活就业通常指以非全日制、临时性和弹性工作等灵活形式的就业,为了与创业及辅助性就业相区别,本书将灵活就业局限于以居家就业为主要特征、劳动者较为独立自主的、不包括自主创业的非正规就业形式。根据实地调查情况,居家就业的主要形式有:种养殖业、原料加工、手工制作、电子商务,以及残疾人家庭加企业的形式等。如连云港紫苏种植基地案例。在灌云区伊山镇残联与地方政府的共同推动下,当地成立了残疾人扶贫创业基地。该基地目前运营态势良好,通过培养当地残疾人种植能手为主要目标,带动了当地残疾人从事紫苏、食用菌、西瓜、时令果蔬等农产品种植,并安排了多名残疾人参与产品加工。其中紫苏种植基地最为典型。

【本章小结】

残疾人就业是保障和改善残疾人生活状况、为残疾人谋福祉、促进残疾人小康进程的重要内容与有效途径。近年来,国家与各级政府不断出台与完善残疾人就业保障政策与措施,加大投入和扶持力度,有效拓宽了残疾人就业渠道。随着经济发展和技术的快速更新,残疾人就业面临新的机遇,同时也面临

---

① 陈晓雁,周云尧,吕明晓.浙江省构筑残疾人多元就业创业模式[J].中国残疾人,2013(5).
② 周凯.拓展新渠道,促进多元化就业[J].中国残疾人,2013(6).
③ 周凯.拓展新渠道,促进多元化就业[J].中国残疾人,2013(6).
④ 陈晓雁,周云尧,吕明晓.浙江省构筑残疾人多元就业创业模式[J].中国残疾人,2013(5).

诸多新挑战,受到国家和全社会的关注和重视。本章从残疾人的就业现状着手,探讨国家政策、残疾人就业支持机构和企业在残疾人就业方面的努力,最后探讨了新技术应用背景下的残疾人就业发展。

【复习与思考】

1. 我国残疾人就业类型有哪些?
2. 我国残疾人就业的特点是什么?
3. 如何促进残疾人就业?
4. 信息技术对于残疾人就业有哪些影响?

【案例分析与讨论】

无锡乐益文化传播有限公司案例

2013年,无锡市在探索联合社会组织共同促进残疾人就业服务的基础上,与灵山慈善基金会签订协议,开辟了"以场地换人物"的新型合作路径。基金会派出王女士作为合作项目的负责人,开始着手开展社会组织承办职业培训与就业服务。通过建立"乐益社会创新中心"这一民办非企业社会组织,为有需要的残疾人提供咖啡师、布艺制作等培训。在项目发展过程中,王女士逐渐认识到社会组织提供就业服务存在的诸多掣肘因素,提出要转变社会组织为企业,在得到政府合作方的许可后,在原社会组织的基础上,另行注册了文化传播公司。目前相当于一套人马,两个招牌。作为文化传播公司,通过与马拉松国际比赛的承办机构合作,为其提供塑口袋制作,解决了6~7名残疾人的就业问题。据粗略估算,残疾人制作一个塑口袋的时间,熟练工约2~3分钟,新手或手脚不便的约5~10分钟,每个塑口袋残疾人能够获得的加工费约0.5元,相当于6~10元/小时。这些残疾人最低月收入约2 200元,平均月收入3 500元左右。目前公司负责人正考虑实施正规就业与非正规就业双重劳务体制管理策略。此外,公司还自行设计、制作和销售手工皂等文化产品,由于其秉持绿色、健康理念,通过线上与线下相结合的销售渠道,使得公司已快速结束起步环节,步入持续发展阶段。据统计,乐意文化传播公司为11名残疾人提供了年薪约3万左右的就业收入,相信通过进一步扩大市场影响、扩大生产规模、扩大人员招聘等,该公司能够为促进残疾人辅助性就业做出更大成绩。

讨论

1. 在向残疾人提供就业服务方面,社会组织和企业各有什么优势和劣势?
2. 为了促进无锡乐益文化传播有限公司线上销售,可以采用哪些策略?
3. 互联网平台迅速发展给无锡乐益文化传播有限公司带来哪些机遇?

【推荐阅读】

1. 石岩.残疾人小康进程中的就业问题研究[M].吉林:吉林大学出版社,2016.
2. 许家成.智力障碍与发展性障碍者支持性就业指南[M].南京:南京师范大学出版社,2016.
3. 徐景俊.残疾人大学生就业指导[M].哈尔滨:黑龙江少年儿童出版社,2015.

4. 张健萍. 残障大学生职业发展与就业指导[M]. 北京:知识产权出版社,2015.

5. 邱淑女. 残疾生就业与创业指导[M]. 北京:中国人民大学出版社,2014.

6. 段志伟. 残疾人就业的理论与实践[M]. 沈阳:辽宁大学出版社,2013.

【参考文献】

1. 石开铭,李庆华. 残疾人就业岗位分布及特点分析——以哈尔滨市为例[J]. 黑龙江社会科学,2015(11).

2. 许琳. 残疾人就业难与残疾人就业促进政策的完善[J]. 西北大学学报(哲学社会科学版),2010(1).

3. 张奇林,张东旺. 残疾人权益保障:现状、问题与对策[J]. 社会保障研究,2014(3).

4. 李建国. 为残疾人更好地融入社会创造条件[J]. 中国残疾人,2012(09).

5. 赵超. 实施绩效与法律规定仍存差距[J]. 中国社会报,2012(8).

6. 李强. 农民工非正规就业研究综述[J]. 岭南学刊,2015(6).

7. 张明. 欧美日非正规就业增长根源的比较研究——基于 1988—1999 年的数据[J]. 湖北经济学院学报,2015(7).

8. 陈晓雁,周云尧,吕明晓. 浙江省构筑残疾人多元就业创业模式[J]. 中国残人,2013(5).

9. 周凯. 拓展新渠道促进多元化就业[J]. 中国残疾人,2013(6).

第八章 残疾人社会保障

【本章学习要点】

- 残疾人社会保障的体系与结构
- 我国残疾人社会保障制度的历程
- 残疾人服务保障的发展

"保障"一词意味着个人的生存与否可以不再完全听任市场的摆布,而能够通过其他力量满足当下的生活需要。"社会"一词意味着全员参与、全员共享。[①] "社会"+"保障"的组合,意味着社会全体成员都能够在面临生存危机时得到一定的生活保障,而每个人既可以作为保障的接受者,也可以成为保障他人的资源提供者。

第一节 残疾人社会保障制度概述

社会保障由来已久。自有人类社会以来,总会出现一些社会成员因各种原因陷入生活困境,需要依赖他者才能维持生存。历代社会中,无论是政府还是民间,都不乏赈灾、救济的善举。因此,从广义来看,社会保障是一项历时久远的民生议题。[②] 然而,以往的社会保障更多表现为一种施善者的权宜之计,而非出现在国家法律的明文规定中。因此,作为一种制度性安排,继而逐渐发展成为政府社会政策的核心,社会保障制度的产生大概只可以推溯至近现代的欧洲国家。从道义过渡到责任,既见证了国家角色与政府责任的变迁[③],也折射出社会成员的生计模式逐渐被裹挟进社会化大生产的洪流中[④]。作为统合性概念,社会保障逐渐发展出完整系统的框架结构。

一、一般性社会保障

关于社会保障的界定,国际上莫衷一是,学者间亦众说纷纭。[⑤] 不论其间有何争议,

---

① 简·米勒. 解析社会保障[M]. 郑北飞,杨慧译. 上海:格致出版社,,2012(6).

② 郑功成. 社会保障学[M]. 北京:中国劳动社会保障出版社,2005(4).

③ 文艺复兴以降,君主从"天选之子"的神坛跌落至"民选之代理人",意味着国家权力的代表,从"对神负责"转向"对民负责"。

④ 工业革命导致工厂扩张,进而引发圈地运动,农民从"土地依附"转向"工作依附"。相对而言,工作能力要求与就业机会的变动不居,使工人时刻面临生计危机。而原本依赖于家庭内部提供的保障,也随着家庭供养能力的弱化,需要外扩至社会层面。

⑤ 有研究者曾经梳理过各种"社会保障"的定义,发现研究者之间很少使用统一界定。详见:郑功成. 社会保障学[M]. 北京:中国劳动社会保障出版社,2005(4).

大多也持有一般性共识。即保障主体是国家(政府与社会),保障客体是公民(全体社会成员),保障内容是提供物资与服务帮助,保障依据是国家立法,保障目的是满足一定生活需要、实现社会公平与正义。基于此,本书认为,社会保障可理解为依据法律规定,政府与社会为因各种原因陷于生活困难的公民提供物资与服务帮助,以满足其基本生活所需,从而实现社会公平与正义的制度。在中国,社会保障主要包括社会保险、社会救助、社会福利和社会优抚。其中,社会保险是社会保障制度体系的主体或核心,社会救助是"最后一道防线",社会福利是"最高层次",社会优抚是特殊组成部分。

(1)社会保险是指国家依法建立社会保险基金,对被保险人(或劳动者)因年老、疾病、工伤、失业、生育等原因面临生活困难时,给予一定资金帮助的强制性制度,主要包括养老保险、医疗保险、工伤保险、失业保险及生育保险等项目,在社会保障体系中占有最重要的地位。[1]

(2)社会救助通常是指国家和社会对于因贫或受灾的公民提供物质或服务帮助,以维持其最低生活水平的各种措施。这是一种雪中送炭式的社会保障项目。值得注意的是,社会救助不等于社会救济,前者更多表现为一种积极主动的帮助,后者则视为基于慈善和人道立场而实施的消极救贫济困措施。[2] 社会救助主要包括城乡居民最低生活保障、特困人员供养、灾害救助、专项救助、临时救助等。[3]

(3)社会福利指的是国家和社会为公民或特殊群体提供物资或公共服务,以保证和改善其物质文化生活的制度。[4] 这是一种锦上添花式社会保障项目,主要包括公共福利(如公共文化设施、住房、教育、卫生等福利)、特殊群体福利(如残疾人福利、老年福利、儿童福利等)、职业福利(如职工福利补贴等)。

(4)社会优抚特指国家和社会对军人及其家属给予抚恤和优待的一种社会保障制度,主要包括社会优待、社会抚恤和安置保障等。[5]

上述社会保障制度的受益对象往往为全体公民,通常不受性别、职业、民族、地位等方面限制,旨在为消除国民面临的基本风险,实现社会公平、维护社会稳定。与专门针对残疾人制定的各类社会保障措施不同,这一传统社会保障制度在残疾人社会保障体系中,通常被称为"一般性社会保障",相对应的,专为残疾人设置的社会保障制度则被称为"特殊性社会保障"。[6]

二、特殊性社会保障

残疾人特殊性社会保障是指,国家和社会对残疾人在年老、疾病、缺乏劳动能力及退休、失业、失学等情况下,为其提供基本的物质帮助,并根据社会经济、文化发展水平,给予残疾人相应的康复、医疗、教育、劳动就业、文化生活、社会环境等方面的权益保障,实现残

[1] 郑功成. 社会保障学[M]. 北京:中国劳北动社会保障出版社,2005.
[2] 贾俊玲. 劳动法与社会保障法学[M]. 北京:中国劳动社会保障出版社,2012.
[3] 刘俊. 劳动与社会保障法[M]. 北京:高等教育出版社,2017.
[4] 孙光德,董克用. 社会保障概论[M]. 北京:中国人民大学出版社,2016.
[5] 刘俊. 劳动与社会保障法[M]. 北京:高等教育出版社,2017.
[6] 杨立雄,兰花. 中国残疾人社会保障制度[M]. 北京:人民出版社,2011(1).

疾人"平等、参与、共享"的目标。由于身体或心理缺陷,残疾人更易遭受生存风险,也就更需要依靠社会保障制度避免陷入求生困境,维护基本权益,专为残疾人设置的特殊性社会保障也就顺理成章地被纳入于国家社会保障制度。随着经济社会的发展,我国特殊性社会保障日益受到社会关注,以就业、康复、服务等为保障内容的各项举措得到不断探索与实践。[①] 根据世界各国针对残疾人提供的特殊性社会保障,主要可以概括为:残疾人津贴、康复保障、特殊教育保障、就业保障与无障碍设施服务等几个方面。

1. 残疾人津贴

在国际社会中,英国堪称表率。根据残疾人在日常生活中遭受的困境分类,英国将残疾人津贴进一步划分为残疾人生活津贴(包括照顾津贴与行走津贴)、残疾人护理津贴、残疾人就业和支持津贴、失能受益等。残疾人可根据残疾程度或受困程度,享受相应待遇。

2. 残疾人康复保障

近些年我国进步很大。根据提供残疾人康复保障的主体不同,可将其分为政府康复救助项目与民间康复慈善项目。政府康复救助项目通常涉及国家性康复救助制度与地方性康复救助政策。民间康复慈善项目的主体,既可以是民间社会组织,也可以是个人。

3. 残疾人特殊教育

主要是指运用特殊的方法设备和措施,对视力障碍、听力障碍、言语障碍、智力障碍、肢体障碍的儿童、青少年或成人进行教育的制度总称,包括学前教育、基础教育、高等教育、职业技术教育和成人教育。特殊教育保障是指政府和社会为保障残疾人受教育的权利而事实的各种措施的总称。通常可划分为教育救助、设施和机构保障等几个方面。

4. 残疾人就业保障

这一保障一直是我国残疾人事业的工作重心,并被写入多部法律之中,如《中华人民共和国宪法》(第二章四十五条)、《中华人民共和国残疾人保障法》(第三十条)、《中华人民共和国劳动法》(第十四条)等。我国残疾人劳动就业的方针是:集中与分散相结合,采取优惠和扶持保护措施,通过多渠道、多层次、多种形式,使残疾人劳动就业逐步普及、稳定、合理。在城市残疾人就业主要由三大渠道:一是在福利企业集中就业;二是在机关、团体、企事业单位、城乡经济组织按比例就业;三是因地制宜、因人而异、机动灵活、自愿组织的非正规就业(含创业)。在农村,残疾人可以根据自身特点,参加种植业、养殖业或家庭手工业等多种形式的生产劳动,实现就业;同时,在乡镇企业和村办企业中应实行残疾人按比例就业。

5. 残疾人无障碍设施服务

主要包括环境无障碍与信息无障碍。前者主要涉及室内与室外,其中室内部分包括楼梯、电梯、电话、洗手间、扶手、轮椅、客房、浴室等;室外部分包括坡道、盲道、过街音响信号装置等。后者涉及电脑语音软件、盲人电影与图书、盲人手机通讯、聋人紧急呼叫、聋人固话与手机中转、通讯录自助管理等用于信息获取、分享与交流的多个方面。

[①] 本书另有专门章节针对残疾人就业保障,因此,本章只立此存照,不作细述。

第二节　我国残疾人社会保障制度的历程

改革开放 40 年来,我国经济建设、社会发展和利益格局发生了深刻变迁,残疾人社会保障制度也取得了历史性进展。如党的十九大报告所言,近五年来我国民生改善更为明显,基本建立起覆盖城乡居民的社会保障体系。对残疾人社会保障制度的演变历史加以分析,可以总结制度发展的内在规律,深化对残疾人社会保障本质的认识,也可以为新时代残疾人社会保障制度的进一步完善提供借鉴。基于制度系统论的逻辑,可以从残疾人社会保障制度的价值理念、制度目标、制度体系等方面,分析 1978 年以来中国残疾人社会保障制度所经历的若干重大转变。

一、制度理念:从人道主义到权利本位

（一）基于人道主义的残疾人社会保障事业（1978—2007 年）

人道主义起源于 15 世纪欧洲的文艺复兴运动,其核心理念是以人为中心,关怀人、尊重人,主张人类之间应互助、关爱,尤其是国家和社会应承担起扶助弱者的责任。到 17、18 世纪,人道主义成为西方国家社会保障和福利实践的核心理念,甚至成为检验统治阶级和政府政治合法性的武器。我国以往语境中虽无人道主义一词,但诸如大同思想、仁政思想等传统文化和针对老幼残疾、贫穷疾病等弱势群体的救助实践都和西方的人道主义相似相通。20 世纪 80 年代,邓朴方发表了一系列讲话,指出"人道主义是伴随着西方社会发展而产生的进步思想,我们应该批判地继承""在中国形成人道主义思想基础,不是一天两天的事情,而是要在整个社会不断进步的前提下逐步形成"。他认为,人道主义是残疾人的朋友,是残疾人的精神支柱,是我国残疾人事业的一面旗帜。20 世纪 90 年代,党中央第三代领导集体更加重视人道主义与残疾人保障事业,江泽民在 1997 年为《自强之歌》一书所作的序言中指出,人道主义是处理人与人之间关系的一个道德规范,对残疾人这个特殊而困难的群体给予特别扶助,是社会文明进步的标志。党的十七大报告中,胡锦涛总书记也强调要"发扬人道主义精神,发展残疾人事业"。如上表明,残疾人的社会保障不再是政府对残疾人的恩惠,而是政府与残疾人在权利与义务关系上的体现,权利理念理应成为残疾人社会保障制度的价值依归。

（二）迈向权利本位的残疾人社会保障事业（2008 年至今）

作为现代社会的基本政治观念,公民权利意味着个人有资格要求国家和社会对他承担责任。按照马歇尔的观点,公民权利包含法律权利、政治权利和社会权利,法律权利由保障个人自由所需的权利组成,政治权利涉及公民参与国家和地方政治事务的权利,社会权利包括公民享有国家提供的经济保障、教育、基本的生活和文明条件等权利。三类权利与人的自由、平等和幸福关系密切,尤其是社会权利,它直接对应公民的福利保障和有尊严的生活,是公民权利的最终实现。可以说,权利理念使得福利保障有了本质的飞跃,它与人道主义的根本区别在于,它摒弃了把福利视为同情和慈善救济的偏见,从法律、政治和社会平等的立场肯定了福利作为公民基本权利的合法性与合理性。当然,强调权利不

意味着完全否定人道主义,权利以人道主义为道德根据,是人道主义进一步深化发展的产物。作为一名公民,残疾人在丧失劳动能力、生活困难的情况下,自然有权利要求国家和社会满足其基本的生活需要,权利理论成为残疾人社会保障的理论基础和价值支撑。

权利需要法律和制度予以保障,以权利为本的残疾人社会保障必然要走向规范化、法制化。从这一意义上说,2008 年是以权利为本的残疾人社会保障事业的发展元年。其标志性事件有三:第一,2008 年《中共中央国务院关于促进残疾人事业发展的意见》发布,这是党中央、国务院在新时期做出的促进残疾人事业发展的重大部署,凸显了保障残疾人的生命健康权、生存权和发展权的权利主线,对残疾人的医疗康复、残疾预防、生活救助、社会保险、福利服务以及教育、就业、无障碍等方面的发展作了全面规定,成为促进新时期残疾人事业发展的行动指南。第二,新修订的《中华人民共和国残疾人保障法》公布,并于同年 7 月 1 日施行。新《残疾人保障法》相较于 1990 年的版本有诸多进步之处,尤其是旧版的第六章"福利",新版改为"社会保障",强调国家保障残疾人享有各项社会保障的权利,而不仅仅是以前规定的给予救济、补助。这是立法层面对残疾人社会保障权利的确认和完善。第三,我国加入《残疾人权利公约》,对残疾人权利的高度关注和细致保护,深刻影响了我国残疾人社会保障事业的发展。

近年来,基于权利理念的残疾人社会保障制度体系愈加完善,涉及残疾人的托养服务、养老保险、教育就业、残疾预防和康复、无障碍环境等各个方面。从 2009 年开始,我国已连续制定三个《国家人权行动计划》,都将保障残疾人权利列入可持续发展议程中。2012 年党的十八大报告提出要建立以权利公平、机会公平、规则公平为主要内容的社会公平保障体系,保证人民平等参与、平等发展权利,尤其强调要健全残疾人社会保障和服务体系,切实保障残疾人权益。十八届三中全会提出要建立更加公平可持续的社会保障制度。党的十九大报告继续强调要充分保障人民平等参与、平等发展的权利,加强社会保障体系建设,发展残疾人事业。可见,残疾人社会保障已步入了权利本位的发展路径,由人道关怀转变为政府和社会对其责任的承诺与担当。

二、制度目标:从单纯救济与补偿到全面照护

发展社会保障的目标定位是一个国家社会保障制度的核心。英国贫困与福利研究学者汤森(Townsend)曾提出社会保障的三层次目标体系:最低层次的目标是缓解贫困,通过社会救助给少数人提供福利以解决其基本生存问题;中间层次的目标是收入安全,通过社会保险给普通大众提供收入替代以应对各种风险;最高层次的目标是社会公平,通过再分配的公共福利模式追求全体成员生活质量的提升。威伦斯基(Wilensky)和莱博克斯(Lebeaux)从"补缺型"与"制度型"的二分法视角分析了社会保障的目标,"补缺型"主张由家庭和市场提供保障,只有当家庭和市场失灵、难以保障个人生活时,国家和政府才会承担相应的责任;"制度型"刚好相反,主张国家应建立一套完善的法规制度体系来保障个体生活。据此来看,我国残疾人社会保障制度也在经历从补缺型(剩余型)到制度型,从基本的生存救济到全面的公共服务,从不平衡到快速走向公平的转变过程。

(一)政府有限救济(1978—1988 年)

1978 年至 1988 年的 10 年间,我国残疾人事业处于恢复重建阶段,残疾人社会保障

从生产自救向政府有限救济过渡。在农村,家庭联产承包责任制的实行极大促进了农村经济的发展,但也使贫富差距开始拉大,残疾人群体的相对贫困程度加深,家庭承担了残疾人生存保障的主要任务,对无依无靠无劳动能力的残疾人则实行五保供养,费用由村集体筹集,政府给予少量补贴。在城市,通过开办社会福利企业,或鼓励残疾人自主创业,对残疾人就业安置以确保其生活,国家在相关税费征收上予以优惠(如1980年财政部、民政部发布的《关于民政部门举办的福利生产单位交纳所得税问题的通知》,规定福利生产单位盲、聋、哑、残人员占全员35%以上的,免交所得税,占10%未达35%的,减半缴纳所得税;又如1984年财政部、税务总局发布的《关于对残疾人员个体开业给予免征营业税的通知》,为残疾人个体就业减轻了负担),对丧失劳动能力、无经济收入、无法定抚养人的残疾人,通过兴办社会福利院、残疾人康复服务中心等机构提供供养、康复等服务。这一阶段,残疾人的社会保险未有发展,福利供养和临时性的生活救济是残疾人社会保障的主要方式,但正如学者提到的,当时社会救济这一部分很弱,有限的资金无法照顾到庞大的残疾人群体,而且社会救济支出占GDP的比重还呈逐年下降之势,无法起到"安全网"的作用。

（二）社会救济与社会保险的初步发展（1988—2000 年）

1988年到2000年前后,残疾人社会保障步入法制化、规范化的轨道,社会保障的目标从单纯救济迈入向社会保险的探索。1988年中国残疾人联合会成立后,随即制定了《中国残疾人事业五年工作纲要(1988—1992)》,对残疾人的劳动就业、特殊教育、医疗康复、法制建设等做出规划部署。1991年《残疾人保障法》正式施行,残疾人的社会救济和福利保障开始有法可依,同年残疾人事业"八五"计划纲要实施,其中包括残疾人的劳动就业、待业保险、康复、扶贫等多项社会保障举措的推行。1996年,《中国残疾人事业"九五"计划纲要(1996—2000)》增加了《残疾预防》一章,并明确提出要探索残疾人养老、失业、医疗保险制度和社会救济办法。自此,建立残疾人社会保险体系成为我国残疾人事业的工作重心。一方面,参照城镇职工基本养老保险制度、基本医疗保险制度等将残疾职工纳入社会保险;另一方面根据1999年颁布的《城市居民最低生活保障条例》,将生活困难的残疾人纳入低保,给予制度化的社会救助。可见,残疾人的社会保障开始走上社会救济与社会保险兼顾、补缺型与制度型并进的道路。不过,此时残疾人的社会保障只是作为城市社会保障体系的一个附属囊括在内,其独特性未能体现,加之社会保险覆盖面有限,只限城镇职工和城市居民,对于大量的农村和城镇非从业残疾人而言,仍然无法享受社会保障待遇。

（三）制度化的社会保险（2000—2011 年）

从2000年到2011年的十余年间,残疾人社会保障的目标是以构建综合化的社会保险体系为核心,追求对全体成员的制度性保障。2001年制定的《中国残疾人事业"十五"计划纲要(2001—2005)》首次明确提出要将残疾人纳入社会保障体系,针对不同类型残疾人提出了供养、救济、低保、社会保险等多种分类保障方式,中国残疾人联合会也从当年将年度统计指标中的生活保障改成了社会保障。这期间,我国陆续实施新型农村合作医疗制度(2003)、城镇居民基本医疗保险制度(2007)、新型农村社会养老保险制度(2009),尤其在2011年正式施行《社会保险法》,搭建起了较为完备的、覆盖城乡全体居民的社会保险制度体系。城乡残疾人在参加社会保险时还有诸多特殊照顾和扶助政策,如新农保规定,二级以上重度残疾人和享受低保的重度残疾人,由政府为其代缴部分或全部养老保险费;《社会保险法》规定,丧失劳动能力的残疾人参保时的个人缴费部分,由政府给予补贴。2006 年第二次全国残疾人抽样调查数据显示,社会保险体系在我国 16 岁及以上残疾人群体中的覆盖率很低,有 65.8% 的残疾人未参加任何形式的社会保险,在农村地区这一比例更是高达 70%。因此,在残疾人事业"十一五"期间,我国残疾人社会保障的主要任务就是加大残疾人社会保险的实施力度,扩大保险覆盖面,提高保险给付标准。

（四）全面的社会保障与社会服务（2012 年至今）

2012 年党的十八大以来,残疾人社会保障更加强调公平性与可持续性,实现残疾人的全面保护与社会保障质量的提升。十八大和《中国残疾人事业"十二五"发展纲要》均提出要健全残疾人社会保障和社会服务两个体系（简称"两个体系"）,提高基本公共服务水平和均等化程度。到 2015 年,我国"两个体系"基本框架已经建立,残疾人的基本生活、医疗、康复、教育、就业等基本需求得到了制度性保障,尤其建立了困难残疾人生活补贴和重度残疾人护理补贴的"两项补贴",首次在国家层面出台了残疾人专项福利补贴制度,这项于 2016 年 1 月 1 日起全面实施的制度惠及 2 000 万人次的残疾人。十余年来残疾人社会保障发展很快,包括被纳入低保施以社会救助的城乡残疾人数有较大增幅;城镇和农村残疾人社会养老保险参保率提升很快,2014 年新型农村和城镇居民社会养老保险统一合并实施后,至今已有超过 79% 的城乡残疾人参加养老保险;农村残疾人新农合参保率在 97% 左右,这几项数据较 2006 年的二抽数据已有质的改观;享受"两项补贴"的残疾人数在短短五年间增加了六倍多;2017 年残疾人托养服务机构达到了 7 923 家,增长近 7 倍,共为 23.1 万残疾人提供寄宿托养、日间照料和综合服务。这些指标和数据表明我国残疾人社会保障的领域、范围和程度在不断延展深入。

2016 年,国务院印发《"十三五"加快残疾人小康进程规划纲要》,其总体目标就是要让残疾人和全国人民共同迈入全面小康社会,实现"平等、参与、共享、融合"。强调残疾人社会保障既要有满足其基本生存发展需求的普惠性制度,又要有特惠性制度给予残疾人特别扶助和优先保障,基于此,残疾儿童康复救助制度、残疾人基本型辅助器具补贴、贫困残疾人家庭无障碍改造补贴、重度残疾人医疗报销制度、残疾人支持性就业和就业补助制度等一系列特定制度或服务会在当前及今后一段时期出台。2017 年,我国接连施行了新修订的《残疾人教育条例》与《残疾预防和残疾人康复条例》,使残疾人的民生保障体系进一步完善。可见,这一阶段的残疾人社会保障在社会救助、社会保险的基础上,愈加重视通过全面的公共服务实现社会公平、建成小康社会的高层次目标,残疾人事业已由过去的福利救济工作发展为满足残疾人各项需求的综合性社会事业。

三、制度体系:从缺失分立到逐步整合完善

与西方国家相比,我国残疾人社会保障制度体系发展较晚,在 20 世纪 90 年代以前,相关的法律法规几乎处于缺失的状态。但另一方面,我国的后发优势和发展速度亦很明显,1990 年 12 月 28 日全国人大常委会通过了《残疾人保障法》,这一残疾人保障领域的基本法使我国残疾人事业有了一个高规格的起点。之后各项法规政策陆续出台,到目前已形成基本覆盖所有残疾人、满足其大部分需求的较为完善的社会保障制度体系。当然,

受我国综合国力的限制、经济社会体制弊端及其改革的影响等,这期间也经历了曲折、复杂的过程,具体表现如下:

（一）从原则性、笼统性到具体化、精细化保障

20 世纪八九十年代,我国残疾人事业刚刚起步,囿于社会发展和认识的局限性,包括《残疾人保障法》在内的法律法规过于宏观,宣示性、倡导性语言较多,条款的原则性、笼统性明显,缺乏相关的配套政策和具体实施办法,操作性不强。如《残疾人保障法》中鼓励残疾人就业的一些规定带有计划经济的色彩,有关福利的内容简单而笼统,对无障碍环境没有给予重视,仅有一条倡导性的规定等等;又如 1994 年颁布的《残疾人教育条例》对当时已在国际上广受认可的融合教育、个别化教育等理念未加贯彻,对各级各类学校招收残疾人的考试办法和标准缺少规定,对残疾人教育经费筹措仅有定性规定,既没有明确的比例要求又没有具体法律责任的约束等。

时至今日,残疾人社会保障的各类法规已有明显发展,《残疾人保障法》在 2008 年重新修订,其下有关康复、教育、劳动就业、社会保障、无障碍环境等相应篇章已有诸多具体法规和政策加以接续。如残疾人康复方面有《残疾预防和残疾人康复条例》(2017)、《国家残疾预防行动计划(2016—2020 年)》(2016)、《残疾人康复体育关爱家庭计划(试行)》(2015)等法规和措施;残疾人教育方面有新修订的《残疾人教育条例》(2017)、《残疾人参加普通高等学校招生全国统一考试管理规定(暂行)》(2015)、两期《特殊教育提升计划》(2014、2017)、《关于进一步加快特殊教育事业发展的意见》(2009)、《特殊教育学校暂行规程》(1998)等众多法规政策。此外,对于残疾人的就业和职业技能培训、残疾人的社会保险、贫困和重度残疾人的社会救助等方方面面均有法规予以保障,残疾人社会保障制度愈加精细,更具可操作性。

（二）从缺乏特需特供政策到普惠与特惠相结合

我国改革开放之初的"补缺型"福利主要针对少数生活困难的残疾人,其救助也是低水平的,其他大多数残疾人的一般需求和特殊需求无法得到满足。后来,残疾人福利保障要惠及所有残疾人员成为一种社会共识,残疾人的社会保障从"补缺型"向"普惠型"转变。进一步,基于对残疾人双重身份的认识,即他们作为国家公民享有和健康人群同等的权利和福利待遇,同时作为区别于健全人群的特殊身份或者弱势人群需要得到特殊的照顾,我国发展出了"普惠＋特惠"的残疾人社会保障模式。这一模式将残疾人普遍性福利与特殊性福利相结合,将一般性制度安排与专项制度安排相结合,构建起以需求为导向、兼顾差别与平等的残疾人社会保障体系。"普惠型"制度如社会保险、住房福利政策、社会救助等,为满足所有残疾人的基本需求提供制度化的保障;"特惠型"制度如就业扶持、医疗康复、托养服务、两项补贴、无障碍补贴、社会融合政策等,为满足残疾人各方面的生存、发展需要,促进其多样化的社会参与提供特殊扶助与安排。

（三）从城乡分割到城乡统筹发展

长期以来,我国实行以户籍制度为基础的城乡二元经济社会管理体制,这也导致了残疾人社会保障体系存在明显的城乡有别现象。例如,对困难残疾人具有重要意义的最低生活保障制度最早始于 1993 年的上海,随后 1999 年在全国范围内推行,但都只限于城市居民,农村的最低生活保障制度直到 2007 年才正式建立。我国 75％的残疾人生活在农

村,相较于城市而言,农村残疾人社会保障面狭窄、分散而零碎,公共服务体系和社会支持体系更为欠缺,生存境况更加严峻。进入新世纪后,我国提出了"工业反哺农业,城市支持农村"的政策取向,但城乡分割的传统社会管理模式具有强大的惯性,并与未彻底改革的行政体制相互强化,使得新型适度普惠型福利政策仍具有城乡二元化的路径依赖特征。

党的十八大以后,缩小城乡差距、推进城乡基本公共服务均等化、统筹城乡社会保障体系建设成为深化改革的重要内容,残疾人社会保障制度开始走上城乡协调发展的道路。2014年,我国决定合并新型农村社会养老保险和城镇居民社会养老保险,建立全国统一的城乡居民基本养老保险制度。2015年,国务院发布《关于全面建立困难残疾人生活补贴和重度残疾人护理补贴制度的意见》,其中已寻觅不到城乡分立的踪影,只要是符合规定的困难残疾人和重度残疾人,不分户籍,均可自愿申请,审核通过后按各省规定的标准发放补贴。2016年,国家整合城镇居民基本医疗保险和新型农村合作医疗两项制度,建立统一的城乡居民基本医疗保险,国务院发布的《"十三五"加快残疾人小康进程规划纲要》也明确提出要统筹推进城乡残疾人的小康进程,确保城乡残疾人普遍享有基本养老保险和医疗保险,在住房保障方面,城镇残疾人享有优先轮候、优先选房等政策,农村残疾人享有危房改造、资金补助等政策。党的十九大对新时代社会保障体系的建设也一再强调要覆盖全民、全国统一、城乡统筹。可见,城乡统筹、公平对待已成为我国当前残疾人保障政策的重要原则和发展方向。当然,残疾人社会保障的城乡均衡还远未实现,后续还要不断改革,加大政策实施力度。

(四)从救助个体到保障家庭

我国残疾人总数为8 500万左右,受残疾人影响的家庭人口无疑是个更为庞大的受困群体。很多没有就业,也没有收入的残疾人的生活主要由家庭其他成员负担,如果没有相应支持和社会保障,一人致残全家致贫的现象极易发生。对残疾儿童家庭而言,如果没有切实的扶助政策,其生活会非常艰难,甚至出现有的家庭不堪重负抛弃残疾儿童的情况。因此,残疾人与其家庭有着非常密切、复杂的关系,残疾人社会保障应由以往的单一个体救助,转向兼顾残疾人个体及其家庭的整体保障。正如《残疾人权利公约》指出的:家庭是自然和基本的社会组合单元,有权获得社会和国家的保护,残疾人及其家庭成员应获得必要的保护与援助,使家庭能够为残疾人充分和平等地享有其权利做出贡献。

回顾我国历次残疾人事业发展规划,可以发现,"十五"以前针对残疾人家庭的扶助政策很少,从2006年"十一五"开始,家庭保障政策日渐突出,主要集中在家庭社会救助、农村贫困残疾人家庭危房改造等方面。《"十三五"加快残疾人小康进程规划纲要》则将家庭保障提升到了全新的高度,全文中"家庭"一词共出现49次,涉及:将符合条件的残疾人家庭及时纳入最低生活保障范围,对贫困残疾人家庭无障碍改造及水、电、气等基本生活支出予以补贴,贫困残疾人家庭住房福利,对收养残疾儿童的家庭给予更多政策优惠支持,促进城乡残疾人及其家庭就业增收,文化、体育等公共服务进家庭,残疾人家庭支持服务等残疾人社会保障的各个方面。此外,《残疾预防和残疾人康复条例》《贫困残疾人脱贫攻坚行动计划(2016—2020年)》等法规政策中也特别强调了残疾人家庭的作用以及针对家庭的综合保障措施。

改革开放以来,我国残疾人社会保障制度体系从无到有,日益完善,纵向上有不同层级的法规,横向上包含一般法规、专项法规和其他相关法规,表明残疾人社会保障事业受重视的程度不断提高,独立性逐渐增强,保障水平显著提升。当然,我国残疾人社会保障事业仍处于发展阶段,制度体系仍有诸多欠缺,在残疾人福利、反残疾歧视等方面仍需加快立法,在法律宣传、法律援助等方面还需加大力度,以此实现残疾人的共享发展和全面小康。

第三节　残疾人服务保障的发展

服务是社会保障制度建设的重要组成部分,是社会保障制度得以实现的物质基础。残疾人服务体系是指围绕残疾人社会保障需求,由政府或社会举办的为残疾人提供专业化、人性化和系统化服务的总称,包括服务提供者、服务对象、服务机构、服务内容、服务项目、服务技术、服务方式、服务手段、服务网络、服务队伍、服务设施等内容。由于身体或心理等方面缺陷,残疾人社会保障的实现有赖于社会保障服务体系的完善程度。

一、残疾人服务保障内容

按服务内容划分,残疾人社会服务体系可以划分为照料和托养服务、医疗康复服务、教育培训服务、劳动就业服务、无障碍服务、法律援助服务等。其中,托养和康复服务是残疾人社会服务的重要组成部分。

（一）照料和托养服务

残疾人照料托养服务是针对没有自理能力的重度残疾人提供的照料和服务,是残疾人社会保障工作的重要内容。目前我国已基本形成以居家服务为基础,社区服务为依托,机构服务为补充的残疾人服务体系。其中,以建立残疾人托养机构为形式的机构服务,是公共事业服务的重要内容。

1. 残疾人托养机构形式

根据创办者或所有者、经营者社会身份性质的不同,残疾人托养机构主要分为公办公营、民办公助、公办民营、民办民营等形式。

（1）公办公营机构由各级政府及街道办事处或残联投入建设资金,房屋产权、管理人事权、经营权都贵各级政府及其街道办事处或残联所有。这类机构由残联直接经营管理;或委派、委托街道办事处经营管理,实行独立核算、自负盈亏。

（2）民办公助机构由各级政府及街道办事处或残联投入实质性建设资金,在机构的规范管理和运作中有实质性介入。这类机构为民间个人出资兴办,由残联或街道办事处资助运营。

（3）公办民营机构由各级政府及街道办事处或残联为出资主体兴办,具有一定公益性,所有权归政府及残联所有,委托经残联认定的,具有残疾人庇护安养服务资质的依法成立的民办非企业单位经营管理的机构。

（4）民办民营机构属于独立的社会组织,一般由个人或市场主体投资兴办,由个人或市场主体经营,通常通过服务收费维持生存与发展。

2. 残疾人托养方式

根据托养服务时间、服务目的及场所的不同,残疾人托养方式主要分为全日制托养服务、日间托养服务、庇护性就业托养服务、居家托养服务。

(1)全日制(寄宿型)托养服务就是提供24小时全天候服务,对象主要是依老养残家庭中的重度残疾人,这些残疾人没有生活自理能力,抚养人或监护人因年老体弱,无力照顾残疾子女,只能依靠托养机构全天候照料。

(2)日间(日托型)托养服务就是正常工作日期间提供托养服务,对象主要是需要生活照料而日间家庭无人照料的残疾人,由抚养人或监护人早晚接送,除为残疾人供应午餐外,还提供康复、娱乐和劳动技能培训等服务。

(3)庇护性就业托养服务就是建立残疾人庇护工场,为虽不能正常就业但尚有部分劳动能力的残疾人在提供托养服务的同时,安排力所能及的生产劳动,并获取适当劳动报酬。

(4)居家托养服务就是以政府或社会兴办的居家养老服务机构为依托,将服务对象扩大到符合托养服务条件仍留在家中的残疾人。

(二)康复服务

按照康复机构的层次和业务范围划分,我国残疾人康复机构可以分为专业康复机构和社区康复站。

1. 专业康复机构

专业康复机构主要包括:康复中心或康复医院独立的综合康复设施,设在综合医院内的物理医学与康复科或康复医学科,康复门诊独立的、综合的康复设施,专科医院的康复医疗科、特殊疾病的康复中心等。这些机构设备比较完善,有经过较正规训练的康复医师和康复技师,康复专业技术水平较高,能提供较高治疗的康复服务,而且还能够开展医疗、教学、科研工作,培养康复医学人才,相对于社区康复,专业机构康复对患者而言就诊不方便,且费用较高。

2. 社区康复站

社区康复主要利用本社区的资源,因地制宜地开展社区和家庭的康复,主要提供病伤恢复期及后期康复服务,开展残疾的预防工作,同时也提供教育、社会、职业康复,不仅能使患者方便、快捷地就医;而且具有价格低廉,促进残疾人回归家庭和社会的优势,是普及康复服务的基础和主要形式。社区康复的实施,主要依靠残疾人及其亲友、所在社区以及卫生、教育、劳动就业和社会保障等相关部门的共同努力,体现了政府部门、残疾人家庭、专业康复人员、社区医生、社会工作志愿者等多种社会化主体共同参与的局面,适应了社会保障管理社会化、服务提供社会化的趋势。

二、残疾人服务保障现状及存在的问题

随着我国经济社会的迅速发展,人民生活水平得到极大提高,民生问题日益受到关注。残疾人服务是社会文明的重要标志,是人权的象征性指标之一,受到社会各界和政府的高度重视,各级政府为此投入大量资金,促进了残疾人服务保障的快速发展。然而,从总体上看,我国残疾人服务保障体系尚未完善,还存在着很多问题。

（一）供求矛盾突出

1. 设施和技术落后

贫苦地区受财力制约，没有专项经费投入，残疾人基础设施相当落后，不具备应有的为残疾人服务的基本功能。不少康复中心、托养机构建筑陈旧、设备简陋；城区健身广场往往缺乏适合残疾人的设施；绝大多数建筑缺乏无障碍通道；盲道被占用的状况十分普遍。现有机构基础设施水平、功能设置、活动场所等方面均有较大缺陷，不少专业护理人员和管理人才匮乏，服务手段落后，服务范围狭窄。部分服务机构将其业务定位在开展一般性照料或低层次服务，缺乏专业化、个性化服务。

2. 城乡、区域发展失衡

一是城乡差距非常明显。我国多数残疾人生活在农村，受二元社会保障制度制约，他们的公共服务仍停留在生存需求满足层面，文化体育设施、无障碍设施和福利活动基本空白，尤其在中西部地区，农村残疾人基本没有开展公共服务。二是地区差距拉大。第二次全国残疾人抽样调查表明，我国的无障碍设施建设发展总体较快，但地区间表现失衡。例如，在无障碍设施建设方面，北京、天津、上海拥有量远超其他省、自治区和直辖市。

3. 服务满足率低

据第二次全国残疾人抽样调查显示，全国8 296万残疾人中，接受过医疗服务与医疗救助、贫苦救助与扶持、康复训练与服务和辅助器具配备服务的比例分别占残疾总人口的35.61％、12.53％、8.45％、7.31％，而对上述四项服务的需求比例分别达到残疾总人口的72.78％、67.78％、27.69％、38.56％，可见差距之大。

（二）硬件建设缺乏规范

1. 重复建设现象严重

主要表现在：各级行政管理单位之间的重复建设、主管部门之间的重复建设。一些地方仅仅是文字上的规定，但却没有相关的人力、财力和物力的投入，不同部门间业务交叉却各自为政，造成人员冗余、效率低下。

2. 硬件建设"大而全"、"小而全"并存

残疾福利设施规划和建设部门缺乏以人为本观念，脱离辖区残疾人的实际需要，造成重建设、轻特色等问题。

（三）软件建设水平低

1. 管理方式落后

一是缺少行业管理机制，由于服务机构性质不同，所有制不同，缺乏统一规划和有效的行业管理，导致责任不明、标准不一、急功近利、随意性强。二是管理体制落后，许多服务机构隶属或挂靠残联，不属于独立市场主体，体制不活，资源配置不合理，从业人员积极性、主动性和创造性得不到充分调动。三是机构缺乏创新活力，服务机构运行机制不灵活，不善于依据残疾人需求变化开展灵活化、多样化、个性化服务。四是标准化管理落后，各地发展程度不一，各自缺乏经验共享与交流平台，导致管理无序，缺乏标准。

2. 服务人才滞后

一是管理人才紧缺，缺乏一大批素质高、能力强、具有现代管理理念的人才。二是专业服务人才不足，目前从业人员绝大多数没有专业社会工作背景，也缺少系统专业训练，

无法跳脱出传统服务范围和方式。三是缺少高效率的志愿者队伍,相对于西方发达国家参加志愿服务活动人数占总人口比例超过 30％而言,我国社区志愿者占人口总数仅有 1.4％,其中多数为退休老人,中青年比例过少,结构单一。

三、我国残疾人社会服务保障制度改革建议

(一)引导残疾人社会服务公共性

对于残疾人的社会服务是一个漫长的过程,涉及整个生涯。如果依靠市场提供服务,由于市场的营利性属性,必然导致家庭和个人背负沉重负担,因此需要政府和社会提供公共性服务,为残疾人持续提供经济援助、生活照料、心理辅导、康复支持、教育援助等服务。具体而言,在服务项目建设和开放方面,政府应将残疾人服务机构建设纳入公益性建设规划和扶持项目,建设一批适应残疾人服务需要的专业服务机构。在财政投入方面,政府可以采取直接投入和间接投入两种形式支持残疾人服务保障体系的发展。直接投入是指政府向残疾人服务体系建设直接划拨专项款项,引导和自助残疾人服务体系的发展;间接投入则通过无偿提供场所和设施或减免税收等形式来实现。

(二)强化残疾人社会服务社会化

残疾人服务社会化是指残疾人福利服务投资主体的多元化、服务对象的公众化、服务方式的多样化,以及服务队伍专业化与志愿者相结合的一种服务模式。政府应采取有力措施培育和促进社会组织发展,包括加强相关立法、购买服务及基层组织再造等措施。

具体而言,政府可以为残疾人社会服务社会化提供政策支持,如签订服务承包协议、提供服务补贴。也可以为家庭或个人的自助服务、志愿服务提供社会倡导。

(三)确立残疾人社会服务专业化和差异化原则

专业化服务是指通过建立专业化服务队伍和建立服务效益度量机制,进一步提高服务质量,吸引更多客户。服务差异化则是通过差异突出自身优势,与竞争对象相区别,且能够提高资源配置效率。为此,需要打破部门间条块分割局面,统筹规划,合理分工,发挥各部门优势,建设有特色的残疾人综合服务网络;需要打破地域界限,鼓励跨区服务,各辖区统一服务标准,建立服务内容、方式、手段相同的残疾人服务体系,避免恶性竞争,浪费资源;需要加强从业人员的专业教育与培训,管理并发挥好志愿者队伍;需要加强标准化管理,对各级各类服务机构管理人员、技术人员统一资质要求,建立对高级管理者素质的标准化考核。

(四)改革现有残疾人服务管理体制

我国残疾人联合会组织经历了从民间组织向半官半民组织的演变,目前行政化趋势越来越明显。为理顺行政管理和社会服务的关系,应将残疾人联合会的行政管理职能剥离出来,成立残疾人事业管理办公室,而残疾人联合会组织则定位为"枢纽型"管理和服务组织,通过构建完善的网络体系和强大的服务能力,可以更好满足残疾人多样化需求。同时,搭建社区服务平台。社区是残疾人事业的前沿,是残疾人工作的起点和服务终点。因此,基层政府及相关部门应该从当地实际出发,针对残疾人的实际需要,开展有针对性的社区服务或家庭服务,从而为残疾人服务保障改革搭建社区服务平台。

【本章小结】

本章主要介绍了残疾人社会保障体系结构,将残疾人社会保障制度划分为一般性社会保障和特殊性社会保障,并从制度理念、制度目标、制度体系等方面,阐释了新中国成立以来,我国残疾人社会保障制度的发展历程。根据特殊性保障的系统分类,本章详细介绍了残疾人服务保障。在残疾人服务保障中,涉及保障内容、机构形式、托养方式等,通过提炼当前我国残疾人服务实践中存在的问题,进而提出有关改革建议。

【复习与思考】

1. 我国残疾人社会保障体系的构成有哪些?
2. 新中国建立以来,我国残疾人社会保障制度经历了怎样的发展历程?
3. 残疾人康复保障的内容、模式、管理体系、保障方式分别有哪些?
4. 残疾人服务保障的内容有哪些?
5. 当前我国残疾人社会保障存在哪些问题,有何建议?

【案例分析与讨论】

目的:通过案例,了解残疾人社会保障的困境。以小组讨论的方式,分析个案的困境成因、应该享受的社会保障及如何实现。

准备:案例展现(PPT 及大屏幕)、白纸、签字笔、成员分组。

特别注意:小组成员不能多于 8 人,小组个数不能少于 3 组。

被锁坑洞 25 年的年轻人[①]

河南洛宁县有一个小山村,25 岁的程相涛从小就失去了光明,还患有精神疾病。他的父亲用一根巨大的铁索把他拴在了山洞口的大树干上。程相涛的家里很穷,父亲没有钱给孩子治疗精神疾病,只能把他锁在山洞里。程相涛经常抬头望着天空,尽管他什么也看不见。一颗巨大的树干,一个黄土沙尘的山洞,一把寒冷的铁锁,就是程相涛所有的生活。

程相涛的父亲说,儿子大小便无法自理,又看不见东西,只能把他锁在山洞里面,以免别人欺负他。他就像活在世界之外的人,只有户口本上的名字才能证明程相涛的存在。父亲每天都会做好饭给自己的儿子送过去,儿子只要听到熟悉的脚步声,就会爬出来,他知道父亲送饭来了。一碗开水,三两个馒头,程相涛就能吃得津津有味,尽管在别人看来简陋至极。

有人看到一只小蝴蝶落在程相涛的手上。在这大山深处,也许只有这只美丽温柔的动物才不会伤害他,与他为伴。尽管程相涛看不见他的这只小伙伴,但是那细小的触感让他停了下来,生怕自己稍微多余的动作,会吓走这位唯一的伙伴。

---

① 佚名.被锁坑洞二五年里的年轻人[EB/OL].(2017-05-08)[2018-11-01].http://www.sohu.com/a/139049816_422669.shtml.

讨论

1. 案例中的残疾年轻人主要有哪些需求？现实生活中还有哪些需求没有得到满足？
2. 案例中的残疾年轻人应当享受哪些社会保障？
3. 哪些部门或人员可以为案例中的年轻人提供社会保障服务？怎么提供？

【推荐阅读】

1. 李援. 中华人民共和国残疾人保障法解读[M]. 北京：中国法制出版社，2008.
2. 周沛，李静，陈静，柳颖等. 残疾人社会福利[M]. 济南：山东人民出版社，2013.
3. 郭春宁. 人全视角下的中国残疾人社会保障[M]. 北京：中国劳动社会保障出版社，2014.
4. 宋宝安. 中国残疾人社会保障与服务体系研究[M]. 北京：中国社会科学出版社，2013.
5. 张金峰. 老年残疾人社会保障研究[M]. 上海：上海世纪图书出版公司，2012.
6. 杨方方. 政府与民间组织的合作[M]. 北京：中国社会科学出版社，2014.
7. 郭喜等. 社会保障、残疾人与安全基本公共服务均等化研究[M]. 北京：中国社会科学出版社，2018.
8. 金博，李金玉. 残疾人保障立法研究[M]. 北京：中国政法大学出版社，2017.

【参考文献】

1. 简·米勒. 解析社会保障[M]. 郑北飞，杨慧译. 上海：格致出版社，2012.
2. 郑功成. 社会保障学[M]. 北京：中国劳动社会保障出版社，2005.
3. 贾俊玲. 劳动法与社会保障法学[M]. 北京：中国劳动社会保障出版社，2012.
4. 刘俊. 劳动与社会保障法[M]. 北京：高等教育出版社，2017.
5. 孙光德，董克用. 社会保障概论[M]. 北京：中国人民大学出版社，2016.
6. 刘俊. 劳动与社会保障法[M]. 北京：高等教育出版社，2017.
7. 杨立雄，兰花. 中国残疾人社会保障制度[M]. 北京：人民出版社，2011.

第九章 残疾人扶贫

【本章学习要点】
- 残疾人扶贫内涵与目标
- 残疾人扶贫政策历程与特征
- 残疾人扶贫现状与发展

第一节 残疾人扶贫内涵与目标

一、相关概念

(一) 贫困

贫困指在经济或精神上的贫乏窘困,是一种社会物质生活和精神生活贫乏的综合现象,是经济、社会、文化贫困落后现象的总称。首先是指经济范畴的贫困,即物质生活贫困,可定义为一个人或一个家庭的生活水平达不到一种社会可以接受的最低标准,这个标准随着经济发展和社会变化而不断改变,造成贫困的根本原因是一个国家或地区医疗、养老、教育和住房等民生支出的不足,因而对应的是该国家和地区公民健康权、养老权、教育权和居住权的缺失。

(二) 精准扶贫

扶贫是保护贫困户的合法权益,取消贫困负担。政府帮助贫困地区加大人才开发,对贫困农村实施规划,旨在帮扶改善贫困户生活生存条件和扶助贫困地区和人口发展生产,改变穷困面貌,逐步摆脱贫困的一种社会工作。精准扶贫是粗放扶贫的对称,是指针对不同贫困区域环境、不同贫困农户状况,运用科学有效程序对扶贫对象实施精确识别、精确帮扶、精确管理的治贫方式。一般来说,精准扶贫主要是就贫困居民而言的,谁贫困就扶持谁。扶贫工作要在"精准"上做文章,深入了解每个残疾人家庭的特殊需求,真正帮他们解决实际困难。在源头上推动残疾人脱贫,帮助残疾人特别是农村地区残疾人解决康复、教育等问题,提升残疾人综合素质和社会竞争力;消除残疾人生产劳动、就业创业和参与社会生活的各种障碍,帮助残疾人得到更多的发展机会。精确的数据是精准扶贫的依据。[①] 要动员所有力量,继续加强基础管理,在专项调查的基础上,进一步深入下去,拿出

---

① 张海迪.精准扶贫为重点推进残疾人奔小康[J].中国残疾人,2016(10).

最准确的数据。数据管理是时代的要求,也是信息化、数字化时代的便利条件和优势,要充分利用好这个条件,做到残疾人事业科学管理,精准扶贫数字化作业。要建立起贫困户的信息网络系统,将贫困对象的基本资料、动态情况录入到系统中进行动态管理。[①]

（三）残疾人扶贫

残疾与贫困具有同源性,常常互为因果。残疾人的贫困既有经济因素导致的贫,更有因残障和社会对残疾的态度而造成的困。"扶谁"看似一个简单问题,实际上在操作中十分复杂。一是要开发利用全国残疾人基础数据库,收集残疾人及其家庭成员的基本情况、家庭收入和消费、服务需求等信息,并进行实时更新,掌握每个残疾人的动态信息,在每个阶段制定不同的帮扶方案。二是建立残疾人多维贫困指标。目前,主要以国家贫困线的2 300元作为标准来衡量家庭是否贫困,这种方法看似简单,操作起来却不易,也不精确。建立统一的残疾人多维贫困指标体系具有必要性和紧迫性,关系到扶贫开发能否精确瞄准残疾贫困群体。三是健全基层残疾人工作体系,在村一级普遍建立残疾人专干制度,实时上报残疾人基本数据和材料,充实到残疾人数据库中。针对残疾人的扶贫主要集中于扶贫基地建设、小额信贷、实用技术培训等内容。脱贫的残疾人返贫率较高,究其原因是残疾人人力资本开发不足。受教育程度与健康状况是决定劳动者人力资本拥有量的两个关键因素,一要加强人力资源开发。"反贫先治愚",从提升残疾人的人力资本入手,打破贫困的循环圈,增加对农村残疾人在医疗卫生、营养保健和教育方面的投资,改善和提高残疾人口的素质。一要解决残疾人家庭的医疗康复问题。加强基本公共服务体系建设,切断致贫的"链条",从根源上解决残疾人的贫困问题。三要把改造住房作为农村残疾人扶贫的重点。[②]

我国有8 502万残疾人,截至2017年底,国家建档立卡贫困残疾人的数量仍有281万多人。一是重度残疾人占比大。残疾等级为一、二级的重度残疾人就有152万,占到了贫困残疾人总数的54%。二是分布分散。深度贫困地区占比高,非深度贫困地区插花分布的贫困残疾人也不少。三是致贫原因既有收入低造成的"贫",更有环境因素造成的"困"。在长期处于社会主义初级阶段的残疾人口大国,中国政府一直把关注并解决好残疾人的贫困问题放在突出位置,我国最贫穷的农村残疾人扶贫工作已经被列入国家脱贫攻坚战的重点和难点群体。

二、扶贫的目标与方针

为尽快解决贫困残疾人的温饱问题,帮助基本解决温饱的残疾人经济收入稳步提高,逐步缩小与社会收入平均水平之间的差距,残疾人扶贫必须实行开发式扶贫,坚持扶贫到户到人的方针。这是因为贫困残疾人受自身残疾和外界障碍的影响,加上居住分散、行动不便、生产生活条件差,脱贫难度大,需要因地制宜、就地就近、逐户给予具体帮扶,所以坚

① 江苏省残疾人事业发展研究会,南京大学残疾人事业发展研究中心.中国特色残疾人事业概论[M].北京:华夏出版社,2017.

② 江苏省残疾人事业发展研究会,南京大学残疾人事业发展研究中心.中国特色残疾人事业概论[M].北京:华夏出版社,2017.

持扶持到户到人的方针,符合残疾人的特殊情况,是解决贫困残疾人温饱问题的有效办法。

《农村残疾人扶贫开发计划(2001—2010年)》提出,残疾人扶贫的目标是:尽快解决贫困残疾人的温饱问题,继续巩固已有的扶贫成果,提高贫困残疾人的生活质量和综合素质,缩小贫富差距,为实现共同富裕创造条件。

基本方针是:

(1)坚持以政府为主导。各级政府加强对残疾人扶贫工作的领导,把贫困残疾人纳入扶持范围,列入工作计划,加大工作力度和资金投入,并实行目标责任制管理。

(2)动员社会力量共同参与。积极组织社会各界广泛参与残疾人扶贫,通过"帮、包、带、扶"等多种形式,扶持贫困残疾人。

(3)坚持扶贫开发到户到人。以增加贫困残疾人户经济收入为目的,针对残疾人特点,因地制宜,采取有效方式扶持到户到人。

(4)鼓励残疾人坚持自力更生,艰苦奋斗。残疾人要自尊、自信、自强、自立,积极参加生产劳动,发挥主动性、创造性,不断提高自我发展的能力。

三、残疾人扶贫的组织与实施

依据国家制定的《农村残疾人扶贫开发计划(2001—2010年)》,在国务院扶贫开发领导小组统一领导下,由中国残疾人联合会协助有关部门按照"以省为主、分级负责、加强基层、狠抓落实"的原则组织实施。地方各级政府制定的残疾人扶贫开发计划,由各级残疾人联合会和扶贫办组织有关部门实施。地方各级残联要协助政府,制定当地的残疾人扶贫开发计划,并参加政府扶贫开发领导小组或残疾人扶贫开发领导小组,组织协调本地区残疾人扶贫工作。县、乡(镇)残联及其残疾人服务机构,协助同级政府,配合扶贫办,承担残疾人扶贫的日常工作。

第二节 我国残疾人扶贫的历程与特点

一、残疾人扶贫的发展历程

(一)救济式扶贫阶段(1949—1985年)

新中国建立起中国政府就开始致力于包括残疾人在内的扶贫活动。计划经济时期,受城乡二元经济结构影响,社会救济成为扶贫的主要手段。新中国成立初期到改革开放初期,很长一段时间内社会物质资源匮乏,经济落后的年代,由于大量的贫困人口没有解决温饱问题,在国家整体扶贫计划中,贫困的残疾人没有因为其身体的特殊性而受到政府足够的重视,尤其是农村残疾人,由于城乡二元隔离的经济结构,虽然农村残疾人的贫困程度更加严重,但在国家扶贫行动中仍然处于劣势地位。

该阶段残疾人扶贫具有两大特点:一是扶贫行动以事后补救为主要特点。从大部分的国家扶贫行动缺乏系统和计划性,在自然灾害和突发事件后对受灾对象和无家可归者采取临时补救措施。二是扶贫行动以救济为主。社会经济发展及社会保障水平较低的情况下,在非正式的扶贫环境中,残疾人扶贫被嵌入在国家整体扶贫的行动中,通过社会救济的形式补救性地帮扶贫困残疾人。

（二）开发式扶贫阶段（1986—1997 年）

1986 年 5 月,国务院扶贫开发领导小组办公室正式成立,之后全国各地纷纷建立专门的扶贫机构,我国开始进入正式扶贫的阶段。作为国家扶贫行动的重要组成部分,残疾人的扶贫也正式迈入制度化的历程。

1987 年的全国人口普查首次对 29 个省、市、自治区残疾人的现状进行了全面的调查,医学和康复专家依据国际残疾人分类标准结合我国国情,确定残疾类型和划分残疾等级。通过调查在残疾人康复、教育、就业的现状,性别、年龄、文化、婚姻的状况和城乡分布、致残原因等方面获得了大量的数据,为发展残疾人事业提供了参考依据。

1988 年 3 月中国残疾人联合会成立,残疾人的扶贫工作有了专门负责的组织机构,同年 9 月,国务院批转《中国残疾人事业五年工作纲要（1988—1992 年）》。1991 年 12 月,国务院批转《中国残疾人事业"八五"计划纲要（1991—1995 年）》,提出要初步解决残疾人的温饱问题,同时首次提出残疾人的专项扶贫问题——康复扶贫。[1][2] "八五"纲要实施期间通过康复扶贫,全国 505 个县 211 万残疾人摆脱了贫困,另外 64 万特困残疾人获得生活保障。《中国残疾人事业"九五"计划纲要（1996—2000 年）》,对扶贫目标进行了量化,同时提出了动员社会力量参与残疾人帮扶活动。经过两年的努力,226 万贫困残疾人通过扶贫开发摆脱了贫困,138 万残疾人通过各种救济、扶助措施摆脱了贫困。[3] 在此期间社会力量在扶贫中发挥重要作用,企业和其他社会力量对残疾人进行帮扶,形成助残的社会氛围。

该阶段残疾人扶贫的特点:一是确立了开发扶贫方针。二是采用了康复扶贫为专项形式,通过低成本较小、高效益有效地解决了残疾人的贫困问题。三是扶贫逐步向农村残疾人倾斜。在农村实行统筹扶助,解决最贫困农村残疾人的温饱成为残疾人扶贫的重心,同时也兼顾城镇贫困残疾人的扶贫,在城镇实行专项补助。

（三）扶贫攻坚阶段（1998—2000 年）

为进一步扩大对残疾人扶贫的范围,落实康复扶贫的配套资金,建立社会保障初级安全网,使更多的残疾人得到救助,1998 年国务院扶贫开发领导小组和中国残联等部门制定了《残疾人扶贫攻坚计划（1998—2000 年）》对有劳动能力的残疾人进行开发扶贫,对无劳动能力的特困残疾人通过社会保障解决温饱问题。同年 10 月,针对贫困残疾人绝大多数集中在农村的实际情况,国务院残疾人工作协调委员会等部门又共同制定了《农村残疾

---

[1]　中国残疾人联合会网. 中国残疾人事业"八五"计划纲要执行情况[R/OL]. (2007 - 11 - 25)[2018 - 11 - 01]. http://www. cdpf. org. cn/ghjh/syfzgh/bw/200711/t20071125_78032. shtml.

[2]　中国残疾人联合会网. 中国残疾人事业主要业务指标完成情况(1988—2007)[R/OL]. (2008 - 11 - 07)[2018 - 11 - 01]. http://www. cdpf. org. cn/ywzz/xxh_317/sjtj/201703/t20170307_584182. shtml.

[3]　中国残疾人联合会网. 中国残疾人事业"九五"计划纲要执行情况统计分析报告——残疾人扶贫解困情况[R/OL]. (2007 - 11 - 27)[2018 - 11 - 01]. http://www. cdpf. org. cn/ywzz/xxh_317/sjtj/201703/t20170307_584143. shtml.

人扶贫开发实施办法(1998—2000年)》,提出全国农村残疾人扶贫开发的总目标是:用三年的时间,解决能够参加劳动的876万农村贫困残疾人的温饱。

该阶段残疾人扶贫有如下的特点:一是扶贫目标更加精准,对贫困残疾人分类实施扶贫计划。在扶贫对象的数量、残疾人的劳动能力和残疾对象生活的区域,进行了详细的区分,分别实施开发扶贫、社会保障和国家资金的注入。二是注重发挥社会保障安全网在扶贫中的作用。社会保障被列为五种扶贫方式之一,积极发挥社会保障在重度残疾人扶贫中的兜底作用。不足之处是《攻坚计划》忽视了扶贫工作的艰巨性与长期性,同时开发扶贫的返贫率较高。大多数残疾人因教育缺乏和劳动技能返贫率较高。[①]

(四)长远规划阶段(2001—2010年)

进入新世纪后虽然贫困人口由1992年的2 000万人下降到979万人,然而,贫困残疾人扶贫仍很艰巨。国务院《中国农村扶贫开发纲要(2001—2010年)》,提出把贫困地区贫困人口的温饱问题的作为扶贫开发的首要对象,残疾人的扶贫成为国家扶贫开发工作的重要组成部分之一。同时国务院扶贫开发领导小组在《农村残疾人扶贫开发计划(2001—2010年)》,还提出提高贫困残疾人的生活质量与综合素质。2006年《中国残疾人事业"十一五"发展纲要(2006—2010年)》提出在解决温饱的基础上,在就业培训、危房改造等方面进一步扩大扶贫范围。

该阶段残疾人扶贫的特点:一是扶贫行动有长远的计划。进入新世纪以后以十年为期,着手残疾人扶贫计划的制定,注意各项政策间的衔接。二是扶贫目标逐渐集中于重点领域并予以量化,从数量上对扶贫目标进行考核。三是关注贫困残疾人的发展。在解决温饱问题基础上,提高贫困残疾人的生活质量与素质。

(五)全面小康创新阶段(2011—2020年)

2011年5月《中国残疾人事业"十二五"发展纲要》,残疾人扶贫行动四个任务:一是生活状况的改善,二是实用技术培训,三是扶贫基地建设,四是危房改造。国务院印发《中国农村扶贫开发纲要(2011—2020年)》,将贫困残疾人列为重点扶持群体之一。2012年1月,国务院办公厅印发《农村残疾人扶贫开发纲要(2011—2020年)》,按照"十二五"和"十三五"两个时间段对十年计划进行安排,提出了每个阶段的扶贫任务和目标具体的政策保障与扶持措施。国务院残疾人工作委员会印发《关于贯彻实施〈农村残疾人扶贫开发纲要(2011—2020年)〉重要政策措施分工方案》,结合具体的扶持措施,对相关部门和单位进行分工,规定工作职责与工作要求。2014年7月,中残联联合国务院扶贫办等部门出台《关于创新农村残疾人扶贫开发工作的实施意见》,提出创新了新时期扶贫开发模式,建立精准扶贫工作机制。2015年底开始,进入残疾人精准扶贫精准脱贫攻坚新阶段。2015年11月,《中共中央国务院关于打赢脱贫攻坚战的决定》将残疾人扶贫纳入国家精准扶贫战略,在政策措施和具体要求细化了各部门分工。2015年,国务院印发《关于加快推进残疾人小康进程的意见》,加大贫困残疾人康复工程、特殊教育、技能培训、托养服务、

① 中国残疾人联合会网.中国残疾人事业"九五"计划纲要执行情况统计分析报告——残疾人扶贫解困情况[R/OL].(2007-11-27)[2018-11-01].http://www.cdpf.org.cn/ywzz/xxh_317/sjtj/201703/t20170307_584143.shtml.

残疾人日常用品开发实施力度。国务院印发《关于建立困难残疾人生活补贴和重度残疾人护理补贴制度的意见》。精准扶贫精准脱贫战略下的贫困残疾人脱贫的顶层设计基本完成，助推了保障贫困残疾人脱贫制度的建立和残疾人常用品的开发应用。2016 年 8 月 3 日国务院印发的《"十三五"加快残疾人小康进程规划纲要》提出到 2020 年实现农村贫困残疾人脱贫，城乡残疾人家庭人均可支配收入年均增速高于社会平均水平，残疾人在基本住房、养老、医疗、康复、生活、居家照料、出行方面得到保障。2016 年 12 月 22 日，中国残联、中组部等 26 个部门和单位印发的《贫困残疾人脱贫攻坚行动计划（2016—2020 年）》指出：从 2016 年到 2020 年，实现贫困残疾人及其家庭摆脱生活贫困，实现残疾人基本医疗、义务教育、住房安全、基本康复服务有保障和家庭生活无障碍的战略目标。

该阶段残疾人扶贫的特点：一是接地气。发挥县、乡、村、社的四级力量，最大限度地调动了社会力量参与残疾人扶贫攻坚的积极性和主动性。二是精布局。根据实际从全局谋划、从细节入手，点面结合、以点带面。三是大动作。精准扶贫整合的项目、资金数量都达到了前所未有的程度。四是重实效。针对具体的村、户，一村一策、一户一策，精准落实扶贫项目，以残疾人脱贫具体程度检验扶贫工作的实际成效，确保各项扶贫措施落到位、见实效。

二、我国残疾人扶贫发展的特征

（一）从非正式救济向专业扶贫开发演变

从新中国成立初期到改革开放前期，残疾人扶贫以非正式的救济扶贫为主，到了 20 世纪 80 年代中后期，以国务院扶贫开发领导小组办公室和中国残疾人联合会的成立为标志，残疾人扶贫迈入专业扶贫开发的历程。目前残疾人扶贫有着多样化的扶贫措施，具体包括就业扶贫、科技扶贫、康复扶贫、金融扶贫等。在综合残疾人的需求、扶贫的成效以及扶贫的困难等多种因素的基础上发展而来，这些扶贫措施是相比早期阶段简单的物资扶贫和救济扶贫，更加专业和科学，极大提升了扶贫成效。

（二）从单一要素扶贫向综合要素扶贫演变

在初期扶贫阶段，残疾人扶贫重点关注的是残疾人的温饱问题，随着经济社会的发展，扶贫逐渐从单一的关注温饱问题转向关注贫困残疾人和残疾家庭现代化发展的全方面扶贫。包括重视残疾人和残疾人子女的教育培训，以减缓贫困的代际传递。关心贫困残疾人的社会融合，以帮助贫困残疾人回归正常的社会生活。加强对残疾人的康复服务和就业援助，增强残疾人自我发展和脱贫的能力。

（三）从区域扶贫走向精准扶贫演变

扶贫对象从连片特困地区转到精准的贫困家庭与贫困人口，明确了新时期的扶贫方向与任务，有利于精准识别贫困残疾人，确保扶贫资源到户到人。同时，残疾人扶贫开发与社会保障得到进一步结合，通过帮助贫困残疾人落实农村低保，建立困难残疾人生活补贴与重度残疾人护理补贴制度，完善了残疾人人社会保障体系与服务体系，残疾人保障水平明显提高。同时，通过实施危房改造、技术培训、产业扶贫、社会扶贫等精准扶贫措施，残疾人扶贫进度加快。

第三节　残疾人扶贫发展趋势和路径

一、我国残疾人扶贫政策的发展趋势

（一）综合发展长期规划

在救济式扶贫阶段，扶贫的对象主要是贫困程度较为严重的残疾人。进入正式扶贫阶段后，扶贫对象从以重度残疾人为主过渡到兼顾无劳动能力的重度残疾人与有劳动能力的轻度残疾人，从以国定贫困县残疾人为主过渡到兼顾贫困与非贫困地区的残疾人，从以中西部地区农村残疾人为主过渡到覆盖全国范围的贫困残疾人，逐步实现全面扶贫。残疾人扶贫行动注重长期规划，从新世纪开始设立了十年的发展目标和定量考核要求。

（二）多元参与协商共治

在早期的扶贫阶段，扶贫主体以政府力量为主。从20世纪80年代后期起，扶贫主体从政府主导过渡到在政府主导下多种社会力量参与；社会力量从农村乡镇企业、农村专业大户，扩展到党政机关、企事业机关，再扩展到各类民间公益组织、社会群众，进一步拓展到国际公益组织和国际扶贫组织等，逐步吸收各种社会力量参与扶贫。福利多元化是残疾人精准扶贫推进的重要保障，公共组织、经济组织、社会组织的伙伴关系，诸多社会力量被纳入治理体系，贫困治理社会化逐渐成形。专项扶贫、行业扶贫、社会扶贫"三位一体"，多元主体协同机制的建立，通过政府与企业、社会组织公私合作伙伴关系之构建，提高主体的价值认同与行为协同，为精准扶贫提供强大的主体支持。

（三）精准扶贫提高绩效

从扶贫发展历程来看，无论是扶贫目标还是扶贫措施，或是扶贫对象等，扶贫开发工作呈现出从粗略化、非系统化向精确化、系统化方向发展的趋势。尤其目前确定了精准扶贫的工作机制：首先做好贫困残疾人建档立卡的工作，摸清楚扶贫的对象；其次对扶贫对象分门别类地实施扶贫计划，坚持"一户一策"；最后，严格和精确地管理扶贫资金，确保扶贫资金不"张冠李戴"，推动了扶贫工作的精准化发展。

二、残疾人扶贫发展路径

（一）建立兜底的社会保护政策

1. 将残疾人纳入社会保障体系中

根据残疾程度、经济状况和消费需求，使残疾人享有最基本的生活保障，并随经济的发展不断提高保障标准。对重度残疾增加一定数额的低保金，在当地最低保障的基础上，上浮10%～50%的比例。对轻度残疾，以就业保障为主，根据其劳动能力，政府负责开发公益性的岗位。对精神残疾分类救助，具体包括三种：政府对有子女要赡养的，贫困家庭的精神残疾者，给予部分生活补助。对无法定监护人、无固定收入和无劳动能力的残疾人，实行机构救助。受家庭虐待精神病残疾人，通过相关法律和政府保护干预。

2. 建立残疾人津贴制度

一是为维护中低收入家庭失能残疾人的生活质量，各地区根据自身情况制定重度贫困残疾人专项补助金制度，贫困残疾人在享受全市最低生活保障的同时，可以享受贫困专项补助金。二是国家财政对供养重度残疾人的家庭，建立重残家庭护理津贴，对集中供养残疾人的机构给予一定的财政支持。三是出台优惠政策并加强规范管理，鼓励社会力量兴办各种形式的残疾人托养照料机构，以政府购买服务的方式为困难重残人员提供养护服务。

（二）完善积极的贫困预防制度

除残疾人扶贫开发之外，构建积极的残疾人贫困预防制度，主要包括完善残疾人康复制度和残疾人教育制度。

1. 完善残疾人康复制度

开展残疾人康复工作，提高学习、生活、工作和社会适应能力，提高生存质量，回归主流社会。一是建立覆盖全面的康复管理体制。纵向上省、市、县、乡镇（街道办事处）有领导机构和办事机构。从横向上来看，要建立社区康复站等服务机构。对残疾人居住分散、交通不便的农村，对重度残疾人采取康复院入户服务，对康复员的工作进行事后评估，按劳计酬的措施。对轻度残疾康复，采取康复到村和就近训练相结合的方式。二是发挥专业康复机构的作用，有计划地培训和提高基层康复技术人员的水平。三是鼓励全社会投资兴办康复机构。

2. 完善残疾人教育制度

逐步完善残疾人教育体制，提高残疾人的教育水平。一是改善农村贫困地区特殊教育的办学条件，动员社会力量参与特殊教育的办学，推进特殊教育的社会化。二是政府和教育行政部门以及残疾人联合会多渠道筹集资金，完善助学制度，奖励和补贴贫困残疾学生和残疾人子女，帮助其顺利完成学业。三是构建阶段衔接、体系完整的学前教育、义务教育、高级中等教育、高等教育的残疾人特殊教育体系。完善残疾人职业的学历教育和社会继续培训的网络体系，农村残疾人培训与生产和扶贫项目相结合。

（三）多渠道筹措资金增加投入

政府财政用于社会保障支出的结构，使公共财政资源制度化、常态化地适当向残疾弱势群体倾斜。社会救助加大了残疾人生活补贴和护理补贴方面的投入力度。科学审慎地研究设计了随物价和生活水平变动的社会救助金调整机制。动员和鼓励社会资源参与和推动残疾人事业发展，鼓励支持残疾人福利基金会筹集善款和开展捐助的相关活动以及推广残疾人慈善品牌项目。通过推动红十字会、慈善会等社会组织开展残疾人慈善项目，树立榜样和典型，以经济奖励、税收减免优惠与名誉表彰等多种方式鼓励和引导社会单位、团体和个人投身于残疾人福利事业。此外还需要在全社会范围内进一步宣传弘扬扶残助困共享和谐的人道主义思想和现代文明观，通过扩大和示范效应创造有利于残疾人事业健康发展的社会氛围。

（四）强化就业再就业援助机制

促进残疾人就业，对贫困残疾人优先提供免费职业技能培训和职业介绍。在开展培训工作时，教育残疾人转变就业观念，增强竞争意识；以劳动力市场需求状况作为残疾人职业培训的基础,调整培训结构和培训内容,提高职业培训的针对性和有效性,在充分掌握劳动力市场用工信息的基础上,以用工单位岗位需求为导向开展有针对性的定向培训;增加残疾人就业保障金用于残疾人职业培训的比例,使残疾人的职业培训和教育有可靠的经济来源和物质保障。另外鼓励农村残疾人积极创业,促进以创业带动就业。通过政府贴息,对残疾人开办的企业和经济实体进行贷款扶持,也可以利用一部分残疾人就业保障金对有一定经营规模的残疾人企业给予扶助,慈善组织还可以通过设立基金会对残疾人就业和培训提供资金资助。[①]

（五）创新贫困残疾人的特惠扶持政策

1. 普惠和特惠政策相结合

在普惠性公共服务政策确保残疾人收入水平处于中等或较高群体福利的基础上,对于极端未解决温饱的绝对贫困残疾人,采用有针对性地瞄准式、救助式保护扶贫政策。首先要给予贫困残疾人以发展机会,改变对残疾人救济对象的偏见,实施产业扶持、转移就业等生产性、开发性扶持政策措施,加大对残疾人的技能培训、信贷扶持。此外,还要针对残疾人的特殊需求,拿出更具针对性的扶持措施,创新扶贫方式,多维度助推贫困残疾人脱贫解困。通过土地流转和土地、山林、水域和草场等承包权入股等多种方式,探索电商扶贫、光伏扶贫、资产收益扶贫等适合农村贫困残疾人的新型扶持方式,使贫困残疾人优先享受到社会主义制度优越性和深化改革的红利,相关扶贫项目的部门,要把贫困残疾人纳入规划和项目受益对象,并明确具体措施和任务目标。

2. 因地制宜的扶贫模式

立足城乡的现实差异,因地制宜地开展农村残疾人保障的社会救助实践,注重模式选择的科学性、合理性。采取原地"造血"的增收模式,结合文化传统,利用当地"非遗"等相关经济发展的优势。充分挖掘地方经济发展优势,建立适宜残疾人扶贫基地开发的种植业及养殖业等经济产出,以实现残疾人及其家人在自家门口实现就业。引导鼓励农村残疾人自主创业,解决农村残疾人中老年或劳动能力偏弱的残疾人的就业和生活问题。对于不宜劳作的残疾人,根据当地街道及各单位特点,设置适合残疾人工作的岗位,使他们在适合自己的岗位上做出成绩,增加收入。同时通过开展领导干部对贫困残疾人"帮、包、带、扶"工作项目,帮助农村贫困残疾人了解和使用国家对他们创业、就业的优惠政策,积极主动地融入项目发展,实现个人价值。借助互联网平台,探索适合农村残疾人发展的创新增收道路,推动农村残疾人创业增收项目的快速发展。

3. 多途径多模式联手行动

建立完善的残疾人社会救助体系的基础,政府通过法律和强制手段进行干预,确保农村地区的残疾人弱势群体的社会保障问题得到根本解决。以残疾弱势群体的需求为导向,建立起以家庭为依托、政府为主体、社区为平台、社会为支撑的全方位社会支持系统。充分发挥非政府组织的专业性优势,搭建政府与非政府组织合作平台,共同构建残疾弱势群体社会支持网络。政府的引导、社会的参与以及残疾人的积极努力,使我国残疾人社会救助体系更完备、更有效率。

---

① 张建波. 转轨时期我国社会资金保障面临的压力及对策[J]. 甘肃社会科学,2007(4).

4. 动员激发脱贫解困的内生动力

发挥贫困残疾人的主体能动作用。解决残疾人的贫困问题,重视残疾人自身在扶贫过程中的主观能动作用,将残疾人融合在扶贫行动中。一是注重残疾人的精神扶贫、心理扶贫,让残疾人认识自我,坚定其摆脱贫困的决心与意志;二是注重对残疾人人力资源的开发,使其在扶贫过程中积极贡献自身的力量;三是塑造健康的扶贫氛围,以参与生产劳动为荣,以通过自身努力摆脱贫困为荣,减少和杜绝"等扶贫""靠扶贫"的现象。要激发他们摆脱贫困、致富奔小康的愿望,发扬自尊、自信、自强、自立的精神,积极参加生产劳动,通过自身的顽强拼搏走上致富之路。发挥残疾人脱贫典型的感召和带动示范作用,宣传介绍典型作为残疾人扶贫工作的重要任务,配合宣传部门助力贫困残疾人实现脱贫解困。

【本章小结】

贫困指在经济或精神上的贫乏窘困,是一种社会物质生活和精神生活贫乏的综合现象,是经济、社会、文化贫困落后现象的总称。残疾人是社会中非常特殊的弱势群体,由于肢体、精神、智力或感官有长期损伤,这些损伤与各种社会障碍相互作用,阻碍了残疾人平等地参与社会生活,造成其整体生活水平和生存质量与健全人相比具有较大差距。完善扶贫对象的识别机制,提高统计监测数据的处理机制,建立各类部门间的沟通机制,保证精准扶贫数据的共享性和精准扶贫范围的动态性,确保不断完善残疾人社会保障的制度框架,创新贫困残疾人的特惠扶持政策。新中国建立起中国政府就开始致力于包括残疾人在内的扶贫活动,先后经历了救济式扶贫阶段、开发式扶贫阶段、扶贫攻坚阶段、长远规划阶段、全面小康创新阶段五个阶段。中国残疾人扶贫的特征从非正式救济向专业扶贫开发演变,从单一要素扶贫向综合要素扶贫演变,从区域扶贫走向精准扶贫演变,完善积极的贫困预防制度,建立兜底的社会保护政策。未来中国残疾人扶贫的发展趋势是对扶贫实行综合发展长期规划,通过多元主体参与协商共治,凭借精准扶贫提高绩效。

【复习与思考】

1. 新中国成立以后有关残疾人扶贫经历了那些阶段,各个阶段主要内容和特点是什么?

2. 残疾人扶贫政策的社会作用是什么?

3. 残疾人贫困的识别包括哪些主要内容? 现阶段残疾人精准扶贫的主要意义是什么?

【案例分析与讨论】

沛县残联农村残疾人扶贫开发走上良性发展之路

江苏沛县地处苏鲁豫皖四省结合部,属于苏北经济欠发达地区,现有社会人口 120 万人,其中残疾人 7.92 万,78.4% 的残疾人生活在农村。贫困的农民需要扶贫,农民中的贫困残疾人更待扶贫。农村残疾人的扶贫是扶贫攻坚中的重点、难点和焦点。残疾人的脱贫致富,更能产生和发挥引领、示范、催动、激动的社会效应,更能集中体现扶贫工作达标的成就。

沛县残联采取"创业合作社＋残疾人＋基地",创建了 15 个扶贫开发合作社,为残疾人创业提供产前种苗供应、产中技术指导、产后销售服务;创建了残疾人培训创业示范基地 2 个,集中就业扶贫基地 6 个。

沛县残联创办的省级残疾人扶贫基地,占地 512 亩,建设温室蔬菜大棚 286 个,采取"购买服务"的形式,多元化投入、多维度扶持、一体化经营的形式,重在技能培训、突出扶持创业,实现了"人均一亩棚,年收入超万元"的扶贫目标。两年来共培训残疾人 1 182 人次,直接安置 192 名残疾人就业,辐射带动 2 200 户残疾人脱贫。沛县残疾人扶贫工作走在全市、全省前列,成为本地区扶贫工作的亮点和名片。

(一)坚持政府主导、残联组织、残疾人自建相结合,强力推动残疾人创业扶贫基地建设

沛县按照农村扶贫工作的短板理论,切合残疾人脱贫致富的迫切需求,多渠道寻求解决脱贫支付的方法和途径,打破传统的输血扶贫方式,以预防性扶贫、救济性扶贫、教育性扶贫、开发性扶贫等政策措施相互配套,注重增强造血扶贫功能,走上了"输血—造血—就业—创业—脱贫"的良性发展轨道。县政府把残疾人扶贫工作列入扶贫攻守计划,出台了《沛县扶贫残疾人创业暂行办法》,把培育残疾人创业扶贫基地建设列为政府为民办实事工程;建立专项基金制度,列入财政预算;建立基地运行考核机制,对达到省、市标准的扶贫基地给予专项补贴。沛县残联充分发挥代表、管理、服务的职能,加大对上争取、对外协调、对下服务的力度,整合社会资源、凝聚各界力量,带领和组织农村残疾人创业自立、发展共享。在基地建设经营中,充分发挥残联人的主体作用,以残疾人自筹资金创办为主,采取有能力的残疾人参与劳动,无劳动能力的残疾人投资投劳,生产力叠加,实现了合作共赢。县残联协调扶贫、土地、民政、农业、金融等部门,建立残疾人扶贫基地共建工程和服务平台,对基地建设给予有效指导和资金、物资、政策援助。突出对农村一户多残、依老养残的重点扶持,建成爱心大棚 80 个,扶贫无劳动能力的困难残疾人 80 户。县残联长期聘请 8 位农业专家组建技术顾问团,采取定期培训、分别指导、集中会诊、责任到户的方式,为基地和辐射农民提供技术服务,举办专长技术培训 22 次,受训残疾人达 3 000 余人次,入户指导 1 000 余人次,推广引进新品种 43 项。

(二)坚持残联引导与合作社运作相结合,大力提升残疾人创业基地经营管理水平

县残联深入市场调研,建立了全县贫困残疾人求职、创业、脱贫需求数据库;结合当地产业优势,选准项目,组织残疾人自主参与,共创建残疾人专业合作社 15 家,吸收社员 2 200 户,实行"自主经营、自负盈亏、自我约束、自我发展"的管理模式,做到了品种、种植、植保、销售"四统一",为残疾人搞好产前、产中、产后一条龙服务。健全管理机制,按照章程实行理事会负责制,变"单干"为"抱团干",实现了由弱势变强势的效果。与企业联手,加强合作社、残疾人与龙头企业的合作,形成"风险共担、利益分享"的生产经营共赢体。如县残联创办的爱心互助蔬菜种植合作社与山东寿光天源农业公司合作,基地产品供应上海、北京、武汉市场,8 家合作社被评为全县示范性合作社。

目前沛县农村残疾人扶贫工作模式,具有区域性的示范性,其引领效应,逐步放大,不仅激发了广大农村残疾人脱贫致富奔小康的昂扬向上精神,也引领和带动了广大农村贫困健全人的强烈共鸣和踊跃跟进,为构建农村和谐社会做出了积极贡献。

讨论

1. 沛县残联农村残疾人扶贫的具有哪些特点?
2. 沛县残联农村残疾人扶贫的示范效应体现在哪些方面?

【推荐阅读】

1. 孙久文,林万龙. 中国扶贫开发的战略与政策研究[M]. 北京:科学出版社出版,2018.
2. 王灵桂,侯波. 精准扶贫:理论、路径与和思考[M]. 北京:中国社会科学出版社,2018.
3. 汪三贵,杨龙,张伟宾.扶贫开发与区域发展——我国特困地区的贫困与扶贫策略研究[M].北京:经济科学出版社,2018.
4. 孙璐.扶贫项目绩效评估研究:基于精准扶贫的视角[M].北京:社会科学文献出版社,2018.

【参考文献】

1. 张海迪. 精准扶贫为重点推进残疾人奔小康[J]. 中国残疾人,2016(10).
2. 中国特色残疾人事业概论[M].北京:华夏出版社,2017.
3. 中国残疾人联合会网.中国残疾人事业"九五"计划纲要执行情况统计分析报告——残疾人扶贫解困情况[R/OL]. (2007 - 11 - 27)[2018 - 11 - 01]. http://www. cdpf. org. cn/ywzz/xxh_317/sjtj/201703/t20170307_584143. shtml.
4. 中国残疾人联合会网. 2016 年中国残疾人事业发展统计公报[残联发(2017)15 号][R/OL]. (2017 - 03 - 31)[2018 - 11 - 01]. http://www. cdpf. org. cn/zcwj/zxwj/201703/t20170331_587445. shtml.
5. 张建波. 转轨时期我国社会资金保障面临的压力及对策[J]. 甘肃社会科学,2007(4).

第十章　残疾人文化体育事业

【本章学习要点】
- 残疾人文化体育事业的内涵与目标
- 残疾人文化体育事业管理的内容与特点
- 残疾人文化体育事业的发展趋势与路径

第一节　残疾人文化体育事业的内涵与特点

残疾人文化体育事业是残疾人事业发展的重要组成部分。一个国家是否关注残疾人等弱势群体,是衡量一个国家文化均衡发展的标志,亦是一个国家残疾人文化能否顺利得以发展的体现。

一、残疾人文化体育事业的内涵

(一)残疾人文化

残疾人文化是一个较为广的概念,不仅包括所有以残疾人为主题的文化(精神娱乐)产品,亦包括残疾人创作或参与的所有文化作品与活动的总称。[①] 残疾人文化作为社会主义文化的重要组成部分,其承载了人类社会自强不息、扶弱助残、互帮互助的精神内涵和价值取向,是构建社会主义核心价值体系的重要内容。残疾人不仅需要文化提供智力支持,亦需要文化补充精神营养。用先进文化引领和鼓舞残疾人,用先进文化锻造美好的品格。新时代,残疾人文化的内涵就是高举人道主义旗帜,以人文关怀和尊重人的基本价值为核心,全心全意为残疾人服务,让每一个残疾人享有幸福的生活。[②]

(二)残疾人文化体育

残疾人文化体育是一个综合性概念,它不仅指词义上的残疾人文化体育活动或形式,还指包括相关残疾人文化产品、文化品牌、文化主体、文化对象、文化精神、文化理念、文化意识在内的等等文化内容的总称。它所展示的不仅仅是一种文化,更是一种平等共享、残健共融、自强不息的情感理念,更是一种新时代和谐文化发展的标志。

---

① 王乃坤.加强残疾人文化建设,保障残疾人文化权利[J].残疾人研究,2012(1).
② 潘宏峰.大力发展残疾人文化事业[N].吉林日报,2011-12-29(12).

二、残疾人文化体育事业发展的意义

（一）残疾人文化体育事业发展的意义

1. 社会和谐发展的需要

加快残疾人文化体育发展，是实现社会和人的全面发展、构建社会主义和谐社会的客观要求。残疾人文体事业发展水平是衡量一个国家或地区综合实力和社会文明程度的重要体现。经济越发展，社会越进步，人们，亦包括残疾人在内对精神文化及体育需求日趋增加。促进残疾人文体事业发展与管理，是满足与服务残疾人日益增长的精神文化需求的客观要求。

2. 社会主义现代化重要内容的体现

加快残疾人文化体育事业发展，是建设社会主义现代化的重要内容。残疾人文化体育事业的迅速发展为我国经济社会的发展提供了精神动力和智力支持，也为构建和谐奠定了较为坚实的基础。进一步加大对残疾人文体事业投入，是实现建设社会主义现代化宏伟目标的重要内容。

3. 残疾人自我发展的新动力

残疾人自我发展停留在解决温饱问题，已无法满足新时代残疾人的追求个性的全面发展，追求精神生活的享受，当下发展残疾人文化体育事业是社会发展的内在要求。残疾人文体事业的发展，大力提倡残疾人参与与锻炼、学习与互动，既可以提高残疾人精神生活质量，改善和拓展残疾人的人际交往和交流空间，也可以使残疾人发挥其所长，增加自信，真正从内心接受自我，走出封闭，融合社会。

三、残疾人文化体育发展目标

围绕当前我国残疾人文体工作发展现状，下一阶段发展管理目标应该确定为进一步改善残疾人参与文体生活与活动的环境条件，进一步增加与提升残疾人参与文体生活与活动的数量与质量，至 2020 年，不仅达到完全脱贫且基本实现残疾人平等享有与参与文体服务的权利与义务。为加快残疾人文化体育事业发展步伐，满足与保障残疾人群体公平、公正、均等享有社会主义文化体育发展成果，制定实施《加快残疾人小康进程规划纲要（2016—2020 年）》，以达到如下目标：

一是大力弘扬人道主义精神，倡导"平等·参与·共享"理念，树立残疾人文体事业良好形象，以培育残疾人参与社会的良好社会环境。

二是加强与提升残疾人文体生活参与途径与水平。全面实施残疾人文化服务建设工程，进一步建立公共文化服务网络，城镇残疾人普遍参与文化生活，残疾人特殊艺术发展整体水平明显提升。

三是促进残疾人康复体育、健身体育、竞技体育协调发展，提高残疾人体育锻炼的参与率与覆盖。同时帮助残疾人朋友树立正确人生观，以自强、自尊、自立、自信的决心与勇气实现自身人生价值。

四是加强残疾人社会保障体系和服务体系，立足国情与残疾人事业发展实际需求，实效快速的缩减残疾人生活、学习、文化休闲娱乐等实际状况与社会发展平均水平的差距，促进残疾人文体事业与社会协调发展。并将残疾人文化体育事业管理纳入到政府重要日程与目标管理之中,同时,充分发挥社会民间组织作用,依法依章开展和参与残疾人文体事业的发展与管理。

五是大力引导与鼓励社会各界参与、支持残疾人文化体育事业发展,培育关心、尊重、理解、帮助残疾人的社会风气。

四、残疾人文化体育发展的新特点

残疾人文体需求展现的新变化、新特点主要表现以下几个方面:一是由以往单一型需求向多元型转变。即残疾人文化体育等精神需求,由以往单一的物质需求,逐步发展到多元化内容,不再仅仅局限于物质生活的满足、相关教育、就业、学习培训和咨询援助,还有娱乐休闲、文体健身等;二是由旁观者向参与者转变。也就是残疾人的精神文化需求从以往的排己阶段逐步进入认知与参与阶段,已不再满足于旁观者的角色,而是积极主动参与;三是由休闲型向思想型转变。[1] 可以说,高层次的精神文化需求也一点点在残疾人群体中成长起来。他们在传统物质需求基础上追求更高精神需求,其欣赏和参与文化的水平在逐步提高和优化,思想文化"含金量"亟待增加。

为此,从以上残疾人文化体育需求呈现变化与特点可看出,满足残疾人的文化体育需求,不仅要着眼于文化体育产品在总量上的增加,更要着眼于残疾人文化体育消费在现实中实现的程度。当今我国的社会结构正在发生深层次变革,面对残疾人文化体育需求多样化趋势。因此,在残疾人文化体育事业发展与管理中我们需要因地、因人、因不同原因、情况给予不同的需求满足,更要通过加强教育和引导,促进形成高尚文明的文化消费方式,不断增强全社会对社会主义和谐文化的共建共享意识。残疾人的现阶段的文化体育新需求是随着社会的发展不断增长的逐渐呈现出来的,我们要高度重视残疾人文化体育事业,大力发展残疾人文化体育事业,通过切实满足残疾人的文化体育需求,以在构建社会主义和谐社会的进程中不断提高残疾人朋友的生活质量和幸福指数。

第二节　残疾人文化体育管理的内容

在现代社会,随着社会的进步,生活水平的提高,残疾人逐步融入社会的同时,残疾人对于文化体育活动的内容需求也日益丰富。残疾人文化体育事业的发展是满足残疾人精神需求的基础,而有序合理的残疾人文化体育内容才是促进其可持续性发展的关键。为更好地促进残疾人文体活动的健康发展,残疾人文化体育的内容,大体包括以下方面内容:

（一）制定残疾人文体活动发展战略

残疾人文化是弘扬人道主义思想、讴歌自强精神的励志文化,也是建设社会主义精神文明的人文文化。残疾人作为社会自然人,有参与文化的愿望,有共享文化的权利,有创

---

① 许佃兵.当代老年人心理发展的主要矛盾及特点[J].《江苏社会科学》,2011(1).

造文化的能力。加快残疾人文化体育建设,是作为新时期党和国家的五大核心任务之一。

在现实生活中,由于环境条件的制约和自身受教育程度偏低等因素影响,残疾人作为社会中最困难的群体,在享有文化教育和文化生活方面与健全人相比还有很大差距,客观上成为繁荣社会主义文化的一块短板。国务院颁布《关于加快推进残疾人小康进程的意见》(国发[2015]7号)强调:要加强残疾人服务设施建设,创建残疾人体育健身示范点,普及一批相适应的残疾人体育项目,出台与制定相关扶持与优惠措施,鼓励公共图书馆设立盲人阅览室,配备盲文图书、有声读物和阅听设备;制定实施国家手语、盲文规范化行动计划;广泛开展志愿助残服务;扶持发展特殊艺术,培养残疾人文化艺术品牌;大力弘扬残疾人"平等、参与、共享"的现代文明理念等等,这些均为加强残疾人文化建设提供了政策支持,指明了方向,增强了底气。力求到2020年,基本完善残疾人相应基本文化体育服务体系,残疾人文化体育事业与经济社会协调发展;文化体育生活更加丰富活跃,自身素质和能力不断增强,社会参与率得以提高,共享全面建成小康社会的成果。

(二)规划国家残疾人文体发展

为贯彻落实党中央、国务院关于残疾人事业发展的一系列重要部署,全面实施《国务院关于加快推进残疾人小康进程的意见》(国发[2015]7号),为进一步保障和改善残疾人民生,帮助残疾人和全国人民共建共享全面小康社会,再次出台《中华人民共和国残疾人保障法》和《中华人民共和国国民经济和社会发展第十三个五年规划纲要》等。[①]

将残疾人作为公共文化体育服务的重点人群之一,公共文化惠民工程、全民健身工程、全民阅读工程、公共文化体育服务机构和基层综合性文化服务中心要提供适合残疾人的服务内容和活动项目。有条件的市(地)、县(市、区)公共图书馆设立盲人阅览室,配置盲文图书、有声读物、大字读物及阅读辅助设备。开展残疾人文化周、残疾人阅读推广等群众性文化活动。扶持盲文读物、有声读物、残疾人题材图书和音像制品出版。继续建设中国残疾人数字图书馆和移动数字图书馆,通过建设中国盲人数字图书馆构建盲文数字出版和数字有声读物资源平台。开展残疾人特殊艺术项目发掘保护,加强特殊艺术人才培养,扶持特殊艺术团体建设和创作演出。支持创作、出版残疾人文学艺术精品力作,培育残疾人文化艺术品牌。

实施"残疾人体育健身计划",推动残疾人康复体育和健身体育广泛开展。创编、推广残疾人康复体育和健身体育项目,研发适合不同类别和等级残疾人使用的小型体育器材,推动残疾人体育进社区、进家庭。加强特教学校体育教学和课外体育锻炼。促进残奥、特奥、聋奥运动均衡发展。办好全国第十届残运会暨第七届特奥会。加强残疾人运动员队伍培养、管理、教育和保障,提高残疾人体育竞技水平,力争在巴西里约热内卢、日本东京残奥会等重大国际赛事中再创佳绩。实施"冬季残奥项目振兴计划",推动残疾人冰雪运动发展,提高残疾人冬季残奥运动项目的参与率和竞技水平。积极备战北京2022年冬季

---

① 中国政府网.国务院关于印发"十三五"加快推进残疾人小康进程规划纲要的通知[国发(2016)47号][EB/OL].(2016-08-17)[2018-11-01].http://www.gov.cn/zhengce/content/2016-08/17/content_5100132.htm.

残奥会。[1]

（三）优化相关残疾人文体资源配置

首先应该通过合理分配现有残疾人文化体育发展资源和相适合的群众文体资源，优化资源的分配结构；其次，理顺各职能部门关系，提高相适应资源配置的运行效率；最后，改善残疾人文化体育资源配置机制，并通过宣传等措施鼓励残疾人更多地参与文化体育活动。

（四）规范残疾人文体市场行为

为保障残疾人的生存与发展，国家先后颁布并实施了残疾人保障法、残疾人文体事业发展规划，响应《关于残疾人的世界行动纲要》，参与 1983 至 1992 年"联合国残疾人十年"、1993—2002 年"亚太残疾人十年"行动，均取得显著成就。全国各地的残疾人参与机会在增多，参与范围在扩大，自身素质也在提高，他们的生活状况进一步改善。从这个方面，且有力地体现了我国社会主义制度的优越性，体现了我国人权保障的平等性、公正性，为残疾人服务、开拓残疾人需求市场是我们义不容辞的责任。

在残疾人文化体育服务的提供上，同样应具有严格的标准。服务的提供者必须是在工商部门注册、民政部门登记或文化部门备案已满 1 年的合法机构或组织，不仅需具有独立承担民事责任的能力，也需要树立良好的经营素质。同时，由于残疾人身体、生活等方面的差异以及少数经营者道德规范的缺失，残疾人消费知识普及、消费纠纷处理尚存在诸多薄弱环节，也许建立合法维权渠道，保障残疾人权利等等规范行为，以确保残疾人文化体育事业在当今的市场经济发展中健康有序发展，亦为残疾人创造公平和谐的消费环境。

（五）引导残疾人文体消费

广义上讲，文体消费是指用文化体育项目或活动、产品、服务等来满足人们精神文化、休闲娱乐健身的一种消费。而消费倾向是指消费支出和收入的关系。随着市场经济的高速发展，物质生活的丰富，消费主义作为意识形态的新形式通过商品化渗透到社会生活各个领域，并且在意识形态上的影响力日益扩大。相对于健全人，大多数残疾人群体由于受到自身身体结构、生理结构、心理、文化程度、家庭经济收入以及社会上多种因素的限制与影响，消费多倾向于静止的、物质方面的单一消费倾向，在文体方面的消费亦很少。

为提高残疾人的生活质量及社会的融合度，政府制定专门相关支持政策，鼓励他们进行相应的文体消费，如给残疾人办理相关证件，在一些文化体育场所享受一定的优惠或减免服务，在现有社区、街道等建设残疾人专用免费场地，促进残疾人的文体消费倾向；而当前我国大力推行残疾人精准扶贫与就业增收，提高残疾人群体生活质量，目的就在于促使残疾人群体的消费从过去的实物型消费逐渐转向参与型的文化体育消费。因为对于残疾人群体文化体育消费进行正确的指导，不仅能够提高残疾人群体的身体素质及精神文化修养，而且亦能够拉动我国经济发展。

（六）制定残疾人文化体育相关政策

党和政府亦高度重视残疾人体育事业，为了使残疾人体育事业逐步走向制度化、法律

---

[1] 中国政府网. 国务院关于印发"十三五"加快残疾人小康进程规划纲要的通知[国发（2016）47 号][EB/OL]. (2016-08-17)[2018-11-01]. http://www.gov.cn/zhengce/content/2016-08/17/content_5100132.htm.

化和正规化,国家相关部门先后制定和颁布相关政策法规,为中国残疾人体育事业发展提供了强有力的政策保障。1990 年《中华人民共和国残疾人保障法》第三十六条中明确指出国家和社会鼓励、帮助残疾人参加各种文化、体育、娱乐活动,努力满足残疾人精神文化生活的需要。第三十七条规定残疾人文化、体育、娱乐活动应当面向基层,融入社会公共文化生活,适应各类残疾人的不同特点和需要,使残疾人广泛参加;1995 年《中华人民共和国体育法》第十六条规定"全社会应当关心、支持残疾人参加体育活动。各级人民政府应当采取措施,为残疾人参加体育活动提供方便。""学校应当创造条件,为病残学生组织适合其特点的体育活动。"第四十六条规定"公共体育设施应当向社会开放,方便群众开展体育活动,对残疾人实行优惠办法,提高体育设施的利用率。"同年,国务院颁布了《全民健身计划纲要》,其中第十五条规定:"广泛开展残疾人体育健身活动,提高残疾人的身体素质和平等参与社会活动的能力。丰富残疾人体育健身方法,培养体育骨干,提高残疾人体育运动水平。"2000 年,《2001—2010 年体育改革与发展纲要》的颁布对今后十年体育运动的发展进行了详尽的阐述和规定。其中第十一条规定:"关注残疾人体育。残疾人是一个弱势群体,各类体育组织应当为他们参加体育活动提供帮助。新建体育场馆要照顾残疾人的特点。体育组织要为残疾人参加体育活动进行科学指导。"

新中国成立后的几十年来,残疾人体育事业在党和政府的关怀下,在社会各界的大力支持下,经历了从无到有、从弱到强、从国内走向世界这样一个不平凡的发展历程。在新中国残疾人体育的发展史上,即有 2004 年中国残疾人体育代表团在雅典残奥会上金牌、奖牌双第一的辉煌,也有 1984 年中国残奥运动员平亚丽在世界残奥会上为中国实现的首枚金牌突破。残疾人体育作为一项公益事业,倾注了我国众多残疾人体育运动员和残疾人体育工作者的大量的汗水和心血。2017 年,在国务院残疾人工作委员会的指导下,全国残联系统深入学习贯彻党的十九大精神,并认真贯彻与落实党中央、国务院关于残疾人文化体育事业发展的一系列重要部署,主动担当,积极作为,推动残疾人文化体育事业的持续健康发展。同年,深入贯彻落实《全民健身条例》《健康中国 2030 规划纲要》《全民健身计划(2016—2020)》《"十三五"加快残疾人小康进程规划纲要》及《残疾人文化体育工作"十三五"实施方案》等文件精神,扩大全国残疾人健身计划与残疾人体育健儿的培养。2017 年 8 月 8 日第七届"残疾人健身周"活动列入国家体育总局 2017 年全民健身日系列活动。

(七)营造残疾人文体活动的社会发展环境

倡导树立现代残疾人观为核心的扶残助残文体氛围社会意识从对"残废"的歧视转变为对"残疾"的关爱,国家制定了《残疾人保障法》,推动联合国制定了《残疾人权利公约》,推动中央 7 号文件和国办 19 号文件的制定,积极构建残疾人社会保障体系和服务体系,实现了巨大的社会进步,让大多数人接受了"平等、参与、共享"的现代残疾人观,这是社会的进步。[①] 同时,以残疾人"自尊、自信、自强、自立"为核心的残疾人自身文体构建。如王树明、夏伯渝、周菊芳、张海迪、史铁生等自强模范,唤醒了残疾人的自尊,树立了自信,从等待社会救济,发展到自强自立,从解决温饱到全面发展。《中共中央关于深化文化体制

---

① 潘宏峰.大力发展残疾人文化事业[N].吉林日报,2011 - 12 - 29(12).

改革、推动社会主义文化大发展大繁荣若干重大问题的决定》明确提出："满足人民基本文化体育需求是社会主义文化建设的基本任务。"建设社会主义文化强国,必须繁荣发展公益性文体事业,在此过程中,通过政府和残联的努力,残疾人的基本文体权益能够得到保障,让残疾人和健全人一样广泛享有基本公共文体服务。①

第三节　残疾人文化体育的发展

残疾人群体作为社会大家庭的一份子,残疾人文体事业的快速发展是社会进步与文化大发展大繁荣的缩影与重要组成部分。在党和全社会的关心与支持下,我国残疾人文体事业经历了由无到有、由单一到成熟的发展历程。

一、残疾人文化体育现状

(1) 文体活动不丰富,形式单调。残疾人大多行动不便,开展文体活动主要集中在重大节日和有关政府部门、残联等组织的大型运动会、文艺汇演、艺术作品展等,活动格局几乎一成不变,经常性活动开展较少。内容形式比较单一,推广普及率不高,尤其缺乏适合残疾人开展的活动,创新很少。

(2) 基础设施建设滞后,总量偏少。专门用于残疾人的文体基础设施非常少,大都借助公共文体设施进行。盲人阅览室设在公共图书馆,社区、农村的文体活动场所基本以健全人为主,残疾人使用参与极少。仅有一些文体设施也集中在特教学校及省残疾人体训中心,而且也不够规范完备。

(3) 固定队伍甚少。残疾人文体工作,除各级残联参与推动外,主要依托社会力量完成。各类文体活动场馆、站所在残疾人文体活动的开展中主要起到协助作用,相对缺乏管理队伍,阻碍残疾人文体生活需求的有效满足。

(4) 残疾人自信心不足,期望值低。残疾人的自我评价导致在文体生活上要么没有需求,要么就是压抑需求。② 同时,社会的差异性偏见依然影响着于残疾人群体,造成残疾人敏感心理与自卑情绪,阻碍了残疾人参与文体活动。

二、残疾人文化体育发展的路径

(一)科学规划,严格执行

把残疾人文化体育设施建设纳入城乡建设整体规划及国家公共文化体育服务体系。立足现有资源,统筹规划、合理布局、科学设计、依规实施,加强残疾人文化体育设施建设推进力度。如在公共图书馆、文化馆、美术馆、公园、社区体育场等设立残疾人专用场地与设施、设备,积极扶持与出版关于残疾人服务、励志的图书、音像制品和残疾人作者写作的图书,并择优进行翻译出版,向国外发行;加强惠及残疾人的重大工程项目。

---

① 潘宏峰. 大力发展残疾人文化事业[N].吉林日报,2011-12-29(12).
② 李芳萍. 加强残疾人文化体育软实力[J].中国残疾人,2011(6).

按照《全民健身条例》的总体要求,落实各级政府的主体责任,积极开展残健融合体育主题活动,带动残疾人康复健身、融入社会。在运动场项目上,创编推广适合残疾人的运动项目,尤其在各类特殊教育学校或普通院校中,组织残疾学生开展适合其特点的日常文体活动及开展残疾学生课外体育锻炼和校园融合活动。如举办训练营、选拔赛,鼓励残疾青少年参与"青少年体育活动促进计划",参加"青少年阳光体育大会"等青少年体育示范活动,保障残疾学生体育健身的权利。

（二）加强宣传,营造氛围

多形式加大宣传与引导力度,大力营造全社会关心支持残疾人文化体育事业发展的良好氛围,促进残疾人文体设施建设。同时,充分发挥已有的残疾人服务、活动场所的作用,通过举办展览展示、组织实地采访等方式开展社会宣传活动,生动展示残疾人文体事业发展成果、展示广大残疾人积极向上的精神风貌。

（三）突出特色,打造残疾人文化体育品牌

残疾人文化体育事业健康、可续性发展源于对残疾人文体活动需求的满足及残疾人文体活动或产品特色的创建。同时,在提升残疾人积极参与率的基础上,建立残疾人培养基地及特殊人才的发掘与培养;扶持各类残疾人文化艺术团体建设,支持并指导中国残疾人文联及专业协会开展、举办活动。基于相关活动及艺术汇演着力打造残疾人特色文化品牌,提升影响力;在促进基层残疾人文化活动的广泛开展,展示残疾人特殊艺术才华的同时,推动特殊艺术发展,进一步发现和培养人才、促进文化繁荣、创建艺术精品;展残疾人文化艺术国际交流。支持残疾人文化艺术国际交流,促进各国残疾人相互了解,开阔眼界,增进友谊,维护世界和平。如苏州市,依托各残疾人专门协会,建设好一支残疾人的群众文化队伍,组建的盲人合唱团、盲人赛诗会、聋人腰鼓队、聋人舞蹈队、肢残人书画协会、智障及亲友团的陶艺雕刻兴趣小组等群众性的残疾人文化活动组织;成立苏州市残疾人文艺爱好者协会,下设文学、书画摄影、工艺、演艺四个分会;建立优秀残疾人文艺人才库;把残疾人体育活动纳入苏州市落实全民健身计划和苏州市体育事业实现基本现代化的工作目标。同时,为打响一个残疾人文体工作品牌,结合苏州实际,把"水乡的梦"作为苏州发展残疾人文化事业的工作品牌。

（四）丰富基层残疾人文化生活,就近就便提供文化服务

首先,广泛开展"全国残疾人文化周"活动,不断深化文化周活动内容和形式,在残疾人日常活动范围内,搭建残疾人半小时或更短时间内参与文化活动的平台,使文化活动有组织领导、有活动计划、有固定阵地、有无障碍环境、有特色品牌,提高文化服务覆盖率和残疾人参与率。实施残疾人文化进社区、进家庭,最终走向社会。如在社区和家庭提供公共文化体育设施与设备、举办各种读书会、游园会、才艺展示会等。同时,鼓励基层社区选推原创性残疾人体育康复健身活动项目,每年组织1次评选活动,对优秀作品给予奖励并在全国推广。支持社会组织通过政府购买服务方式,为基层、社区、不同类别残疾人提供各种体育健身和竞赛服务,并通过互联网＋残疾人文化体育服务平台,采取传统媒体与新媒体相结合、政策法规和知识普及相结合的方式,激发残疾人参与文化体育活动的积极性。其次,发挥各级残疾人阅读指导委员会作用,积极发布推荐书目,指导广大残疾人多读书、读好书。扎实开展主题公益文化活动,采取举办名家讲坛、读书演讲、组织参观、指

导艺术鉴赏和捐助图书等活动,丰富基层残疾人生活内容,提高自身素质和生活品质。另外,创建残疾人文化体育服务实验区。现在全国已扶持建立上百个残疾人文化体育服务实验区,探索有效推进残疾人文化工作的经验和方法。

（五）建立多元化文化体育服务管理体系

残疾人文化体育事业发展的多层次性与形式的多样化,标志社会的进步,也是全社会精神文明发展的重要契机。但是当下处于社会转型时期,残疾人生活与生存方式的改变,行为方式与思维模式的变化以及随时代发展新旧模式的矛盾和冲突,均给残疾人精神文明带来困惑。唯有建立面向残疾人的多元化文化体育服务管理体系,方能使残疾人真正享受社会文明成果,真正提高自身的社会参与与精神生活水平。同时,且需要坚持从实际出发,从市场需求中培育残疾人文化体育市场,在相互促动、制约与发展中影响残疾人文化体育事业发展速度、规模和效益。

【本章小结】

残疾人文化体育事业是残疾人事业发展的重要组成部分,一个国家是否关注残疾人等弱势群体,是衡量一个国家文化均衡发展的标志,亦是一个国家残疾人文化能否顺利得以发展的体现。本章节主要从残疾人文化体育事业的内涵出发,分析了我国残疾人文化体育事业发展的意义、目标和特点。同时具体分析了我国残疾人文化体育事业管理的具体内容包括:制定残疾人文体活动发展战略、规划残疾人文体发展、优化文体资源配置、规范残疾人文体市场行为、引导残疾人文体消费、制定残疾人文化体育相关政策、营造残疾人文体活动的社会发展环境。此外梳理了我国残疾人文化体育发展的现状,从科学规划、严格执行;加强宣传、营造氛围;突出特色,打造残疾人文化体育品牌;丰富基层残疾人文化生活,就近就便提供文化服务;建立多元化文化体育服务管理体系等路径出发,共同推进我国残疾人文化体育事业的发展。

【复习与思考】

1. 简述残疾人文化体育事业管理的必要性。
2. 简述残疾人文化体育事业管理研究的基本内容是什么?
3. 残疾人文化体育事业管理的目标。
4. 残疾人文化体育事业管理的意义。

【案例分析与讨论】

案例 1　推动残疾人文化体育事业迈上新台阶

2017 年 6 月 22 日,记者在省人民政府新闻办公室召开的新闻发布会上了解到,由省残联、省体育局主办,梅河口市承办的第二届全省残疾人运动会将于 6 月 30 日在梅河口市开幕。与此同时,第五届全省残疾人艺术汇演也将拉开帷幕,向全省人民展示残疾人艺术家的风采。

据了解,本届残运会呈现三个显著特点,一是赛会由扩权强县改革试点市承办。体现出梅河口市委、市政府对全省残疾人文体事业发展的高度重视和大力支持,也是对梅河口市近年来经济社会发展成果的集中展示。二是增加了比赛项目。在首届残运会田径、乒乓球、羽毛球举重、飞镖、象棋、聋人篮球 7 个项目的基础上,增加聋人足球项目,比赛项目更加丰富。三是代表团数有所增加。随着长白山保护开发区、梅河口市、公主岭市代表团的加入,代表团总数达到 13 个。各代表团经过长期准备,选送节目的数量和质量都较往届有明显提升。此次参演的节目,全部由残疾人演出,并有相当一部分作品是残疾人艺术家自主创作的。经过各地初选、评委复评,在全省近百个舞蹈、器乐、声乐作品中,确定 27 个节目参加在长春举办的选拔赛,最终评选出三类作品,即一等奖 7 件、二等 10 件、三等奖 10 件。

第二届全省残疾人运动会和第五届残疾人艺术汇演,是全省残疾人文化体育生活中的两件大事。通过这次文体盛会,集中展示了"十八大"以来,吉林省残疾人文化体育事业发展取得的丰硕成果,对传播"四自"精神,营造扶残助残的良好社会氛围大有裨益。①

讨论

1. 分析梅河口市承办的第二届全省残疾人运动会和残疾人艺术汇演获取优异成绩的主要原因?

2. 吉林市为什么要发展残疾人文化体育事业?

案例 2　文化健身助残　提升残疾人幸福感

罗庄区残联积极开展残疾人文化周活动,丰富残疾人文化体育生活,把关爱送到残疾人的心坎里。

在盛庄街道林村社区文化活动中心,常红奇正在和几个残疾人朋友一起健身。打乒乓球、骑车、跑步,共同在按摩椅上按摩,大家聚在一块有说有笑。

罗庄区林村社区居民常红奇:这椅子很舒坦对腰部、胸部、腿部,按摩半个小时之后都很好,心情放松,在这里能认识很多朋友,一块聊聊天拉拉呱。

这边运动健身,那边看书学习。亓琳是盛庄街道的一名残疾人专职干事,他也经常来社区书屋"充电"。

罗庄区盛庄街道残疾人专职干事亓琳:为了增加我们为他们服务的能力,我必须给自己经常性地增加自己的业务知识,为残疾人更好地服务。

为扎实推进基层残疾人文化建设,罗庄区残联以残疾人文化周活动为抓手,充分利用街镇社区文化站等活动场所,就近开展各类助残活动,加强对残疾人的文化体育服务,为他们搭建起一座融入社会的爱心桥梁。

讨论

1. 分析当下开展文化助残活动的意义?

2. 如何更好发挥"文化助残"主导作用?

【推荐阅读】

1. 中国残疾人体育协会. 中国残疾人体育发展概览[M]. 北京:华夏出版社,2006.

2. 于军,程卫波. 回归生活[M]. 北京:高等教育出版社,2010(4).

---

① 高嵩. 推动残疾人文化体育事业迈上新台阶[N]. 协商新报,2017 - 06 - 23(6).

3. 胡筝. 文化事业管理概论[M]. 北京：中国统计出版社，2010(4).

4. 中国残疾人联合会宣文部. 残疾人基层文化活动指导手册[M]. 北京：华夏出版社，2011(8).

5. 侯晶晶. 中国残疾人文化权利保障研究：融合教育的视角[M]. 北京：北京师范大学出版社，2016(1).

6. 李延超. 民族体育文化生态：困境与发展[M]. 北京：人民出版社，2017(5).

【参考文献】

1. 王乃坤. 加强残疾人文化建设，保障残疾人文化权利[J]. 残疾人研究，2012(1).

2. 潘宏峰. 大力发展残疾人文化事业[N]. 吉林日报，2011 - 12 - 29(12).

3. 许佃兵. 当代老年人心理发展的主要矛盾及特点[J].《江苏社会科学》，2011(1).

4. 中国政府网. 国务院关于印发"十三五"加快残疾人小康进程规划纲要的通知[国发(2016)47 号][EB/OL]. (2016 - 08 - 17)[2018 - 11 - 01]. http://www. gov. cn/zhengce/content/2016 - 08/17/content_5100132. htm.

5. 李芳萍. 加强残疾人文化体育软实力[J]. 中国残疾人，2011(6).

6. 高嵩. 推动残疾人文化体育事业迈上新台阶[N]. 协商新报，2017 - 06 - 23(6).

第十一章　残疾儿童福利事业

【本章学习要点】
- 残疾儿童福利理念及其发展
- 残疾儿童福利政策及其内容
- 残疾儿童福利供给及其成效

第一节　残疾儿童福利的理念与发展

一、残疾儿童福利的内涵

长期以来,我国的残疾儿童福利是涵盖在儿童福利之中的,早期的儿童福利的主要对象是孤儿、弃婴和残疾儿童。只有近三十年来,我国的儿童福利对象才扩展到弱势儿童和普通儿童。美国儿童福利联盟将儿童福利界定为在社会福利中特别以儿童为对象,提供在家庭中或其他社会服务机构所无法需要的一种服务。美国《社会工作词典》则在20世纪60年代将儿童福利界定为旨在谋求儿童愉快生活、健全发展,并有效的发掘其潜能的服务,它包括对儿童提供直接福利服务,以及促进儿童健全发展有关的家庭和社区福利服务[①]。在我国,儿童福利并没有官方明晰统一的概念。目前,我国社会中有关儿童福利的核心概念有多种多样,包括儿童发展、儿童福利、儿童保险、儿童救助、儿童保护、儿童保障等概念。换言之,我国的儿童福利可以界定为所有促进儿童权利受到保护、人格尊严受到尊重、身心得以健康成长的制度与服务。其具体内容涵盖:① 儿童公共服务,依儿童优先原则建设公共服务设施。例如少年宫、儿童图书馆等,以及满足特殊儿童如流动和留守儿童等的基本公共服务需求;② 儿童医疗健康。保障儿童享有基本医疗卫生服务,提高儿童基本医疗保障覆盖率和保障水平,为贫困和大病儿童提供医疗救助;③ 儿童救助,对贫困儿童、孤残儿童、留守儿童、流浪儿童等困境儿童的保护救助,使其能获得基本的生活保障,享受基本的教育权利;④ 儿童教育,为保障儿童受教育的权利,如提出落实教育优先发展战略、依法保障儿童受教育的权利等策略措施;⑤ 儿童权利保护,如以宪法为基础,以《未成年人保护法》为主体,配以国务院与国务院各职能部门及地方人大与地方政府职能部门颁布的儿童保护相关的政策、法规所形成的一整套儿童保护法律体系。

---

① 刘继同. 中国特色儿童福利概念框架与儿童福利制度框架建构[J]. 人文杂志,2012(5).

残疾儿童福利作为儿童福利的重要组成部分,可以将其界定为旨在保护残疾儿童权益,促进他们与普通儿童同样享有医疗、教育、住房等基本权益,促进他们自立生活和社会参与的各种制度、服务和活动。残疾儿童作为儿童中最为弱势的一个群体,其权益和福利的保障水平与普通儿童相比都具有显著的滞后性和边缘性。因此,在现实实践中,残疾儿童的权利和福利水平是伴随着儿童总体权利和福利水平提升而提升。

二、儿童权利与福利理念及其发展

(一)古代社会的儿童权利

在古代人类社会中,儿童被视为家庭的财产,其生存、养育和照顾由其父母照顾。儿童是否能够保全性命和收留在家庭中生活主要由其父亲决定。因而在古代社会中,儿童是缺乏基本人权的,社会允许家庭针对儿童的遗弃、虐待和杀婴以及家庭出售儿童给他人进行劳役和卖淫等活动[①]。进入中世纪后,广泛存在的杀婴现象经由颁布正式法律予以禁止,从而从法律制度上确认了儿童拥有生命权和生存权。但是这一时期社会贫困现象比较普遍,而节育技术开发应用和家庭生育控制尚未受到重视,因此在一些贫困家庭和多子女家庭中,比较普遍地存在对儿童的不当对待,儿童成为增加家庭收入来源的重要工具,儿童被售卖和被人为故意伤害致残后强迫乞讨[②]。

(二)中世纪社会的儿童权利

儿童人权随着资本主义萌芽和社会权利思想的兴起及文艺复兴推动有了显著发展。16世纪发生了重要的新教改革(Protestantism Reformation)运动,儿童在宗教改革运动中被视为需要保护的上天所赐的脆弱生命(Fragile Creatures),他们拥有心灵以及生存的权利;此外,在新教改革运动中人们被认定为生来有原罪(Original Sin),由此生成了一种信念即抚养和教育子女能够清洗自身的原罪污点[③]。但是这一时期,"严格管教"成为家长和教师教育儿童的基本原则,因为人们坚信通过严格的教育和规训能够将儿童塑造为有道德的人。这一时期,桦树教杆(the birch rod)成为教育的象征物,社会普遍接受"闲了棍子,惯坏了孩子"(Spare the rod and spoil the child)的教育理念和方法。任何学段乃大学阶段的学生如果犯错都会遭受严厉的惩罚,惯常的处罚是用木棍严打孩子的屁股直至流血,或者用中间留孔的戒尺敲打嘴巴或手心直至起泡,另外大学阶段的学生还被要求为老师和学校工作。

(三)启蒙运动时期的儿童权利

随着资本主义的快速发展,在17—18世纪时期欧洲兴起了一场反封建专制主义、宗教思想、特权主义和提倡"理性精神"的"启蒙运动"。在孟德斯鸠、伏尔泰、休谟、康德等人思想的引召下,自然科学以及包括教育学、政治学、哲学等在内的人文社会科学得以产生和发展。在此背景下,洛克和卢梭的思想对儿童权利观念和儿童抚育观念产生了全新的

---

① Kahr, B. The sexual molestation of children: Historical perspectives[J]. Journal of Psychohistory, 1991,19 (2).

② Cantwell, H. B. The neglect of child neglect. In M. E. Helfer, R. S. Kempe, & R. D. Krugman (Eds.), The battered child. Chicago: The University of Chicago Press, 1997.

③ Stone, L. The family, sex and marriage in England[M]. Abr. Ed.. New York, NY: Harper Torchbooks, 1997.

改观影响,洛克将儿童视为尚未受到任何经历和印象影响的白板(tabula rasa),她认为孩子不是天生有缺陷的而是因为他们是一无所知的白板,人们只要帮助孩子提升好的部分,而无需去消除天生不良的部分,所以家长和教师需要通过温和的、友善的和适当的抚养和教育来塑造孩子。相比而言,卢梭的儿童人权思想更为进步,他认为儿童生来既不是罪恶的也不是空白的,而是儿童生来有善恶之念,成人过度的管教和训练反而会对他们的天资和道德法神产生干扰,因而人们应该在对儿童的需要保持敏感的前提下,给予儿童宽松的教养环境以帮助他们健康成长[①]。

(四)工业革命时期及现代儿童权利与福利

进入工业革命以后,西方国家纷纷通过革命建立起现代民主国家制度,在西方社会中,包括儿童在内的所有人群的公民权、政治权、社会权得以确认和开始受到法律保障,在这种人类权利运动和改革潮流中,儿童的人身自由权,自由言论权以及教育、医疗福利权开始得到保障[②]。但工业社会早期,由于工业化和城市化需要大量的劳动力,因而大量儿童被迫进入劳动力市场而成为童工。这些遭受劳动剥削的童工不仅要长时间地工作而且他们被暴露在非常恶劣艰苦的工作环境中面临诸多风险。比如在当时遍地发展的采煤和采矿行业中,大量儿童(被称之为 Breaker Boys)被悬挂在煤炭或矿物运送带上长期弯腰作业以挑拣杂质,导致他们遭受肺部严重感染、手脚损伤、失明、失聪以及摔伤/残/死/割/烧伤和窒息死亡等各种风险[③]。童工问题直至 19 世纪后半叶才有所改观,英国率先于 1883 年颁布《工厂法案》,该法案将十三岁以下儿童每周工时限制在四十小时以内。此外,儿童虐待与忽视在资本主义社会时期仍然是严重侵害儿童权利的问题所在。以英美为首的西方国家较早在 19 世纪后半叶开始关注和治理儿童虐待与忽视问题,其中最为典型的案例是 1874 年"玛丽·艾伦虐待案",由于当时美国没有防治儿童虐待法律,玛丽·艾伦被养父母虐待案件爆发后人们是通过当时的防止虐待动物协会组织采取法律手段营救她并对施虐者予以法律制裁。有关儿童保护的制度建设与服务体系发展是经由美国儿科医生 Kempe 于 1961 年提出"受虐儿童症候群"后引起西方国家采取国家干预行动才正式起步的,随后美国在 1974 年颁布了《儿童虐待与忽视防治法案》,并由此实施了普遍的儿童虐待与忽视强制报告制度,从而有效地保护了儿童的合法权益[④]。

儿童福利发展的前提,在于儿童权利得到有效保障。1989 年联合国颁布《儿童权利公约》,明确儿童拥有生存权、发展权、参与权和受保护权四大权利,在此背景下,全世界才开始全面以国家力量来推动儿童权利保护和儿童福利事业发展。在此之前,较早明确儿童福利供给责任的制度是 1861 年伊丽莎白女王所颁布的《济贫法》,而较早设置的儿童福利机构是美国于 1912 年成立儿童福利局,专司处置儿童的福利和保护问题。此外,美国还专门成立了儿童保护服务局(Child protective service),其作为专门处理儿童保护问题

① Berk, L. E. Child development[M]. 4th edition. Needham Heights, MA: Allyn and Bacon, 1997.
② 黄源协. 社会政策与社会立法[M]. 台北:双叶书廊有限公司,2016.
③ Hindman, H. D. Child labor in American history[M]. New York, NY: M. E. Sharpe, 2002.
④ Mathews, B. & Donald C. Mandatory Reporting Laws and the Identification of Severe Child Abuse and Neglect[M]. Netherlands: Springer, 2015.

的核心政府部门。将儿童的安全性和永久性、家庭优势、文化差异、介入与干预作为其工作的主要理念和工作方向①。

总体来说，儿童权利和福利的理念、政策与服务发展经历了一个漫长的过程。我国儿童权利发展进程深受国际影响。在新中国建立以来，我国主要针对孤儿、残疾儿童和流浪儿童三类弱势儿童提供了福利制度安排和服务供给。在制度层面主要制定或颁布了《中国儿童发展规划纲要》《未成年人保护法》等政策法规，以积极推动我国儿童福利事业和儿童权利保护工作的开展。

三、残疾儿童权利与福利理念及其发展

（一）20 世纪以前的残疾儿童权利理念

在古代社会，儿童残疾被视为是上帝或神灵的惩罚，因而对待残疾儿童的态度比较多元，一些地方和社会会出现"杀婴"现象，因而残疾儿童的生命会被剥夺，而另外一些地方和社会则会对残疾儿童施以养护和保护，用以抚慰神灵的愤怒或尽人道。在中世纪时期，基督教深刻影响着人们对待残疾儿童的态度。人们普遍认为残疾是受到魔鬼的诅咒，因而残疾儿童及其他残疾者被排斥于家庭之外，同时也被排斥在日常生活和劳动力市场之外，他们主要以乞讨为生，或被视为贫困人群由专门的收容所收容。进入文艺复兴时期，残疾儿童及其他残疾者逐渐与贫穷人群分离出来，贫穷被视为是教育问题而不是宗教问题，而残疾随着现代医学发展和宗教思想影响的消减而逐渐被认知。但是这一时期，国家对残疾儿童主要采取机构收养和社会隔离的态度，残疾儿童仍然受到不同社会阶层的歧视和愚弄，大量残疾儿童被强制到集市被售卖，或者被迫进入马戏团进行表演和展示。另外，当时上层社会还流行"畸形秀"，让残疾儿童作为贵族的消遣玩物，这在 2017 年上映的《马戏之王》能够有所揭示和印证。进入 19 世纪以后，社会隔离依然是针对残疾儿童及其他残疾者的主流态度，一方面是大量精神残疾者被强制在机构中接受治疗和隔离，以防范他们对社会产生危害。从我国情况看，直到 2012 年我国才修订法律规定精神病人入院治疗实施自愿原则。另一方面，随着 19 世纪后半叶社会达尔文主义的盛行，社会普遍接受优生学观点对残疾儿童及其他残疾者进行严格隔离和监控，防范他们生产下一代的残疾儿童②。

（二）20 世纪以来的残疾儿童权利和福利

进入 20 世纪以后，资本主义在工业革命完成后开始建立各类社会福利制度来解决贫、病、懒、废等社会问题。特别是二战后，西方国家普遍建立了福利国家制度，针对残疾儿童实施了不同程度的福利供给。在经由 20 世纪 50 年代的"去机构化"运动，60 年代的残疾人权利运动和 70 年代的残疾人自立生活运动的推动，残疾儿童及其他残疾者的权益保障水平得到大幅提升。特别是在联合国推动下，1989 年《儿童权利公约》和 2006 年《残疾人权利公约》的颁布与实施，为全球各国的残疾儿童权利保障和福利提升提供了重

---

① 满小欧，李月娥. 美国儿童福利政策变革与儿童保护制度——从"自由放任"到"回归家庭"[J]. 国家行政学院学报，2014(4).

② 王国羽，林昭吟. 障碍研究：理论与政策应用[M]. 台北：巨流图书股份有限公司. 2012.

要的制度保障,特别是联合国主导下的各国政府的直接参与和责任担当,为建立友好型残疾儿童社会提供了现实动力①。

第二节　残疾儿童福利政策内容与发展

一、国际性残疾儿童政策

(一)联合国《儿童权利公约》

儿童权利的社会承认和立法保障经历了一个漫长的过程。1923 年救助儿童国际联盟通过《儿童权利宪章》。随后 1924 年人类首部《儿童权利宣言》(又称《日内瓦宣言》)正式通过。1948 年联合国通过《世界人权宣言》,1979 年联合国启动《儿童权利公约》(Convention on the Rights of the Child)起草工作,并将这一年定为国际儿童年。经过十年的努力,《儿童权利公约》正式经由联合国大会通过。1990 年包括中国在内超过 100 多个国家签署公约,同年世界儿童问题首脑会议在联合国总部召开,由此拉开人类历史上第一次专门讨论儿童问题的首脑会议序幕。该次重要会议通过了《儿童生存、保护和发展世界宣言》和《执行九十年代儿童生存、保护和发展世界宣言行动计划》。翌年,中国颁布《未成年保护法》以促进儿童权益的发展和维护。联合国《儿童权利公约》明确要求"各国应确保其管辖范围内的每一位儿童均享受公约所载的权利,不因儿童或其父母或法定监护人的种族、肤色、性别、语言、宗教、政治或其他见解、国籍或社会出身、财产、残疾、出生或其他身份等而有任何差别",其第 23 条特别强调"残疾儿童应享有得到特殊待遇、教育和照管的权利"。可见,该公约对于保障残疾儿童和其他儿童一样享有生存权、发展权、参与权和受保护权提供了最基本的法律依据。具体而言,在联合国《儿童权利公约》中对残疾儿童的权利给予了以下明确规定②:

(1)缔约国应认识到,在确保尊严,促进自力更生和促进儿童积极参与社区的条件下,精神或身体残疾儿童应享有充实和体面的生活。

(2)缔约国承认残疾儿童享有特殊照顾的权利,并应鼓励并确保根据现有资源,向符合条件的儿童及其照料负责者提供援助,并提出适用的援助。孩子的状况以及照顾孩子的父母或其他人的情况。

(3)认识到残疾儿童的特殊需要,应尽可能免费提供根据本条第 2 款提供的援助,同时考虑到父母或照顾子女的其他人的经济资源,并应设计确保残疾儿童能够有效地获得和接受教育,培训,保健服务,康复服务,就业准备和娱乐机会,以有利于儿童实现最充分的社会融合和个人发展,包括他或她文化和精神发展。

(4)缔约国应本着国际合作的精神,在预防保健和残疾儿童的医疗,心理和功能治疗

---

① 王国羽,林昭吟. 障碍研究:理论与政策应用[M]. 台北:巨流图书股份有限公司,2012.

② ARTICLE 23:CHILDREN WITH DISABILITIES[EB/OL]. (2018 - 10 - 30)[2018 - 11 - 30]. https://www. crin. org/en/home/rights/convention/articles/article-23-children-disabilities. 2018(10).

领域交流适当的信息,包括传播和获取有关康复,教育和教育方法的信息。职业服务,目的是使缔约国能够提高其能力和技能,并扩大在这些领域的经验。在这方面,应特别考虑到发展中国家的需要。

《儿童权利公约》不仅针对所有儿童提出了权利保护的目标和要求,而且它对残疾儿童权利的保障给予了特别规定。也就是说残疾儿童不仅享有一般儿童享有的生存权、人身自由权、人格权、平等权、隐私权,以及健康权、抚养权、教育权、救助权、刑责减免权等。此外,作为弱势儿童他们还优先享有一些特殊权利,如物质援助、保健服务、医疗服务、康复服务、特殊教育和职业帮扶等权利①。

（二）联合国《残疾人权利公约》

2006 年 12 月 13 日联合国大会通过首部针对残疾人权益保障的国际法即《残疾人权利公约》。2007 年有 146 个国家签署公约,有 90 个缔约国批准《公约》。《残疾人权利公约》是国际社会在 21 世纪通过的第一个综合性人权公约,它成为见证人类社会发展文明的重要人权文件。它不仅标志着人们对待残疾人的态度和方式有根本性转变,也意味着残疾人的权利和尊严由过去主要依靠道德救济转向由法律保障。残疾人相比于健全人,在自立生活、社会参与和身心发展方面存在诸多的局限和障碍,他们相比于一般人更容易陷入不利地位和境地,因而需要给予特别的援助和对待。残疾儿童相比于成年残疾人,他们一方面更可能处于弱势地位和不利处境,另一方面他们又具有儿童的发展特性,但这种发展特性可能会走向康复和自立的积极面,也可能走向残疾和障碍加重的消极面,因而残疾儿童需要更多的权益保障和服务支持。我们可以看到《残疾人权利公约》对残疾儿童的权利给予了特别的规定:

（1）缔约国应当采取一切必要措施,确保残疾儿童在与其他儿童平等的基础上,充分享有一切人权和基本自由。

（2）在一切关于残疾儿童的行动中,应当以儿童的最佳利益为一项首要考虑。

（3）缔约国应当确保残疾儿童有权在与其他儿童平等的基础上,就一切影响本人的事项自由表达意见,并获得适合其残疾状况和年龄的辅助手段以实现这项权利,残疾儿童的意见应当按其年龄和成熟程度适当予以考虑。

从以上特别规定来看,残疾儿童被赋予了特别的保护,尤其是在充分表达其意见的权利上与其他儿童一样享有同等权利,其区别就在于要特别考虑残疾儿童的身心发展状况来确定具体实施过程。这无疑融入了残疾人社会运动提倡的"没有我们的参与,不能做事关我们的决定"的金标准②。

二、国内残疾儿童福利政策

长期以来,我国实施的儿童福利制度属于残补性制度,即儿童福利主要由家庭提供,只有那些失去家庭或者家庭无法提供的孤儿、残疾儿童和流浪儿童由政府提供相应的福利。因此,残疾儿童是我国儿童福利制度的主要福利对象,国家针对残疾儿童制定了系列

---

① 许巧仙,丁勇.试论残疾儿童权利的形成与发展[J].中国特殊教育,2014(9).
② 李敬.《公约》对尊重和保护妇女儿童权益原则的体现[J].中国残疾人 2015(8).

的福利政策。

（一）《中国儿童发展纲要》中的残疾儿童福利

众所周知，儿童时期是人生发展的关键时期。为儿童提供必要的生存、发展、受保护和参与的机会和条件，最大限度地满足儿童的发展需要，发挥儿童潜能，将为儿童一生的发展奠定重要基础。再者，儿童是人类的未来，是社会可持续发展的重要资源。儿童发展是国家经济社会发展与文明进步的重要组成部分，促进儿童发展，对于全面提高中华民族素质，建设人力资源强国具有重要战略意义。因此，国务院于 2001 年颁布《中国儿童发展纲要（2001—2010 年）》，从儿童健康、教育、法律保护和环境四个领域制定了儿童发展主要目标和推进措施。截至 2010 年，该"纲要"确定的主要目标基本实现。儿童健康、营养状况持续改善，婴儿、5 岁以下儿童死亡率分别从 2000 年的 32.2‰、39.7‰下降到 13.1‰、16.4‰，孕产妇死亡率从 2000 年的 53.0/10 万下降到 30.0/10 万，纳入国家免疫规划的疫苗接种率达到了 90％以上。儿童教育普及程度持续提高，学前教育毛入园（班）率从 2000 年的 35.0％上升到 56.6％，小学学龄儿童净入学率达到 99.7％，初中阶段和高中阶段毛入学率分别达到 100.1％和 82.5％。孤儿、贫困家庭儿童、残疾儿童、流浪儿童、受艾滋病影响儿童等弱势儿童群体得到更多的关怀和救助。在此基础上，我国于 2011 年发布《中国儿童发展纲要（2011—2020 年）》，针对残疾儿童提出以下发展目标：

健康福利：

（1）严重多发致残的出生缺陷发生率逐步下降，减少出生缺陷所致残疾。

（2）减少儿童伤害所致死亡和残疾。18 岁以下儿童伤害死亡率以 2010 年为基数下降 1/6。

教育福利：

（1）九年义务教育巩固率达到 95％。确保流动儿童平等接受义务教育，保障残疾儿童接受义务教育。

（2）残疾儿童接受普惠性学前教育。因地制宜发展残疾儿童学前教育，鼓励特殊教育学校、残疾人康复机构举办接收残疾儿童的幼儿园。加强学前教育监督和管理。

（3）保障特殊困难儿童接受义务教育权利。落实孤儿、残疾儿童、贫困儿童就学资助政策。加快发展特殊教育，基本实现市（地）和 30 万人口以上、残疾儿童较多的县（市）建立 1 所特殊教育学校；扩大残疾儿童随班就读、普通学校特教班和寄宿制残疾学生的规模，提高残疾儿童受教育水平。为流浪儿童、有严重不良行为和违法犯罪行为的儿童平等接受义务教育创造条件。

医疗福利：

（1）提高 0～6 岁残疾儿童抢救性康复率。

（2）残疾儿童参加城镇居民基本医疗保险及新型农村合作医疗个人缴纳部分按规定予以补贴。

（3）建立完善残疾儿童康复救助制度和服务体系。建立 0～6 岁残疾儿童登记制度，对贫困家庭残疾儿童基本康复需求按规定给予补贴。优先开展残疾儿童抢救性治疗和康复，提高残疾儿童康复机构服务专业化水平。以专业康复机构为骨干、社区为基础、家庭为依托建立残疾儿童康复服务体系，加强残疾儿童康复转介服务，开展多层次职业培训和实用技术培训,增强残疾儿童生活自理能力、社会适应能力和平等参与社会生活的能力。

从该《儿童发展纲要》来看,残疾儿童最为紧迫的福利需要是医疗、教育和健康福利。因为医疗和健康是保障儿童生命权与生存权的前提基础,残疾儿童只有通过良好的健康照顾和医疗服务,才能够提升生命质量,并能有助于他们改善生理功能和降低障碍状况。相应的,教育是让残疾儿童通过获得知识和技能实现社会独立和自我价值提升的基本途径。

(二)残疾儿童教育福利政策

我国残疾儿童的特殊教育政策演进过程可分为渐进性(1949—1978年)、激进性(1979—2009年)、断裂性(2010—2016年)三个制度变迁阶段。这三阶段的特殊教育政策发展深受各阶段的社会经济发展条件、国家治理方式、社会政策理念等深层结构因素影响,分别呈现边缘—停滞、复苏—发展、提升—转型的阶段特征。特殊教育福利发展最早可追溯到20世纪50年代。1953年教育部设立盲聋哑教育处,随后教育部在1953年和1954年分别下发《关于盲哑学校方针、课程、学制、编制等问题给西安市文教局的复函》以及《关于盲哑教育方针、课程、学制、编制等问题给山东省教育厅的复函》等文件中提出国家发展特殊教育的基本原则、方针和任务以及课程、师资、学制等策略和路径。2000以后,特别是党的十六届六中全会党中央确立民生为本的社会建设战略后,残疾人福利和残疾儿童教育事业得到快速发展,而主要任务是促进地区间、学段间、障别间的特殊教育的均衡发展。2010年《国家中长期教育改革和发展规划纲要(2010—2020年)》将特殊教育与学前教育、义务教育、高中教育、职业教育、高等教育、继续教育、民族教育并列为八大发展任务,以保障残疾人受教育权利为目标,以完善特殊教育体系及其保障机制为基本路径。从而确立了普通教育与特殊教育政策融合与互嵌发展的新阶段[1]。相关具体特殊教育政策可以参见下表(表11-1)。

表11-1 1981—2017年我国特殊教育政策一览表[2]

序号	年份	发文单位	政策名称
1	1981	国家教育委员会	关于中等专业学校、盲聋哑学校班主任津贴试行办法
2	1982	中华人民共和国	中华人民共和国宪法(第45条)
3	1985	中共中央、国务院	关于教育体制改革的决定
4	1986	国家教育委员会	高等教育自学考试残疾人应考者奖励暂行办法
5	1986	中国残疾人福利基金会	中华人民共和国义务教育法
6	1987	全国人大	全日制弱智学校(班)教学计划
7	1988	国家教育委员会	中国残疾人事业五年工作纲要(1988—1992年)

① 冯元,俞海宝.我国特殊教育政策变迁的历史演进与路径依赖[J].教育学报,2017(3).
② 彭华民,冯元.中国残疾人特殊教育制度转型[J].南开学报(哲学社会科学版),2015(4).

（续表）

序号	年份	发文单位	政策名称
8	1989	国务院办公厅	关于发展特殊教育的若干意见
9	1990	国务院办公厅	中华人民共和国残疾人保障法
10	1991	全国人大	中国残疾人事业"八五"发展计划纲要 （1991—1995 年）
11	1994	国务院办公厅	中华人民共和国残疾人教育条例
12	1994	国务院	关于开展残疾儿童少年随班就读工作的试行办法
13	1996	国家教育委员会	中国残疾人事业"九五"发展计划纲要 （1996—2000 年）
14	1998	国务院办公厅	特殊教育学校暂行规程
15	2001	教育部	关于"十五"期间进一步推进特殊教育 改革和发展的意见
16	2001	国务院办公厅	中国残疾人事业"十五"发展计划纲要 （2001—2005 年）
17	2003	国务院办公厅	特殊教育学校建筑设计规范
18	2006	建设部、教育部	中华人民共和国义务教育法（修订）
19	2006	全国人大	中国残疾人事业"十一五"发展计划纲要 （2006—2010 年）
20	2007	国务院办公厅	"十一五"期间中西部地区 特殊教育学校建设规划
21	2007	教育部	（2008—2010 年）
22	2007	国家发展改革委员会	残疾人中等职业学校设置标准（试行）
23	2007	中国残疾人联合会	盲校义务教育课程设置实验方案
24	2007	教育部	聋校义务教育课程设置实验方案
25	2008	教育部	培智学校义务教育课程设置实验方案
26	2008	教育部	中华人民共和国残疾人保障法（修订）
27	2009	教育部	关于促进残疾人事业发展的意见
28	2010	全国人大	关于进一步加快特殊教育事业发展意见
29	2011	中共中央、国务院	国家中长期教育改革和发展规划纲要 （2010—2020 年）
30	2012	国务院办公厅	中国残疾人事业"十二五"发展计划纲要 （2011—2015 年）
31	2013	国务院办公厅	关于加强特殊教育教师队伍建设的意见

序号	年份	发文单位	政策名称
32	2014	国务院办公厅	关于全面深化改革若干重大问题的决定 （特殊教育部分）
33	2017	教育部等七部门	第二期特殊教育提升计划（2017—2020 年）

（三）残疾儿童康复福利

我国在 80 年代早期就针对残疾儿童康复工作提出"早发现、早治疗、早康复"的原则，长期以来实施了系列残疾儿童康复项目，帮助大量残疾儿童改善康复状况。党的十九大提出"发展残疾人事业，加强残疾康复服务"战略部署，2018 年国务院根据《残疾预防和残疾人康复条例》出台了《关于建立残疾儿童康复救助制度的意见》，就此在全国实施残疾儿童康复救助制度。

残疾儿童康复救助制度的总体目标为：

以习近平新时代中国特色社会主义思想为指导，全面深入贯彻党的十九大和十九届二中、三中全会精神，认真落实党中央、国务院决策部署，统筹推进"五位一体"总体布局和协调推进"四个全面"战略布局，坚持以人民为中心的发展思想，牢固树立新发展理念，按照兜底线、织密网、建机制的要求，着力保障残疾儿童基本康复服务需求，努力实现残疾儿童"人人享有康复服务"，使残疾儿童家庭获得感、幸福感、安全感更加充实、更有保障、更可持续。

残疾儿童康复救助制度的基本原则为：

（1）坚持制度衔接、应救尽救。加强与基本医疗、临时救助等社会保障制度的有效衔接，确保残疾儿童家庭求助有门、救助及时。

（2）坚持尽力而为、量力而行。坚守底线、突出重点、完善制度、引导预期，着力满足残疾儿童基本康复服务需求。

（3）坚持规范有序、公开公正。建立科学规范、便民高效的运行机制，主动接受群众和社会监督，做到公开透明、结果公正。

（4）坚持政府主导、社会参与。更好发挥政府"保基本"作用，不断推进基本康复服务均等化；更好发挥社会力量作用，不断扩大康复服务供给，提高康复服务质量。

残疾儿童康复救助制度总体目标为：

到 2020 年，建立与全面建成小康社会目标相适应的残疾儿童康复救助制度体系，形成党委领导、政府主导、残联牵头、部门配合、社会参与的残疾儿童康复救助工作格局，基本实现残疾儿童应救尽救。

到 2025 年，残疾儿童康复救助制度体系更加健全完善，残疾儿童康复服务供给能力显著增强，服务质量和保障水平明显提高，残疾儿童普遍享有基本康复服务，健康成长、全面发展权益得到有效保障。

第三节　残疾儿童福利供给及其成效

一、残疾儿童教育福利供给

我国根据《公约》倡导的包容性教育理念,中国修订《残疾人教育条例》(2017),该条例明确提出"积极推进融合教育"。为确保残疾人不因残疾而被拒于普通教育系统之外,该条例规定,学前教育机构、各级各类学校及其他教育机构,对符合法律、法规规定条件的残疾人申请入学,不得拒绝招收。我国不断扩大残疾儿童学前教育的规模。《关于建立学前教育资助制度的意见》(2011)将残疾儿童接受学前教育纳入幼儿资助范围。2016 年修订的《幼儿园工作规程》对普通幼儿园接收残疾儿童做出明确规定,要求各地幼儿园为在园残疾儿童提供更多的帮助和指导。2016 年,全国获得专门资助的在园残疾幼儿有 3 万多名。2011—2017 年,残疾人事业彩票公益金助学项目共投入 2.4 亿元,为 8.7 万人次家庭经济困难的残疾儿童享受普惠性学前教育提供了资助。我国全面提高残疾儿童少年义务教育普及水平。中国实施《特殊教育提升计划(2014—2016 年)》,将普及残疾儿童少年义务教育作为重中之重,指导各地落实"一人一案",通过普通学校随班就读、特教学校就读和送教上门等多种方式,努力保证适龄残疾儿童少年接受义务教育。截至 2016 年底,视力、听力、智力三类残疾儿童少年义务教育入学率达到 90% 以上,其他残疾人受教育机会明显增加。自 2016 年秋季起,中国为家庭经济困难的残疾学生提供从义务教育到高中阶段教育的 12 年免费教育。《残疾人教育条例》(2017)规定残疾儿童少年优先就近到普通学校入学接受义务教育,从法律层面进一步保证了残疾儿童少年接受义务教育的权利。2017 年,中国对残疾儿童义务教育招生入学工作做出部署,要求对义务教育适龄残疾儿童少年进行入学前登记,全面掌握适龄残疾儿童少年的数量和残疾情况,并按照"全覆盖、零拒绝"的要求,根据残疾儿童的实际制订教育安置方案,逐一做好适龄残疾儿童少年的入学安置工作。同年,中国启动实施了《第二期特殊教育提升计划(2017—2020 年)》。为畅通残疾人接受高等教育的渠道,《残疾人参加普通高等学校招生全国统一考试管理规定(暂行)》(2015)第一次在国家层面规定为残疾考生平等参加普通高考提供有关便利。《残疾人参加普通高等学校招生全国统一考试管理规定》(2017)对参加普通高考的残疾考生提供合理便利做出专门规定。为发展残疾人职业教育,《残疾人教育条例》(2017)设专章对于职业教育进行规定。2018 年,印发《关于加快发展残疾人职业教育的若干意见》,对扩大残疾人接受职业教育机会、改进办学条件、提高教育质量、加强就业指导与服务等做出部署[1]。

---

[1]　国务院残疾人工作委员会.关于就《〈残疾人权利公约〉的实施情况》(稿)征求公众意见的通知[EB/OL].(2018 - 08 - 30)[2018 - 10 - 31]. http://www.cdpf.org.cn/ggtz/201808/t20180830_635847.shtml.

二、残疾儿童康复福利成效

《关于加快推进残疾人小康进程的意见》(2015)提出要将基层残疾人服务网络纳入以社区为基础的城乡基层社会管理和公共服务平台建设。根据《城乡社区服务体系建设规划(2016—2020年)》,中国将重点保障残疾人的社区服务需求。截至2017年,开展社区康复服务的市辖区为978个,县(市)为2 039个,有社区康复协调员46.3万人,其中41.6万人接受过相关培训。我国开展"残疾孤儿手术康复明天计划",截至2018年6月,已为近12.5万名具有手术适应症的残疾孤儿、弃婴实施了手术矫治和康复训练。《关于做好2018年家庭医生签约服务工作的通知》(2018)鼓励有条件地区将基本康复服务纳入个性化签约范围。2016年,中国有20项新增医疗康复项目被纳入基本医疗保险支付范围,其中包括轮椅技能训练、精神障碍作业疗法训练、儿童听力障碍语言训练等。《残疾预防和残疾人康复条例》(2017)规定国家采取措施为残疾人提供基本康复服务。2017年,854.7万残疾儿童及持证残疾人得到基本康复服务,残疾人康复服务覆盖率达到65.6%。自2014年起,我国实施康复体育"家庭关爱计划"服务模式试点,将康复体育小型器材、指导方法及服务送入重度残疾人家庭,举办全国康复体育训练营。我国建立残疾儿童康复救助制度,优先开展残疾儿童抢救性治疗与康复,对城乡最低生活保障家庭、建档立卡贫困户家庭的残疾儿童,儿童福利机构收留抚养的残疾儿童,残疾孤儿,纳入特困人员供养范围的残疾儿童以及其他经济困难家庭的残疾儿童实施康复救助。2017年,14.1万0～6岁残疾儿童得到基本康复服务[1]。

【本章小结】

本章主要从历史社会学视角回顾了残疾儿童权利和福利发展变迁历程,再现了残疾儿童以及整体儿童权利发展的迟缓。通过残疾儿童权利和福利发展进程,能够帮助我们认识到儿童的童年期以及儿童的权利是随着社会进程而变迁的,儿童福利和儿童权利保障事业进程在进入工业化时代后期才得以发展,而真正获得全球性的共识和国家全面行动却是在21世纪。由此意味着,我国的残疾儿童福利事业仍然任重道远,但在国家政策主导下有强劲动力。同时梳理了我国残疾儿童福利政策的主要种类和重点内容,能够帮助我们更好地理解残疾儿童的生活福利保障和医疗、康复福利保障多余残疾儿童的生存权利提升的重要性和迫切性,也能更深刻地认识到教育福利对于残疾儿童未来社会经济地位和生存状况改善的积极意义。因此,国家在推进残疾儿童的特殊教育福利方面做出了长期的努力,初步建立了从学前、义务教育、高中教育到高等教育的全学段特殊教育制度和服务体系。最后呈现了残疾儿童教育、康复、医疗方面福利供给状况和福利发展成效。我们可以看到在国家推进残疾儿童整体福利的背景下,我国残疾儿童各方面的福利得到快速发展,特别是在生活补贴方面自2010年建立了孤儿童生活补贴制度后,直接改善了福利机构集中供养的和社会散居养护的孤儿中的残疾儿童的生活状况。此外,残疾儿童特殊教育和康复事业的发展,为残疾儿童提升自我发展和社会适应提供了基本路径。

---

① 国务院残疾人工作委员会.关于就《〈残疾人权利公约〉的实施情况》(稿)征求公众意见的通知[EB/OL].(2018-08-30)[2018-10-31].http://www.cdpf.org.cn/ggtz/201808/t20180830_635847.shtml.

【复习与思考】

1. 残疾儿童权利和福利发展历程是怎么样？请结合生活经验和专业工作实践举例说明您所关注的一类残疾儿童权利和福利发展状况。

2. 我国残疾儿童福利主要政策和内容有哪些？请您以《特殊教育提升计划》为例，谈谈这项政策对残疾儿童教育权利保障有什么价值？

3. 请您结合自身所在的市县或街镇，谈一谈该如何提升残疾儿童的福利水平？

【案例分析与讨论】

讨论准备：案例展现（PPT 及大屏幕）、白纸、签字笔、成员分组。

特别注意：小组以 4～5 位成员为单位，讨论小组需要充分参与讨论。

根据全球残疾人峰会数据显示，在全球范围内有 1.5 亿儿童生活在残疾之中；他们接受教育的可能性比没有残疾的儿童要低 10 倍。对于全世界数以百万计的儿童而言，他们在接受教育的过程中面临诸多的挑战和障碍，特别是在贫困和经济不发达地区问题更为严重。残疾儿童可能面临多种形式的排斥，限制着他们参与社区活动和学校教育。他们比较难得到他们需要的支持。或者缺乏资源以及不知道哪里存在支持性资源。因此，积极推进残疾儿童的教育制度变革，努力提升他们的受教育机会和质量，是值得全球重视的议题。其中关注残疾儿童教育发展并持有"相信每个人都应该接受高质量的教育，而不受他们的环境影响，残疾不是无能为力的"理念的 Bridge 组织在 2018 年全球残疾人峰会展示了来自发展中国家的五个鼓舞人心的残疾儿童教育案例[①]（参见具体案例）：

案例 1　肯尼亚的 Adhiambo

Adhiambo 是一位年轻的肯尼亚女孩，她的故事展示了全纳教育的变革影响。当她年轻时，她患上脊髓灰质炎，导致身体严重残疾。可悲的是，她也是性暴力的受害者，导致她在年轻时成为父母。Adhiambo 和她的阿姨住在一起。幸运的是，她的阿姨努力为她提供教育。Adhiambo 刚开始为她无法上学而感到非常不高兴，也感到特别孤立无助。当公益组织郁金香之家帮助她上学时，这一切都发生了变化。现在，Adhiambo 每天上课，并在她的老师 Risper 女士的帮助下取得了巨大的进步。她梦想成为一名裁缝并开设自己的店铺。教育给了 Adhiambo 希望。她说，上学的时候，"我第一次觉得有人对我有兴趣，他们花时间提升我的福利，他们给予许多我从未给过的东西。"Risper 女士说："当她开始时，她非常害羞。现在，她太开心了！我为她的进步感到自豪。"

案例 2　厄瓜多尔的理查德

8 岁的理查德住在厄瓜多尔首都基多山的玛丽娜，他和母亲及 15 岁的哥哥阿曼多一起生活。他患有称为成骨不全症的遗传性疾病，也称为脆性骨病。这意味着他无法享受"典型"的童年，他说："我不能跑步，跳跃或玩耍。"他有玻璃骨头，因此他在家时或和朋友

---

① Five inspirational stories of disabled children learning[EB/OL]. (2018 - 07 - 03)[2018 - 11 - 01]. https://www. bridgeinternationalacademies. com/five-inspirational-stories-of-disabled-children-learning/.

在一起要非常小心。理查德很喜欢上学,他是班上成绩最好的! 教育意味着理查德的梦想不受他的残疾的限制。他梦想有一天能够登上天空,以便能够看到这个世界。

案例 3　尼泊尔的阿米尔

Amir 今年 16 岁,来自尼泊尔南部偏远古老的 Palung 镇。他是一位艺术家。阿米尔出生时没有他的胳膊和腿,所以他只能尝试用他的嘴画画和写出有力的诗。荷兰残疾人慈善机构卡鲁纳基金会于 2015 年在尼泊尔发生毁灭性地震后发现阿米尔。地震使得他的房子不安全。卡鲁纳基金会赞助他搬到首都加德满都,在那里他将自己定位为尼泊尔人的偶像。他开始学习英语和画画。阿米尔在搬家之前是在 Palung 镇的家庭中接受教育,每天都有老师来家里上课。他说他会坚强并忍受痛苦,他说道:"我不会和其他人谈论我的痛苦,而是会谈谈我的这些画作。"通过成为他人的榜样,阿米尔正在慢慢挑战关于残疾儿童和成人的潜力和能力的错误信念。他说:"我的老师对我说要画出我心中和梦中的东西"。

案例 4　柬埔寨的玛莎

玛莎今年 14 岁,出生后头上有一个超大的头骨,随着年龄的增长,她变得瘫痪。她的母亲说:"我们认为 Matha 无法学习,所以当我们忙着我们的农场时,我们就把她留在了家里"。英国残疾人慈善机构 ADD International 为玛莎安排了一名家教老师定期为她提供教育。玛莎的母亲说:"我感动的哭了,我发现我的小女孩很聪明! 当她告诉我们她想上学时,我的眼泪已经消失了,她以前从未告诉我们这件事。"玛莎去学校和其他孩子一起参加考试。她在 42 名学生中排名第四,现在已经开始上五年级了。她的母亲后来坚定了支持玛莎完成学业的决心,她说:"从去年开始,我就不需要自己把玛莎用轮椅推到学校了,因为她的同学现在每天都在帮忙!"

案例 5　肯尼亚的约翰

约翰今年 13 岁,来自肯尼亚西部的纳库鲁。他在 Bridge 国际学校 5 年级学习,他正在努力为初级毕业考试 KCPE 做准备。这次考试如果成功,则意味着他将能够顺利升入中学,约翰于 2015 年加入 Bridge 国际学校,在此之前,他面很多校园临歧视,以至于他有段时间非常排斥去学校学习,因为人们无法抛开他的轮椅看到他的天赋,智慧和活泼的性格。他年幼时患有脊髓灰质炎,这意味着他现在有一条腿比另一条短。而他的父母又是半文盲;妈妈是家庭主妇,爸爸是一名普通工人,他们无法给他提供合适的家庭教育和支持。约翰说:"Bridge 国际学校给我的生活带来了光明"。他最喜欢的科目是科学和技术,理查德希望他完成学业能去他想去内罗毕大学学习并成为一名工程师。

讨论

1. 以小组讨论形式探讨残疾儿童接受教育的价值和意义有哪些?
2. 以小组讨论形式探讨以下 5 个案例带来的启示有哪些?
3. 结合本案例分析我国残疾儿童在接受教育方面面临哪些障碍和压力?
4. 以小组讨论形式探讨如何提升我国《特殊教育提升计划》的实施成效?

【推荐阅读】

　　1. 李援. 中华人民共和国残疾人保障法解读[M]. 北京：中国法制出版社，2008.

　　2. 多吉才让. 中国特殊儿童社会福利[M]. 北京：中国社会出版社，2003.

　　3. 杨立雄、兰花. 中国残疾人社会保障制度[M]. 北京：人民出版社，2011.

　　4. 乔庆梅. 中国残疾儿童社会福利：发展、路径与反思[J]. 社会保障评论，2018(3).

　　5. 徐倩，周沛. 残疾儿童福利困境与"精准助残"发展策略——以无锡、荆州、西安、宝鸡四市调查为例[J]. 东岳论丛，2016(11).

　　6. 高圆圆. 残疾儿童福利制度转型思路探讨[J]. 残疾人研究，2013(4).

　　7. 姚建平，梁智. 从救助到福利——中国残疾儿童福利发展的路径分析[J]. 山东社会科学，2010(1).

　　8. 梁纪恒，王淑荣，吕明. "幼有所育""弱有所扶"——学前残疾儿童的教育问题与对策研究[J]. 中国特殊教育，2018(1).

　　9. 白瑞霞. 融合教育背景下残疾儿童随班就读的合理发展[J]. 中国教育学刊，2018(1).

　　10. 吴鹏飞. 论残疾儿童特别照顾权的实现[J]. 法律科学（西北政法大学学报），2016,(1).

【参考文献】

　　1. 刘继同. 中国特色儿童福利概念框架与儿童福利制度框架建构[J]. 人文杂志，2012(5).

　　2. Kahr, B. The sexual molestation of children：Historical perspectives [J]. Journal of Psychohistory , 1991,19(2).

　　3. Cantwell, H. B. The neglect of child neglect. In M. E. Helfer, R. S. Kempe, & R. D. Krugman (Eds.), The battered child[M]. Chicago, IL：The University of Chicago Press, 1997.

　　4. Stone, L. The family, sex and marriage in England[M]. Abr Ed. New York, NY：Harper Torchbooks, 1977.

　　5. Berk, L. E. Child development [M]. 4th edition. Needham Heights, MA：Allyn and Bacon, 1997.

　　6. 黄源协. 社会政策与社会立法[M]. 台北：双叶书廊有限公司，2016.

　　7. Hindman, H. D. Child labor in American history[M]. New York, NY：M. E. Sharpe, 2002.

　　8. Mathews, B. & Donald C. Mandatory Reporting Laws and the Identification of Severe Child Abuse and Neglect[M]. Netherlands：Springer, 2015.

　　9. 满小欧，李月娥. 美国儿童福利政策变革与儿童保护制度——从"自由放任"到"回归家庭"[J]. 国家行政学院学报，2014(4).

　　10. 王国羽，林昭吟. 障碍研究：理论与政策应用[M]. 台北：巨流图书股份有限公司，2012.

　　11. 许巧仙，丁勇. 试论残疾儿童权利的形成与发展[J]. 中国特殊教育，2014(9).

　　12. 李敬.《公约》对尊重和保护妇女儿童权益原则的体现[J]. 中国残疾人 2015(8).

　　13. 冯元，俞海宝. 我国特殊教育政策变迁的历史演进与路径依赖[J]. 教育学报，2017(3).

　　14. 彭华民，冯元. 中国残疾人特殊教育制度转型[J]. 南开学报（哲学社会科学版），2015(4).

第十二章　老年残疾人事业

【**本章学习要点**】

- 老年残疾人事业概述
- 老年残疾人口的状况和需求
- 老年残疾人事业的内容及发展方向

第一节　老年残疾人事业概述

一、老年残疾人的概念

老年残疾人的概念包含两个层面:其一是老年人,根据《老年人权益保障法》规定,年满60周岁及以上者为老年人。其二则是残疾人,2011年,世界卫生组织和世界银行联合发布了《世界残疾报告》(Word Report on Disability),将残疾定义为一种涵盖损伤、活动受限和参与局限在内的概括性术语。指出残疾是有某些健康状况(如脑瘫、唐氏综合征、抑郁症)的个体与个人因素和环境因素(如消极态度、使用公共交通设施和进入公共建筑障碍以及有限的社会支持)之间相互作用的消极方面。[1] 我国对残疾较为权威的定义源于2008年修订通过的《中华人民共和国残疾人保障法》,规定:"残疾人是指在心理、生理、人体结构上,某种组织、功能丧失或者不正常,全部或者部分丧失以正常方式从事某种活动能力的人。"[2]

结合以上两个层面的界定,本书将老年残疾人定义为已经年满60周岁,由于社会或个人因素导致的在心理、生理、人体结构上,某种组织、功能丧失或者不正常,全部或者部分丧失以正常方式从事某种活动能力的人。

二、老年残疾人口的数量规模

老年人口伴随老龄化进程高速增长,人口老龄化是老年学特有研究对象,实践中常常指生理上和心理上的衰老现象。据联合国估计,2020年老年人口将达到10亿,2050年,全球将有近20亿的老年人。如果说20世纪的老龄化主要发生在发达国家,那么进入21世纪,将有越来越多的发展中国家进入老龄化社会,而到21世纪中叶,世界上所有国家都

---

① 向泽锐. 基于轮椅使用者乘车能力的高速列车旅客界面优化设计研究[D]. 西南交通大学博士论文. 2016.
② 全国社会工作实务职业水平考试教材编写组. 社会工作实务中级[M]. 北京:中国社会出版社. 2018.

将进入老年型社会。①

按照国际通行标准,20世纪末中国60岁以上老年人口占总人口的比例已超过10%,中国人口年龄结构已开始进入老龄化阶段。根据2005年1‰人口抽样调查,中国60岁以上老年人口近1.44亿,占总人口比例的11.03%。其中65岁以上的人口为10 045万人,占总人口的7.69%。同经济发达国家相比,中国人口老龄化特点最突出的就是老龄化速度快,老年人数量多,地区差别大。据联合国统计,从1950年到20世纪90年代末,世界老年人数量增长了176%,中国的老年人数量增长了217%;预计到2025年,世界老年人口将增加90%,中国的老年人口则将增加111%。②

在人口老龄化加速推进的背景下,越来越多的人口将步入老年期,同时老年人口的致残风险也将急剧增大。第二次全国残疾人抽样调查数据显示,老年期致残人数占整个生命周期致残总数的37.56%,远高于儿童期和青年期。

表 12-1　全国残疾(含多重)人的残疾发现年龄

残疾人发现年龄(岁)	人数(人)	比例(%)
0～14	54 392	28.1
15～59	66 489	34.35
60+	72 700	37.56
60～64	13 931	7.2
65～69	17 065	8.82
70～74	17 210	8.89
75～79	13 633	7.04
80～84	7 499	3.87
85+	3 362	1.74

数据来源:根据第二次全国残疾人抽样调查数据计算整理而得,数据已进行四舍五入。

根据第二次全国残疾人抽样调查数据分析,60岁以上老年残疾人口调查数为85 260人,占残疾人总人口的52.8%,老年残疾人占老年人口的24.43%。老年人口属于高风险群体,既面临由于不可抗拒的衰老而导致的残疾风险,也面临各种不确定因素而导致的残疾风险。从社会角度来说,残疾风险主要表现为两种:一种是由于贫困、饥饿或者应对灾害、疾病的能力弱所产生的风险;另一方面表现为国家在走向富裕、处于社会经济发展过程中产生的风险,例如工伤、交通事故、体育运动伤害、社会压力、药物等因素造成的残疾。中国老年人口生活在社会经济快速发展的现代社会中,且有相当比例的人群处于贫困、应对危机能力较弱的状态,因此极易遭遇上述多重残疾风险。从个体因素来看,不良生活方式也是加大老年期致残风险的重要途径之一。此外,第二次全国残疾抽样调查数据显示,

---

① 陈功. 21世纪,我们用什么方式养老[J]. 前线. 2002(2).
② 王鑫. 要重视小区中的户外空间[J]. 晚晴,2008(6).

绝大部分残疾是由疾病所致,占 66.27%。其中,以白内障、老年痴呆、老年性耳聋、脑血管疾病等代表的老年性疾病已成为残疾人口与老年残疾人口的主要致残原因。衰老是人类无法抗拒的自然风险,在人口老龄化继续推进的趋势下,老年人口的致残风险将日益放大。

三、老年残疾人口的基本状况

1. 以年龄划分

依据国际惯例按年龄区分老年人人口,60~69 岁为进入老年的青年期,70~79 岁为老年的中年期,80 岁以上为超老年期(或称老老年期)。根据 2006 年调查数据,在老年残疾人群体内部,处于中年期的中龄老年人所占比重最高,为 43.72%;处于青年期的低龄老年残疾人所占比重次之,为 33.93%;而处于高龄期的高龄老年残疾人口比重不低且增长速度较快。[①]

2. 以性别划分

从性别角度分析,根据 2006 年调查数据,老年女性残疾人口数量及比重明显高于男性,老年残疾人口的女性化特征比较突出。不论在城市还是农村,均呈现出女性老年残疾人多于男性的特点。同时,低龄男性老年残疾人比例较高,但随着年龄的增加,女性老年残疾人比例逐渐超过男性,而且超出幅度越来越大,这一变化在农村尤为突出。女性老年残疾人数多于男性,可能与男女平均预期寿命差异及年龄性别残疾率有关。[②]

3. 以区域划分

从城乡角度分析,农村老年残疾人口数量及比重明显高于城镇水平。这充分表明中国老年残疾人口大部分生活在农村,农村老年残疾人是残疾老年群体的主体。[③] 但随着年龄的增加,生活在农村的老年残疾人比重逐渐下降。这可能有如下几种原因:其一,农村老年人残疾率高于城市。其二,受城乡人口老龄化、老年人口分布的影响,农村老年人口规模大于城市。其三,农村人口的平均预期寿命低于城市,农村老人的平均预期余寿也相应低于城市。因此,在农村老年人残疾率偏高、老年人口规模较大和平均预期余寿较短等因素影响下,中国绝大部分老年残疾人生活在农村,而且生活在农村的男性老年残疾人比例高于女性。但随着年龄的增长,生活在农村的老年残疾人比例有下降趋势。[④]

随着中国城镇化进程加快,城镇人口增加,农村人口却在持续减少。近年来大批农村青壮年流向城市,由此引发的农村人口老龄化和农村残疾人口老龄化问题逐渐凸显,老年人已构成农村残疾人的主体。

4. 以地域划分

从全国给地区残疾人口规模来看,排在前六位的省(区、市)依次:河南省、四川省、山东省、广东省、江苏省和河北省。从全国 31 个省(区、市)残疾人口老龄化状况来看,各省

① 张金峰,杨健. 中国老年残疾人口异质性分析[J]. 石家庄经济学院学员,2010(2).
② 杜鹏,杨慧. 中国老年残疾人口状况与康复需求[J]. 首都医科大学学报,2008(6).
③ 张金峰,杨健. 中国老年残疾人口异质性分析[J]. 石家庄经济学院学员,2010(2).
④ 杜鹏,杨慧. 中国老年残疾人口状况与康复需求[J]. 首都医科大学学报,2008(6).

(区、市)老年残疾人口占残疾人口比重在34%～64%之间,共有17个省(区、市)的相应比重超过50%,残疾人口老龄化状况总体上不容乐观。具体来看,残疾人口老龄化程度最为严重的五个省(区、市)依次为上海市、广西壮族自治区、北京市、浙江省及江苏省。[1]

四、老年残疾人的基本需求

"需求"可以表述为社会成员为了生存和福祉而产生的生理、心理、经济、文化和社会要求。

(一)老年残疾人的普遍性需求

1. 生理需求

生理上的需求是人类最原始、最基本的需求,如空气、水、吃饭、穿衣、性欲、住宅、医疗等等。[2] 如不得到满足,人类的生存就成了问题,老年残疾人的最基本需求同样也是生理需求。一般而言,老年残疾人较之于健全老年人来说,更难以依靠自己的力量获得生理上的满足。

2. 安全需求

对于老年残疾人来说,安全的需求主要包括生活稳定、免于灾难、希望未来有保障等。[3] 安全需求比生理需求较高一级,当生理需求得到满足后就需要保障安全需求。同大多数健全人一样,老年残疾人希望享有稳定的经济秩序、良好的政治格局、有序的社会氛围、健全的法律保障和全面的社会保险等,从而能够获得稳定的经济收入、能够顺利地规避各种风险,使得自己未来的生活有保障。

3. 社交需求

社交需求也叫爱与归属的需求,是指个人渴望得到家庭、团体、朋友、同事的关怀爱护理解,是对友情、爱情、信任、温暖的需要。社交需求比生理和安全需要更加细微、更难捉摸。与健全人相比,老年残疾人更加渴望获得来自亲人的关爱、朋友的温暖,渴望能够与社会更好地接触,因此不能阻止残疾老人与他人交往、参与社会活动,与此同时,作为家人应当给予他们更多的关怀。

4. 尊重的需求

尊重的需求可分为自尊、他尊和权力欲三类,包括自我尊重、自我评价以及尊重别人。受传统残疾人观的影响,在很长的历史时期内,残疾人都是被歧视与排斥的群体,很难受到别人的尊重。江泽民同志曾经全面、深刻地阐述了现代文明社会的残疾人观。他指出:"自有人类,就有残疾人。残疾,是人类发展进步过程中不可避免要付出的一种社会代价。"[4]残疾人渴望获得别人的尊重,而老年残疾人更加渴望获得他人的认可和尊重。

根据第二次全国残疾人抽样调查数据显示,有37.56%的残疾人是在60岁以后发现

---

① 张金峰,杨健. 中国老年残疾人口异质性分析[J]. 石家庄经济学院学员,2010(2).

② 张金峰,杨健. 中国老年残疾人口异质性分析[J]. 石家庄经济学院学员,2010(2).

③ 茹萍宗磊,傅传丹,张炯,王瑛,王浩. 在杭外来务工人员的归属感调查分析及对策研究——基于马斯洛需求层次模型分析[J]. 金田,2013.6.

④ 佚名. 社会工作实务中级复习(七)[EB/OL]. (2013-5-13)[2018-11-01]. http://wenku. baidu. com.

残疾现象的,他们曾经在工作岗位上发挥着自己的作用,获得家人、朋友、同事、邻居的认可和尊敬。但由于疾病、衰老或者其他突发状况而使身体出现残疾现象,所受的打击是无穷的,内心极其脆弱,他们更加需要获得来自周围人的尊重。

5. 自我实现的需求

自我实现的需求是最高等级的需求。任何一个人都有实现自我价值的渴望,老年人包括残疾老人同样如此,这是人的本能。老年残疾人具有老年人和残疾人的双重特质,在生理和心理上存在一定的弱势,他们在学习、工作能力方面都受到一定的限制,需要自身更坚定的意志和政府与社会的帮助才能实现自我价值。

(二)老年残疾人的特殊性需求

在基本需求之外,老年残疾人具有残疾人和老年人的双重特性,其生理和心理的特殊性,不可避免地产生一些特殊的需求。① 根据第二次全国残疾人抽样调查数据,老年残疾人口的基本需求涵盖了 13 个项目,其中有近 3/4 的残疾老人需要医疗服务与救助,其次是贫困残疾人救助与扶持、辅助器具、康复训练与服务以及生活服务,占据了排名的前五位。

第二节 老年残疾人事业的内容与现状

一、老年残疾人的经济扶持与救助

众所周知,残疾人因残疾而在社会生活中处于明显的不利地位,我国历史上就有救助、保护残疾人的传统。在有关人人平等、互相关怀的"大同"社会的描述中,可以推断出"鳏寡孤独废疾者皆有所养"的社会情况,尽管这种"皆有所养"建立在社会生产力极为低下的基础上。进入阶级社会后,历代王朝大都对残疾人采取了特殊的政策,给予不同程度的保护与关怀。秦汉中央集权的专制国家建立以后,历代政府继承并发展了前代的残疾人政策,使残疾人生活得到了一定程度的保障。北宋初建,即在京师建立名为福田院的机构,以收养老幼废疾。② 新中国成立以后,特别是改革开放以来,在继承我国扶弱济贫的历史传统并充分借鉴和吸收西方社会思想精髓的基础上,我国政府和社会对"残疾"、"残疾人"以及"残疾人权益"有了日益深入的理解和认知,不断强化对残疾人的经济扶持。尤其是对于老年残疾人,由于他们受到老年和残疾的双重压力,在经济上面临的困难会更多。不仅农村的老年残疾人苦于经济困难,最低生活保障尚且不能得到保证;即使在一些城市,残疾人服务事业也受到经济落后的严重制约,各地都有大量的残疾老人生活在贫困线以下。因此,对于老年残疾人,政府及社会应当通过制度化的社会保障,如社会救助等方式为其提供救助金和生活资料,以保障其基本生活。

① 赵建玲.老年残疾人家庭现状与需求特点分析[J].残疾人研究,2014(3).
② 王卫平.明清时期残疾人社会保障研究[J].江海学刊,2004(3).

二、老年残疾人的医疗卫生服务

根据第二次全国残疾人抽样调查数据,有 3/4 的老年残疾人有医疗卫生服务方面的需求。残疾人医疗卫生需求,一般在城市有比较好的保障,但在广大农村,残疾人的需求就很难得到满足。有关数据显示,当前居住在农村地区的老年残疾人比重远高于城市。因此,国家和社会应当采取相应措施发展农村医疗卫生服务事业,提高农村地区基层医生的医疗卫生服务水平,发展全科医疗服务。广泛深入地开展卫生宣传工作,提高医疗预防保护意识;控制不良的生活行为方式,减少疾病发生率,控制残疾现象的出现。目前我国实施的新型农村合作医疗服务已覆盖全国,为农村残疾人治疗疾病创造了有利条件,但除了大病可以得到优惠照顾,平常的小病都得自己花钱,尤其对于农村残疾老人来说,医疗康复很难得到一定程度的满足。当前,我国正在逐渐完善城乡居民医疗保险,全国一些省份将逐渐统合城镇居民医疗保险和新型农村合作医疗,并且将残疾康复费用纳入医保范畴,很大程度上了满足农村残疾老人的医疗卫生需求。

三、老年残疾人的辅助用品用具

改善和提高残疾人的生活质量,为他们提供必需的用品用具十分重要。在医疗康复机构和社区康复工作中,为残疾人配置适用的用品用具。在积极创建国家级、省级"社区康复示范区"的过程中,各地残联努力提升服务水平,免费为有特殊困难的残疾人安装普及型大腿和小腿假肢,为低视力者佩戴助视器,为其他有需求的残疾人提供矫形器和有关用品用具。但是,按照各类残疾人对辅助用品用具的数量和质量需求来看,差距是非常大的。尤其是在农村地区,很多农村残疾老人是很难获得这些辅助用品用具的。主要问题是辅具配置的网点少,机构往往等着残疾人"上门服务",对于农村的残疾老人来说,他们是很难自行前往这些网点的。与此同时,这些辅助用品用具一旦发生损坏,维修就成了很大的问题,缺乏一定的后续服务。当然,辅助用品用具的高费用也是阻拦很多残疾人,尤其是农村残疾人的一道沉重的门槛。对于多数残疾人家庭来说,他们或多或少都存在着经济上的困难,是较难承受起辅助用品的高昂价格的。

四、老年残疾人的无障碍环境

社会环境的种种障碍,不利于残疾人参与社会交往活动。其中城市道路、公共建筑物和居住的社区乃至家庭的物理性障碍,不仅使残疾人出门生畏,寸步难行,而且使越来越多的老年人和体弱者感到不便。残疾老人由于有着年老和残疾的双重特性,这些物理性障碍使得他们感到更加不便。广大残疾人及其家属,尤其是残疾老人及其家属迫切要求政府和社会为残疾人提供无障碍的生活环境。因此,帮助残疾人改造生活起居的环境,是残疾人事业管理的一项重要内容。无障碍环境是残疾人参与社会生活的基本条件,无障碍环境包括物质环境无障碍、信息和交流无障碍。物质环境无障碍主要是要求城市道路、公共建筑物和居住区的规划、设计、建设应方便残疾人使用和同行,如铺设盲道、设置交通音响信号装置等;信息和交流的无障碍主要是要求公共传播媒介应使听力语言和视力残疾人无障碍地获得信息,进行交流,包括影视字幕、盲文、手语等。① 但是,在我们现实生活中,我们可以看到,当前大多数城市还没有认真考虑残疾人的无障碍环境问题,中小城市和广大农村更无从谈起。即使在一些已开始进行无障碍设计、施工和改造的大城市,成效也不显著。在很多城市的道路两旁仍有残疾人通行的障碍,已修好的盲道被破坏或占用的现象经常可见。目前我国的公共交通设施基本都不具备让轮椅自主上车的装置设备,下肢残疾人若想自行乘坐公共汽车,几乎不太可能。因此,在城市全面推行无障碍环境设计规范还有很多困难,任重而道远。

因此,国家和广大社会成员应当关注无障碍环境设施的建设和完善,为广大的残疾人,包括残疾老人适应社会生活、参与和融入社会生活创造便利的条件。这也是衡量一个国家文明程度的重要指标。

五、老年残疾人的家庭照顾与支持

家庭是残疾人生息安养的幸福港湾,是我们了解残疾人问题的最好窗口,也是政府和社会提供残疾人服务的第一平台。社会转型期间,残疾人家庭承受着前所未有的经济、教养、照料和精神的压力。随着我国人口老龄化的加剧,残疾人老龄化和老年人残疾化的趋势越来越明显,老年残疾人规模庞大,所涉老年残疾人家庭的数量渐增。

老年残疾人兼有残疾人和老年人双重身份,属于弱势群体中的弱势群体,其所在的家庭由于目前所能获取的服务资源和支持有限,大多数都较为困难甚至处于难以为继的境地。不管是老年残疾人还是老年残疾人家庭,都需求社会保障和社会服务。在加快推进残疾人社会保障体系和服务体系建设的过程中,不仅要考虑老年残疾人自身的需求,还应该将整个残疾人家庭纳入政策考量范围,予以特别关照,多种支持。根据老年残疾人家庭的自身特点,充分考虑和尊重其需求的一般性和特殊性,并予以积极回应,为老年残疾人家庭提供与社会经济发展阶段相适应的专业周到的社会服务,使他们共享社会发展的成果。

(一)老年残疾人的家庭状况分析

在我国社会福利制度还不够完善的社会条件下,老年残疾人的养老压力主要由家人来承担,老年残疾人对其家庭的依赖性很强。首先从经济收入来源来看,老年残疾人由于退出劳动力市场失去自己的劳动所得,同时可以领取离退休金的比例很低,所以大多数人最主要的收入来源就是其他家庭成员的供养。其次,从生活照料来看,由于目前老年人社会福利制度不完善以及基础设施薄弱,很多老年残疾人无法从社会获得足够的医疗康复服务和生活照料,只能从所在的家庭获取。而且,从精神慰藉方面来看,家庭也是残疾老年人获取精神慰藉的主要场所,家庭成员的态度直接影响到老年残疾人的精神状态与幸福程度。

(二)老年残疾人的家庭收入水平

在人口流动加速、家庭日益核心化、家庭规模日益缩小等社会背景的影响下,家庭内部成员能够给予老年残疾人的照顾与支持更加有限,造成老年残疾人生活照顾方面的人

---

① 佚名.社会工作实务中级复习(七)[EB/OL].(2013-05-13)[2018-11-01].http://wenku.baidu.com.

力资源短缺。第二次残疾人口普查的数据显示,在60周岁以上未工作的老年残疾人的主要生活来源中,领取离退休金和基本生活费的比例仅分别为21.5%和5.5%,有财产性收入、保险收入和其他收入的占2%左右,而由家庭其他成员供养的比例高达71%。而且随着年龄的增长,老年残疾人口对家庭其他成员供养的依赖程度逐步加深,在80岁及以上的高龄组该比例达到76.8%。老年残疾人的家庭经济状况整体偏低,贫困发生率高,农村更低于城市,成为经济地位最为脆弱的人群。"二抽"数据显示,我国老年残疾人家庭户人均收入为3 246元,城市相应水平为5 904元,农村为2 261元,分别占城市和农村一般家庭收入的56.3%和69.5%。有相当高比例的老年残疾人家庭处于贫困线以下或贫困边缘,无论是与一般家庭相比,还是与一般老年人或一般残疾人相比,都有较大差距,导致其整个家庭的生活境况非常窘迫。

(三)老年残疾人的活动与参与能力

老年残疾人的活动与参与能力状况会直接影响到家庭成员需求提供的支持内容与程度。相关调研数据显示,老年残疾人的自理能力比较差,65.58%的老年残疾人在生活自理方面存在障碍,绝大多数视力残疾和肢体残疾的老人更是如此;4.83%的老年残疾人完全丧失自理能力,不能独立完成吃饭、穿衣、洗澡等基本生活内容,这一比例在85岁及以上年龄段更是占到9.97%,这对家庭成员提供照顾和支持的长期性和专业性提出了相应的要求。

(四)老年残疾人的婚姻状况

老年残疾人口的婚姻状况对其日常生活照顾和精神慰藉有着极其重要的作用,配偶往往是晚年生活的主要照料者和精神支柱。社会学的多项研究都发现,有配偶的老年人比丧偶或离婚状态下的老年人死亡率更低,预期寿命更长。2006年老年残疾人口的在婚率(含初婚有配偶和再婚有配偶)比例为55.6%,比一般老年人75.7%的比例低20个百分点,也低于2007—2012年度一般适龄残疾人63%左右的平均水平;而其他三种婚姻状况包括未婚、离婚和丧偶的比例之和为44.4%,尤其是丧偶的比例更是比一般老年人高出18个百分点。老年期是遭遇丧偶的高发期,对老年残疾人来说也是如此。从年龄分组来看,丧偶的比例随着年龄的增加明显升高,在75岁组达到55.44%,成为75岁及以上年龄组的主要婚姻形式。分性别来看,女性的丧偶比例接近六成,而男性的丧偶比例接近四分之一。可见,老年残疾人群的婚姻状况不容乐观,家庭照顾资源的充足性和提供能力受到严重制约。[①]

第三节 老年残疾人事业的发展方向

一、发展老年残疾人养老服务社会支持体系

党的十八大开启了全面建成小康社会新的伟大征程,揭开了实现人民幸福"中国梦"、

---

① 赵建玲.老年残疾人家庭现状与需求特点分析[J].残疾人研究,2014(3).

共创全国人民更加美好未来的重要发展阶段。因此，应当积极构建以满足老年残疾人家庭需求为取向的社会服务体系。建立起政府、社会、社区、残疾人家庭及残疾人个人的责任共担、多元参与理念。政府应承担整个社会保障和社会服务体系建设的主体责任，逐步建立主要包括基本生活、医疗康复、护理服务以及环境建设等内容的服务框架；同时充分动员和鼓励社区、社会非营利组织、志愿者等力量的广泛参与，共同分担责任，在政府的协调下分工合作，为老年残疾人及其家庭提供全方位的社会服务。①

（一）老年残疾人养老服务社会支持体系的内涵

伴随着我国人口老龄化的加速发展，老年残疾人的养老服务需求也在逐步增加，残疾人养老社会支持体系是必然要求。"互联网＋"时代下的养老理念是以社会制度为保证，运用互联网相关技术改造升级传统老年残疾人养老服务，拓展老年残疾人养老服务的产业链，进一步促进老年残疾人养老服务的模式革新、机制创新以及内容创新为老年残疾人提供尽可能多的养老服务项目及养老服务内容。"互联网＋"时代背景下残疾人养老服务的社会支持体系是一种通过互联网等方式构建的关于残疾人的网络养老服务系统，该系统的主体是多元化的，涵盖了政府、社区、民间的力量、非正式组织、残疾人本身和残疾人个人的社会关系。残疾人养老服务的社会支持体系较全，包含下面四个方面的内容：

第一，以信息技术如互联网、物联网为基础进行推进。该体系的主要目标是在现有的社会资源和社会力量基础上，促进信息技术如物联网、互联网等在老年残疾人养老服务领域中的广泛使用，以使老年残疾人多元养老的服务需求更好地得到满足，为他们的养老服务提供更好的社会支持。

第二，构建专业化的服务队伍、多样化的服务内容以及多元化的服务主体。老年残疾人养老服务的主体主要包括政府、社区、家庭和老年残疾人自身等；老年残疾人养老服务的对象是所有残疾人群体；在老年残疾人实际的养老服务需求下，养老服务模式正在从机构养老的模式向机构养老和居家养老这两种模式互相结合的多元模式转变；养老服务正向生活照料、医疗康复以及精神慰藉等综合服务转变。

第三，统筹多元化的养老服务模式。这种模式要整合家庭养老及社区照护的资源，构建老年残疾人的养老的社区网络服务的平台，发展"多元化的老年残疾人养老服务模式"，最终构建出以家庭、邻居、社区以及社会互相帮助的残疾人养老服务社会支持体系。这样既能使现有的养老服务能力有效增强，同时又扩大了养老服务的覆盖范围，并且能够集中大量的社会物力财力进行养老服务产业的投资。

第四，注重在社区老年残疾人的养老服务网络的增能效用。国内外老年残疾人养老的实际情况说明，老年残疾人主要是在社区获得养老服务。"网络增能效用"指的是在社区环境中，老年残疾人自身及其家人与社区的居民积极交流，能够获得养老服务信心以及养老服务的能力。主要是体现在医疗、教育、心理康复等方面。

（二）构建老年残疾人养老服务社会支持体系的途径与方法

构建残疾人养老服务社会支持体系是一个漫长的过程，需要考量互联网技术、经济、政治、文化及社会等各项因素，对残疾人的养老服务需求、养老服务社会支持资源的调配

①　张金峰.老年残疾人社会保障需求的性别差异研究[J].中华女子学院学报,2011(2).

进行有效考证,并遵循一定的途径与方法。

1. 以理念变革引导政策制定

理念是行动的先导,构建"普惠+特惠"残疾人养老服务社会支持体系必须从理念变革开始。首先,政府和社会要以现代残疾人观为基础,以残疾人权益保障为宗旨,确立"平等、参与、共享"的残疾人养老服务社会支持观念,赋予残疾人在自身养老服务中的角色观,树立养老服务社会支持资源的公平配置和有效管理者的角色观念。其次,需要发展残疾人的养老服务社会支持理念,残疾人要树立权利意识,认识到自己寻求养老服务社会支持的正当性,主动参与到残疾人养老服务社会支持体系的建构中。最后,政府和社会还要借助各类媒体,大力宣传残疾人权利理念,营造尊重、保护残疾人的社会氛围,为残疾人养老服务社会支持体系的构建提供良好的理念基础。

2. 政府责任优先与社会多元协作相结合

构建"普惠+特惠"残疾人养老服务社会支持体系的过程中,首先要确认首要责任者是政府。应明确政府的主导地位,建立健全保障制度。政府的主要职责:一是基于经济社会发展水平,在残疾人养老服务社会支持体系中,负责制定、确定和安排国家层面的残疾人养老服务社会支持发展规划、战略以及事业发展的基本制度。二是充分发挥制度的激励作用以及财政政策引导的作用,向老年残疾人提供有效的基本养老服务。通过不断建设法规体系,研究制订相关政策,构建长效的管理机制,建立稳定的经费保障机制等措施,不断促进、规范残疾人养老服务社会支持工作的发展。但是,这并不意味着构建残疾人养老服务社会支持体系是政府的独家责任。事实上,福利多元主义作为当代社会福利发展的必然趋势,对于我国残疾人养老服务社会支持体系的构建具有重要的借鉴意义。政府、企业、社区、非正式组织、家庭和个人都应该在这一过程中扮演重要角色。企业要树立社会责任意识,合理调配养老服务社会支持资源。养老机构要利用自身的优势,积极筹措养老服务资源,借助其先进的养老服务理念和专业化、职业化的养老服务方法,有效供给符合实际需求的残疾人养老服务。而家庭对残疾人的保护,尤其是对残疾人心理方面的支持是其他任何组织和机构都无法取代的。现代社会更要激活残疾人家庭的社会支持责任,帮助残疾人构筑温暖的避风港。

3. 基于需求导向开展相关社会服务

残疾人基本生活需求和社会发展需求是建立健全残疾人养老服务社会支持体系的基本导向,既考虑残疾人的共性需求,也考虑特性需求。由于残疾人的养老服务需求具有多元化、多层次性等特征,残疾人养老服务社会支持体系的内容应既包括生活照料、医疗康复等基本生活型养老服务社会支持,也包括教育、文化和政治等社会发展型养老服务的社会支持。一方面,保障残疾人的基本生活权益是建立健全残疾人养老服务社会支持体系的出发点,社会救助、生活照料、医疗康复、无障碍环境等服务的有效供给应该是残疾人养老服务社会支持的主要内容。其次,逐步发展社会发展型养老服务社会支持,诸如社会康复、文化服务等服务,推进发展型残疾人养老服务社会支持工作的顺利开展。再次,建立健全残疾人养老服务利益表达机制与政府回应机制,实现残疾人与政府、企业、非正式组织等社会支持主体之间的良好互动,实现残疾人养老服务社会支持决策参与网络的高效、便捷、透明运作。

4. 以社区为基础开展相关社会服务

残疾人养老服务相关的社会支持工作是离不开社区的。老年残疾人养老服务的社会支持工作的发展方向是社区化，需要大力整合社区服务资源以便为残疾人提供各项养老服务的支持。[①]

二、发展老年残疾人"医养结合"养老服务模式

"医养结合"养老模式是化解中国养老服务供求矛盾的创新思路，是应对人口老龄化程度日趋严重、满足老年人养老服务和医疗服务的双重需求的最佳养老模式。国外学者早就指出医疗卫生保障、康复服务、经济供养、生活照料和精神慰藉是养老服务的主要内容。2015 年，《关于推进医疗卫生与养老服务相结合的指导意见》和《全国医疗卫生服务体系规划纲要（2015—2020 年）》相继出台，"鼓励社会力量针对老年人健康养老需求，通过市场化运作方式，举办医养结合机构以及老年康复、老年护理等专业医疗机构"。经济"新常态"背景下，地方政府财力非常有限，单凭政府一己之力，很难完成"医养结合"养老机构的建设。2016 年 4 月 11 日，国家卫计委和民政部联合印发医养结合分工方案，明确要求对于符合条件的医养结合机构，各主管部门需按规定落实好相关支持政策，要拓宽市场化融资渠道，探索政府与社会资本合作（PPP）的投融资模式。

（一）"医养结合"养老模式的内涵及其构成要素

通过"医养结合"养老服务工作实践，相关学者和实际工作者对"医养结合"养老模式的内涵达成一定共识。

1. "医养结合"养老模式的内涵

"医养结合"养老模式是在对养老服务内容之间的关系进行重新审视的基础上，更加重视老年人的医疗、康复问题。在"医养结合"养老模式中，养老服务包含便捷的、专业的、低价的医疗诊断、康复训练、健康护理、心理康复等养老服务。在这种模式中，以医疗护理服务为重点，老年人不仅能得到完善的生活照料、精神慰藉等服务，还会享受到高质量的医疗诊治、重病康复训练等医疗康复服务。

2. "医养结合"养老模式的构成要素

第一，服务对象。医养结合的服务对象主要是患有慢性疾病老人、大病急病恢复期老人、老年残疾人以及绝症晚期老人等，他们可以获得集生活照料、康复护理、医疗诊断于一体的服务。第二，服务内容。"医养结合"养老服务的主要内容包括日常生活照料服务、精神慰藉服务、医疗诊治服务、大病康复服务、临终关怀服务等服务。第三，服务供给。"医养结合"养老服务要求社会化，需要有机结合政府、企事业单位、非营利组织、个人等多元主体，充分发挥各主体的积极性，最大化整合"医养结合"养老服务资源，各司其职，建立以政府为主导，社会力量充分参与的社会化"医养结合"养老服务体系。

（二）老年残疾人"医养结合"养老服务模式的发展路径

总体来看，老年残疾人"医养结合"养老服务模式在管理体制、资源配置与服务内容、资金筹措、人力资源等方面还有待发展。

---

① 郝涛，徐宏."互联网＋"时代背景下老年残疾人养老服务社会支持体系研究[J].山东社会科学.2016(4).

1. 建立完善的老年残疾人"医养结合"养老服务管理体制

"医养结合"养老服务工作处于起步阶段,相应管理体制不健全。目前,各级残联负责联络老年残疾人,普通养老机构的审批和管理由民政部门负责,社区居家养老服务则由老龄办进行组织实施,医疗卫生服务机构的认定和管理由卫生部门负责,医保报销工作属于社保部门的职责范畴。但是由于制度层面、行业差异、行政划分和财务分割等原因,老年残疾人"医养结合"养老服务工作需要残联、民政、卫生、老龄和社保等部门的介入,这些管理部门虽然职能分工明确,但职责交叉、业务交织的问题仍然存在。不仅导致人力、物力资源浪费,还由于部门之间考核标准的不一致,让老年残疾人"医养结合"养老服务工作不能统一基本标准,出现管理混乱。应当建立一个综合性的组织机构,改善这种"多头管理"或"多头不管"的局面,使得各部门在认识、调整和落实老年残疾人"医养结合"养老服务各项扶植政策时做到协调一致和横向整合。

2. 尽快建立老年残疾人"医养结合"养老服务的长效筹资机制

经过多年的发展,在各级政府和社会力量的积极参与下,传统的养老服务和医疗服务有了相对固定的筹资模式和相对稳定的资金来源。但是对于"医养结合"养老服务工作来说,由于处于起始阶段,缺乏长效筹资机制,导致"医养结合"养老服务模式目前还处于初始推广阶段。政府可以通过采取一次性建设财政补贴和运营补贴;土地划拨申报过程中实行绿色通道;及时给予适度的养老床位补贴等措施,以促进"医养结合"养老服务的长效筹资机制的建立。

3. 完善老年残疾人"医养结合"养老服务模式的资源配置

老年残疾人"医养结合"养老服务发展需要合理配置养老服务资源。现有养老机构的服务内容还不能满足老年残疾人对专业的生活照料、医疗诊治、康复训练服务的需求。截至 2015 年底,全国各类养老服务机构和设施 11.6 万个,各类养老床位 672.7 万张,尽管比上年增长 16.4%,但还是不能满足广大残疾老人的需求。另外,受传统观念的影响,未来残疾人养老的主要模式将会是居家养老服务。这就对专业生活照料、家政服务、康复训练服务、医疗护理服务、精神慰藉服务等提出了更多更高地要求。

4. 培养一批高层次的照护人员

缺乏训练有素的专业养老服务人员是老年残疾人"医养结合"养老服务工作面临的最重要问题之一。据估计,在 2015 年,我国需要养老照护员约 500 万人,而全国仅有 5 万余养老护理员持有专门证书,调查显示,希望由专业服务人员对自己提供养老服务的老年残疾人比例为 25.25%。由于对老年残疾人照护存在认识误区,服务人员大多只对老年残疾人提供日常生活照料服务,不够重视老年残疾人的专业康复技能和专业养老服务素养,目前老年残疾人照护培训项目极少。中国老年残疾人的专业"医养结合"养老服务人员的缺口较大,而"医养结合"养老服务人员的巨大缺口大多由家政人员、保姆等来弥补。而这一群体的主力基本是家庭贫困的"4050"农村妇女,他们文化程度低、专业性不强,不能满足老年残疾人专业需求。[1]

---

① 徐宏,江伊诺. 老年残疾人"医养结合"养老服务模式的实践困境与出路[J]. 湖南科技大学学报(社会科学版).2017(5).

三、实现公共服务均等化,维护农村残疾老人的社会权益

基本公共服务均等化是关于我国当前特定现实背景下的重大经济和社会热点问题,也是一个关于社会成员追求公平、正义和共享的关键问题。其实质在于政府要为全体社会成员提供基本而有保障的公共产品和公共服务,让全体社会成员享受水平大致相当的基本公共服务,以促进社会公平正义,使全体人民"学有所教、劳有所得、病有所医、老有所养、住有所居"。然而,由于历史和现实的诸多原因,特别是由于我国城乡经济社会二元结构,农村经济社会发展长期落后于城市,与城市相比农村残疾人的公共服务和社会保障发展滞后的现状非常突出。①

（一）农村残疾老人的贫困问题依然严重

农村贫困残疾人比重高,绝大多数集中在经济欠发达的中西部省份。据国家2005年对贫困人口的统计,残疾人占全国绝对贫困人口的42%,占相对贫困人口1/3。残疾人脱贫难,脱贫后又容易返贫。

农村的残疾老人面临的生活困境更加突出,伴随着我国城市化进程的不断加快,越来越多的农村青壮年流入城市,留在农村的往往都是一些留守老人、家庭妇女及未成年儿童,农村经济更加难以得到发展,农村公共服务更加难以得到满足。农村老人更加难以获得相应的社会服务和社会保障。②

（二）农村残疾老人社会保障水平低,城乡差距大

农村居民最低生活保障与新型农村合作医疗、新型农村社会养老保险一起构成了目前农村居民的三大社会保障支柱。按照一般制度与专项制度安排相结合的原则,农村残疾人社会保障项目不仅要包括针对普通农村居民的最低生活保障、新型农村合作医疗、新型农村社会养老保险、灾害救助、医疗救助、五保供养,还应该包括专门针对残疾人的专项保障制度,如残疾人特殊救助（康复救助、残疾人住房救助）和残疾人特殊服务保障（残疾人教育、残疾人就业服务、残疾人康复服务、生活照料与托养、残疾人社区服务）等。无论是在社会救助、社会保险还是在残疾人专项保障方面,均表现出农村残疾人社会保障供需矛盾突出、城乡差距大的特征。③

【本章小结】

本章首先从老年残疾人的基本概念、人口规模、生存现状的角度出发,探讨当前社会背景下,老年残疾人群体的基本需求及需求的满足程度。并且运用社会支持理论,思考构建残疾老年群体养老服务的有效途径。最后,本章就当前比较关注的"医养结合"养老模式进行深度讨论,并分析了当前农村残疾老人的生存困境,应当采取相应措施,缩小城乡差距,让更多农村残疾老人享受到公平的基本公共服务。

---

① 许琳,唐丽娜,张艳妮.基本公共服务均等化视角下的我国农村残疾人社会保障制度建设研究[J].西北大学学报(哲学社会科学版),2011(12).

② 程凯.我国农村残疾人社会保障的现状与对策[J].行政管理改革,2010(7).

③ 许琳,唐丽娜,张艳妮.基本公共服务均等化视角下的我国农村残疾人社会保障制度建设研究[J].西北大学学报(哲学社会科学版),2011(12).

【复习与思考】

    1. 老年残疾人的基本概念是什么？

    2. 分析老年残疾人口的基本状况。

    3. 结合生活实际，思考老年残疾人的基本需求。

    4. 老年残疾人事业管理的主要内容有哪些？

    5. 请解释"医养结合"养老模式的基本内容。

    6. 构建老年残疾人养老服务社会支持体系的途径与方法有哪些？

【案例分析与讨论】

老年残疾人，养老院都不愿收

    随着老龄化社会的到来，与养老有关的一切都引人关注。昨天，济南市民钟倩拨打"民声连线"，希望为老年残疾人提个建议。为提高老年残疾人的晚年幸福指数，她建议相关部门首先摸清我省老年残疾人的底数，并提供不同的引导服务；希望民办养老机构，也能接纳老年残疾人。

    今年 78 岁的李老先生，因为脑血栓导致的半侧肢体瘫痪已经 8 年，生活无法完全自理。瘫痪的前 6 年，比他小 3 岁的老伴还能照顾他；最近两年，老伴因为糖尿病导致的视网膜病变，视力急剧下降，几乎视物不清，两位老人都需要人照顾。
两位老人只有一个儿子。儿子要照顾自己的孩子还要工作，再照顾两位老人，分身乏术。儿子想把他们送进社会上办的一家养老院，老人一开始不愿去，等做通老人的工作找养老院了，养老院的老板又不愿接收了。

    这家养老院的老板告诉记者，她那里只接收健康老人，每人每月收费 2 500 元，工人基本上就是做做饭，洗洗衣服、晒晒被褥。"这些活也不少，因为我不敢多雇人，雇多了，连工资都开不出去，微利经营。"老板告诉记者，如果接收这两位不能自理的老人，她势必要多雇一个人，"一个人工资 2 500 元，这样他们需要每月支付 7 500 元，就是这样我也不愿收。比收健康老人费心多了！"最终李老先生的儿子，从农村找了一个人，每月支付 3 000 元，看护父母。

    李老先生一家的情况，是我们目前失能半失能老人居家养老的一个缩影。截至 2014 年底，我省失能、半失能老人达 375 万。而老年残疾人，显然比这个范围还要大：不仅包括肢体上残疾的老年人，还有精神上有残疾的老年人。从记者调查看，身有残疾或者精神残疾的老年人，他们的养老方式主要还是居家。

    呼吁建立残疾老年人信息库"老年人都说养老难，残疾老年人养老更难。"济南市民钟倩告诉记者，进入老龄化社会，养老需求出现爆棚，床位难求、资源吃紧、资金不足、设施滞后；作为特殊群体，老年残疾人需求更为旺盛，而养老项目单一、专业性弱、发展缓慢，市场需求矛盾凸显。

    "再一个，健康老年人还能买保险，残疾老年人根本没有机会买。"钟倩说，目前，我国的残疾人保险制度存在空白。同时，不管是居家养老，还是社区托老，当下都存在发展滞后的困境，跟不上社会发展的步伐。"社区托老，多数是以接收健康老年人为标准建设，针对性不足,服务层次低,组织不健全,市场化程度低。"

实际上由于公办养老机构稀缺,社会上办的民营养老机构对老年残疾人也有"歧视":遭遇"入住难",有些机构追求效益,甚至拒收老年残疾人。

鉴于残疾老人养老的现实,钟倩建议,我省能否打造一个"老年残疾人数据库",根据残疾人的需求变化与动态管理,提供相对应的社会服务。"我们可借鉴新加坡的做法,建立残疾人电子信息中心,从'摇篮'到'坟墓'分为九个不同的驿站,根据生命的不同阶段量身定做引导服务。"

针对一些民办养老机构"拒收"残疾老人的情况,钟倩建议,政府部门应出台措施,鼓励民办养老机构接收老年残疾人,并给予发放适当补贴。

同时建议应进一步加大专项资金投入,将养老服务纳入法制轨道,提升居家养老服务与社区托老服务的水准。引入社会力量,提升专业化服务水平,并为老年残疾人打造专门的服务项目,并以此将养老服务打造成标配模式。

针对三无、低保、特困救济、优抚、高龄、空巢等老年残疾人群体,钟倩建议政府部门应探索补贴制度。比如上海将创建"老年综合津贴制度",对"三无"老年残疾人、无业重度残疾人养老补贴,补贴应该适当倾斜。

她建议建立专业化为残疾老年人服务的社会组织,可政府购买服务、志愿者岗位、民办公助、公办民营,鼓励个人组织、企业、个人共同发展残疾人托老机构与养老机构。建立专业化、职业化、高效化的志愿服务队伍。[①]

讨论

1. 案例中提到"从记者调查看,身有残疾或者精神残疾的老年人,他们的养老方式主要还是居家。"你认同这样的观点吗? 请说出你的理由。

2. 请结合案例中所提到的面对残疾老人,社会各界的做法,联系生活实际,谈谈在当前人口老龄化社会背景下,失能半失能老年人口规模不断增加的情况下,政府、社会、社区、家庭应当各发挥怎样的职能,实现残疾老人的"老有所养,老有所乐。"

【推荐阅读】

1. 陈昫. 中国老年残疾人"精神养老"问题研究[M]. 北京:中国劳动社会保障出版社,2014(5).

2. 周沛,李静,陈静等. 残疾人社会福利[M]. 山东:山东人民出版社,2013(10).

3. 杨立雄、兰花. 中国残疾人社会保障制度[M]. 北京:人民出版社,2011(1).

4. 张金峰. 老年残疾人社会保障研究[M]. 上海:中国出版集团,2012(6).

5. 张金峰. 中国老年残疾人口康复服务问题研究[M]. 北京:中国劳动社会保障出版社,2014(2).

---

① 王晓峰. 老年残疾人,养老院都不愿收[EB/OL]. (2016 - 01 - 11)[2018 - 10 - 23]. http://news.163.com/16/0111/15/BD2EQL7F00014Q4P.html.

【参考文献】

1. 向泽锐.基于轮椅使用者乘车能力的高速列车旅客界面优化设计研究[D].西南交通大学博士论文,2016(5).

2. 全国社会工作实务职业水平考试教材编写组.社会工作实务中级[M].北京:中国社会出版社,2018(3).

3. 陈功.21世纪,我们用什么方式养老?[J].前线,2002(2).

4. 王鑫.要重视小区中的户外空间[J].晚晴,2008(6).

5. 张金峰,杨健.中国老年残疾人口异质性分析[J].石家庄经济学院学员,2010(2).

6. 杜鹏,杨慧.中国老年残疾人口状况与康复需求[J].首都医科大学学报,2008(6).

7. 茹萍宗磊,傅传丹,张炯,王瑛,王浩.在杭外来务工人员的归属感调查分析及对策研究——基于马斯洛需求层次模型分析[J].金田,2013(6).

8. 佚名.社会工作实务中级复习(七)[EB/OL].(2013-05-13)[2018-11-01].http://wenku.baidu.com.

9. 赵建玲.老年残疾人家庭现状与需求特点分析[J].残疾人研究,2014(3).

10. 王卫平.明清时期残疾人社会保障研究[J].江海学刊,2004(3).

11. 徐宏,江伊诺.老年残疾人"医养结合"养老服务模式的实践困境与出路[J].湖南科技大学学报(社会科学版),2017(5).

12. 赵建玲.老年残疾人家庭现状与需求特点分析[J].残疾人研究,2014(3).

13. 张金峰.老年残疾人社会保障需求的性别差异研究[J].中华女子学院学报,2011(2).

14. 郝涛,徐宏."互联网+"时代背景下老年残疾人养老服务社会支持体系研究[J].山东社会科学,2016(4).

第十三章　残疾人事业信息化建设

【本章学习要点】

- 残疾人事业信息化建设的目标
- 残疾人事业信息化建设的内容
- 残疾人事业信息化建设的现状与发展
- 信息技术在残疾人事业信息化建设中的应用

第一节　残疾人事业信息化建设概述

党的十九大指出①：我国社会主要矛盾已经转化为人民日益增长的美好生活需要和不平衡不充分的发展之间的矛盾。残疾人事业是中国特色社会主义事业的重要组成部分，我们必须看到，残疾人事业发展仍是我国经济社会发展中的短板，基本保障制度还不完备，公共服务能力还比较薄弱，城乡区域差别还比较大，发展的质量效益还不高②。下一步，我们要推动新时代残疾人事业更加充分、更加均衡地发展，为决胜全面建成小康社会、全面建设社会主义现代化强国作出贡献。当前，社会已经进入信息化时代，日益更新的信息技术不断驱动残疾人事业的快速发展，已成为残疾人谋福利的新手段、新途径，全社会要为残疾人创造条件，构建信息化建设体系，全面推进残疾人事业信息化建设的大发展。

一、残疾人事业信息化建设的必要性③

1. 信息化建设是残疾人事业提速增效的必然选择

信息化建设从客观上促进了残疾人工作资源的高效整合、促进了信息共享和业务协同。信息化建设使各级残联通过数据库，全面掌握辖区内残疾人信息，并可根据情况变化，随时更新信息，实现数据库的动态维护；有相应服务职责与能力的部门可以根据需求变化，及时提供人性化服务，促进信息资源的增值利用。信息化系统可以大幅度提高工作效率和成果的准确度。例如充分利用保障金征收系统可以根据单位用工情况、当地人均

---

① 人民网. 习近平在中国共产党第十九次全国代表大会上的报告[R/OL]. (2017 - 10 - 28)[2018 - 11 - 03]. http://cpc. people. com. cn/n1/2017/1028/c64094 - 29613660. html.

② 王晓慧,鲁勇. 中国残疾人事业已跃上新台阶——将全方位开创发展的新局面[N]. 华夏时报,2018(1).

③ 陈美英. 构筑信息化体系——助推残疾人事业[J]. 中国残疾人,2006(6).

年收入,直接获取该单位是否该缴保障金、应缴数额等数据,并可实时打印相关通知单等材料。残联门户网站可以将政府及相关部门为残疾人服务的政策措施及残联工作动态及时向社会公布,增强工作透明度。比如,扶助贫困残疾人政策的公布,使残疾人清楚了解申报条件、程序、扶助标准等内容;通过公布拟扶助对象名单,可以避免虚报、假报现象,提高扶助资金使用的精准性和公平性。

2. 信息化建设是新时代残疾人融入社会、享受发展红利的桥梁

信息化工作能够有效弥补残疾人的生理缺陷,有效弱化残疾人群体生理和心理的特殊性,使他们最大化地、更自然地融入社会,通过网络为社会创造更多价值,弱化他们对政府、社会的依赖度。信息的快速、完整传播能使残疾人了解到最新法规政策及扶持措施、工作动态,残疾人可以根据自身需求,选择相应服务,也可以对残疾人工作提出意见及建议。残联根据收集到的信息,研究普适性政策措施或个性化解决方案,从而实现残疾人与残疾人组织的无缝联系,提高残联的代表性、服务性,促进残疾人事业的民主化进程。

3. 信息化建设是新时代全社会参与残疾人事业的有力抓手

残疾人事业信息化建设能够让全社会更加全面、深入地了解残疾人工作,了解残疾人的现状和需求,感受残疾人自强不息、乐观向上的精神,激发社会更加强烈的助残意识,引导社会各方面力量共同参与残疾人事业,为残疾人提供更多更具针对性的帮扶。比如,企业可以根据信息网提供的残疾人学历、职业技能程度和求职愿望,提供适宜的就业岗位;社会培训机构可以根据残疾人的培训需求,提供菜单式培训等等。

二、残疾人事业信息化建设的目标

国务院关于印发《"十三五"国家信息化规划》的通知指出:当前我国信息化发展还存在的突出短板之一就是,针对残障人士等特殊人群的互联网服务发展缓慢、信息服务供给薄弱,数字鸿沟有扩大风险[①]。国家残联牵头出台的《残疾人事业信息化建设"十三五"实施方案》也明确指出:虽然残疾人信息化建设在"十二五"取得了突破性进展,但就全国范围来看,仍存在基础比较薄弱,信息化辅助管理和决策的作用没有充分发挥,标准体系尚不健全,数据交换共享不足,安全保障能力亟待提升,网站在统筹管理、服务资源整合、新技术应用与无障碍服务方面有待提升等诸多不足。这些短板和不足为我们筹划组织残疾人信息化建设指明努力的目标和方向。

为进一步加强信息化建设,根据《加快残疾人小康进程规划纲要(2016—2020 年)》,十三五期间,残疾人事业信息化建设的主要目标及措施如下[②]:

(1)加强残疾人人口基础信息、需求数据与服务状况、业务台账与统计等多数据资源的统筹规划与管理。统筹规划和开展现有康复、教育、就业、托养、扶贫、社会保障、权益维护等业务应用系统和数据资源的整合。逐步实现从项目导向转向以服务残疾人为核心的

---

① 中华人民共和国中央人民政府. 国务院关于印发"十三五"国家信息化规划的通知[EB/OL]. (2016 - 12 - 11)[2018 - 10 - 30]. http://www. gov. cn/zhengce/content/2016 - 12/27/content_5153411. htm.

② 中国残疾人联合会官方网站. 残疾人事业信息化建设"十三五"实施方案[EB/OL]. (2016 - 11 - 01)[2018 - 10 - 02]. http://www. cdpf. org. cn/zcwj/zxwj/201610/t20161025_571270. shtml.

信息化建设模式转变,创新业务管理模式和服务模式。在多源数据整合的基础上,结合业务决策和公共服务需求,开展残疾人人口基础信息、服务状况与需求信息、业务工作统计等数据的综合比较分析,为科学管理与决策提供支持。

（2）开展与国家人口基础信息库和相关政府部门涉残信息的交换共享,提高残疾人事业管理、服务、科学决策和可持续发展的能力。制定数据交换与共享目录,实现中国残联与省级残联业务系统的数据交换和共享。积极纳入国家数据资源共享机制,开展与教育、公安、民政、社会保障、住房、卫生、扶贫等部门的动态信息交换,准确掌握残疾人民生相关数据,为促进残疾人小康目标的实现提供精准支撑。

（3）加强中国残疾人服务网建设,推动"互联网＋助残服务"模式的探索和建立。进一步提升残联系统政务网站发布信息、解读政策、引导舆论的能力和水平,加强对残疾人事业主要业务领域信息服务资源挖掘,推进网上投诉、网上申报、网上建议、网上监督等网民互动服务。充分发挥中国残疾人服务网综合平台优势,汇聚残联系统和社会服务资源,重点围绕残疾人网上就业创业、扶贫、康复、教育、基层社区等开展"互联网＋助残服务"。探索残疾人基本公共服务"网上受理—协同办理—监督评价"模式,有效提高各级残联业务协同和公共服务能力。

（4）推动信息无障碍技术标准与评价体系建设,加强技术培训与应用示范。在中国残联、地方残联选择试点领域,逐步开展集约化网站建设示范。加强网络新媒体的运用,丰富面向残疾人的服务方式。加强网站无障碍服务能力建设,做好残联系统无障碍应用示范,积极推进政府网站的信息无障碍服务。

（5）建立和完善智能化残疾人证技术标准体系,支撑智能化残疾人证试点工作。建立健全全国统一的智能化残疾人证技术标准、技术管理规范体系。完成智能化残疾人证管理、认证和应用的相关系统建设,为地方试点提供技术支撑。推动试点地区探索依卡服务和刷卡结算管理模式。

三、残疾人事业信息化建设的原则

残疾人事业信息化建设要按照"完整、正确、统一、及时、安全"的总要求,坚持统一建设、应用为先、体制创新的基本原则,具体体现在以下五个方面：

1. 统一规划,统一建设

残疾人事业信息化建设需统筹考虑各类残疾人信息化建设工作,进行整体规划,做好顶层设计,制定统一、协调的信息化战略,制定切实可行的信息化整体解决方案,整体推进各项信息化建设任务,协调推进全国信息化建设进度,实现各项残疾人保障业务领域全程信息化,加强残疾人事业信息资源的整合协同,提高资源利用效率,避免重复建设。

2. 需求牵引,深化应用

残疾人事业信息化建设应立足于为残疾人服务,为实现残联组织与残疾人群体之间有效沟通,实现残联组织内部的沟通和协作,实现对残联下属机构、残疾人服务机构的管理,有效利用信息化技术,拓展为残疾人服务的渠道,提高为残疾人服务的水平、服务的质量。要从实际出发,充分了解残联的工作状况,了解相关政府部门、残疾人组织、残疾人服务机构、残疾人及亲属的实际需求,梳理工作流程,设计切合需求的业务信息系统,把信息化建设的重点从铺网络、建系统转移到提升残疾人保障服务能力和管理水平上来,提升对信息技术的应用创新能力。

3. 数据集中,服务延伸

以中央、省级和地市三级数据中心为依托,在前期建设成果的基础上,逐步向省市级集中过渡。通过信息网络将服务延伸到区县、乡镇、街道、社区和行政村,为广大残疾人提供更加便捷、高效的服务。

4. 标准统一,资源共享

严格执行残疾人事业信息化建设的统一技术标准,推动集约化建设,实现软硬件设备、网络等资源共享。加快信息资源的有效整合与共享交换,努力实现残疾人各保障系统间的业务协同。

5. 安全可靠,高效便捷

建立健全信息安全保障体系,建设统一的网络安全信任体系,完善网络与信息安全管理制度,强化信息资源和信息保护,健全安全防护体系,提高数据安全性和重要信息系统业务服务的连续性、稳定性。

第二节　残疾人事业信息化建设的内容

一、信息化建设规划

规划是指对重大的、全局性的、基本的、未来的目标、方针、任务的谋划,范围涉及大方向、总目标及其主要步骤、重大措施等方面。制定残疾人事业信息化建设规划时必须注意:

① 要用总揽全局的眼光,全面把握残疾人事业发展的大方向、总目标。立足全局,着眼未来,从宏观上考虑问题。② 规划长远目标要与确定近期任务紧密结合。③ 下级建设规划的总体框架要与上级规划保持一致,但在具体建设指标上可以根据地方情况进行设定。④ 增强建设规划的可预见性。

残疾人事业信息化建设规划内容通常包括以下五个方面:

1. 建设背景

这一部分主要是对上一建设周期建设情况的总结,主要阐述建设取得的成就和存在的主要问题。

2. 方向和目标

主要阐述在本建设周期内残疾人事业信息化建设的指导思想、建设方向、建设原则和拟实现的目标。

3. 计划与指标

对建设目标进行分解量化,明确每一阶段的实现指标和方法步骤,目的是将宏观目标落实到微观操作,是整个建设规划的核心内容和实施指导。

4. 约束和政策

主要明确在建设规划实施过程中,应对各种可能出现情况的政策制度,确保整个信息化建设规划如期按目标实现。

5. 其他需要明确事项

这一部分主要明确和实现信息化建设规划相关的重要事宜。

二、信息化组织建设

习近平总书记指出,信息化可以"如虎添翼"。时代的发展迫切需要把组织工作放在信息化的社会新格局中,积极对接信息化潮流。开展信息化建设,是组织部门是否具有现代管理意识和现代管理能力的重要体现。信息化组织建设,是确保残疾人事业信息化建设取得成功的组织保障。

1. 切实发挥信息化在组织建设中的重要作用

顺应时代信息化发展趋势,抢占网络信息先机,通过发挥组织系统各类信息库、系统专网、内部局域网、党建外网、互联网和远程教育网等库网优势,把组织建设、人才队伍建设等各项工作有机结合起来,创新组织工作方式方法,不断提高残疾人事业组织工作的科学化、信息化水平。

2. 切实加强组织领导,着力打造信息化建设队伍

首先,信息化建设是"一把手"工程,"一把手"要亲自担任信息化领导小组组长,要把握信息化建设方向,要统筹决策、开辟资源、营造环境、分管领导具体组织、狠抓落实,相关部门要积极配合、良性互动。信息化建设是残联系统各部门共同承担的一项重要职责,是统筹残联各方面业务的技术支撑平台和统筹服务平台。同时,要不断加强信息化技术人员的培养和建设;加强信息化知识培训、交流,提高人员的技术水平,培养一支精通信息技术、熟悉残联业务工作的人才队伍,为推动信息化组织建设提供人才和组织保证。

3. 全方位搭建组织工作信息化的高效服务平台

着力加强各类信息库建设,及时对各类数据库进行更新完善,为领导决策和工作开展提供最直接、最准确的参考数据。充分发挥中国残疾人服务网综合平台优势,汇聚残联系统和社会服务资源,重点开展"互联网+助残服务",探索残疾人基本公共服务模式,有效提高各级残联业务协同和公共服务能力。

三、信息化建设资金管理

各级残联要建立信息化建设经费投入长效机制,保障信息系统建设与资源整合、网站建设、信息无障碍、事业统计、信息安全等工作经费的落实。

为确保残疾人事业信息化建设资金落实到位,通常要出台明确的资金管理办法(方案),主要明确以下几个方面内容:

1. 总则部分

主要明确本办法(方案)出台的依据,资金来源、使用原则、职责分工、资金分配和预算编制。严格区分资金管理、使用、监督的相关部门的责任权利,确保资金流转全过程透明、高效、公平、公正。

2. 信息化建设资金支持内容

明确资金支持范围、支持对象和建设内容。

3. 执行流程和决策机制

用来明确资金支持项目指南、申报原则、申报流程、立项评审、项目确定、标书审核、资金下达、项目执行、进度跟踪、项目变更、项目验收、专家库管理等方面的具体内容。本部分是整个资金管理办法(方案)的核心内容,一定要做到内容详细、步骤合理、决策科学、指标量化、责任明确。

4. 监督管理和绩效评价

对资金使用过程进行信息公开、绩效评价、审计监督、责任追究、信用管理等方面的具体内容进行明确。

5. 附则部分

明确办法(方案)生效的起止时间等相关内容。

四、信息化管理制度建设

在信息化的建设中,信息化管理制度建设是保障。信息化为我们提供了科学、便捷、智能化的管理工具和手段,但信息化不是万能的,还要靠制度去保障、规范使用者的操作行为,建立设备和资源的保管、维护、使用制度,建立经费投入和保障机制,建立科学评价与反馈机制来确保信息系统的应用,是信息化建设的关键。

1. 信息化管理制度建设的重要地位日益突显

信息化管理信息系统建成只是信息化建设的第一步,信息化系统的正常运行、网络和数据的安全保障等等这些问题的解决,必须依赖制度化管理,只有通过制度对有关行为进行约束,才能确保信息化系统的正常稳定运行。残疾人事业信息化建设发展到一定阶段,建设重点就会从系统实施转向以应用提升为主,运维保障、安全机制变得重要起来。这时除了技术的保障外,制度保障更显得重要。

2. 残疾人信息化管理制度的主要内容

信息化管理制度是使信息系统正常运行和推广应用的规章制度,涉及计算机系统的使用、计算机机房的管理、计算机网络的管理、信息系统的使用和推广等。它通过规章化和内部法律化形式,建立使信息系统稳定、有效运行的运行机制。信息化管理制度的内容一般应该包括:目标(制定本项制度的目的)、范围(制度适用范围)、职责(制度涉及的人、部门的任务和职责)、具体的规定(制度要约束的具体内容)、奖惩(对维护和违反制度人、部门的奖励和惩罚的具体内容)。

五、软硬件建设项目

(一)基础设施建设

信息基础设施主要指光缆、微波、卫星、移动通信等网络设备设施,既是国家信息化建设的基础支撑,也是保证社会生产和人民生活的基本设施重要组成部分。2016 年 4 月召开的全国网络安全和信息化工作座谈会上,习主席强调①:"我们要加强信息基础设施建设,强化信息资源深度整合,打通经济社会发展的信息大动脉。"对于残疾人事业信息化建设来讲,要主动对接国家光纤到户网络改造和骨干网优化升级计划,全面推进残疾人信息系统网络建设,基本建成技术先进、高速畅通、安全可靠、覆盖城乡、服务便捷的宽带网络基础设施体系。充分发挥网络建设在残疾人事业信息化建设中的根基作用,基础设施建设可从三方面去推进。

1. 加速完善新一代高速光纤网络

持续推进互联网骨干网和城域网结构优化和关键环节扩容,积极构建高速传送、灵活调度和智能适配的骨干传输网络,超前布局下一代互联网,大幅提升流量疏通能力和业务承载能力②。

2. 加快建设先进移动宽带网

持续加强城镇地区移动宽带网络深度覆盖,做好重要场景和热点地区 5G 演进技术部署,提升用户高速移动数据服务体验。继续扩大农村地区 4G 网络覆盖广度。

3. 积极构建全球化网络设施,统筹部署高水平应用基础设施

统筹大型数据中心部署,积极推进云计算平台建设,支持残疾人各类服务管理信息系统和信息化应用平台向云平台迁移。鼓励采用云计算和大数据等技术,提升服务业务支撑、网络管理等系统服务能力。

(二)网站建设

在已建成的中国残疾人网、各级残联门户网站、就业信息网等网站的基础上,应积极采取措施,进一步加大网站在残疾人群中的宣传力度、服务力度和运用广度,充分利用移动互联网技术,促进现有网站向移动互联平台转化,加强微信公众号等移动新媒体的开发利用。

1. 加大现有网站的升级改造

适应信息化建设需求,及时采用最新的网站开发技术,对现有网站进行升级改造,包括:重新设计网站页面、优化网站栏目结构、新增网站功能等内容,在升级改造过程中,要始终坚持服务效率至上、宣传受众广泛、简单通俗易用、互动实时高效的原则,兼顾各类残疾人使用习惯。

2. 积极开发移动互联新平台

当前,移动互联网的接入用户已大大超过传统宽带用户数量,应借助移动互联网的便捷性、便携性、即时性、定向性、精准性和感触性这六大特性,充分发挥移动新媒体接入方便、不受时空限制的优势,从残疾人的需求出发,进一步提高残疾人服务质量。移动平台对于具有交流障碍、肢体残疾等出行不便的残疾人而言,具有相当的便捷性和实用性,且可结合不同的残疾人类型,在使用上提供不同的解决方案,使得不同类型的残疾人都能够

---

① 人民网. 习近平关于互联网的 20 句论断[EB/OL]. (2017 - 12 - 04)[2018 - 10 - 28]. http://media. people. com. cn/n1/2017/1204/c40606 - 29684081. htm.

② 新华网. 信息基础设施三年行动:投资 1.2 万亿完善四重点[EB/OL]. (2017 - 01 - 13)[2018 - 11 - 01]. http://www. xinhuanet. com//fortune/2017 - 01/13/c_1120304531. htm.

很方便地在这个系统中得到服务。

此外,移动平台的开发还有以下几点好处:一是提高残联工作人员办事效率。借助移动互联网平台,残疾人可以在足不出户的情况下,24 小时享受残联的在线服务。不管是就业服务、康复指导还是教育培训等内容,残疾人只需要在移动互联网平台就能够直接获取相关信息和在线服务。残联工作人员也能够随时随地快速响应工作要求,即刻回应残疾人的在线咨询,提高残联服务残疾人的工作效率。二是促进残疾人之间的互动沟通,让残疾人的世界更加阳光精彩。残疾人也有交流的欲望,也有沟通的需求,但是由于身体的原因,他们大多被限制在了一个狭小的世界当中,获取的信息有很大局限性。但是虚拟世界不仅能够保护好他们的自尊心,树立他们的自信,还能给他们一个广阔的交流空间,让他们展现出自己的另外一面。三是残疾人信息反馈更有效。残疾人可随时借助移动互联平台将自己的所需所恼所困所想第一时间反馈给社会和残联。一方面能够将残疾人的心声更好地传达,避免了残联与残疾人之间的信息传递的滞后和不完整性,另一方面类似匿名功能的设置可以保护残疾人的隐私和安全。

（三）升级内部办公网络,推动办公自动化深入发展

办公室自动化平台、业务系统平台建设,大大提高了各级残联的工作效率,节约了大量宝贵资源,对近年来我国残疾人事业快速发展起到了极大的促进作用。抓好残疾人事业信息化建设,首先要求各级残联聚焦关注新平台、新技术的运用,及时对现有平台进行升级改造。信息技术发展日新月异,新的办公软件系统、云处理技术、区块链技术、信息传输技术、人工智能技术等给办公自动化带来了革命性的变革,给工作效率带来成倍的提高,进一步提高办公效率、服务质量,降低人工成本,就必须定期对办公自动化系统进行升级改造。其次,在国家、省市级残联已经实现办公自动化的同时,要将网络延伸下去。以区县残联为中心,连接各镇、街道、社区残联的内部办公网络,引入 OA 系统,设立机关管理、文件办理、信息发送、视频会议等功能,实现办公自动化,日常工作管理规范化。第三,在提升软硬件性能的同时,要抓好人员素质的提高。在升级系统性能的同时,要积极开展与之相配套的技能培训、业务考核、绩效评价等监督激励活动,切实实现"人＋系统"效能耦合,大幅提升工作绩效和服务质量。

（四）数据库建设①

残疾人大数据建设,是保证残疾人各项政策措施有效落实的途径,也是从根本上解决残疾人需求和服务状况底数不清、情况不明、针对性不强等问题的有效手段,对加快推进残疾人全面小康进程具有十分重要的意义。

1. 加强技术标准和管理规范建设

重点推进残疾人数据整合集成、传输交换、共享开放、应用支撑、数据质量与信息安全等方面标准规范的制定和实施。

（1）标准体系建设:建立全国信息资源目录和信息资源交换规范,制定各类指标体系、运行管理标准、系统建设开发标准,实现基础数据库的共享访问和授权管理。

---

① 中国残疾人联合会网.残疾人人口基础数据库管理系统[EB/OL].(2016-01-31)[2018-10-27]. http://www.cdpf.org.cn/special/renkouku/bzgf.htm.

（2）部门协调与信息共享制度：建立跨部门的协调机制，实现信息共享与交流。

（3）数据采集与发布制度：建立包括数据的收集、传输、处理、发布、质量控制制度等。

（4）数据库系统运行维护制度：建立包括系统运行和维护时期的各类制度、规范等。

2. 建设残疾人基础数据库

以残疾证换发为契机，建设残疾人基础数据库，实现对残疾人人口数据的标准化管理，为残联各项业务数据的存储、处理和分析提供支持；同时，统一中央和省两级的数据管理体系架构和两级数据交换存储方式，建立相关部委间横向的信息共享机制。

3. 基于残疾人人口基础数据库的扩展应用

（1）残疾人人口基础数据库能够支持中央、省及地方各级残疾人相关的管理和业务以及全局的数据统计及挖掘业务。

（2）残障知识挖掘：以残疾人人口基础数据库为基础，有效的利用残疾人教育、就业等方面的数据，为残疾人工作决策提供支持，为残疾人提供个性化服务。

（3）信息融合：以残疾人人口基础数据库为基础，对与残疾人相关的各类信息，包括个人信息、康复信息、教育信息、就业信息等进行多角度、多层次的智能处理与融合，从而为社会化残疾人信息服务平台的构建和残疾人个性化信息服务的实现提供一个信息基础。

4. 保障体系的建设

（1）完善中央和省级残联数中心建设：采用统一的安全体系和运行规范，建立中央、省两级数据交换平台与共享机制，完善中央、省两级数据中心的运行环境，确保电子政务平台与业务管理系统的正常运行。

（2）加强队伍建设：残疾人数据库建设是涉及计算机技术、数据库技术、网络通信技术、管理科学等学科和技能的计算机集成系统。要使系统建设和运行能够达到预期的目标，需要建立一支既熟悉残联业务知识，又掌握计算机技术的高素质的信息骨干队伍。

六、信息无障碍建设

信息无障碍建设是一项民生工程，是国家社会人文关怀精神要求，是全面信息化社会的建设内容，是实现行业全面协调可持续发展的必要途径，也是缩小数字鸿沟、建立公平信息社会事业的一部分。信息无障碍是我国信息化发展规划中的重要组成部分，也是我国社会主义现代化建设事业进程中的主要内容，大力推进信息无障碍事业的发展、为广大残疾人无障碍地获取信息服务、使广大残障人士能够平等地参与到社会活动中来，既是新时期社会发展进步的具体体现，也是弘扬人道主义精神、保障残疾人合法权益，享受现代文明生活的内在要求。从有信息无障碍概念以来，我国政府就一直重视信息交流无障碍建设，充分考虑残疾人、老年人等社会特殊群体及全社会信息交流无障碍需求，从法规、规划、政策、标准、技术和产品研发等多层面采取措施切实推进该项工作①。

---

① 人民网.美丽中国——中国政务信息无障碍公益行动专题［EB/OL］.（2013 - 05 - 31）［2018 - 11 - 28］. http://wza. people. com. cn/wza2013/zhicheng. php

1. 完善信息无障碍法律法规,推出信息无障碍标准化体系

首先,在我国现有法律法规的基础上,对其内容的缺失和不足进行完善,对信息无障碍的内容进行完整、具体的定义,确保信息无障碍建设能够有法可依。其次,加快地方性法规的制定,在地方性法规制定中加入自身城市特色,并与其他信息无障碍法规相匹配。与此同时,充分借鉴国外发达国家的经验,制定专门针对特殊人群的法律法规,进一步保障特殊人群的权利和权益。最后,积极推进信息无障碍的标准化体系建设,制定信息无障碍标准化的思路。信息无障碍的标准建设是信息无障碍工作实施的核心问题,不仅对信息行业的无障碍建设有指导意义,也保障了特殊人群的切身利益。按照信息无障碍法律法规的规定,在原有的《信息无障碍身体机能差异人群网站设计无障碍要求》和《信息无障碍身体机能差异人群网站设计无障碍评级测试方法》的基础上,进一步完善我国信息无障碍化标准体系。

2. 创新科技力量,提升技术水平

科学技术是第一生产力,是信息无障碍化发展的硬道理。首先,完善信息无障碍技术,不断提升信息检索功能、信息自动处理、网页界面设计等技术以及注重非文本元素、标记语言和标题属性等方面的技术提高,才能从根本上解决信息无障碍的技术问题。其次,立足自身情况,深入研究互联网信息无障碍技术要求,加强各种适用于特殊人群使用的互联网产品的研发,不断推出易学易用的信息无障碍产品。再则,搭建国内外信息无障碍技术、产品研发的交流平台,以便借鉴国外先进的科技技术,提升自身科技水平。最后,加强自主创新,结合国内现实情况,开发出适用于特殊人群的先进实用的无障碍产品,为信息无障碍提供坚实的技术保障①。

3. 加强人才培养,提升综合素质

高科技、高素质人才是信息无障碍建设的最重要元素之一,培养信息无障碍建设的专业性人才是当下最重要的问题。首先,创新人才培养模式,加强信息无障碍技术的技能培训,使每个受训的人都能进行无障碍产品的设计和实际操作等专项人才;完善人才保障机制,加强对无障碍技术相关人才的培养和监管,及时研究解决新出现的问题和情况。其次,鼓励教育领域和企业、政府合作,将无障碍理念和意识加注到专业教育领域中,培育人才的综合素养。再则,完善人才引进的政策和国内工作环境,创造一个宽松愉悦的氛围,吸引和留住高素质人才。

4. 加大资金投入,引领企业参与

资金是信息无障碍工作和研究开展的前提,也是信息无障碍工作能否完成的保障。首先,政府加大资金的支持力度,可借鉴国外经验,在产品流入市场前,政府用资金购买大量的信息无障碍设施与技术,提供项目的立项和资金的帮扶。其次,政府可将信息无障碍作为专项计划纳入规划建设之中,为信息无障碍事业提供专项基金。采取无偿资助和补助等多种方式加大政府资金的支持力度,引导社会投资,支持信息无障碍的技术和产品的开发。再则,加快建立财政出资和社会资金投入等多种担保体系,加大对信息无障碍企业的融资担保力度。推动金融机构对技术先进、带动支撑作用强的重大信息无障碍项目给

① 谢汶倩. 针对特殊人群互联网产品信息无障碍化研究[D].西南大学硕士论文,2015.

予信贷支持。最后,政府和企业搭建合作交流平台,激励企业注入资金。鼓励大企业大力开展信息无障碍技术研究和产品研发,鼓励大企业将研究成果推广普及并与小企业分享,扶持小企业也加入到研究阵营中来①。

第三节　残疾人事业信息化建设现状与发展

一、我国残疾人事业信息化建设的现状

（一）残联信息网站开通率

残疾人事业信息化建设相关数据从 2008 年开始统计发布,因此此处选取 2008—2015年残联系统门户网站开通数,计算省级、地市级和县级残联信息网站开通率如下表所示。

表 13 - 1　2008—2015 年三级行政残联信息网站开通率　　　　　单位：%

年份	残联信息网站开通率		
	省级	地市级	县级
2008	87.88	55.59	20.22
2009	100.00	62.50	28.95
2010	100.00	71.31	30.98
2011	100.00	73.74	36.39
2012	100.00	75.56	39.85
2013	100.00	76.94	41.81
2014	100.00	80.00	43.56
2015	100.00	79.67	44.84

数据来源：中国残疾人联合会.中国残疾人事业统计年鉴[M].北京：中国统计出版社,2009—2016.

注：残联信息网站开通率为报告期内开通网站的省、地市或者县残联数占区域内省、地市或者县残联总数的比重。

由表 13 - 1,无论是省级、地市级还是县级,残联信息网站开通率均呈现上升趋势,其中省级信息网站开通率呈现先上升后持平的态势。2008 年度,仅有西藏、宁夏、新疆的省级信息网站未开通,此时的网站开通率为87.88%,到 2009 年,信息网站开通率达到100%;地市级、县级残联信息网站开通率呈现持续上升的态势,2008 年,地市级残联信息网站开通率为55.59%,到 2015 年上升至 79.67,县级残联信息网站开通率从 2008 年的20.11%上升至2015 年的44.84%。地市级和县级残联尤其是县级残联信息网站开通率还有较大提升空间。

（二）中残联门户网站浏览量

中国残疾人联合会官方门户网站（以下简称中残联门户网站）作为残疾人事业权威的

---

①　谢汶倩.针对特殊人群互联网产品信息无障碍化研究[D].西南大学硕士论文,2015.

信息发布平台和服务窗口,在 2002 年度正式开通后,分别于 2008 年和 2015 年经历了两次全面改版,此时门户网站浏览量分别为 1.2 亿和 16 亿次,达到八年间浏览量的最高水平,如表 13 - 2 所示。

表 13 - 2　2008—2015 年中残联门户网站浏览数据表　　　　单位:亿次;%

年份	浏览量	增长率
2008	1.2	—
2009	0.24	−80.33
2010	0.25	5.08
2011	0.31	25
2012	0.35	11.29
2013	0.69	100
2014	0.75	8.84
2015	1.6	113.05

数据来源:中国残疾人联合会.中国残疾人事业统计年鉴[M].北京:中国统计出版社,2009—2016.

为避免网站改版带来浏览量的"虚假"激增,仅选取 2009—2014 年网站浏览数据进行分析。由表 13 - 2 可见,2014 年中残联门户网站浏览量为 0.75 亿,较 2009 年增加了 212.5 个百分点,增长速度较快。从上升过程来看,网站浏览量呈现持续上升态势,其中 2013 年、2015 年增长速度快,一年间共增长了 100 个百分点和 113.05 个百分点;其次为 2011 年,增长率为 25%。总体来看,社会各界对残疾人事业关注度逐年增强,残疾人事业发展得到了进一步推进。

(三)省级残联网站发稿量

2008—2015 年省级网站发稿量虽略有波动,但整体表现出较为明显的上升趋势,具体如表 13 - 3 所示。

表 13 - 3　2008—2015 年省级残联网站发稿量　　　　单位:篇,%

年份	省级残联网站发稿量	增长率	变异系数
2008	62 643	—	—
2009	55 624	−11.20	0.92
2010	53 618	−3.61	0.82
2011	60 126	12.14	0.91
2012	69 888	16.24	0.94
2013	71 024	1.63	0.91
2014	70 293	−1.03	0.99
2015	73 626	4.74	2.73

数据来源:中国残疾人联合会.中国残疾人事业统计年鉴[M].北京:中国统计出版社,2009—2016.

由表 13-3 所示,省级残联网站发稿量从 2008 年度的 62 643 篇上升至 2015 年的 73 626 篇,上升了 17.53 个百分点。分区间来看,2008—2010 年为下降区间,其中 2009 年下降最快,一年间下降了 11.20 个百分点;2010 年下降最慢,但发稿量为 53 618 篇,为八年间的最低值;2010—2012 年为上升区间,其增长率分别为 12.14% 和 16.24%,发稿量分别上升至 60 126 篇和 69 888 篇;2012—2015 年为略微波动年份,网站发稿量变动幅度不大,变动率均在 5% 之内。

为研究网站发稿量在省际间的差异情况,分别计算 2009—2015 年的变异系数(2008年西藏、宁夏、新疆未建立省级网站,缺少数据对比,因此舍去 2008 年数据),结果表明:2009—2014 年间,网站发稿量省际间差距波动较小,变异系数在 0.82~0.99 的范围内上下波动;到 2015 年度,变异系数骤升至 2.73,且系数值远远大于临界值 0.5。综合来看,残联网站发稿量存在明显的省际间不平衡,且这种不平衡趋势在不断扩大。

(四)残联信息化培训数量

由于残疾人信息服务培训为 2009 年新增项目,因此选择 2009—2015 年数据进行分析,如表 13-4 所示。

表 13-4　2009—2015 年残联信息化培训数量　　　　　单位:期,%

年份	培训班	增长率	省级培训班	增长率	地市级培训班	增长率
2009	298	—	32	—	266	—
2010	289	−3.02	50	56.25	239	−10.15
2011	380	31.49	36	−28.00	344	43.93
2012	386	1.58	44	22.22	342	−0.58
2013	695	80.05	43	−2.27	652	90.64
2014	724	4.17	32	−25.58	692	6.13
2015	382	−47.24	35	9.38	347	−49.86

数据来源:中国残疾人联合会. 中国残疾人事业统计年鉴[M]. 北京:中国统计出版社,2009—2016.

由表 13-4 可知,2015 年全国残联共举办信息工作培训班 382 期,与 2009 年的 298期相比,上升了 28.19 个百分点。从上升过程来看,2009—2014 年为上升区间,除 2010年度下降了 3.02 个百分点之外,其余年份均显著上升;2014—2015 年为下降区间,举办的信息工作培训班从 2014 年的 724 期下降至 2015 年的 298 期,下降了 47.24 个百分点。按照省级和地市级残联进行划分分析发现,省级残联举办的信息培训班期数较少,变动范围不大,七年间举办的培训班数均在 30~50 期内上下波动,并于 2010 年度达到峰值 50期,2009 年与 2014 年达到最低值 32 期;地市级残联举办的信息培训班期数波动上升,从 2009 年的 266 期上升至 2015 年的 347 期,上升了 30.45 个百分点。分时段来看,2009—2010 年为下降区间,一年内共下降了 10.15 个百分点,达到最低值 239 期;2010—2014 年为波动上升区间,除 2012 年相比上升了 90.64 个百分点,达到 52 期,其次为 2011 年度 43.93% 的增长率,2014 年上升最慢,较 2013 年仅上升了 6.13 个百分点。2014—2015 年为骤降区间,地市级残联举办的信息培训班期数从 2014 年的 692 期下降至 2015 年的

347 期,下降了 49.86 个百分点。

(五)残联信息化培训普及率

2009—2015 年残疾人信息服务培训情况,如下表所示。

表 13 - 5　2009—2015 年残疾人信息服务培训普及率　　　　单位:%

年份	培训普及率	增长率
2009	0.005 6	—
2010	0.009	60.55
2011	0.012 7	42.2
2012	0.014	10.36
2013	0.014 8	5.89
2014	0.013 7	−7.81
2015	0.013 8	0.73

数据来源:中国残疾人联合会.中国残疾人事业统计年鉴[M].北京:中国统计出版社,2009—2016.

　　由表中数据可知,2015 年残疾人信息服务培训普及率为 0.013 8%,与 2009 年度相比上升了 0.008 2 个百分点。从上升过程来看,除 2014 年度下降了 7.81 个百分点之外,其余年份均显著上升。其中,残疾人信息服务培训普及率在 2010 年度增长最快,达到0.009%;其次为 2011 年;2015 年增长最慢。综合来看,尽管七年间残疾人信息服务培训普及率呈现出上升趋势,但普及率总体偏低,亟待提高。

(六)地市级网站建设情况

　　选取 2008 年,2011 年,2015 年度地市级网站建设数据来反映信息网站八年间的变化情况,如表 13 - 6 所示。

表 13 - 6　不同年份地市级残联信息网站开通率省级比较　　　　单位:%

地区	残联信息网站开通率			增长率
	2008 年	2011 年	2015 年	2008—2015 年
河北	45.45	90.91	90.91	100.02
山西	54.55	81.82	100.00	83.32
内蒙古	8.33	58.33	58.33	600.28
辽宁	78.57	100.00	100.00	27.28
吉林	77.78	88.89	90.00	15.71
黑龙江	13.64	31.82	27.27	99.95
江苏	100.00	100.00	100.00	0.00
浙江	100.00	100.00	100.00	0.00
安徽	70.59	93.75	100.00	41.66

（续表）

地区	残联信息网站开通率			增长率
	2008 年	2011 年	2015 年	2008—2015 年
福建	66.67	100.00	100.00	49.99
江西	45.45	72.73	63.64	40.01
山东	88.24	100.00	100.00	13.33
河南	38.89	38.89	61.11	57.14
湖北	69.23	84.62	100.00	44.45
湖南	42.86	92.86	92.86	116.65
广东	80.95	100.00	100.00	23.53
广西	26.67	93.33	100.00	274.95
海南	50.00	33.33	100.00	100.00
四川	80.00	75.00	90.48	13.10
贵州	66.67	77.78	33.33	−50.00
云南	56.25	62.50	75.00	33.33
陕西	80.00	100.00	100.00	25.00
甘肃	93.33	93.33	93.33	0.00
青海	0.00	0.00	50.00	—
宁夏	0.00	0.00	80.00	—
新疆	25.00	32.14	53.57	114.29

数据来源：中国残疾人联合会.中国残疾人事业统计年鉴[M].北京：中国统计出版社，2009，2012，2016.
注：① 增长率为 2015 年地市级信息网站开通率与 2008 年相比，下同；
　　② 地市级不包括西藏，下同。

　　2015 年地市级残联信息网站开通率达到 100% 的地区有 12 个，依次为山西、辽宁、江苏、浙江、安徽、福建、山东、湖北、广东、广西、海南以及陕西，与 2008 年相比增加了 10 个地区。从时序演变差异来看，可将 27 个地区（除去 4 个直辖市）划分为三种类型：一是以河北、山西、内蒙古等 20 个地区为代表的上升型地区，尽管该区域某些地区在 2011 年出现略微波动，但整体呈现上升趋势。有 8 个地区实现了两倍及以上增长，分别是河北、内蒙古、广西、湖南、海南、青海、宁夏以及新疆，其中青海、宁夏的网站开通率在八年间实现了从无到有，其地市级网站开通率从 2008 年的 0% 分别增至 2015 年的 50% 和 80%；有 10 个地区的网站开通率增至 100%，分别为山西、辽宁、安徽、福建、山东、湖北、广东、广西、海南以及陕西；仅有黑龙江省的信息网站开通率不足一半，为 27.27%，其地市级门户网站建设亟待加强。二是以江苏、浙江以及甘肃省为代表的"稳定型"，即 2015 年度的网站开通率与 2008 年相比未发生变化的区域。其中，江苏以及浙江的开通率维持峰值不变，是仅有的两个在 2008 年度率先完成地市级残联全部开通门户网站的地区；而甘肃省网站开通率维持 93.93％ 不变。三是以贵州为代表的"下降型地区",其网站开通率从 2008 年的 66.67％ 下降至 33.33％,进一步发现,地市级残联门户网站减少是贵州省网站开通率下降的主要原因。从极差来看,地市级网站开通率的绝对差距缩小,从 2008 年的 100％ 下降至 2015 年的 72.73％,如表 13 - 7 所示。

表 13 - 7　2008—2015 年地市级信息网站开通率变异系数

年份	地市级信息网站开通率		年份	地市级信息网站开通率	
	极差(％)	变异系数		极差(％)	变异系数
2008	100.00	0.54	2012	100.00	0.43
2009	100.00	0.49	2013	100.00	0.44
2010	100.00	0.48	2014	100.00	0.43
2011	100.00	0.43	2015	72.73	0.27

数据来源:中国残疾人联合会.中国残疾人事业统计年鉴[M].北京:中国统计出版社,2009—2016.

　　如表所示,从相对差距来看,尽管地市级信息网站开通率的变异系数在 2013 年出现过轻微波动,但整体呈现较为明显的下降趋势,变异系数从 2008 年的 0.54 下降至 2015 年的 0.27,此时的变异系数值略高于临界值 0.15,低于临界值 0.50。总结来看,地市级信息网站开通率存在省际间不平衡,随着时序变化,这一不平衡趋势有所改善。

　　(七)信息化服务培训普及率

　　分别选取 2009 年、2011 年与 2015 年度信息服务培训数据来大致代表七年间残疾人信息培训普及程度的变化情况,如表 13 - 8 所示。

　　由表 13 - 8,残疾人信息服务普及率极低。2015 年信息服务普及程度排在前五位的分别是青海、新疆、北京、宁夏以及上海,普及率依次为0.072 4％、0.047 7％、0.037 8％、0.035 9％和0.030 1％,普及水平均不足 0.1％;贵州、湖南、重庆、江西以及黑龙江排在后五位,普及率分别为 0.002 6％、0.004 8％、0.006 0％、0.006 7％和0.006 7％。从上升过程来看,残疾人信息服务普及率均呈现明显的增减波动,其中以河北、山西、吉林等 16 个地区为代表的信息服务普及率持续上升;以北京、湖南、江苏等 5 个地区为代表的信息服务普及率波动上升;以天津、内蒙古及辽宁等 9 个地区为代表的信息服务普及率波动下降。综合来看,各地区残疾人信息服务培训情况均不容乐观,残疾人信息服务培训事业的发展令人担忧。

表 13 - 8　不同年份残疾人信息服务培训普及率的省际比较　　　　　　单位:％

地区	残疾人信息服务普及率		
	2009 年	2011 年	2015 年
北京	0.007 0	0.002 9	0.037 8
天津	0.000 0	0.009 1	0.006 8
河北	0.003 4	0.007 2	0.009 2

（续表）

地区	残疾人信息服务普及率		
	2009 年	2011 年	2015 年
山西	0.001 7	0.005 6	0.008 3
内蒙古	0.005 4	0.027 7	0.023 3
辽宁	0.003 4	0.088 8	0.026 9
吉林	0.002 6	0.020 1	0.026 6
黑龙江	0.005 4	0.008 4	0.006 7
上海	0.026 8	0.040 9	0.030 1
江苏	0.040 8	0.020 8	0.023 5
浙江	0.007 5	0.007 5	0.015 5
安徽	0.007 9	0.005 0	0.008 9
福建	0.001 4	0.018 4	0.010 5
江西	0.007 1	0.014 1	0.006 7
山东	0.003 7	0.007 4	0.012 5
河南	0.003 5	0.004 4	0.007 0
湖北	0.011 3	0.011 9	0.011 5
湖南	0.003 5	0.002 1	0.004 8
广东	0.026 7	0.012 0	0.016 0
广西	0.002 6	0.008 0	0.009 2
海南	0.000 0	0.000 0	0.006 9
重庆	0.000 0	0.000 0	0.006 0
四川	0.006 6	0.012 5	0.015 6
贵州	0.001 6	0.015 1	0.002 6
云南	0.006 3	0.008 5	0.014 0
陕西	0.004 3	0.006 1	0.018 0
甘肃	0.002 8	0.011 0	0.014 4
青海	0.032 1	0.056 5	0.072 4
宁夏	0.014 3	0.029 5	0.035 9
新疆	0.003 1	0.007 5	0.047 7

数据来源：中国残疾人联合会. 中国残疾人事业统计年鉴[M]. 北京：中国统计出版社，2010，2012，2016.

从极值来看，残疾人信息服务培训普及率的绝对差距波动上升，极值从 2009 年的 0.041％上升至 2015 年的 0.070％，绝对差距在增大，如表13－9所示。

表 13-9 2009—2015 年残疾人信息服务培训普及率变异系数

年份	极差(%)	变异系数	年份	极差(%)	变异系数
2009	0.041	1.25	2013	0.074	0.91
2010	0.036	0.94	2014	0.053	0.81
2011	0.089	1.18	2015	0.070	0.85
2012	0.095	1.08			

数据来源:中国残疾人联合会.中国残疾人事业统计年鉴[M].北京:中国统计出版社,2010—2016.

由表 13-9,从总体变异系数来看,除 2011 年与 2015 年信息服务培训普及率的变异系数上升意外,其余年份均呈现出明显的下降趋势。在 2015 年度,信息服务培训普及率的变异系数为 0.85,远远大于临界值 0.5。综合分析表明,虽然残疾人信息服务普及率存在明显的省际间不平衡,但这种不平衡趋势在缩小。

(八)残联系统网站评测情况

中国残联按照《2017 年残联系统网站评测指标体系》和《网站设计无障碍技术要求》于 2017 年 5 月至 12 月开展了 2017 年残联系统网站评测工作,对省级残联、直属单位和专门协会网站进行了评测。评测结果如下:

省级残联。北京市以 88 分位居第一,吉林省、湖南省分列第二、三位。湖北省、福建省等省份取得较大进步,较 2016 年分别提升了 5 个、11 个名次。评测排名见下表。

表 13-10 省级残联系统网站评测结果(排名前 10)

排名	省级残联单位名称	网站链接地址
1	北京市残疾人联合会	http://www.bdpf.org.cn/
2	吉林省残疾人联合会	http://www.jldpf.org.cn/
3	湖南省残疾人联合会	http://www.hndpf.org.cn/
4	浙江省残疾人联合会	http://www.zjdpf.org.cn/
5	辽宁省残疾人联合会	http://www.lncl.org.cn/
6	河南省残疾人联合会	http://www.henancjr.org.cn/
7	广西壮族自治区残疾人联合会	http://www.gxdpf.org.cn/
8	上海市残疾人联合会	http://www.shdisabled.org.cn/
9	广东省残疾人联合会	http://www.gddpf.org.cn/
10	甘肃省残疾人联合会	http://www.gsdpf.org.cn/

资料来源:中国残疾人联合会官网。

直属单位、专门协会。中国视障文化资讯服务中心以 86.7 分位居第一,中国康复研究中心、中国听力语言康复研究中心分列第二、三位。中国残疾人杂志社、中国残疾人联合会就业服务指导中心、中国盲文出版社进步较大,较 2016 年分别提升了 10 个、8 个、9 个名次。评测排名(前 5 名)见下表:

表 13 - 11　残联系统直属单位评测结果(排名前 5)

排名	残联系统直属单位名称	网站链接地址
1	中国视障文化资讯服务中心	http://www.blc.org.cn/
2	中国康复研究中心	http://www.crrc.com.cn/
3	中国听力语言康复研究中心	http://www.cninadeaf.org/
4	中国残疾人辅助器具中心	http://www.cjfj.org/
5	中国残疾人杂志社	http://www.chinadp.net.cn/

资料来源:中国残疾人联合会官网。

　　2017 年,省级残联网站评测平均得分 72.18 分,较 2016 年增加 1.92 分;残联直属单位、专门协会网站评测平均得分 74.51 分,较 2016 年增加 6.88 分。评测结果表明,残联系统网站建设水平稳步提升,网站在信息公开、在线服务、公众参与、用户体验、运维管理五大指标上均有所上升。信息发布规范及时,政策法规解读形式多样;公众参与利用微博微信等新媒体的建设力度加大;网站栏目设置清晰,检索功能更加健全,无障碍功能得到提升;网站在安全管理及运行管理上加大了建设力度。

二、我国残疾人事业信息化建设的主要问题及策略建议

　　信息化建设为残疾人提供了一个平等融入社会、共享社会技术成果的平台。残疾人可以通过信息化平台了解、获取自己需要的教育、培训、就业、保障等信息。残疾人事业信息化建设使得残疾人得到更多的价值补偿,残疾人的主体价值可以更好地体现。然而,目前残疾人事业信息化建设方面还存在着一些问题。

　　(一)我国残疾人事业信息化建设存在的主要问题

　　(1)残疾人信息化建设总体水平有待提高,从各级残联网站开通数据来看,省级残联信息网站开通率目前达到目标值,但地市、县级残联信息网站开通率不高,基层残疾人事业信息化建设亟待加强。

　　(2)残疾人信息化培训普及率普遍较低,信息化培训事业发展不容乐观,这将极大地制约残疾人利用信息化平台进行学习、就业。从残疾人信息化培训数据来看,虽然信息化培训呈上升趋势,但普及率低。

　　(3)残疾人信息化建设发展不均衡,存在显著的区域性差异。从省际比较数据来看,无论是残联信息网站的开通率,还是残疾人信息服务普及率,都存在区域性差异。地市级网站建设方面,江苏、浙江明显领先于其他地区,而内蒙古、黑龙江、贵州、青海、新疆等地区明显处于落后的地位。

　　(4)网站评测结果表明,网站信息公开仍存在不同程度的内容缺失或发布滞后,力度仍需提高;在线服务还需拓展,服务便捷性有待提高;互动渠道反馈机制还待完善;页面设计和辅助功能有待进一步完善;需进一步完善管理制度,加强安全管理。

　　(二)我国残疾人事业信息化建设的策略建议

　　通过对残疾人事业信息化建设情况的数据分析以及区域的比较,针对"十三五"期间完善残疾人信息服务和信息化管理建议如下：

1. 提高认识，切实加强组织领导

残疾人事业信息化建设是一项综合性、长期性的系统工程，不仅涉及人、财、物的投入，更涉及人们思想观念、管理方式以及工作习惯的改变。信息化建设已经成为推进政务公开、接受民主监督、辅助科学决策的重要途径，已成为知残疾人所需、帮残疾人所盼、助残疾人所求、解残疾人所难的重要手段，成为实现残疾人事业现代化管理和科学发展的重要举措。残疾人工作者要充分认识新形势下加强信息化建设的重要性和迫切性，消除思想上存在的误区和顾虑，积极投身信息化建设。要把信息化建设列入重要议事日程，明确人员职责，做到有人管、有人建、有人运行维护；科学管理、安全运行，确保信息化建设的有序推进。

2. 人才优先，切实加强队伍建设

残疾人事业信息化建设，培养和拥有信息化人才是关键。要重视配备热爱残疾人事业、掌握现代信息技术和熟悉残联业务的专职人员；制定多层次、更广泛的计算机知识普及教育和培训计划，逐步提高残联系统整体运用现代化办公手段的能力。

3. 统筹规划，努力实现资源共享

残联信息化建设要纳入政府信息化建设整体规划，在技术、资金、人员等方面做到统一规划，统一标准、统一安排，统一实施，避免零敲碎打和低水平的重复建设。大力推进内部办公OA系统的应用，着手构建各级残联之间的信息网络管理系统，推广应用统一的政府信息网络平台，逐步实现业务部室之间、残联系统之间、残联与政府部门之间的互联互通，避免信息的重复采集、重复加工，节约行政成本，提高工作效率，消除"信息孤岛"，实现资源共享。

4. 立足服务，完善残联网站建设

建设好各级残联网站对于树立残联形象、密切与残疾人的联系有着非常重要的作用。在管理上，信息的采集、发布要有一定的审批制度，网上内容要符合国家保密规定，页面设计上要新颖、吸引人、页面内容要及时更新。网页内容的设置既要考虑权威性，又要从一个普通残疾人的需求角度去体现其服务的功能。应以为残疾人提供康复、教育、就业等方面的服务作为主要内容来丰富网站，服务信息要真实可靠，体现权威性。更为重要的是还应加快实现残疾人的"信息无障碍"，同时充分利用网络传媒进行信息的发布、传播和交换，使社会公众能够了解残联的工作和残疾人事业。

5. 加快数据库以及基于基础数据库的应用系统建设

数据库建设是信息网络的重要基础，但目前残联数据库建设规模与容量小，整体发展水平不高。因此应加强残疾人数据库建设，建设国家级残疾人人口基础数据库，为残疾人事业提供安全、高效的数据汇集、存储、管理、备份的基础环境，同时通过数据交换系统与公安、民政等相关单位实现数据交换和共享，为残联各业务系统提供基础的数据支持。

6. 加强信息安全管理体系和管理制度建设

监理统一的安全管理体系和管理制度，保障残疾人数据库系统安全、高效、稳定运行。建立安全管理规范，建立可行的信息系统技术安全体系，保障信息系统免受各种攻击的威胁，实现网络访问控制及加密保护、硬件安全防范、操作系统安全防范、用户身份认证控

制、数据传输保护、病毒防范等。

总之,信息化建设是一项系统工程,推进信息化建设必须遵循[1]"整体规划,分步实施,重点突破"的原则,做到统筹安排,分类指导,分层推进,分步实施,协调发展,才能取得期望的成效,才能建立更加科学的管理体系,帮助残疾人事业快速、稳步的发展。

第四节　信息技术在残疾人事业信息化建设中的应用

当今世界,信息技术创新日新月异,以数字化、网络化、智能化为特征的信息化浪潮蓬勃兴起。信息化代表着新的生产力和新的发展方向,已经成为引领创新和驱动转型的先导力量[2]。以物联网、云计算、大数据、人工智能为代表的新一代信息技术,是当今世界创新最活跃、渗透性最强、影响力最广的领域,正在全球范围内引发新一轮的科技革命,并以前所未有的速度转化为现实生产力,引领科技、经济和社会快速发展。残疾人作为社会的特殊群体,在生活的各个方面都面临着障碍,但残疾人和健全人一样,渴望着能无障碍地去学习、工作,实现自己的价值。信息技术的产生与发展为残疾人实现自身价值带来了契机,他们可以通过享受信息技术成果来帮助他们更好的学习、工作和生活,平等的获得信息,信息技术在残疾人事业中的应用,不仅对残疾人的自身的生存有很大的帮助,而且对残疾人价值的实现具有积极意义。

一、物联网技术在残疾人事业中的应用

物联网是在现有互联网的网络基础上,将其用户延伸和扩增到任意一个物体上,来进行信息交互和通讯的新型的网络结构。Radio FrequencyIdentifiction(简称 RFID)是现今发展物联网最核心的主要手段。RFID 技术不需要与被识别物品进行直接的触碰,即可实现对数据的录入和处理,能快速、实时、准确地收集和处理数据[3]。

随着我国经济的发展,残疾人事业的投入正在迅速扩大,基于 RFID 的盲人导航系统可以在不同的环境下为盲人导航,解决众多盲人出行问题。与传统的盲人导航系统进行对比,基于 RFID 的盲人导航系统具有如下优势[4]:

（1）射频识别的电子标有很强大的防油、防水、防尘等强大优点,适合在盲行道上大量使用;

（2）射频识别读取标签的速度特别快,只要在标签位于阅读器天线的读取范围内,就可以快速被读取数据,所以用户可以在行走中读取地面信息;

（3）标签的存储空间大,可以将公路信息以及周边障碍物,方向等信息同时加载到标

① 中国残疾人联合会官网. 2014 年全国残联信息化工作会议[EB/OL].（2014 - 11 - 03）[2018 - 11 - 01]. http://2011old. cdpf. org. cn/ywkx/content/2014 - 11/28/content_30462346. htm.

② 中国政府网. 国务院关于印发"十三五"国家信息化规划的通知[国发(2016)73 号][EB/OL].（2016 - 12 - 27）[2018 - 11 - 01]. http://www. gov. cn/zhengce/content/2016—12/27/content_5153411. htm.

③ 王雪莲. 基于 RFID 公共建筑物内盲人导航系统的设计与实现[D]. 西安科技大学,2015.

④ 王雪莲. 基于 RFID 公共建筑物内盲人导航系统的设计与实现[D]. 西安科技大学,2015.

签上；

（4）射频识别电子标签可以多次改写和擦除，所以在路况信息改变的时候，也可以很轻松的更改标签上的信息；

（5）低频段和高频段的电子标签都有十分强大的穿过障碍物的能力，能够轻松穿过水泥瓷砖等材料，所以可以铺设在地面上地砖的下面，这样既可以正常读取又可以保护标签，使其不受破坏。

目前，RFID盲人导航项目的开展已有一定的成效。比如，罗马大学研制的RFID盲人导航系统利用了手机PAD等智能电子产品上的蓝牙装置，同时直接采用了现代化的智能设备中的高性能的中央处理器进行相应的计算，处理信号后，可以获取盲人的位置信息以及行走的途径，最重要的是要把这些信号转换为音频经由电子设备说给盲人用户听，从而实现盲人用户的导航工作。

物联网用途广泛，国内外学者应用物联网技术对康复训练器械进行了开发，医生可随时随地使用专用的监护仪器或者各种通信终端（如PC、手持设备等），通过无线方式（如移动通信网；无线局域网：Wifi等）同时监控多台康复训练器械，通过康复训练器械上的各种传感器采集的数据监测病人的训练状态和康复情，并通过控制康复训练器械的运行来提高患者的康复进度，还可通过语音、文字等多种方式与患者交流，大大节约了医疗资源，高了患者的康复效果和速度。基于物联网技术的康复训练器械的设计，可以实现患者与医生之间的实时交流，对患者康复有着积极的作用①。

二、人工智能技术在残疾人事业中的应用

人工智能（ArtificialIntelligence，AI）是在计算机科学、控制论、信息论、生物学、心理学、神经学、数学、哲学、语言学等多种学科相互渗透、相互融合的基础上发展起来的一门综合性很强的交叉学科，现广泛应用于医学领域，利用功能各异的智能机器人教育训练孤独症患儿、辅助残疾人进行功能训练、对家庭护理以及康复训练等都有十分重要的意义②。

根据残联统计，截至2016年底，全国共有残疾人康复机构7 858个。随着康复机器人的功能愈发完善，智能化康复手段逐渐成为康复设备发展的主流。目前专注医疗康复机器人研究的公司越来越多，全球最早实现商业化的康复机器人公司是瑞士的Hocoma、ReWalkRobotics等公司。国内的企业有傅利叶智能、尖叫科技、大艾机器人等。由上海傅利叶智能科技有限公司研发的穿戴式外骨骼机器人、上肢力反馈康复机器人，外骨骼机器人主要应用于残疾患者，通过装置在各个位置的19个传感器、11个CPU模块，识别使用者的走路意图，同时根据数据库为患者匹配最适合的基准步态曲线，调整步态轨迹，协助患者进行站立、行走等基本功能的训练。上肢力反馈康复机器人采用游戏的方式展开训练，通过游戏来训练增加了趣味性，让患者爱上康复训练，这款机器人基于力反馈等核心技术，可以精确模拟出各种实际生活中的力学场景，为使用者提供多样的目标导向性训

① 何亚峰.基于物联网技术的康复训练器械设计与研究[J].常州工学院学报，2014(1).
② 张静等.人工智能和虚拟现实技术在孤独症患者康复训练中的应用[J].中国数字医学，2013(7).

练,刺激大脑,进而重塑上肢功能。

视障辅助技术是指用来帮助视障人士及老年人进行视功能补偿或代偿,以促进其独立生活并充分发挥潜力的多种技术(助视器及软件等视障辅具)、服务(眼病诊断、视功能评估及助视器适配及使用训练)和系统(视障辅具研发、生产、供应、服务和管理)的总称。世界上首款辅助视障人士出行和感知世界的智能眼镜基于 NextVPU 的高级视觉识别技术和高级视觉定位技术,将视觉信号转化为听觉信号,为视障人士出行和感知世界提供便利①。目前,可识别的物品包括楼梯、门、电梯、斑马线、汽车、自行车、人、栏杆、柱子等,并且可识别物品还在不断增加中。这款眼镜自身不供电,通过数据线与手机相连,借助手机进行计算、供电。眼镜采用了双目摄像头,获取周围环境的立体信息,并对其进行处理、分析,再将信息传递给盲人,帮助盲人判断周围环境信息,借助提示绕过障碍物,或者识别诸如门、钞票等物体。

科学家尝试借助人工智能尽早筛查发现自闭症患者,并根据患者的特点,开发有针对性的机器人来进行辅助治疗。自闭症孩子会抗拒人类,但不会排斥玩具。有研究结果显示,自闭症孩子会对机器人做出反应,所以为了帮助自闭症儿童学习社交技巧,克服社交障碍,机器人也被应用到自闭症儿童的治疗中,用以增加孩子学习良好社会行为的欲望。与人类相比,机器人吸引了许多自闭症儿童。有研究发现,与单纯的反应疗法或标准治疗相比,孩子们在接受机器人治疗时得分更高。在机器人的系统中,还可以针对每个孩子的喜好,输入多个场景,更加有针对性地进行治疗。法国 Aldebaran Robotics 公司制造的 Nao 机器人可以走路、说话、跳舞,在陪伴自闭症孩子的过程中,Nao 机器人会与孩子一起参与活动,试图提高他们阅读面部表情的能力和适当进行眼神交流的能力。Kasper 是一款专门针对自闭症儿童设计的机器人,在它的内部装有独特的程序,可以与自闭症儿童进行沟通,帮助他们提高社交能力。虽然将 AI 用来帮助残疾人目前都还只是发展阶段成果有限,但相信随着人工智能的深入发展,人工智能将在助残领域发挥更大的作用。

三、互联网技术在残疾人事业中的应用

当前,新一轮科技革命和产业革命正在席卷全球,尤其是互联网技术已经渗透到社会的每个角落和人群,深刻影响着每个人的工作和生活,人类社会正在迅速进入"互联网+"时代。残疾人也被裹挟着卷入"互联网+"的浪潮。

互联网技术为残疾人灵活就业创造了机遇②。首先,"互联网+"给残疾人创造了公平的就业创业机会。在"互联网+"条件下,残疾人就业创业行为可以摆脱身体条件造成的限制,通过培养和挖掘技能、创意等软性的人力资本,残疾人同样可以通过灵活就业的形式获得平等的就业创业机会。第二,"互联网+"为残疾人创造了更多的就业岗位。互联网平台的飞速发展引爆了新型的灵活就业,而新型灵活就业由于具有对劳动者身体条件依赖程度低的特征,使残疾人可以有更多的就业机会。一方面,通过互联网催生了许多

---

① 网易新闻. 全球首款盲人智能眼镜"天使眼"将亮相上交会[EB/OL]. (2017-4-30)[2018-10-27]. http://news. 163. com/17/0413/18/CHU1OVMH000187VG. html,2017(4).

② 韩巍."互联网+"背景下残疾人灵活就业的机遇与挑战[N]. 中国劳动保障报,2016-05-20(5).

新的灵活就业岗位,例如云客服;另一方面,原本具有灵活就业的潜能,但是受到技术、信息、制度等外在条件的限制而不得不采取稳定就业形式的许多岗位,开始转向灵活就业。这在一些服务业中表现非常突出,例如按摩师、厨师等。第三,"互联网＋"背景下残疾人的就业质量得到提升。虽然残疾人在身体条件上存在不同程度的不便,但是他们通过互联网平台开展的就业创业规避了其身体的缺陷。此外,借助互联网,政府可以指导残疾人网上开店和帮助残疾人网上创业,构建残疾人网络创业平台和招聘信息推送平台,社会组织可以运用互联网＋的便利,更好地为残疾人提供社会帮助,扶持相关残疾人群体自主创业,第三方企业也可以承担更多的社会责任,运用智能技术为残疾人设置专门岗位,增加残疾人就业。"互联网＋"背景下残疾人灵活就业的根基在于残疾人的人力资本积累,所以只有在个人技能、智力达到一定水准的条件下,才能使上述灵活就业的优势得到发挥。互联网在降低对其身体条件方面的要求的同时,市场对其就业创业主要依赖的人力资本水平也提出了更高的要求。

作为"互联网＋教育"相融合的典范——现代网络教育平台,其独特的自由性、便捷性、包容性为更多的残疾人提供了接受教育的机会,成为全面提高残疾人综合素质、促进残疾人就业以及改善当前残疾人生存状况的有效途径[①]。借助互联网平台创造出超越时空的学习条件和自主选择的学习环境,更能满足残疾人特殊化、个别化的学习需要,最大限度地避免因为身体、生理缺陷带给他们的制约,让残疾人足不出户也能"身临课堂",为他们创造了平等乃至终身受益的学习机会。网络教育环境下,无论是聋哑人、盲人还是肢体残疾者都可以找到适合自己的学习、交流方式。教师在日常教学过程之中,可以通过先进的技术手段建设适合各类残疾人的学习资源,辅助学习。具体来说:针对听力障碍人群,在建设多种媒体动态学习资源库时应配有手语、文字字幕等;针对视力障碍的人群,应配以屏幕放大和语音、语言提示系统等功能,帮助他们克服生理上的不便,更加方便有效地利用资源信息,极大地拓展学习空间和学习的无障碍性。互联网已成为一种优势资源,是残疾人掌握学习自主权的一把金钥匙,缩小了残疾人与外部世界的距离,改变了他们在学习教育上的弱势地位,有利于充分而有效地挖掘他们自身的学习潜力,提升他们的学习积极性。

未来残疾人工作,应该主动顺应互联网这一世界性的潮流和不可阻挡的趋势,鼓励和支持残疾人通过网络就业、远程就业进行跨时空的协作。"十三五"时期要实现扶贫攻坚和全面小康的目标,8 500万残疾人将不仅仅是作为被动受助的扶贫对象,还应该成为积极有为摆脱贫困的参与者,借助科技赋能让残疾人人力资源成为实现中国梦的有生力量[②]。

四、大数据技术在残疾人事业中的应用

残疾人大数据建设是贯彻落实习近平总书记关于"实施国家大数据战略,加快建设数字中国"的根本要求,是全力推动"全面建成小康社会,残疾人一个也不能少"的重要基础

---

① 王倩."互联网＋"背景下残疾人远程高等教育的思考[J].山东广播电视大学学报,2016(3).
② 黄震,杨兵."互联网＋"时代的残疾人人力资源开发[J].残疾人研究,2016(4).

工作。运用大数据和信息技术,使残疾人事业决策更加科学、管理更加精准、服务更加高效。大数据对于残疾人事业发展的作用主要表现在以下几个方面:

1. 大数据有助于准确掌握残疾人信息,提高残疾人管理水平

利用传统方法调查统计残疾人情况往往只注重数量,存在普查内涉及面的弊端,而利用大数据调查统计残疾人具有巨大优势,用大数据科学合理做好"全国残疾人基本服务状况和需求信息数据动态更新",不仅可以准确掌握残疾人的个人信息、分布地域、年龄结构等基本情况,还能在传统信息统计的基础上,依托大数据平台的建立,准确掌握残疾人的信息,主要集中在残疾人个人基本情况、经济与住房、教育、就业扶贫、社会保障、基本医疗与康复、法律服务与无障碍、文化体育等。残疾人的管理工作涉及民政、卫生、公安等部门,以往部门之间的信息都是封闭的,阻碍了正常工作的开展。残疾人患病情况、服务需求、收入状况各不相同,在面对数量较为庞大的残疾人数量时,往往出现信息掌握不全等问题。而引入大数据对残疾人的信息进行管理,有利于更好地开展专项调查,防止"多管、漏管、错管"的发生,从而提高管理工作的信息化。

2. 大数据有助于创新服务残疾人工作

有助于做好精准康复工作,尽力使残疾人回归社会。国际数据公司(IDC)的数据显示,按目前发展趋势,预计2020年我国数据总量为909 EB,占全球数据总量的13%。国家战略下政府数据开放共享在时间表下稳步开展,完善数据共享融合实现价值激活是创新利用大数据的根本目的。由于残疾人因自身的情况,融入社会的门槛高,导致这一庞大群体在社会范围内一直处于弱势地位,帮助残疾人回归社会需利用大数据平台做好分析,对有康复需求的残疾人根据他们的个人状况及康复需求,由残联牵头组织与医疗机构合作设立专门的康复机构和社区康复站点等,按照"人人享有康复"的目标,组织他们进行康复、托养、医疗,帮助他们进行康复,必要时发放辅助器具,让残疾人更好回归社会。

3. 有助于做好教育就业工作,帮助残疾人脱贫致富

通过搭建大数据平台,将残疾人、村(居)负责人、民政部门工作人员纳入助力残疾人士精准脱贫的系统,加强与人事劳动等部门的联系,密切与淘宝、手工加工等各类企业及农村种养基地的合作,打造精准、高效的帮扶残疾人就业企业大数据合作基础、资源服务框架。重点布局互联网+残疾人服务、企业人才合作、大数据利用等,及时把握企业的用人需求和残疾人的求职动向,发挥好连接残疾人和用人单位之间的纽带作用,实现通过就业脱贫的良好效果。按照残疾人个人需求和能力情况,依托各级培训机构实施技术扶贫,组织开展电脑使用、云客服、盲人按摩、美容美发、科学种养、雕刻、电商(微商)等适合残疾人就业的专业技能培训,宜春市残联在此基础上还与市委组织部开展"让残疾人说共产党好"等活动,动员各级帮助残疾人居家就业、按比例就业和自主创业,使很大一部分残疾人通过工作自食其力,不仅使有劳动能力的残疾人实现了脱贫致富还使他们在社会竞争中证明了自己的价值。

4. 有助于做好信访维权工作,提高残疾人满意度

在大数据的支撑下,各级残联可以实现以残疾人需求为导向,分解年度任务和分配项目资金,制定"一人一策"的帮扶计划,把服务工作做好做实做到残疾人身边,在基本生活保障、康复托养、特殊教育、就业创业、精准扶贫、权益维护、志愿服务、文化体育等方面实

施精准托底服务①。以往,残疾人有困难求助、有委屈申诉、有问题求决时,上访、闹访、缠访时有发生,这背后除了部分是残疾人合理诉求得不到及时解决的原因,很大一部分是由于对残疾人士诉求掌握不够,信息沟通不畅、政策宣讲不到位。大数据平台的运用,拉近了残疾人和政府部门的距离,使群众足不出户就能反映问题,及时给予反馈和处理,实现了服务零距离,进一步改善了服务质量,提升了对残疾人事业的认可度和满意度。有力推进残疾人工作重心,把服务工作做好做实做到残疾人身边,实现精准服务②。

【本章小结】

残疾人事业的信息化建设是新时代残疾人事业提速增效的必然选择,是残疾人融入社会,享受社会发展红利的重要桥梁。实现残疾人事业信息化建设的目标,需要制定信息化建设规划、加强信息化组织建设、资金管理、制度管理、软硬件资源建设、信息无障碍建设。需要在当前发展现状基础上,明确目标与现实的差距,明确努力的方向,积极应用新一代信息技术,提升残疾人事业信息化建设水平。

【复习与思考】

1. 为什么要开展残疾人事业信息化建设工作?
2. "十三五"期间残疾人事业信息化建设的目标是什么?
3. 残疾人事业信息化建设的主要内容有哪些?
4. 我国残疾人事业信息建设现状如何?主要存在哪些问题?你有何改进建议?

【案例分析与讨论】

案例1 新时代残疾人助残"双创"致富奔小康

习近平总书记指出,"全面建成小康社会,残疾人一个也不能少"。李克强总理要求,要在960万平方公里土地上掀起"大众创业""草根创业"的浪潮,形成"万众创新""人人创新"的新态势。双创带动了全国、全社会创新创业的大潮,在新时代全面建成小康社会的大背景下,残疾人小康进程也在逐步加快。

1. 残疾人创新创业特征

残疾人作为一个特殊的人群,其就业、创业受多方面因素影响,做好残疾人助残双创工作,务必要立足于这些特征。

(1)身体限制多样性。对于残疾人双创工作,不同类别的残疾人存在残疾程度差异和年龄的差异性,在适龄双创对象中,按照其不同身体状况及个人意愿开展帮扶工作,才是行之有效的。

(2)双创方向多样性。有着不同身体状况(包括残疾类别、残疾程度)、年龄阶段、创新创业就业理想的残疾人,其具体创新、创就业的方向也是不同的。例如,盲人按摩对视力残疾的残疾人群创就业来说就是重要选项之一,听力、言语残疾以及部分肢体残疾人群

① 王勇,朱婉菁."大数据"驱动的"数据化国家治理研究"[J].电子政务,2018(6).
② 王晓慧.5年建成千万残疾人数据库——残疾人工作进入大数据时代[N].华夏时报,2018(9).

可以从事手工制作、电子商务、种植业、养殖业等工作,精神残疾、智力残疾的残疾人群体可选择的就业面相对较广,多重残疾的残疾人就业取决于具体残疾情况。在身体条件允许的前提下,残疾人创新创业就业的愿景也各不相同。

（3）分布密度差异性。不同就业方向的残疾人居住分布广,较为分散。就成都市而言,从统计数据来看,成都市三十余万不同残疾类别的残疾人分别分布在二十余个区县,在残疾人口库中农业户口的持证残疾人 21.66 多万人,占 65.56％;非农业户口 11.38 多万人,占 34.44％。

2. 助残双创事业深谋远虑

近年来,成都市残联在助残双创方面做了大量细致的工作,在工作理念和工作方法上都有一定的创新,也取得了显著的成果。但是在辖区残疾人基数大、分布广、工作方向复杂的现实情况制约下,助残双创工作新突破仍存在瓶颈。综合诸多客观、主观阻碍助残双创工作发展的因素,结合过去的工作经验,从成都市残疾人群体的特点出发,从绿色助残、可持续发展助残的角度审视目前的助残双创形势,对助残双创工作理论指导、方式方法、部门间合作、专业队伍管理、深化服务供给等方面深入思考,探寻助残双创突破口。

（1）深化智能助残,填补信息鸿沟。发展智能助残、智慧助残,立足大数据平台的数据收集,集合各相关方面专职管理人员、协调人员以及分析、决策人员的数据分析、归纳、政策研读结果,为具体工作提供详实的材料。智能化、智慧化助残不局限于原先被动的数据统计,而且通过数字化、网络化手段实现残疾人与助残各方、管理单位实时沟通。

（2）构建协同体系,提高工作效率。各助残部门之间相互配合、协同工作是提高管理效率、最大化工作效果之关键所在。建立各部门联合统筹体系,各负责单位指派专人负责,在工作过程中及时交换信息,协调工作,解决问题。部门协同体系中,各单位派员了解本单位办事流程、服务方式,同时又能第一时间掌握助残双创工作对象情况,及时判断,缩短单位之间间接告知、报告、决策等管理过程时间,对助残双创工程涉及工作直接处置,提高工作效率。

（3）培养专门人才,加强专业管理。做好助残双创工作,专业的领导和专业的操作是保障工程质量的重要保证。因此,与高校等专家合作,对助残工作者进行必要的、定时的业务能力培训,培养专门人才,提高助残工作队伍的工作效率和综合素质。

（4）融合"三网一库",搭建智慧就业服务平台。残疾人智慧就业服务需融合互联网、通信网、广电网、残疾人人口基础数据库完成残疾人基础信息录入、残疾人信息查询、就业愿望汇总登记,残疾人社会保障信息统计、残疾人就业信息查询统计,高效率对残疾人就业信息进行管理、统计、交换和审核。残联系统可以通过智慧就业服务平台优化信息、数据资源共享,残疾人就业培训中心通过平台实现残疾人远程视频系统可视化培训。企事业单位通过平台查询残疾人就业需求信息,提供视频招聘或上门招聘服务,税务部门通过服务平台追踪企事业单位安置残疾人就业情况,实施税收优惠政策。

（5）撬动社会资源,深化服务供给。深化"政府主导、社会参与"的体制机制,优化资源配置,利用财政资金的杠杆作用,通过资金扶持和购买服务等方式,撬动更多社会资源承接政府转移职能,积极参与助残"双创"。根据不同类别和不同等级残疾人特点,对助残"双创"服务市场进行细分,鼓励引导助残社会组织深耕细分市场,提供更专业、更精准、更规范、更个性的助残"双创"服务,有效增强助残"双创"服务供给,满足残疾人"双创"需求,为残疾人创造更多梦想成真、人生出彩和共享改革发展成果的机会。

资料来源:成都市残联课题组. 新时代残疾人助残"双创"致富奔小康的思路与对策[J].劳动保障世界,2018,05:46 - 48.

讨论

1. 结合案例分析残疾人"双创"有何特点?
2. 成都市的助残"双创"工作对我们有何启示?

案例2 视障人士的互联网生活

我国有1 300万视障人士,信息无障碍产品联盟秘书处发布的《中国互联网视障用户基本情况报告》(2016年)显示,63%的视障者认为互联网的价值非常大,互联网的普及在一定程度上改变了他们的生活或命运,37%的视障者认为互联网有价值,互联网让他们的生活更加丰富了。

视障者日常上网的需求,包括社交、看新闻、看书、听音乐、玩游戏、购物等;随着视障者的收入逐年增加,理财也成为视障者上网做的主要事情之一,除了选择银行理财、证券、保险等传统理财方式之外,一部分视障者还选择了像余额宝、理财通等互联网金融类的理财产品。为此,他们的手机中也像正常人一样安装了很多APP。在受调查的视障者中,有33%的视障者在手机上安装了11~20个应用程序,安装了21~30个应用程序的视障者占29%,安装了30个以上应用程序的视障者占24%。那么,他们是怎样实现上网功能的呢?据调查,83%的视障者在操作手机、电脑的时候是完全依赖读屏功能的,14%的视障者是用眼睛看结合着读屏功能操作手机、电脑的,读屏软件已成为视障者的"眼睛"。然而,与此同时,66%的视障者认为目前我国互联网信息无障碍水平一般,互联网产品勉强能让视障者使用,另有20%的视障者认为信息无障碍水平不好,大多数互联网产品很难使用。产生这种反差主要有两大原因:第一,的确有很多互联网产品无障碍体验不够好,视障者根本无法使用;第二,部分视障者对手机或者电脑操作不熟练,导致在操作互联网产品的时候遇到一些障碍。视障人士遇到的这些问题需要得到解决,但并不容易。对于互联网公司来说,几乎所有的开发人员都不是视障人士,他们既没有意识到视障人群用户的存在,也并不了解视障人士的需求,即使邀请一些外部的盲人给工程师做一些分享,还是会因为缺少亲身体验而在改造中出现问题。在这里,盲人工程师就显得特别重要。2013年底,信息无障碍研究会、阿里巴巴集团、腾讯、百度、微软(中国)等共同发起成立了信息无障碍产品联盟,致力于联合多方力量系统性地推动中国信息无障碍环境建设。至今已发展到35家成员及相关单位,包括国内外企业、研究机构、政府相关单位等。尤其值得一提的是,作为一家专注于信息无障碍环境建设的NGO,信息无障碍产品联盟秘书处单位信息无障碍研究会,于2014年初组建了视障信息无障碍工程师团队,至今已为联盟成员单位的近40个主流互联网产品如QQ、微信、百度输入法、手机淘宝、支付宝等提供了信息无障碍的优化支持。蔡勇斌就是其中一员。他的主要工作就是对当下主流的互联网产品进行测评、挑BUG,把有碍于视觉障碍者使用的页面或产品设计如实记录,并提出改进方向,形成报告递交给合作方的产品公司。除此之外,信息无障碍产品联盟还通过开展信息无障碍论坛沙龙等活动,协助互联网公司将信息无障碍融入产品开发及维护流程,参与相关标准的制定及优化,推动相关政策出台,发布专业技术文档、媒体倡导,倡导更多互联网公司及IT从业者关注信息无障碍。

来源:王勇.信息无障碍:视障者的福音[J].中国社会组织,2016(22).

讨论

1. 视障人员的互联网应用有何特点?存在哪些问题?

2. 结合案例分析,对于视障人员而言,如何实现信息无障碍?

【推荐阅读】

1. 凌亢,白先春.中国残疾人事业发展报告(2006～2015)[M].北京:中国统计出版社,2017.

2. 周宏仁.中国信息化形势分析与对策(2016～2017)[M].北京:社会科学文献出版社,2017.

3. 孙宝树等.人力资源和社会保障事业发展统计与信息化建设[M].北京:中国劳动社会保障出版社,2011.

4. 郑功成,杨立雄.中国残疾人事业发展报告(2017)[M].北京:人民出版社,2017.

5. 杨立雄.中国残疾人事业典型案例[M].北京:人民出版社,2012.

【参考文献】

1. 陈超,唐坚,靳祖光.基于RFID技术导盲机器人室内路径规划的研究[J].江苏科技大学学报(自然科学版),2013.

2. 罗东峰.桌面式上肢康复机器人控制研究[D].中国科学院研究生院,2012.

3. 韩巍."互联网＋"背景下残疾人灵活就业的机遇与挑战,中国劳动保障报2016-05-20(5).

4. 曾丽艳,王辰,王森.残疾人远程高等教育的探索与思考[J].残疾人研究,2013(3).

5. 王倩."互联网＋"背景下残疾人远程高等教育的思考[J].山东广播电视大学学报,2016(3).

6. 黄震,杨兵,"互联网＋"时代的残疾人人力资源开发[J].残疾人研究,2016(4).

7. 习近平.决胜全面建成小康社会——夺取新时代中国特色社会主义伟大胜利——在中国共产党第十九次全国代表大会上的报告[R].2017(10).

8. 周楠.李克强力推"大众创业、万众创新"[EB/OL].(2015-09-10)[2018-11-01].http://news.xinhuanet.com/fortune/2015-09/10/c_128215895.htm.

9. 程灿.线上线下精准帮扶,助力残疾人就业创业[N].成都日报,2016(12).

10. 陈美英.构筑信息化体系,助推残疾人事业[J].中国残疾人,2006(6).

第十四章　国际残疾人事业发展

【本章学习要点】
- 国际残疾人事业发展及趋势
- 国际残疾人特殊教育
- 国际残疾人就业

第一节　国际残疾人事业发展及趋势

残疾人生存、生活与发展状况,是衡量社会进步与文明程度的重要标志。目前全球有超过 10 亿的残疾人,约占总人口的 15％,每七个人中就有一个是残疾人。各国在对待残疾人的政策与服务方面,存在着许多普遍的共性,但各有偏重,例如在对待残疾人方面,从偏见歧视到平等对待、从社会隔离到社会的进一步融合、从社会排斥发展到全面参与等。各国残疾人事业在发展中不断进步。

一、国际残疾人事业发展及趋势

国际残疾人事业发展中的趋势,集中表现在对共同的价值追求和促进残疾人事业的发展方面,具体如下:

（一）理念的转变:从残疾的污名化到救治的三级预防

传统医学模式认为残疾是个人问题,并把残疾视作为是由疾病、创伤或健康状态恶化所导致的,这需要从个人治疗的方面提供医疗和保健服务。20 世纪 70 年代,医学模式由生物—医学模式逐步发展到生物—心理—社会—医学模式。随着医学模式的发展变化,人们逐渐认识到:每个人都面临"残疾风险"的可能性。残疾风险与年龄、性别、经济状况等个体因素和社会发展水平、制度与政策、环境等多种因素有关,但残疾的发生是可以预防的。通常残疾预防包括了三级预防:第一级预防又称初级预防或病因预防,即找出各种残疾的危险因素,采取有效的预防措施,这是最重要、最积极的防残措施;第二级预防,是在残疾形成和发展过程中,改变或限制残损的进一步发生,做到及早发现、及早诊断和及早治疗,是防残中所不可或缺的预防措施;第三级预防,是通过支持性医疗及护理、假肢矫形器及辅助功能用品用具使用、康复功能训练、康复咨询、必要的矫形替代性及补偿性手术等措施来防止和解决残疾所带来的问题。[①]

(二)残疾立法的发展:从保护到反歧视、权益保障

残疾人立法在第二次世界大战以后得到较快发展。1948 年公布的《世界人权力宣言》中规定,残疾人有获得社会保障的权利。为此,各国纷纷通过立法,来充分保障残疾人的权益。在此之后,联合国及有关机构在各种国际会议上通过了一系列纲领性文件。如1970 年公布的《弱智人权利宣言》、1975 年公布的《残疾人权利宣言》等,这些文件规定了残疾人有基本生活的权利。1982 年联合国大会第 37 届会议颁布了《关于残疾人的世界行动纲领》,指出了残疾人与健全人权利平等的原则,再次强调了每个人的需求都是同等重要。

2006 年的《残疾人权利公约》、1989 年的《儿童权利公约》、1984 的《禁止酷刑公约》1979 年的《消除对妇女一切形式歧视公约》、1966 年的《经济、社会、文化权利公约》和《公民权利和政治权利国际公约》,以及 1965 年的《消除一切形式种族歧视国际公约》,共同构成联合国核心人权公约体系。

残疾人权益的保障与实现构成了人类社会进步的重要组成部分。已经有大约四十个国家实施了残疾人歧视法,这些残疾人歧视法律有力地促进了残疾人的人权、尊严和平等。例如,澳大利亚联邦会议出台的《澳大利亚残疾歧视法》;韩国政府颁布了《身心障碍者福利法案》。和《残疾人就业促进职业康复法》;加拿大通过了《平等就业法》;美国制定了《职业康复法》,也是世界上第一部专门针对残疾人就业方面的法律、颁布的《职业技术康复法案》和《美国残疾人法》;日本制定了《障害者基本法》和制定了《障害者就业促进法》等法律文件;以色列议会通过了《残疾人平等权利法案》;英国议会通过了《残疾人(就业)法案》、通过了《国家保障服务法案》和颁布了《反残疾歧视法案》。

(三)康复模式:从医疗康复到提升能力的全面康复

人类社会对康复的认识经历了一段漫长的历史时期,这是一个逐渐认识的发展过程。康复不仅仅只是治疗后针对残疾损伤的矫正和辅助器械的帮助所做的工作,而更多地需要通过健康教育康复、职业康复、社会康复等逐渐发展到提升能力的全面康复的工作中来。

早在 20 世纪 70 年代末期,世界卫生组织(WHO)就已经指出,预防、保健、治疗、康复四位一体构成了现代医学的基本框架。随着康复医学的发展以及残疾三级预防理念的深入,很多国家在康复服务中遵循个性化的"全面康复"治疗的理念。例如,澳大利亚联邦康复中心提供的职业康复服务的目标在于帮助残疾人选择就业、获得就业以及保持就业。它所提供的职业康复服务的第一步是评估残疾人职业康复需求;第二步是发展和管理个性化的康复项目;第三步是与残疾人雇员一起制订书面的康复计划,详细设定达到共同目标的步骤;第四步是与残疾人雇员一起努力最大化提升他们的参与能力和就业能力。

(四)社会工作:从供养和照顾向全方位的社会化服务发展

在残疾人服务中,由于残疾人权利本位理念的发展,由过去的供养和照顾工作模式,逐渐向全方位的社会化服务模式转变。各国强化政府的财政责任,同时政府与社会团体

---

① 孙树菡.康复是残疾人融入社会的重要前提[J].北京劳动保障职业学院学报,2011(1).

及其他非政府组织在残疾人服务中携手合作,采取各种综合措施来克服实现残疾人权利的障碍。加强义务教育、住房以及无障碍环境建设,为残疾人士及有特殊需要者进入社会的公共设施条件,使其更容易、更便利进入工作场所及其他社会活动场所,减少他们就业以及融入社会的障碍。例如,为保障残疾人同健全人一样享受旅游带来的乐趣的权利,澳大利亚在残疾人无障碍旅游方面采取了很多有效措施。

随着网络在人们生活中的重要性加剧,残疾人对电子沟通无障碍的要求也愈发强烈。1999 年 W3C(World Wide Web Consortium 互联网联盟)成立了 Web Accessibility Initative(WAI 网络无障碍促进小组),从事网络无障碍的研究,起草了网络无障碍的标准和指导性原则。并于 1999 年 5 月 5 日发布了网页内容无障碍规范 1.0 版(Web Content Accessibility Guidelines 1.0)。这个规范被认为是无障碍网站开发的国际标准,规范明确建议在网站开发过程中,应该遵守无障碍的设计原则。现在 WCAG 已经成为各个国家和地区作为相关法律制定的基本依据。

二、各国残疾人事业发展的差异性

在看到国际残疾人事业发展中的共性的同时,还应当看到,由于国情的不同于发展的差距,各国残疾人事业发展中又呈现出一些差异性。这种差异性体现在责任重心与体系结构及发展水平差异上。

(一)责任重心的差异

在不同的社会保障模式以及不同的经济发展阶段中,各国政府对残疾人事业承担的责任是有所不同。其中福利国家政府承担了更多的责任,包括财政支持,实行社会保险制度的国家中,一些国家是采取与其他人同样的制度,但也有些国家不仅实行普适的社会保险制度,同时还针对残疾人的特殊需求增加相应的保障项目。例如:

(1)福利保障方面,瑞典的老年人都享有基本退休金,有专门提供的特殊交通服务,养老院和当地市政福利为有需求的老人提供家庭服务和护理。同时还为残疾儿童和残疾儿童的抚养人提供各种福利津贴,其中包括抚养儿童津贴、家属津贴等。美国政府专门制订了为老人和低收入的身体残疾者提供住宅的计划。英国的机构要求就业和退休保障部简化申领程序,提高申请通过率,扩展对现有的残疾人生活津贴覆盖的范围。荷兰对残疾人专门设立了家庭补贴和失业津贴保障项目。在日本,20 岁以下的残疾人给予家庭补助,中度和重度残疾均给予助特殊照料费,但如果达到一定收入就不能领。

(2)康复保障方面,瑞典向残疾人免费提供假肢等辅助器具和医疗康复、职业康复训练等服务。

(3)教育保障方面,瑞典对残疾儿童推行全面融合的全纳教育,发放教育津贴,包括生活津贴和学习津贴,免交学费。美国公布了《所有残疾儿童教育法》、《残疾人教育修正法》、《残疾人教育法》和《残疾个体教育促进法案》。英国在 1988 年通过的《教育改革法案》中制定了全国统一的国家课程,并于 1995 年颁布了《残疾人歧视法》,随后又颁布了《特殊教育需要和残疾法》和"每个孩子都重要"(Every Child Matters)的儿童绿皮书,从而极大地促进了英国儿童享受教育的权利与全纳教育。

(4)就业保障方面,《瑞典禁止在就业中歧视残疾人法》禁止对残疾人直接或间接的歧视。为了鼓励雇主雇佣残疾人,瑞典政府为那些雇佣残疾人就业的雇主提供补贴,并向雇主提供改造环境的资助,以便残疾人工作。美国劳工部与中小企业管理局签署《战略联盟备忘录》以帮助残疾人创办小企业,增加残疾人在小企业中的就业机会。发展中国家由于经济发展的不平衡,仍是以家庭为主要责任者,一些国家政府随着经济的发展而加大了政府在残疾人保障中的责任,一些国家采用社会化的工作方法,社会力量、民间资本不断投入残疾人康复、教育、培训等事业,残疾人组织积极开展社会募捐,残疾人工作更加融入社会。

(二)具体的残疾人项目发展不平衡

在残疾人教育方面,一些国家仍然对残疾人实施单独的特殊教育制度,但越来越多的国家已经采用了"全纳教育"。在残疾人医疗方面,虽然有不少国家已实行残疾三级预防制度,但还有很多国家依旧是以治疗为主的模式。在残疾人康复方面,不少国家实行机构康复与社区康复相结合的集医疗康复、教育康复、职业康复、社会康复于一体的、提升残疾人能力的全面康复,但仍有很多国家由于经济发展水平以及康复资源的严重短缺而停留在康复的"初级阶段",即一般性医疗康复。在残疾人就业方面,尽管很多国家都在法律上做出了保障残疾人就业权益的规定,但仍有不少国家缺乏对残疾人就业的保障。在无障碍设施方面,越来越多的国家和民众认识到:残疾,很多是社会造成的,因此要积极构建物理的、信息的无障碍设施,使更多的残疾人参与社会活动,融入社会。但在一些发展中国家,这项工作才刚刚起步。以残疾人社会保障体系及服务为例,当一个国家的国民温饱问题解决后,社会的公平及正义就突出成为亟待解决的问题。经济发展要求政府要合理分配财富,使每个人都有公平的发展机会,社会才能健康和谐发展,残疾人社会保障体系及服务体系的建立愈发显得紧迫与必要。

综上所述,国家残疾人事业伴随着人类社会的发展而发展,伴随着人类文明的进步而进步,它在发展中所呈现出来的大趋势已经不可逆转。中国的残疾人事业在快速发展进程中,可以肯定,中国的残疾人随着社会经济的发展,将会真正无障碍地融入社会,真正享有平等、体面、尊严的生活。

第二节　国际残疾人特殊教育

一、特殊教育的发展

据联合国统计,全世界有 10 亿残疾人,其中 1.5 亿是 0～14 岁残疾儿童。虽然由于各种原因,较多残疾儿童被排除在教育体系之外,但是目前世界各国对特殊教育对象认识不断提高,并采取各种措施推进特殊教育的发展,努力提高残疾儿童的教育程度。

(一)残疾人受教育权利理念不断发展

社会的进步使得有特殊需要的教育在各国受到了越来越多的关注。1936 年,国际公共教育大会第五届会议上通过了《特殊教育学校的组织》,会议建议各国开办免费特殊学校,为有特殊需要的儿童提供教育。在 1960 年,国际公共教育大会第 23 届会议上又通过了题为《弱智儿童的特殊教育的组织》的建议。在 1989 年,联合国通过的《儿童权利公约》倡导创设条件保障每一个儿童的受教育权利。在 1992 年和 1993 年期间,联合国教科文组织召开了五次区域性的特殊需要会议,会议主题大多集中在"特殊需要儿童的教育之政策、规划和组织"议题方面。在 1994 年,在西班牙萨拉曼卡市召开了世界特殊需要教育大会,会议通过了《萨拉曼卡宣言——关于特殊需要教育的原则、方针和实践》;通过了《特殊需要教育行动纲领》,用以指导各国实施《萨拉曼卡宣言》。这标志特殊教育发展进入新的发展阶段,特殊教育发展进入全纳教育发展阶段。特殊教育发展衍生出了法制性、公平性、零拒绝、回归性和最少限制性五大普遍认可的原则。[①]

(二)特殊教育对象范围不断扩大

特殊教育发展的初级阶段,教育对象以身体残疾儿童为主,主要满足残疾儿童的特殊教育需要。特殊教育不仅包括残疾儿童教育需要,而且还包括受到社会排斥的群体教育需要。国外将有特殊需要的儿童分为三类:第一类是残疾儿童(Disabled Children),主要指身体方面存在障碍的儿童。第二类是学习障碍儿童(Learning Handicapped Children),主要指学习方面存在困难的儿童。第三类儿童是社会发展环境处于劣势的儿童,主要以移民和社会弱势群体为主。[②] 由此,可以看到,一是特殊教育对象在横向和纵向范围都在扩大。在横向范围已经包括医学和社会定义上的儿童,即包括从医学上定义的身心存在障碍的儿童,也包括从社会上定义社会融入遇到障碍的儿童。在纵向范围上医学上的程度和范围定义包括更大,如弱视、外形缺陷、矫正教学都包括在内。二是特殊教育需要是一个社会融入的理念下开展。在社会融入的教育理念下开展特殊教育,不仅对第一类儿童的教育形式产生影响,如融入教育兴起,而且对于那些容易遭受社会排斥的第二类和第三类儿童促进作用较大,如开展对于那些旅行家庭以及不会说本国语言的儿童的资助。

(三)特殊教育普及化程度不断提高

据世界卫生组织在 2011 年发布的《世界儿童 2011 年报告》显示:

1. 特殊教育普及程度在不断提高

在调查的 51 个国家中,在 60 岁以上的残疾人平均受教育年限为 3.89,有 32.3% 的残疾人初级中学毕业;在 50~59 岁年龄阶段,平均受教育年限 4.91,有 37.6% 的残疾人初级中学毕业;在 18~49 岁年龄阶段,平均受教育年限为 6.23,有 53.2% 的残疾人初级中学毕业。从初级中学毕业率和平均受教育年限两项指标可知,特殊教育在不同年龄阶段存在差异性,特殊教育普及程度与年龄成反比,即年龄越高,该年龄阶段残疾人教育程度平均水平就越低。

2. 高收入国家残疾人受教育程度要高于低收入国家

在 18~49 岁年龄阶段,高收入国家有 69.0% 残疾人初级中学毕业,平均受教育年限 7.59;低收入国家只有 47.8% 残疾人初级中学毕业,平均受教育年限为 5.67。在 50~59

① 肖非.美国特殊教育立法的发展——历史的视角[J].中国特殊教育,2004(3).
② OECD. Students with Disabilities, Learning Difficulties and Disadvantages[J]. Statistics:Statistics and Indicators. 2005:30.

岁年龄阶段,高收入国家有 52.0% 残疾人初级中学毕业,平均受教育年限为 5.96;低收入国家仅有 30.8% 残疾人初级中学毕业,平均受教育年限为 4.22。

3. 男性残疾人受教育程度要高于女性残疾人

在 51 个国家中,男性残疾人中有 50.6% 初级中学毕业,其中高收入国家有 61.7% 的男性残疾人初级中学毕业,低收入国家有 45.6% 的男性残疾人初级中学毕业。女性残疾人中只有 41.7% 初级中学毕业,其中高收入国家有 59.3% 的女性残疾人初级中学毕业,低收入国家只有 32.9% 女性残疾人初级中学毕业。从数据可知,男性残疾人和女性残疾人在受教育程度上存在差异。男性残疾人受教育程度要高于女性,尤其是在发展中国差异非常大。

4. 残疾人受教育程度要低于非残疾人受教育程度

对残疾人与非残疾人受教育程度比较,无论是从所有国家的平均水平,还是从高收入国家或低收入国家进行比较,残疾人的受教育程度都要低于非残疾人的受教育程度,在发展中国家尤为明显。

二、国外特殊教育的制度架构

现代特殊教育从产生到发展和成熟,特殊教育制度框架也日趋成熟。虽然由于历史和国情等原因,各国特殊教育制度发展路径不同,但是在特殊教育的教育形式、教育模式和教育过程方面都表现一定的共性。

(一)国外特殊教育的形式

特殊儿童的教育形式可以根据特殊儿童的成长阶段和受教育程度的不断提升分为三个主要阶段,即特殊儿童的早期教育、特殊儿童的基础教育和特殊青年的高等教育。

1. 特殊儿童的早期教育

早期教育主要指在学前期,对有缺陷的学龄前儿童提供特殊治疗、补偿性教育和功能康复训练,使残疾儿童能与普通儿童一样,得到全面发展的一种特殊形式的教育,早期教育是特殊教育体系的基础。早期教育受融合教育影响,学前教育的形式逐渐转向一体化方向发展。所谓一体化教育,指的是共在同一个教育机构或教育环境中,对正常儿童和特殊儿童进行教育。也就是说,一体化教育一方面提供适应的共同性教育;另一方面又为特殊儿童提供特殊的支持和帮助。

2. 特殊儿童的基础教育

基础教育指的是对受教育者开始实施的最初阶段的科学文化知识的教育。基础教育阶段多是指小学和初中阶段。在美洲,残疾儿童在义务教育阶段和初级中学阶段接受教育在各国都占到了一定的比例,只是呈现了一定的差异性,在美国和加拿大,这两阶段残疾儿童的基础教育已经扩展至中级中学和高级中学。这说明残疾儿童受教育水平与国家经济社会发展水平是密切相关的,在发达国家,残疾儿童受教育水平普遍较高,而在发展中国家,残疾儿童受教育水平较低。

3. 残疾青年的高等教育

随着社会的进步,经济不断发展的需要,越来越多的残疾青年开始进入高等教育殿堂。残疾青年接受大专或本科学历教育在世界各国已经比较普遍,但更高层次的硕士、博士教育,在发展中国家仍属罕见。但是在北欧等发达国家残疾青年的高等教育已经早有先例。在丹麦,高等院校在接受残疾学生的时候其安置方式是完全融合的一体化教育。残疾学生在接受高等教育时,为了完成其学业有权向所在院校提出必要的特殊教育支持,为他们提供这种补偿性措施是其所在院校的职责。[①] 在美国,有 6％的残疾人进入商业性、职业性和技术性学校;13％的残疾人接受两年制的大学课程教育;8％的残疾人接受四年制大学教育。[②]

（二）特殊儿童教育的模式

特殊儿童教育和正常儿童一样也需要按照基本的教育规律,即循序渐进和因材施教的原则,在教育模式上的选择尤其体现了这些基本的教育规律。目前主要的特殊教育模式分为三种:特殊教育班模式、特殊学校教育模式和普通学校教育模式。以经济合作与发展组织成员国家为例,特殊教育学校依然占的比例最大,其次为普通学校,最后是特殊教育班。三种模式在不同的国家分布存在较大差异,基本上可以分成三种情况:① 特殊教育班占较大的比例,如日本和韩国;② 特殊教育学校占较大比例,如比利时、捷克、法国、德国、匈牙利、新西兰、斯洛伐克、土耳其等国;③ 普通学校占较高的比例,如美国、加拿大、英格兰、西班牙、墨西哥等国。

（三）特殊教育的过程

总的来说特殊教育的实施过程主要分为:特殊教育需求评估制定个人教学方案、特殊教育表现评估、融合教育四个主要阶段,同时又辅以教师培训和资格审核这个必不可少的过程。

1. 特殊教育需求评估

特殊教育需求评估,构成了特殊教育的首要环节。如何对有特殊教育需求的儿童进行识别,需要一个具有规范特性的特殊教育需求评估体系。这种需求评估,旨在对特殊儿童接受教育之前所进行的,对其身心状况、缺陷的类型与程度等一系列因素,做一个全面的评估,以指导后续的教学方案的制定。构成特殊教育需求评估的一般小组成员主要由学生家长、常规学校的教学教师、相关医疗单位代表等组成。除此之外,特殊儿童的教育需求评估也可以由更为专业的专门的评估小组去完成。评估内容涉及许多方面,其中包括特殊儿童的身体状况、心理健康程度、缺陷类型、语言能力等。

2. 制定个人教学方案

在美国加州,为特殊学生制定的个人教学方案需要每年检查一次;英格兰则要求每年至少两次;中国台湾地区有规定每学期一次。

3. 特殊教育表现评估

特殊教育表现评估是针对考核而言的,主要是对接受特殊教育的学生的学业成绩进行测试和评估,以决定该学生能否毕业。特殊教育对象的表现评估主要有两种方案:一种

① 杨民. 世界特殊教育研究[M]. 大连:辽宁师范大学出版社,2004.

② Newman L, Wagner M, Cameto R, et al. The Post-High School Outcomes of Youth With Disabilities up to 4 Years After High School: A Report From the National Longitudinal Transition Study-2 (NLTS2). NCSER 2009—3017. [J]. National Center for Special Education Research, 2009: 202.

是采用和普通学生相同的评估体系;另一种则是针对特殊学生的情况,采用一套与普通教学评估体系不同的方案。在美国加州,接受特殊教育的学生可以由个人教学方案小组推荐,参加替代评估。

4. 融合教育

融合教育在很多国家和地区早在 20 世纪 70 年代便开始推行,在美国的加州和加拿大的安大略省,不仅通过法律规定了融合教育,而且有关当局还为融合教育提供相关的津贴和奖励,可见其政府对融合教育的重视程度。

第三节 国际残疾人就业

1944 年,国际劳工组织发布的《就业建议书》指出无论残疾的原因是什么,都应当向残疾人提供康复和就业指导、提供培训和再次就业的机会。1952 年,国际劳工组织通过的《社会保障最低标准公约》要求国家的社会保障部门向残疾人提供适当的工作机会和补贴。1983 年,国际劳工组织颁布了《残疾人职业康复和就业公约》。在 2006 年 12 月,联合国通过了《残疾人权利公约》的原则性规定中高要求为残疾人提供平等的、无障碍的环境,并且确保残疾人的教育、康复和就业,维持他们的生活水平并融入社会。目前国际上已经形成共识,推动残疾人就业是改善残疾人福利,促进残疾人社会融合的最有效的手段。

一、就业

(一)国际残疾人就业

残疾人就业立法始于第二次世界大战后。对在战争中致残的士兵的妥善安置工作,涉及了残疾人就业等一系列问题。因此,残疾人就业问题得到世界各国的普遍关注。20世纪初,各国陆续颁布了有关残疾人就业权益保障的法规政策,残疾人就业立法由此得以迅速发展。例如,美国和德国在保障和促进残疾人就业方面,就进行了强制性立法。

在保障残疾人就业方面,美国建立了比较系统的就业立法保障体系。《美国残疾人法案》是美国历史上具有奠基意义的一部法律文件,该法律文件明确了残疾人享有平等参与就业的权利。1935 年,美国颁布的《社会保障法》中规定,联邦政府对下级地方州政府的残疾人再就业职业培训提供财政支持。在 1992 年生效的《美国残疾人法案》中,包括了反就业歧视、公共交通无障碍、环境无障碍、通信无障碍、争议解决方法诸多内容。在《美国残疾人法案》中,明确禁止在就业、公共服务和公共设施方面对残疾人进行歧视,并制定了一系列清晰、可实施的标准。该法案规定,任何机构不得对一个具备资格的残疾人在应聘、雇用、晋升、辞退、补偿、工作培训和其他雇用的期限、条件和特别待遇方面因其残疾而予以歧视,从而宣告对符合工作要求的残疾人在任何就业环节的歧视都是非法的。《美国残疾人法案》中的就业条款,被认为是推动残疾人社会和经济平等最有效的方式——"他们不需要借口或托辞,他们需要的是就业和工作中的机会。"①

德国出台了《疾病保险法》《伤害保险法》和《养老保险和残废保险法》,这些法案为保障残疾人就业提供了法律依据。20世纪50年代,德国颁布的《重度残疾人法》规定,私人企业雇佣残疾人的比例应达到雇员总数的6%,公共机构雇佣残疾人的比例应达到雇员总数的10%,如果没达到这一标准,就需支付补偿金。在1969年,德国出台的《劳动促进法》对残疾人就业培训、职业康复训练等进行了有关规定。规定要求应为残疾人提供职业康复等服务,促使残疾人的劳动能力得到最大可能的恢复,从而使残疾人能够保持可持续性就业的状态。1974年,德国重新修订的《重度残疾人法》。对雇佣残疾人的比例进行了修订说明,指出用人单位雇佣残疾人的比例不得低于总人数的6%。21世纪初的《残疾人平等法》和《普遍平等对待法》指出,平等就业有利于社会参与度与文明程度的提高,是残疾人社会化的重要途径。

(二)残疾人就业方式

国外残疾人的就业方式主要有:按比例就业、集中安置就业、自主就业和扶持性就业等方式。

1. 按比例就业

按比例就业是安排残疾人就业的重要途径。例如日本主要采用了按比例就业。日本政府在《残疾人雇佣促进法》中对"残疾人安置率制度"进行了具体说明,明确了用人单位安排残疾人就业的责任。

2. 集中安置就业

集中安置就业是指国家、集体通过举办福利企业,集中解决残疾人的就业问题。各国主要将残疾人通过集中管理,统一安置在庇护工场或者福利企业就业,并在税收方面给予企业一定的优惠。例如,德国主要采用的是集中安置残疾人就业的方式。目前,全德国共有600多家经过政府批准的庇护工厂和福利企业,惠及了将近30万的残疾人,为不同程度的残疾人提供了工作岗位。值得一提的是,就职于庇护工厂和福利企业的残疾人,拥有全面覆盖的医疗保险、工伤保险、长期护理保险和养老保险,残疾人也同正常人一样能够享受平等的权利。

3. 自主就业

自主就业是指通过为残疾人提供支持服务,帮助残疾人实现就业的过程。在自主就业中,残疾人可以根据自己的爱好、特长选择从事的工作,同时在工作的过程中可以控制工作量、工作时间和工作地点。美国联邦政府出台了《1998年职业康复法案修正案》,从法律上确定自主就业为残疾人职业康复的形式。为了帮助残疾人实现自主就业,政府提供大量的支持服务,包括提供与自主就业相关的培训和信息,协助残疾人开发商业计划,帮助残疾人监督企业的运营等。自主就业是高失业率情况下残疾人实现成功就业的一种行之有效的方式。经过多年的发展,美国残疾人自主就业取得了很大的成绩,已成为许多残疾人就业的优先选择。

---

① 克林顿总统在2000年7月26日《美国残疾人法》颁布十周年纪念日上发表的演讲。

4. 扶持就业

扶持就业是指政府在就业方面给予一定的优惠政策,创造一定的就业平台。瑞典残疾人就业所采用的主要方式是扶持性就业和集中安置就业相结合。一方面通过本国的福利性企业为一定比例的残疾人提供就业岗位,另一方面在兼顾经济效益的同时,鼓励培养符合市场需求的劳动力,开展对残疾人潜力和能力的挖掘与培养。美国在支持性就业方面取得了良好的效果。通过几十年的发展,美国的支持性就业形成了固定的模式。美国颁布的《美国残疾人法》为这一支持性就业提供了法律依据。

(三)残疾人就业服务

在美国,残疾人就业服务起步较早,美国政府制定了一系列关于促进残疾人积极就业的政策。概括起来有四个方面:一是制定了社会保障伤残保险计划。将95%的残疾人纳入社会保障体系。为保证该计划的执行,政府提供资金支持,并为处于就业阶段的重度残疾人投入至少400亿美元的资金。二是制定收入补充保障计划。从1974年开始,该计划主要向收入过低无法维持基本生活的残疾人提供帮助。三是制定了雇工补偿计划。这一计划从1908年实施的社会保险计划发展而来,服务的内容包括为因工伤导致残疾的员工提供医疗救治和经济补偿,以及对于由工作意外致使的暂时或永久性伤残进行一次性补偿等。四是制定了职业康复训练、重返工作岗位计划。美国在促进残疾人就业方面充分发挥了市场的作用,美国为残疾人在就业服务方面提供的保障倾向于就业能力的恢复,通过就业促进项目和就业服务机构来促进残疾人的积极就业。此外,美国就业服务,大多通过职业介绍所和就业政策办公室来为残疾人提供职业技能培训和提供就业信息和资源,通过制定相关促进残疾人就业的政策,帮助残疾人群体实现就业,获得平等就业的机会。美国残疾人福利制度是以提供平等教育、公平就业为目标,不以提供福利为主的体系。美国还设立了家庭照顾服务计划,其中包括:长期家庭健康照护项目、长期照护管理计划、生活协助项目、居家照护计划和个人照护计划等。

在英国,针对残疾人等特殊群体,政府建立了"特别就业中心",为残疾人提供专业性的支援和帮助。例如,对残疾人应获得的利益和津贴的提供帮助等。"特别就业中心"为残疾人配备就业顾问。就业顾问不仅为残疾人制定职业发展规划,还为残疾人提供心理咨询等事务。

在瑞典,政府倡导鼓励残疾人能像正常人一样获得职业介绍的权利和其他的一些就业服务。1980年,瑞典政府要求瑞典的就业能力发展学院和就业服务中心一道一起共同为有就业需求的和就业困难的残疾人提供基础能力、工作能力和工作环境适应的训练。此外,瑞典政府还通过推行实习培训和助推就业项目来进行"捆绑"发放就业补助金,从而促进残疾人就业。为安置更多残疾人就业,瑞典政府建立了一家名为SAMHALL的国有福利企业。该企业拥有员工达3万多人,其中残疾人所占比例高达90%,残疾人中有40%的是智力障碍或者发展障碍的重度残疾人。

在日本,政府通过设立公共职业安定所和残疾人职业综合服务中心来安置残疾人、促进残疾人积极就业。日本的公共职业安定所设立的主要目的是,为残疾人群体提供职业介绍、职业指导、适应性训练以及就业的指导建议。

【本章小结】

本章主要从综合研究与国际比较的视角,呈现全球残疾人事业发展的国际状况与发展趋势,围绕不同国家或地区残疾人社会保障制度的发展历程、法律框架、制度内容、制度评价等展开,并得出对发展我国残疾人事业的启示。

【复习与思考】

1. 论述《公约》对各国残疾人事业发展的影响?
2. 残疾人特殊教育的国际比较?
3. 国际残疾人就业的启示?

【案例分析与讨论】

麦当劳公司(McDonald's Corporation)

麦当劳公司由雷·克罗克(Ray Kroc)创立,现在是全球最大的食品服务零售商,拥有 31 561 家特许经营餐厅,每天为超过 119 个国家的近 5 000 万人提供服务。2004 年的总收入为 191 亿美元。芝加哥是其总公司所在地。

麦当劳公司是唯一一家"融入"残疾人社区的公司。该公司在 20 世纪 80 年代初启动了 McJobs 雇佣认知障碍人士的特别项目,随着该计划的结束,从中吸取的经验被应用到一般性的就业实践中。再加上其公司的知名度,使得麦当劳雇佣残疾员工变得更加容易,麦当劳的企业文化与社区和社会文化融为一体。麦当劳公司雇佣残疾人的能力不仅基于其作为食品服务公司的地位,还在于其员工们被告知了怎样为残疾人服务,麦当劳的设计团队在进行新餐厅的设计时,对无障碍问题进行了很好的规划。因此,为有特定缺陷的员工提供便利,对麦当劳来说并不困难。此外,麦当劳工作对残疾人也很有吸引力,因为那里有灵活的工作时间和兼职工作。

麦当劳充当了《美国残疾人法案》的代表,积极游说其他公司。1998 年的一项非正式调查显示,麦当劳的每家餐厅平均雇用一名残疾员工。因此,残疾人的就业也被视为良好生意的关键,并具有"非常实用的基础"。

在回答雇佣残疾人的好处的询问时,受访者给出的最常见的答案是,残疾员工对公司的忠诚和鼓舞士气。受访者还指出,通过增加纳税人的数量或减少残疾人对收入转移计划的依赖,雇佣残疾人将会使整个社会更加健康。这一理念已经在麦当劳管理层中形成了一种共识。受访者经常认为麦当劳就是社区的一部分,其行为影响和促进了社区的发展,这反过来又在很多方面帮助了麦当劳。

一个例子是,一名因车祸导致腰部以下瘫痪的员工,他仍然被留在公司,继续用一辆面包车继续他的野外工作。让这名员工适应环境的同时,也保留了他 30 年的工作经验。这位员工拥有一套不易复制的技能和能力,很难找到一个人来替代他的专业知识,而且找一个新员工所花费的成本相当高。这里要说明的是,人们在工作中有可能会残疾;年龄的增长,也可能会因为慢性疾病而残疾,例如腰痛等。

关于麦当劳雇佣残疾人的潜在好处,一位受访者透露,麦当劳在其公关活动中并没有强调雇佣残疾人。事实上,在对 2004 年核心企业社会责任报告的一项分析显示,尽管提到了麦当劳与某些残疾人组织的关系,但残疾人士与其他群体(如少数民族)的就业并没有被提及。在 2004 年修订的企业社会责任报告的补充部分中,对残疾人给予了进一步的关注,主要集中在对欧洲在关于残疾人方面所提出的倡议上作出的回应。这可能说明了残疾人已经融入了劳动大军,在美国,这可能不再是一个企业社会责任问题。一名受访者称麦当劳在残疾问题上的出色表现所带来的正面报道,可能有助于遏制麦当劳在一些团体中受到的负面宣传,这些团体质疑麦当劳所供应食品的营养价值。

麦当劳的职业经理人认为,阻碍残疾人就业的障碍是管理人员对残疾人缺乏了解,雇佣残疾人的任何障碍都是雇佣非残疾人的障碍。高级管理层和人力资源成员被视为了解残疾和劳动力多样性的问题,因此不是障碍。雇用残疾人的另一个主要障碍是将正确的申请人与有关工作相匹配,这些障碍被视为与雇用任何其他员工相同——寻找能够履行"基本工作职能"的与公司良好匹配的合格申请人。尽管找到职位申请人并不难,但是处理职业康复和残疾人就业辅导人员却存在一些问题。职业顾问在申请人与职位匹配方面可能缺乏商业知识,或者是因为他们没有足够积极地在不同的餐厅去找到职位空缺,或者没有充分考虑申请人的请求,发送太多不匹配的申请。关于障碍的后续问题,医疗保健费用和住宿费用没有被描述为关切事项。住宿费用被免费资源的使用所抵消,例如,提供住宿免费咨询的工作住宿网络。

受访者列举了残疾人成功就业的许多因素,答案侧重于开放思想、耐心和激情等方面。其中包括以积极方式消除对残疾人认识的陈旧的观念。受访者还提到了高级管理层的支持的重要性,并认为正确的职位匹配对残疾人就业是非常重要的。

消除残疾人负面的刻板印象很重要,但也需要警惕那些试图推动雇用残疾人事业的人所使用的积极的刻板印象(例如,残疾人总是更忠诚,总是准时,等等)。认识到雇用残疾人的积极好处并不意味着所有残疾人都会表现出这些品质。在向招聘经理推荐残疾申请人时,并不总是假定申请人存在这些品质。这可能对招聘经理进行错误的误导,同时也为申请人设定了不公平的期望。正如不同的残疾可能导致各种各样的功能限制一样,每个人也会有不同的兴趣和工作能力。

麦当劳公司总部的餐厅与当地特殊教育学校合作,培训有认知障碍的工人。虽然这些人使用麦当劳作为培训基地来获得离家更近的更好的工作,但是从与外部组织合作和雇用有认知障碍的人的经验中可以看出,外部组织通常可以提供资源和经验,以帮助残疾人的就业。在这种情况下,管理这些员工的额外专业知识是由学校以工作教练所提供的,工作教练是执行任务的核心。

作为一家服务机构,麦当劳通过在日本教授日语手语,力求改善餐厅员工与顾客之间的沟通渠道。尽为特殊顾客服务的工作有了很大的改善和提高,同时也向日本的聋哑客户发出了受欢迎的信息,为公司招募到新的员工。这表明,满足客户的需求可以对组织中的合格申请人群产生积极影响。

IT 服务集团聘请了一位视力受损的程序员,他已经在公司工作了 10 年。当他第一次受雇时,公司就为他建立了许多无障碍设施,其中包括为他的导盲犬铺设一条砾石路,这条路的成本在 1 000~2 000 美元之间,但可以被其他视力受损的员工使用;以及特殊的软件和硬件,成本在 1 万美元左右,使他能够更有效地履行他的工作职责。该员工与管理层积极主动地定期讨论软件和硬件的类型,以便继续以程序员的身份工作。这使得任何潜在的问题都可以在导致生产效率出现问题之前得到很好的解决。然而,这并不是说所有的无障碍条件都必须被接受,有些项目仅涉及一个许可证,就需要花费 5 万美元,这是不合理的。与员工和劳工代表公开讨论这些安排的过程,可以避免任何潜在的对抗性的情况发生。

讨论

1. 如何建立企业文化,由谁来创建,以及可以改变什么。看看什么样的素质能为残疾人创造一个积极的工作环境。

2. 如何建立有效的伙伴关系和开放的交流、组织内和组织间的、非营利部门和营利性部门之间的交流。

3. 如何评估小企业在招聘决策中的风险心理,以及如何改善职业康复和其他就业顾问的激励结构。

【推荐阅读】

1. 谢琼. 国际视角下的残疾人事业[M]. 北京:人民出版社,2013.

2. 奥利弗,萨佩. 残疾人社会工作(第二版)(社会工作实务译丛)[M]. 高巍,尹明译,北京:中国人民大学出版社出版,2009.

3. 李金玉. 残疾人保障立法研究[M]. 北京:中国政法大学出版社,2017(10).

【参考文献】

1. 孙树菡. 康复是残疾人融入社会的重要前提[J]. 北京劳动保障职业学院学报,2011(1).

2. 肖非. 美国特殊教育立法的发展——历史的视角[J]. 中国特殊教育,2004(3).

3. OECD:Students with Disabilities, Learning Difficulties and Disadvantages[J]. Statistics:Statistics and Indicators,2005:30.

4. 杨民. 世界特殊教育研究:2004 年版[M]. 辽宁:辽宁师范大学出版社,2004.

5. Newman L, Wagner M, Cameto R, et al. The Post-High School Outcomes of Youth With Disabilities up to 4 Years After High School:A Report From the National Longitudinal Transition Study-2 (NLTS2). NCSER 2009—3017.[J]. National Center for Special Education Research,2009:202.

6. 克林顿总统在 2000 年 7 月 26 日《美国残疾人法》颁布十周年纪念日上发表的演讲.